庄子随文译注同游

ZHUANGZI SUIWEN YIZHU TONGYOU

蓝锡琦　编著

首都师范大学出版社
CAPITAL NORMAL UNIVERSITY PRESS

图书在版编目(CIP)数据

庄子随文译注同游/蓝锡琦编著. —北京 : 首都师范大学出版社, 2023.6
ISBN 978-7-5656-7616-1

Ⅰ. ①庄… Ⅱ. ①蓝… Ⅲ. ①道家②《庄子》-译文③《庄子》-注释 Ⅳ. ①B223.5

中国国家版本馆 CIP 数据核字(2023)第 122128 号

ZHUANGZI SUIWEN YIZHU TONGYOU
庄子随文译注同游
蓝锡琦 编著

责任编辑 翟迎芬
首都师范大学出版社出版发行
地 址 北京西三环北路 105 号
邮 编 100048
电 话 68418523(总编室) 68982468(发行部)
网 址 http://cnupn.cnu.edu.cn
印 刷 河北鹏润印刷有限公司
经 销 全国新华书店
版 次 2023 年 6 月第 1 版
印 次 2023 年 6 月第 1 次印刷
开 本 720×1000mm 1/16
印 张 25
字 数 370 千
定 价 58.00 元

前言

从击壤而歌到东山之志

清吴乘权《纲鉴易知录》记载，依干支推算，公元前 2308 年，帝尧游于康衢，有老人击壤而歌："日出而作，日入而息。凿井而饮，耕田而食。帝力何有于我哉!"

晋皇甫谧《高士传》记载，帝尧想让天下给许由。许由说："小鸟在深林筑巢，只需一根树枝。田鼠在河边饮水，只需装满肚皮。你回吧，我要天下没什么用。"于是遁耕箕山，终身无经营天下的神色。

《庄子·让王》篇里，虞舜把天下让给善卷。善卷说："我存身宇宙之中，冬天穿皮毛，夏天穿细葛。春季耕种，形体足以劳动。秋季收敛，身躯足以休息。日出而作，日落而息，逍遥在天地间，心意自有所得。我拿天下做什么!"

颜回告诉孔子："我有城外耕地五十亩，足以吃饱稀饭。城内耕地十亩，足以营作丝麻。鼓琴足以自娱，所学老师的道，足以自乐。我不愿意做官。"

孔子愀然变容："知足的人，不因为利益伤害自己。悉知自有所得的人，丧失了不惊慌失措。德行在内心修养的人，没有禄位也不羞愧。"

《周易·系词上》说："君子之道，或出或处。"出，是自内而外显露，常指出仕做官。处，是得几而止，常指盛德隐居。

出仕做官称朝廷之士。正面描述他们，是辅佐人主成就教化，好像人体有股肱心膂。《尚书·益稷》载歌曰："元首明哉，股肱良哉，庶事康哉。"常言道，哪有什么岁月静好，不过是有人负重前行。例如大禹治水，亲手操作掘泥工具，任由暴雨洗头，疾风梳发。

负面描述呢，文士竞智而务入，武夫恃力而争先。官当得越大，心意越难满足。福兆既开，患端便随后。有的人朝游巍峨宫殿，夕坠狰狞沟壑。白天欢笑，中夜叹气。为什么？忠诚不足以护卫身心，灾祸不可以预先揣度。

有鉴于此，另一类人情愿安处林薄。

山林之士穿粗布衣服，怀藏美玉。太上栖息丘园，高节出于众庶。其次轻爵远耻，享受全身乐生。最下从事职事，能够知止。

帝王们嘉许山林隐士，认为他们清劭足以抑制贪污，退让足以止息鄙事。于是，大者用束帛聘请委以显职，小者赐几杖表达尊贤礼节。

据《史记·孔子世家》，孔子适周问礼返回鲁国，"是时晋平公淫"，"楚灵王强"。这个时段，当在公元前535年左右，距离今天2550多年。此时，曾任周王朝守藏室史的老子，作《道德经》5000余言。

《道德经》要旨，在第2章的"处无为之事"。无，《汉语大字典》释作无形、无名、间隙。无为，就是无形无名＼留下空间的作为。

《道德经》特意写了第11章：在轮毂的空隙处，有车子的使用价值。在陶器的空阔处，有器皿的使用价值。在门窗的虚空处，有房屋的使用价值。

把这个理念移植到政治生活中，老子阐释"无为"如下：

"万物作焉而不辞"，万物产生兴起，不要排斥抗拒。认可一己之外的万物，理应共享自然资源。

"生而不有"，对待生出＼增长的部分，不必专有。愿意让其他社会阶层，来切分财富蛋糕。

"为而不恃"，在作为时，不仗恃聪明才智。给别人留空间，给自己留余地。

"功成而弗居"，成功后不囤积，同时懂得继续努力。为将来留足有保障、更优化、可持续的空间。

老子由此小结："夫唯不居，是以不去。"正是因为不囤积和继续努力，所以不失去既有的地位。

注意哦，"不去"意谓不失去，乃整部《道德经》的文眼，所有的5000言都为它服务。

《汉书·艺文志》说，这叫秉要执本。道家欲崇诸己，先下于人。妙用"谦"字诀，天道亏盈而益谦，地道变盈而流谦，鬼神害盈而福谦，人道恶盈而好谦。此君人南面之术也。

老子关于"出"与"处"，设计出了兼顾模式：不失去既有的地位，主旋律显然是"出"。操作方法深谙无形、无名、间隙之妙，又是盛德退让的"处"。

大约过了200年，在战国中期的宋国，有位庄周，在今天的安徽省蒙城县漆园镇做过一般干部。他的学问无所不包，要点归于老子。

《史记·老子韩非列传》记载，楚威王派人厚币聘请，许诺他当国相。庄周笑着对使者说："你没见过郊祭的牺牛吗？人们喂它几年，披上文绣，送进太庙。临宰之时，虽然愿做孤单的小猪，岂可行哟！你快回吧，我宁愿在污渎中游戏自快，也不要被有国者羁绊。"

《庄子·让王》篇说，像颜阖，是真的厌恶富贵。道的精华，用来修养身体；其残余，用来治理国家；它的像粪草一样的糟粕，用来统治天下。

由此看来，庄周把帝王功业，视作次要的零散事务。他跟击壤老人、许由、善卷和颜回同类，完全否定"出"的选项，单纯选择了"处"。《庄子》33篇，可视作古今高洁隐士的总代言。

直到570多年后的三国魏正始年间，《庄子》一书才受到中国文人的特别关注。

其时，曹爽擅朝政，尚书何晏好《老》《庄》，与夏侯玄、荀粲、王弼等竞为清谈，祖尚虚无，认为儒家《六经》为圣人糟粕。由是天下士大夫慕效，遂成风俗。

《三国志·魏书》和《晋书》记载，竹林七贤之首的阮籍，“以庄周为模则”，“尤好《庄》《老》，著《达庄论》，叙无为之贵”。这是史上第一例，把庄子放在最为突出的位置。此外竹林七贤的嵇康，“托好《庄》《老》，贱物贵身，志在守朴，养素全真。”山涛“性好《庄》《老》，每隐身自晦”。刘伶“放情肆志，长以细宇宙齐万物为心”。

后世对于正始时期彰明道学，评价有贬有褒：何晏之徒，率多浮浅。唯嵇（嵇康）志清峻，阮（阮籍）旨遥深。篇体轻澹，诗杂仙心。

据《晋书·向秀传》和《晋书·郭象传》记载，竹林七贤之一的向秀，好《老》《庄》，能清言。在他之前，注《庄子》数十家，大都不能探究旨统。向秀在旧注之外妙演解义，读者超然心悟，莫不自足于一时。可惜他剩下《秋水》《至乐》没完成，就去世了。其子年幼，书稿零落。郭象为人行薄，以为向秀的书不传于世，就窃为己有。乃自注《秋水》《至乐》，改易《马蹄》，其余众篇，仅点定文句而已。其后向秀有别的版本面市，故而世存向秀、郭象两本《庄子》。自此，儒家墨家被视为狭陋，道家之言盛行起来。

竹林七贤之一的王戎，有位从弟叫王衍，在西晋成了悲摧人物。

《晋书》记载，他盛才美貌，宅心事外，清谈《老》《庄》，称当世谈宗。后进之士莫不景慕仿效。其弟王澄，跟谢鲲、阮咸、阮修、胡母辅之、王尼、毕卓等，皆以纵意放诞为达。

王衍官拜尚书令、司空、司徒，迁太尉。居宰辅之重，不以经国为念。及胡人石勒破京师，呼唤王公相见，问晋家灭亡的根由。王衍说，朝廷计谋不在自己，我很少参与谋事。

石勒发怒：“你名盖四海，身居重职，少壮登朝，至于白首，何得言不参与世事啊！破坏天下，正是你的罪行。”派人半夜推墙填杀了他。

王衍将死，四顾而言：“如果从前不祖尚浮虚，戮力匡扶天下，不至于有今天的下场。”世上哪有后悔药卖哟！你要么好好出世，做个称职的官员。

要么退入山林，做个清闲的隐士。怎么可以尸禄耽宠，占到茅坑不拉屎，屙尿擤鼻涕，两头都想捏到？

东晋谢安，字安石，则是另一番气象。

他40岁之前寓居会稽，跟王羲之、孙绰、许询、之遁等筑室东土，出则渔弋山水，入则言咏属文。著名的《兰亭集序》，就是王羲之在这个时段写成的。征西大将军桓温聘请谢安做司马，旁人开玩笑："安石不肯出仕，苍生怎么办?"

不久做尚书仆射，加后将军，总关中书事。时强敌寇境，边书告急。谢安每镇以和靖，御以长算，不存小察，威怀外著。

后来前秦苻坚率众百万，欲荡平东晋。谢安加征讨大都督，派遣弟弟谢石、兄子谢玄等水陆七万，应机拒敌。

晋军夜袭前秦营垒，斩士卒一万五千，水陆继进。苻坚登城望晋师，见部阵齐整，将士精锐，又北望八公山上草木皆类人形，于是怃然有惧色。接着，谢玄以精锐渡淝水决战。苻坚中流矢，全军奔溃，自相蹈藉投水死者不可胜计，淝水为之不流。

谢玄破苻坚的驿书送达，谢安正与客人围棋，看罢战报丢在床上，了无喜色。客人询问，才徐徐回答："小儿辈已经破贼了。"

谢安受朝廷重寄，然东山之志始末不渝，常形于言色。其出世，兼将相于中外，系存亡于社稷。其骨子里，却是重回《兰亭集序》描写的生活。谢玄也上疏，希望跟随叔叔谢安退身东山，以道养寿。

南朝梁刘勰著《文心雕龙》，在《明诗》、《情采》和《时序》篇，皆简述了《庄子》一书对古代文学史的影响：从西晋沿袭至东晋的清谈，逐渐流变成文体，写诗必以《老子》做旨归，作赋喜用《庄子》为意象。纵使世路艰难困顿，而笔下的词义平和闲静。这种师友造化的山泽情怀，后来孕育出陶渊明、李白和苏轼等千古一遇的大作家。尘埃里存有高贵风骨，足以替代穷饿而不埋怨，虽南面称王不能超越，至今仍是中国文人心心念念的精神归属。

2023 年 7 月 2 日蓝锡琦于成都牧马山果岭望湖楼

目　录

卷一 内篇

卷二 外篇

卷三 杂篇

卷一 内篇

内篇说明

古书中《庄子》《晏子春秋》《淮南子》等，皆分内外篇。桐城学者叶玉麟说：内篇是全书的纲领，《庄子》33篇，内7篇最为可信。

内篇合计13771字，占全书文字量的21%。《逍遥游》『怒而飞』『今将图南』，慷慨发奋，自状庄周其人。《齐物论》『得其环中』，实锤应付至纷至累的人言；蝴蝶梦，虚幻演绎事物转化。《养生主》庖丁解牛，用道的境界阐释养护生命的第一要义——求精一技一艺。《人间世》从容理性活在当下。《德充符》潜心优游于成事和物。《大宗师》存养本性做真人，悟道修炼成圣人。《应帝王》多角度论述无为而治。

读罢内7篇，即初步领略了庄氏神韵。

逍遥游第一

[描绘鲲鹏的至大神韵]

北冥有鱼，其名为鲲。鲲之大，不知其几千里也。化而为鸟，其名为鹏，鹏之背，不知其几千里也。怒而飞，其翼若垂天之云。

北海有一条鱼，名字叫鲲。鲲的大，不知几千里长。它转化变成鸟，名字叫鹏，鹏的背不知几千里阔。它奋发飞起，翅膀像垂在天边的云彩。

是鸟也，海运则将徙于南冥。南冥者，天池也。（天池，大海洪川，源自造化，非人所作。此为寓言虚构的水域，不是长白山天池或者天山天池。）

这只鸟翱翔海面，想要从北海迁徙到南海。南海，是洪荒造化生出的水池。

《齐谐》者，志怪者也。《谐》之言曰："鹏之徙于南冥也，水击三千里，抟扶摇而上者九万里，（抟，读作"团"。盘旋。）去以六月息者也。"

《齐谐》是一本记载怪异之事的书，书中说："鹏往南海迁徙，水花溅射三千里，盘旋成龙卷风，升空九万里，行程中乘御着六月的海风。"

野马也，尘埃也，生物之息相吹也。天之苍苍，其正色邪？其远而无所至极邪？其视下也，亦若是则已矣。

遥望薮泽中的游气，像野马奔腾，像尘埃扬空，万千生物的呼吸互相吹嘘。天空浅青无垠，是它的本色吗？那么遥远，似乎到不了尽头——大鹏朝下看，已如同这样尽收眼底。

且夫水之积也不厚，则其负大舟也无力。覆杯水于坳堂之上，则芥为之舟，置杯焉则胶，水浅而舟大也。

再说，水积聚得不够深厚，就无力承载大船。倒杯水在厅堂低洼处，仅够漂浮一茎小草；放个杯子上去，杯底就着地了，水浅而船大啊。

风之积也不厚，则其负大翼也无力。故九万里，则风斯在下矣，而后乃今培风，（培风，加于风上，乘风。）背负青天，而莫之夭阏者，（阏，读作“厄”。受阻折而中断。）而后乃今将图南。

风积聚得不够强劲，就无力承托巨大的翅膀。所以，九万里高空，风全在下方，然后才如此乘风，背负青天，没有夭折中断的样子。而后，才打算谋向南行。

［概述众物的小大之辨］

蜩与学鸠笑之曰：“我决起而飞，枪榆枋，时则不至而控于地而已矣。奚以之九万里而南为？”

蝉和学鸠嘲笑鲲鹏说：“我疾飞而起，冲抵榆树枋树，有时或许达不到目标，掉落地面而已。哪个要高升九万里，而朝南方远行呢？”

适莽苍者三飡而反，（飡，读作“孙”。晚餐，泛指熟食。）腹犹果然。适百里者宿舂粮（隔宿舂米储食），适千里者三月聚粮。之二虫又何知？

到郊野去的人，三餐后回家，肚子还饱饱的。到百里之外的人，需要储备隔夜的干粮。到千里之外的人，则须积聚三个月的粮草。蝉和学鸠，这两个小不点儿又知道什么呢？

小知不及大知，小年不及大年。奚以知其然也？

小聪明比不上大智慧，短暂的生命比不上长久的生命。何以知道是如此呢？

朝菌不知晦朔，（晦朔，天黑、月出和鸡鸣。）惠蛄不知春秋，此小年也。

清晨生长、见日即死的菌芝，不懂天黑和月出。寒蝉不懂春秋二季。这叫生命短暂。

楚之南有冥灵者，以五百岁为春，五百岁为秋。上古有大椿者，以八千岁为春，八千岁为秋。而彭祖乃今以久特闻，众人匹之，不亦悲乎！

楚国南部有棵冥灵树，五百年当春天，五百年当秋天。上古传说里有株大椿树，八千年作春天，八千年作秋天。活了八百多岁的彭祖，如今仍以长寿而闻名，普通人跟他相比，岂不哀叹？

汤之问棘也是已："穷发之北，有冥海者，天池也。有鱼焉，其广数千里，未有知其修者，其名为鲲。有鸟焉，其名为鹏，背若泰山，翼若垂天之云。抟扶摇羊角而上者九万里，绝云气，负青天，然后图南，且适南冥也。"

成汤询问大夫棘，谈及："在不毛之地北极圈，有片远海，是造化形成的天然水池。海中有鱼，宽数千里，没法知晓它多长，其名曰鲲。有鸟名鹏，背部宛如泰山，翅膀好比覆盖天际的云层。它盘旋而上涌起羊角形状的暴风，一冲九万里，超越云气，背靠青天，然后开始考虑迁徙南方，到南海去。"

斥鴳笑之曰："彼且奚适也？我胜跃而上，不过数仞，而下翱翔蓬蒿之间，此亦飞之至也。而彼且奚适也？"

小鸟斥鴳讥笑说："那位傻大个儿想去哪里？我舒展身躯尽力一跃，向上不过数仞，而降落下来翱翔于蓬蒿草丛间，也称得上飞行绝技吧。而空中那只大呆鸟，它要飞到哪里？"

此小大之辨也。

这就是小与大的区别。

[列举人世的小大之辨]

故夫知效一官，行比一乡，德合一君，而征一国者，其自视也亦若此矣，而宋荣子犹然笑之。

所以说，智慧见效一任官职，品行和顺一方乡土，道德配合一届君主，才能应验一国臣民，自认为做到了这些而自得的人，宋荣子尚且以为可笑。

且举世誉之而不加劝，举世非之而不加沮，定乎内外之分，辨乎荣辱之境，斯已矣。彼其于世，未数数然也。（数数然，急切追求，惶惶不安的样子。）

举世称誉谈不上勉励，举世责怪谈不上沮丧。确定内外的名分与情谊，明察荣辱的边界和境况，这样做就可以了。宋荣子处世，从来未露出急于得到的神态。

虽然，犹有未树也。

虽然如此，宋荣子的德行，犹有未树立的地方。

夫列子御风而行，泠然善也。（泠，读作“灵”，轻妙。）旬有五日而后反，于致福来，未数数然也。此虽免乎行，犹有所待者也。

像列子乘风而行，轻妙美好，十五天而后返回，得到无所不顺的福佑，亦未露出急于得到的神态。他虽可免于步行之累，然而，仍须等待风力承托。

若夫乘天地之正，而御六气之辨，（辨通“变”。变化。）以游无穷者，彼且恶乎待哉？

至于覆盖/升华天地的本来样貌，驾驭阴阳四时的变化，以遨游无穷，还用得着等待什么？

故曰至人无己，神人无功，圣人无名。

所以说，至人不为己身，神人不涉事功，圣人不求名声。

尧让天下于许由，曰：“日月出矣，而爝火不息，（爝，读作‘爵’。火把。）其于光也，不亦难乎？时雨降矣，而犹浸灌，其于泽也，不亦劳乎？夫子立而天下治，而我犹尸之，吾自视缺然，请致天下。”

帝尧想把天下让给许由，说：“日月已出，而火把不熄，靠其微光来照亮世界，不是很难吗？时雨已降，尚用人工浸灌，由此细流来润泽万物，不是很累吗？先生即位天下立马大治，而我犹主持朝政，自视缺陷多多，请把天下让给你吧。”

许由曰：“子治天下，天下既已治也。而我犹代子，吾将为名乎？名者实之宾也。吾将为实乎？鹪鹩巢于深林，不过一枝；（鹪鹩，读作‘焦辽’，桃雀。）偃鼠饮河，不过满腹。归休乎君，予无所用天下为！庖人虽不治庖，尸祝不越樽俎而代之矣。”（尸祝，代表鬼神享受祭品，和传告鬼神言词的人。）

许由答："你治天下，天下已然安定。而我还取代你，我将图名吗？名声不过是实体的附属品。我将追求这种附属品吗？小鸟筑巢于深林，只需一根树枝。田鼠饮水于河边，只需装满肚皮。算了，你回吧，我要天下没什么用！厨师虽然不做菜，享受祭品的鬼神代言人，也犯不着越过酒樽肉案去代替厨师操作。"

肩吾问于连叔，曰："吾闻言于接舆，大而无当，往而不返，惊怖其言，犹河汉而无极也！大有径庭，不近人情焉。"

肩吾跟连叔探讨："我听过接舆（楚国狂人）讲话，大而无当，闲扯很远却不知道折回。我惊怖于他的言论，像天上的银河一样无穷无尽，又像门外的小路跟堂前的庭院，风马牛不相及，又不近人情。"

连叔曰："其言谓何哉？"

连叔问："他说了些什么？"

曰："藐姑射之山，有神人居焉，肌肤若冰雪，绰约若处子。不食五谷，吸风饮露，乘云气，御飞龙，而游乎四海之外。其神凝，使物不疵疠，而年谷熟。吾是以狂而不信也。"

答："遥远的姑射山上有神人居住，肌肤像冰雪，绰约似处女，不食五谷，吸风饮露，乘云气，驾飞龙，遨游于四海之外。他们精魄凝聚神志专注，使得百物不生灾病，年年五谷丰登。我当他胡言乱语，不相信他。"

连叔曰："然，瞽者无以与乎文章之观，聋者无以与乎钟鼓之声，岂惟形骸有聋盲哉？夫知亦有之。是其言也，犹时女也。之人也，之德也，将磅礴万物以为一，世蕲乎乱，（蕲，读作'其'。通'祈'。乱，治理。）孰弊弊焉，（弊弊，辛苦疲惫貌。）以天下为事？之人也，物莫之伤。大浸稽天下而不溺，大旱金石流，土山焦而不热。是其尘垢秕糠将犹匋铸尧舜者也，孰肯以物为事？"

连叔说："是啊，瞎子没法给他看错杂花纹与色彩的景观，聋子没法让他听钟鼓声音。难道唯有躯体存在聋盲？智识上也有呀。例如，认同某某的言论，犹如认可处女的纯洁。其人呀，其德呀，将广被万物而使之纯正。世人祈求善治，谁辛苦疲惫如此君，以天下为己任？这人啊，外物莫能损伤，滔天大水不会淹没，即令大旱熔化了金石，晒焦了土山，也不致于使他燥热。用其随身的繁碎细物，貌似也将造就出尧舜那样的伟业——谁又愿意把细物真当回事?”

宋人资章甫适诸越，（资，贩卖。章甫，殷冠。）越人短发文身，无所用之。

宋国有人贩运殷王朝样式的帽子，到越国去卖。可是越人剃光头和剪短发，纹身刺青，用不着戴帽子。

尧治天下之民，平海内之政，往见四子藐姑射之山，（清王先谦《庄子集解》：四子，王倪，啮缺，被衣，许由。《庄子·天地》篇：尧之师曰许由，许由之师曰啮缺，啮缺之师曰王倪，王倪之师曰被衣。）汾水之阳，窅然丧其天下焉。（窅，读作“窈”。惆怅貌。）

帝尧治理天下百姓，安定了境内政务，便前往遥远的姑射山，拜望王倪、啮缺、被衣和许由四位前辈。在汾河北岸惆怅莫名，萌生出逃避天下的念头。

［归纳小大之用］

惠子谓庄子曰：“魏王贻我大瓠之种，我树之成而实五石，以盛水浆，其坚不能自举也。剖之以为瓢，则瓠落无所容，非不呺然大也，（呺，读作‘消’。虚大中空的样子。）吾为其无用而掊之。”

惠子对庄子说：“魏王赐给我大葫芦的种子。我栽种了，所结的葫芦有五石容量（120斤为1石）。拿它盛水吧，其坚硬度不足以承受自身重量。剖开做瓢吧，形状浅平，空空落落不便容物。不是葫芦不够大，我因其无用，打碎了事。”

庄子曰：“夫子固拙于用大矣！宋人有善为不龟手之药者，（龟，手足皮肤受冻而干裂。）世世以洴澼絖为事。（洴澼，读作‘平辟’。漂洗。絖，读作‘矿’。粗丝绵。）客闻之，请买其方百金。聚族而谋曰：‘我世世为洴澼絖，不过数金。今一朝而鬻技百金，请与之。’

庄子说：“先生使用大东西确实笨拙了。宋国有人擅长制作受冻后皮肤不龟裂的药，世世代代以漂洗粗丝绵为生计。一位旅居他乡的人听说了，愿出百金收买药方。宋人聚集族人咨询道：‘我家累世以漂絮为业，收入不过

数金。今日一旦出让技术即获百金，就卖给他吧。’

客得之以说吴王，越有难。吴王使之将，冬与越人水战，大败越人，裂地而封之。能不龟手一也，或以封，或不免于洴澼絖，则所用之异也。今子有五石之瓠，何不虑以为大樽，而浮于江湖，而忧其瓠落无所容，则夫子犹有蓬之心也夫！”

该旅客得到药方，转身去游说吴王，越国适逢忧患。吴王派他率领军队，在冬天跟越国水战，大败越人，吴王划分土地封赏了他。能够让手不龟裂，药效相同。有人获得封地，有人免不了漂絮。为何？因为所用的方法不同。如今你有五石容量的葫芦，何不视作巨型酒樽结缀于腰间，浮游江湖之上？你反而忧虑它平浅空泛，可见先生心中如茅塞不通，短狭不畅哦。”

惠子曰：“吾有大树，人谓之樗。（樗，读作‘初’。臭椿树。）其大本拥肿而不中绳墨，其小枝卷曲而不中规矩，立之涂，匠者不顾。今子之言，大而无用，众所同去也。”

惠子说：“我有棵大树，名叫樗。它树干臃肿，没法符合打直线的工具。枝丫卷曲，没法校正方圆。竖立路旁，匠人皆不屑一顾。就像今天你讲的话，大而无用，人所共弃。”

庄子曰：“子独不见狸狌乎？（狌，读作‘生’，黄鼠狼。）卑身而伏，以候敖者，东西跳梁，不辟高下，中于机辟，死于网罟。今夫斄牛，（斄，读作‘离’。牦牛。）其大若垂天之云，此能为大矣，而不能执鼠。今子有大树，患其无用，何不树之于无何有之乡，广莫之野？彷徨乎无为其侧，逍遥乎寝卧其下，不夭斤斧，物无害者，无所不用，安所困苦哉！”

庄子说：“你难道没见过野猫和黄鼠狼吗？它们低身伏藏，等待游逛的小动物。东西跳跃，不避高下，却陷于捕兽工具，死于网罟。再看牦牛，山中远望像天边的云彩，够大了吧，可是没能力捕捉老鼠。现在先生有大树，担忧它无用，何不栽种到空旷无人处、广袤的野外。人们可在周边徘徊，不嚣竞于尘世，安闲自得地寝卧树荫下享受微风。大树不会摧折于斧头，百物互不相害，彼此无所不用，怎么会困惑苦恼呢？”

〔同游小语〕

《列子·汤问》描述，北海有一条长宽各数千里的大鱼，名字叫鲲。有一只身体和翅膀像垂天之云的巨鸟，名字叫鹏。列子比较老实，没有把大鱼跟巨鸟联系起来。

鲲鹏，庄子洸洋自恣以适己，独创出一种哲学\文学形象。它体量至大，动静至大，志向至大——置身九万里高空迁徙南海。

本篇点睛之笔说：覆盖天地的本来样貌，驾驭阴阳四时的变化，以遨游无穷。这就是鲲鹏的寓意所指，也是庄子作为一名不为己身的至人、不涉事功的神人的自我定位。

笔者读《逍遥游》，有诗曰：

久有鲲鹏志，图南飞九天。
可笑蓬间雀，折腾三尺三。
列子御风行，宋钘荣辱辨。
唐尧让四海，许由隐箕山。
智识多聋盲，小大素颇偏。
至人驾六气，乘正游无限。

齐物论第二

［铺垫：渲染吹万不同的地籁］

南郭子綦隐几而坐，仰天而嘘，荅焉似丧其耦。（荅，读作“踏”。沮丧。）

南郭子綦倚靠小桌子坐着，仰天吐气，失魂落魄像脱了人形。

颜成子游立侍乎前，曰：“何居乎？形固可使如槁木，而心固可使如死灰乎？今之隐几者，非昔之隐几者也。”

颜成子游侍立在旁边，说：“处于什么状态呀？形体诚然可以役使如枯木，精神因此可以顺从像死灰吗？今天斜靠小桌子的人，可不像往日倚桌而坐的人哦。”

子綦曰：“偃，不亦善乎，而问之也！今者吾丧我，汝知之乎？汝闻人籁，而未闻地籁；汝闻地籁，而未闻天籁夫！”

子綦说：“偃（子游姓颜，名偃），不是很好吗，你聊的话题！今天老师忘掉自我，你懂得不：你听到过人籁，没有听过地籁。听到过地籁，没有听见天籁。”

子游曰：“敢问其方。”

子游说：“请问其中的道理。”

子綦曰：“夫大块噫气，（大块，大自然。）其名为风。是唯无作，作则万窍怒呺，而独不闻之翏翏乎？（翏翏，读作‘鹿鹿’。长风声。）山林之畏佳，（畏，山高下盘曲。佳，高峻。）大木百围之窍穴，似鼻似口，似耳似枅，（枅，读作‘机’。柱上方木。）似圈似臼，似洼者，似污者。激者謞者，（謞，读作‘孝’。呼叫，如箭去声。）叱者吸者，叫者譹者，宎者咬者，前者唱于，而随者唱喁。泠风则小和，飘风则大和，厉风济则众窍虚，而独不见之调调，之刁刁乎？”（调调、刁刁皆动摇貌。）

子綦说：“大自然吹气，名字叫风。它要么不发作，一旦发作则万窍怒号，你不曾听过长风呜呜呼啸吗？山林的盘曲高峻，百围大树的窍穴，像鼻子，像嘴巴，像耳朵，像木柱上的方孔，像圈禁禽兽的围栏，像舂米捣物的容器，像深池，像凹地。它们在风中发出音响：如水激，如箭去，如呵斥，如细吸，如高叫，如低嚎，如穿穴，如清鸣。前面的风声唱出“于”音，随后的风声应和出“喁”音。微风则小声相应，暴风则大声相应。大风停止后众窍寂然——难道你没看见山间草木仍在飘飘摇摇吗？”

子游曰：“地籁则众窍是已，人籁则比竹是已，（人籁，人发出的音响。比竹，竹制乐器。）敢问天籁？”

子游说：“地籁即风吹众窍这般，人籁即箫笛笙簧这般。请问天籁何所指？”

子綦曰：“夫吹万不同，而使其自已也，咸其自取。怒者其谁邪？”

子綦说：“风吹万窍不同，又使其自然停止，皆孔窍自身收受。那么，怒号者是谁呢？”

［重点：极言人籁＼人言主导着是非］

大知闲闲，小知间间。大言炎炎，小言詹詹。其寐也魂交，其觉也形开，与接为构，日以心斗。缦者、窖者、密者，小恐惴惴，大恐缦缦。

大智慧宽裕广雅，小聪明细加分别。大言论气焰成云，小言论喋喋不休。人们熟睡时意念交错，醒来后形体舒展，交接间设计挑拨，每天勾心斗角。有的宽松缓慢，有的深沉阴险，有的谨慎周密。小担心则惴惴不安，大恐惧则迷失沮丧。

其发若机栝，其司是非之谓也。其留如诅盟，其守胜之谓也。其杀若秋冬，以言其日消也。其溺之所为之，不可使复之也。其厌也如缄，以言其老洫也。（洫，读作“序”。败坏。）近死之心，莫使复阳也。

上述人性弱点一旦发作，犹如弩上发箭的扳机，立即主导着是非。它们执拗成见像诅咒盟誓，时时寄望于守己胜人。它们造成的伤害像秋冬，日渐琢削令天真丧失。它们让人沉溺，一往不可复返。堵塞封闭当事人，使衰弱败坏难以收拾。其濒临死亡的心态，没法恢复生机了。

喜怒哀乐，虑叹变慹，（慹，读作“执”。惧怕。）姚佚启态。乐出虚，蒸成菌。日夜相代乎前，而莫知其所萌。已乎已乎！旦暮得此，其所由以生乎？

人们快乐、生气、悲伤、喜悦、思虑、叹息、反复、惧怕，轻浮躁动，奢华放纵，情欲开张，骄淫妖冶，恰似音乐产生于虚器，地气蒸发成菌芝。白天黑夜相替在眼前，并不知道何以萌生。算了吧，算了吧，很长时期延续至此，它们生发于自然界有缘由吗？

非彼无我，非我无所取。是亦近矣，而不知其所为使。若有真宰，而特不得其眹。（眹，读作“阵”。征兆，迹象。）可行已信，而不见其形，有情而无形。

没有对方就显不出个我，没有个我亦无所索取于对方。两者互为依傍，不知谁在其间起支配作用。假如存在天神，他老人家无迹可寻——可以运行，已有规律，却未见显露。有实情而无形象。

百骸，九窍，六藏，赅而存焉。吾谁与为亲？汝皆说之乎？其有私焉？如是皆有为臣妾乎？其臣妾不足以相治乎？其递相为君臣乎？其有真君存焉。如求得其情，与不得，无益损乎其真。一受其成形，不亡以待尽。与物相刃相靡，其行尽如驰，而莫之能止，不亦悲乎？

百骸、九窍和六脏，完备存在于人体，我跟哪个器官亲密些？你全都喜欢呢，抑或偏爱身中之一物？如此看来，它们都做臣妾吗，臣妾不足以互相治理吧？它们轮换做君臣吗，或许有个真正的主宰存在吧。假如求得此中实情，或不得实情，并未增减诸多器官的真实性。它们一朝禀受成形，即不逃离人体，直到功能衰竭。它们与外物相磨相顺，像驱赶快马奔跑一样，前往寿命的终点，没有什么东西能够阻止，不是很悲哀吗？

终身役役而不见其成功，苶然疲役而不知其所归，（苶，读作“尔”。疲困貌。）可不哀邪？人谓之不死，奚益？其形化，其心与之然，可不谓大哀乎？人之生也，固若是芒乎？其我独芒，而人亦有不芒者乎？

终身劳作钻营，而不见其成功，疲困于驱使而不知道结局，不是很可怜吗？旁人以为此类人精力无穷，有什么益处？他的形骸消耗了，精神也随之丧失，不算大悲哀吗？人生在世，一定要如此暗昧吗？只有我独自犯傻，其他人有没有不昏昧的？

夫随其成心而师之，谁独且无师乎？奚必知代而心自取者有之，愚者与有焉。未成乎心而有是非，是今日适越而昔至也。是以无有为有。无有为有，虽有神禹且不能知，吾独且奈何哉？

任由主观成见做范式，谁没有范式？未必懂得变化，随心自取的大有人在，愚人即如此。内心尚未确定，就妄断是非，好比今天去越国，而说昨天便抵达了。这叫把没有的事情当作有——把没有当作有，纵使具备大禹的智慧亦不能交好，我有什么办法啊！

夫言非吹也。言者有言，其所言者特未定也。果有言邪？其未尝有言邪？其以为异于鷇音，亦有辨乎？其无辨乎？

人言不像风吹众窍。言者有议论或学说，只不过他所说的内容不够确定。当事人果真有见解吗，不曾有见解吗？他自以为有别于雏鸟刚孵出时的叫声，二者有区分呢，还是没有区分呢？

道恶乎隐，而有真伪？言恶乎隐，而有是非？道恶乎往而不存？言恶乎存而不可？道隐于小成，言隐于荣华。

道怎样隐微，才出现真伪？语言怎样隐微，才导致是非？道怎样交往而不止息？语言怎样止息而不认可？道隐匿在初步成就里，主张潜藏在华美辞藻里。

故有儒墨之是非，以是其所非，而非其所是。

于是有儒家墨家的是非：他们肯定对方所反对的观点，讥刺对方所认可的观点。

欲是其所非，而非其所是，则莫若以明。

想要肯定对方所反对的，讥刺对方所认可的，莫若区分使之彰明。

物无非彼，物无非是。自彼则不见，自知则知之。故曰，彼出于是，是亦因彼，彼是方生之说也。

物无非彼，物无非此。若观看对方则不易理解，反观自己则容易懂得。所以说，彼出于此，此亦因彼而成立；这就是彼此并列生长的学说。

虽然，方生方死，方死方生。方可方不可，方不可方可。因是因非，因非因是。是以圣人不由，而照之于天，亦因是也。

虽然，一并生出，一并止息；一并止息，一并生出。一并肯定，一并否定；一并否定，一并肯定。顺随着正确，顺随着错误；顺随着错误，顺随着正确。因此，圣人不强求惟一存此，或惟一存彼，而是察知自然界，依凭自然规律来作为。

是亦彼也，彼亦是也。彼亦一是非，此亦一是非。果且有彼是乎哉？果且无彼是乎哉？

此，属于对方的彼；彼，对方也视作此。彼持一套是非，此持一套是非。果真存在对方的正确吗？果真不存在对方的正确吗？

彼是莫得其偶，谓之道枢。枢始得其环中，以应无穷。

对方的正确得不到对立面，是道的枢机（转动开闭的平衡点）。枢机方才契合圆环中心（是非反覆的居中位置），用来应付无穷。

是亦一无穷，非亦一无穷也。故曰，莫若以明。

正确，是某种无穷；错误，也是某种无穷。所以说，不如用本原的明照。

以指喻指之非指，不若以非指喻指之非指也。以马喻马之非马，不若以非马喻马之非马也。天地一指也，万物一马也。

拿手指说明手指不是手指，不如用不是手指的东西，来说明手指不是手指。拿马说明马不是马，不如用不是马的东西，来说明马不是马。天地皆如这样的手指，万物皆如这样的马。

可乎可，不可乎不可。道行之而成，物谓之而然。恶乎然？然于然。恶乎不然，不然于不然。

肯定认可的事物，否定不堪的事物。道路走过就成型了，事物称呼后就如此了。什么叫如此了？同意其合宜性。什么叫不如此？不应允其不对的部分。

物固有所然，物固有所可。无物不然，无物不可。故为是举莛与楹，（莛读作“亭”；草茎。楹读作“迎”；屋柱。）厉与西施，（厉通“癞”。恶疮。）恢恑憰怪，道通为一。

事物必定具有客观合宜性，必定具有主观适合的部分。没有一种事物绝对不合宜，没有一种事物绝对不适合。因此，对比草茎与屋柱，癞子与西施，以及弘大、奇变、权诈、妖异的任何事物，由悟道者观之，皆相通为一。

其分也，成也；其成也，毁也。凡物无成与毁，复通为一。唯达者知通为一，为是不用而寓诸庸。庸也者，用也。用也者，通也。通也者，得也。适得而几已。因是已，已而不知其然，谓之道。

事物分散，包含着成全；事物成功，包含着毁灭。一切事物没有绝对的长成与败坏，它们自来相通为一。唯有通达道理的人，懂得众物皆通为一。因此不用成见，而寄托于日常更替之中。更替，就是采用。采用，就是畅达。畅达，就是获得。适然自得即接近道了。沿袭这个理念＼模式直到最终，完成了而不知其所以然，叫做道。

劳神明为一，而不知其同也，谓之“朝三”。何谓“朝三”？狙公赋芧曰：（狙，读作“居”。猕猴。狙公，养猴老翁。芧，读作“绪”。橡子。）“朝三而暮四。”众狙皆怒。曰：“然则朝四而暮三。”众狙皆悦。

淘神费力追求完满，却不知本质相同，称为“朝三”。什么叫“朝三”？养猴老翁拿橡子喂猴群，说：“大家早上吃三颗，晚上吃四颗。”众猴皆怒。老翁改口说：“要不早上四颗，晚上三颗吧。”众猴皆悦。

名实未亏而喜怒为用，亦因是也。是以圣人和之以是非，而休乎天钧，是之谓两行。

形式和内容都没有减损，就左右了群猴的喜怒；也因为不用成见，仅寄托于日常更替之中操作。所以，圣人和谐于是非，善于天然均平。这叫做物我同时运行。

古之人，其知有所至矣。恶乎至？有以为未始有物者，至矣，尽矣，不可以加矣！其次以为有物矣，而未始有封也。其次以为有封焉，而未始有是非也。是非之彰也，道之所以亏也。道之所以亏，爱之所以成。

古人智慧达到了极致。何谓极致？有人认为宇宙起源没有物质形体，极点了，穷尽了，不可以超过了。其次，有物体产生，尚未分离开来。其次，浑沌初开，还没有是非。后来是非清楚了，道随之也减损了。道逐渐减损，喜爱亦伴随长成。

果且有成与亏乎哉？果且无成与亏乎哉？有成与亏，故昭氏之鼓琴也；无成与亏，故昭氏之不鼓琴也。

果真有长成和减损吗？果真没有长成和减损吗？有长成和减损，恰似昭文（古善琴者）鼓琴；没有长成和减损，恰似昭文不鼓琴。

昭文之鼓琴也，师旷之枝策也，惠子之据梧也，三子之知几乎皆其盛者也，故载之末年。

昭文鼓琴，师旷（晋平公乐师）柱杖击节，惠子背靠梧桐树辩论，三位先生的才智相近，皆一时之盛美者，所以记载竹帛，传于后世。

唯其好之也，以异于彼，其好之也，欲以明之。彼非所明而明之，故以坚白之昧终。而其子又以文之纶终，终身无成。

虽然惠子善谈名理，异于众人。他的喜好想遍晓于人，却用不够明审的“合同异”之说来强辩；因此跟公孙龙的“离坚白”一起，合称“坚白同异之辩”，被世人评定为不可解的诡辩。而昭文的儿子继承父业，鼓琴一生，终无成就可言。

若是而可谓成乎？虽我亦成也。若是而不可谓成乎？物与我无成也。

上述例子可以称作成功吗？那么，我也算小有所成吧。上述例子不可以称作成功吗？那么，万物与我皆是无成。

是故滑疑之耀，圣人之所图也。为是不用而寓诸庸，此之谓“以明”。

鉴于此，浮而不实和存疑的炫耀，圣人必谋去之。不用成见，而寄托于日常更替之中，这就叫本源的明照。

今且有言于此，不知其与是类乎？其与是不类乎？类与不类，相与为类，则与彼无以异矣。虽然，请尝言之。

目前有种言论，不知它跟本源明照类似么，还是不类似？同类与不同类，相互类推，即跟诡辩没差别了。尽管如此，请允许我试言一二。

有始也者，有未始有始也者，有未始有夫未始有始也者。

宇宙有初始，有初始未曾生出的阶段，有比初始未曾生出更早的阶段——空间无边际，时间无穷尽。

有有也者，有无也者，有未始有无也者，有未始有夫未始有无也者。

宇宙存在“有”了，存在“无”了；存在“有无”未曾生出的阶段；存在比“有无”未曾生出更早的阶段——未见气的太易、气之始的太初、形之始的太始和质之始的太素。

俄而有无矣，而未知有无之果孰有孰无也。

不久，“有无”混沌一片，不知道“有”跟“无”，究竟谁有，谁无。

今我则已有有谓矣，而未知吾所谓之其果有谓乎？其果无谓乎？

现在，我已有万物化生的论述，不知道我所说的当真有意义吗，当真没意义吗？

夫天下莫大于秋豪之末，而太山为小。莫寿乎殇子，而彭祖为夭。

天下莫大于秋兽长出的毫毛，而泰山也可以看作小。莫寿于未成年即死亡的人，而彭祖也可以看作短命。

天地与我并生，而万物与我为一。既已为一矣，且得有言乎？既已谓之一矣，且得无言乎？

天地与我并生，万物与我为一。既然为一了，用得着多说吗？既然认为一样了，还有不能说的吗？

一与言为二，二与一为三。自此以往，巧历不能得，而况其凡乎！故自无适有，以至于三，而况自有适有乎！无适焉，因是已！

用“万物与我为一”做基础，再说话，就是二了。第二种言论相比于基础认知，又衍生出第三种说法。自此以往，纵然有巧于算历的人，亦不能统计出说词的数目，而况普通人么？所以，从无到有，已演化成三，何况从有到有呢。无须话辗话滚动添加，依照万物与我为一就行了。

夫道未始有封，言未始有常，为是而有畛也。请言其畛：（畛，读作“枕”。界限。）有左，有右，有伦，有义，有分，有辩，有竞，有争，此之谓八德。

道未曾有边界，语言未曾有恒常，为了显示己方正确，便有了界限。请言其范围：有左倾，有右倾，有讲道理，有讲意义，有分析，有剖别，有对掐，有群争。这就叫八类各据所得的言论。

六合之外，圣人存而不论。六合之内，圣人论而不议。《春秋》经世先王之志，圣人议而不辩。

天地四方之外，圣人存而不论。天地四方之内，圣人循其理得其宜，不做评议。古编年史《春秋》经纬世事，先王们的记载，圣人评议以利益当时，终不巧辩。

故分也者，有不分也。辩也者，有不辩也。曰：何也？圣人怀之，众人辩之，以相示也。故曰：辩也者，有不见也。

所以，做分析，有不分析的部分。做剖别，有不剖别的部分。问：为什么呢？圣人囊括万物；普通人辩论万物，以交互告知。因此说，擅长言辞的人，或有不曾看到的事物。

夫大道不称，大辩不言，大仁不仁，大廉不嗛，（嗛通“谦”。谦逊。）大勇不忮。（忮，读作“至”。凶暴。）

大道不扬名，大辩不多话，大仁不恩惠，大廉不逊让，大勇不凶暴。

道昭而不道，言辩而不及，仁常而不成，廉清而不信，勇忮而不成。五者园而几向方矣！（园同“圆”。）故知止其所不知，至矣。

道彰明清楚了，就不叫作道。言论辩驳明晰了，必存不识和未达的部分。仁爱做常态，一定难以周全。廉洁清澈单一，旁人会猜疑其中不可知。勇敢伴随凶暴，则诸事难成。此五者浑然圆通，如果滞于迹，就非常接近方正则止的自然之势。所以，知道停止于不明白的节点，就达到顶点了。

孰知不言之辩，不道之道？若有能知，此之谓天府。注焉而不满，酌焉而不竭，而不知其所由来，此之谓葆光。

谁了解不说话的辩论、不揣度的道？若能懂得，就叫做天府（天生藏物的处所）。注水灌不满它，舀取不会枯竭，不知其所由来，称作葆光（隐蔽光辉）。

故昔者尧问于舜曰："我欲伐宗、脍、胥敖，南面而不释然。其故何也？"

昔日尧问舜："我想征伐宗、脍、胥敖三个部落。谁曾想坐朝听政时，总觉心绪不宁，啥原因呢？"

舜曰："夫三子者，犹存乎蓬艾之间。若不释然何哉！昔者十日并出，万物皆照，而况德之进乎日者乎。"

舜说："三个小小部落酋长，好比活在蓬蒿艾草间，何必耿耿于怀？以前十日并出，万物普照，何况是德行远超太阳的您呢。"

啮缺问乎王倪曰："子知物之所同是乎？"

啮缺问王倪说："先生懂得万物的同一性，对吧？"

曰："吾恶乎知之！"

答："我怎么会知道！"

"子知子之所不知邪？"

"先生知道自己不懂的事物吗？"

曰："吾恶乎知之！"

答："我怎么会知道！"

"然则物无知邪？"

"那么万物没有知觉吗？"

曰："吾恶乎知之！虽然，尝试言之。

答："我怎么会知道！虽然如此，试着说说吧。

庸讵知吾所谓知之非不知邪？庸讵知吾所谓不知之非知邪？

凭什么认识我所说的知道不是不懂呢，凭什么认识我所说的不懂不是懂得呢？

且吾尝试问乎女：民湿寝则腰疾偏死，鳍（泥鳅）然乎哉？木处则惴栗恂惧，猨猴然乎哉？三者孰知正处？

我试问你：人类睡在潮湿处，易患腰膝疾病，或致半身不遂；泥鳅会这样吗？人类居住大树上，则恐惧战慄，忧虑害怕；猿猴会这样吗？此三者，谁了解合乎规范的栖息？

民食刍豢，麋鹿食荐，蝍蛆（蜈蚣）甘带，鸱（鹞鹰）鸦耆鼠，四者孰知正味？

人类吃家畜，麋鹿吃青草，蜈蚣以为小蛇味美，鹞鹰乌鸦喜好老鼠。此四者，谁了解合乎规范的饮食？

猿猵狙以为雌，麋与鹿交，鳝与鱼游。毛嫱丽姬，人之所美也；鱼见之深入，鸟见之高飞，麋鹿见之决骤。四者孰知天下之正色哉？

猿和猵狙（猕猴的一种）互相当作雌性，麋跟鹿性交，泥鳅与鱼嬉戏。毛嫱、丽姬，是人人称羡的美色；可是鱼儿见了深潜水底，鸟儿见了高飞远避，麋鹿见了疾走不顾。此四者，谁了解天下合乎规范的美色？

自我观之，仁义之端，是非之涂，樊然淆乱，吾恶能知其辩！”

依我看，仁义理念的提出，开启了是非之途，它们纷杂混乱，我怎么知道其中的分别！”

啮缺曰：“子不知利害，则至人固不知利害乎？”

啮缺说：“先生不知利害，那么至人本来就不知道利害吗？”

王倪曰：“至人神矣！大泽焚而不能热，河汉沍而不能寒，（沍，读作‘互’。冻结。）疾雷破山、飘风振海而不能惊。若然者，乘云气，骑日月，而游乎四海之外。死生无变于己，而况利害之端乎！”

王倪说：“至人很神妙啊。大沼泽焚烧了，不能使他燠热。黄河汉水冻结了，不能使他寒冷。迅雷击破山峰，狂风振动大海，不能使他惊骇。这样的人物，乘云气，骑日月，遨游四海之外。死生无法改变他，何况利害方面呢！”

[高潮：简介天籁——圣人的处世之道]

瞿鹊子问乎长梧子曰：“吾闻诸夫子：圣人不从事于务，不就利，不违害，不喜求，不缘道，无谓有谓，有谓无谓，而游乎尘垢之外。夫子以为孟浪之言，而我以为妙道之行也。吾子以为奚若？”

瞿鹊子（孔门后学）问长梧子：“我听孔子讲过，圣人不从事于紧要事务，不趋利，不避害，不喜欢责求谁，不以攀援之心行走世途。不论人论事即有所评议，有所评议亦不唠叨，漫游于俗世尘垢之外。孔子认为这些全是漫无边际的言论，而我却以为，此乃践行精妙道理。先生觉得如何？”

长梧子曰：“是黄帝之所听荧也，而丘也何足以知之？且女亦大早计，见卵而求时夜，见弹而求鸮炙。（鸮，读作‘消’。小鸠。）予尝为女妄言之，女以妄听之。

长梧子说：“这番话题，黄帝也会困惑，孔丘何足知晓？你未免操之过急了：看见鸡蛋就寻找司夜的雄鸡，看见弹弓就寻找烤鸠肉吃。本人于此胡言乱语几句，你也随便听听吧。

奚旁日月，挟宇宙，为其吻合，置其滑涽，以隶相尊？众人役役，圣人愚芚，（芚，读作‘春’。谨厚貌。）参万岁而一成纯。万物尽然，而以是相蕴。

圣人依傍日月，怀藏宇宙，使它们像两唇相合一样匹配。任由庶物纷乱不定，尾随观察它们的形而上紧要处。众人劳苦不休，圣人戆直谨厚。参错万年事物，抱一而成精纯。万物完全如此，用这个方法积聚事理。

予恶乎知说生之非惑邪！予恶乎知恶死之非弱丧而不知归者邪！

我怎么知道喜欢生长不是迷乱？我怎么知道讨厌死亡不是弱龄失其故居，而不晓得返乡？

丽之姬，艾封人之子也。晋国之始得之也，涕泣沾襟。及其至于王所，与王同筐床，食刍豢，而后悔其泣也。

丽姬，艾地守封疆者的女儿。晋国刚迎娶她的时候，涕泣沾襟。当她到了晋献公住所，跟献公同睡方正安适的大床，吃牲畜肉，才后悔其哭泣。

予恶乎知夫死者不悔其始之蕲生乎？

我怎么知道死去的人，不悔恨当初求生呢？

梦饮酒者，旦而哭泣。梦哭泣者，旦而田猎。方其梦也，不知其梦也，梦之中又占其梦焉，觉而后知其梦也。且有大觉而后知此其大梦也。

梦中饮酒的人，天明哭泣。梦中哭泣的人，天明打猎。他们正值梦乡，不知道在做梦，梦里又推测梦的吉凶祸福，醒来方知是幻象。只有彻底觉悟了，然后才认识到这是极大的昏乱不明。

而愚者自以为觉，窃窃然知之。君乎！牧乎！固哉！丘也与女皆梦也，予谓女梦亦梦也。

而愚昧的人自以为清醒，摆出一副明察模样。整天君呀，臣呀，浅薄！孔丘和你都在做梦。我说你方才的空想也算做梦。

是其言也，其名为吊诡。万世之后而一遇大圣知其解者，是旦暮遇之也。

肯定上述言论，它的名字叫吊诡——顶级奇思妙想。万世之后，遇上大圣人懂得其见解，也算短时间内相逢知音啊！

既使我与若辩矣，若胜我，我不若胜，若果是也？我果非也邪？我胜若，若不吾胜，我果是也？而果非也邪？其或是也？其或非也邪？其俱是也？其俱非也邪？我与若不能相知也。

就算我跟你辩论，你胜过我，我没法胜你，你真的正确吗？我真的错误吗？我胜过你，你没法胜我，我真的正确吗？你真的错误吗？有人正确，有人错误吗？全都正确，全都错误吗？我和你不能互相了解。

则人固受其黮暗，吾谁使正之？使同乎若者正之，既与若同矣，恶能正之？使同乎我者正之，既同乎我矣，恶能正之？使异乎我与若者正之，既异乎我与若矣，恶能正之？使同乎我与若者正之，既同乎我与若矣，恶能正之？然则我与若与人俱不能相知也，而待彼也邪？

假如人们一再遭受昏暗不明，我请谁来认知并尊重事物的本来样貌？让附和你的人来匡正，既然与你一样了，怎么能不偏斜？让附和我的人来匡正，既然与我一样了，怎么能不偏斜？让不同于我和你的人来匡正，既然不同于我和你了，怎么能不偏斜？让相同于我和你的人来匡正，既然相同于我和你了，怎么能不偏斜？既然如此，我与你以及他人，皆不能互相了解，那么等待谁呢？

化声之相待，若其不相待。和之以天倪，因之以曼衍，所以穷年也。

是非之辩相持不下，犹如它们互不容忍。和谐于天然的边界与区分，依从于众物的牵扯演化，享受个体生命的完满。

何谓和之以天倪？曰：是不是，然不然。是若果是也，则是之，异乎不是也，亦无辩。然若果然也，则然之，异乎不然也，亦无辩。忘年忘义，振于无竟，故寓诸无竟。”

什么叫和谐于天然的边界与区分？曰：肯定不够正确的东西，同意不太合宜的东西。正确的东西如果合乎法则，则肯定它，当然区别于错误，无须争辩。合宜的东西如果已然形成，则同意它，当然区别于不应允，无须争辩。忘记年月忘记准则，畅遂于无穷，也寄意于无穷。”

[余韵：奇思妙想，庄生梦蝶]

罔两（阴影外的重阴）问景（阴影）曰：“曩子行，今子止；曩子坐，今子起。何其无特操与？”

阴影外的重阴，问阴影说：“从前你走动，现在你停止；从前你坐着，现在你站起。怎么没有独立操守呢？”

景曰：“吾有待而然者邪？吾所待又有待而然者邪？吾待蛇蚹蜩翼邪？（蚹，读作‘付’。蛇腹横鳞。蜩，读作‘条’。蝉的一种。）恶识所以然？恶识所以不然？”

阴影答：“我有所等待才这样吗？我等待的东西，又有所等待才这样吗？我等待蛇腹爬行的横鳞和蝉的翅膀吗？怎么认识为何这样，怎么认识为何不这样？”

昔者庄周梦为胡蝶，栩栩然胡蝶也。自喻适志与，不知周也。俄然觉，则蘧蘧然周也。（蘧，读作“巨”。惊喜貌。）不知周之梦为胡蝶与？胡蝶之梦为周与？周与胡蝶则必有分矣，此之谓物化。

昔日庄周在梦中成为蝴蝶，欣喜欢畅一只蝴蝶。自我感觉适意，不知道有庄某人。忽然醒来惊喜，仍然一个庄周！不知是庄周到梦里去变作蝴蝶呢，还是蝴蝶到梦里去变成庄周？庄周和蝴蝶必有分别，这就叫事物转化。

［同游小语］

一身之外，其他所有的人事景物，言论文章，皆称为物。

当我们说“齐物”的时候，不是指一刀切。而是宛如置身在广袤无垠的田野，眼见庄稼随土地的高下为高下，参差上长，似不齐而实齐。

万事万物之中，最不整齐的是人言，它们至危至微，至纷至累。怎样对待乱七八糟的人言，以及语言背后危险的人心？庄子的选择是：

对外全其身。别人的所谓正确，我懒得去搭腔\抬杠，这是践道的关键。它好比枢纽\平衡点，一旦把握住了，就获得了圆环中心——是非反覆的居中位置，足以应付无穷。

对内乐其生。和谐于天然的均平分际，依从众物的牵扯演化，享受个体生命的完满。

笔者读《齐物论》，有诗曰：

隐几仰空嘘，软耷丧骸形。
地籁众窍号，人籁是非生。
圣者怀宇宙，万岁抱纯正。
和谐随天倪，曼衍寄无竟。
承受未完美，包容不赞成。
吊诡蝴蝶梦，物化快志行。

养生主第三

［养生总纲：知止守中］

吾生也有涯，而知也无涯，以有涯随无涯，殆已。已而为知者，（已，太，甚。）殆而已矣。

我的生命有极限，而智识无边际。凭借有极限的光阴，追逐无边际的事物，很疲困。过度谋求欲念的人，徒见危殆罢了。

为善无近名，为恶无近刑。

做美好的事情，不要依附名声。做丑恶的事情，不要触碰刑罚。

缘督以为经，可以保身，可以全生，可以养亲，可以尽年。

好比背脊的督脉，行气以得其中，可以保养躯体，可以完好生命，可以供奉父母，可以活够自然寿命。

［养生第一要旨：超越工匠精神对待职事，达到道的境界］

庖丁为文惠君解牛，手之所触，肩之所倚，足之所履，膝之所踦，（踦，读作“乙”。触，抵住。）砉然向然，（砉，读作“须”。皮骨分离的声音。）奏刀騞然，（騞，读作“豁”。破裂声。）莫不中音，合于《桑林》之舞，乃中《经首》之善。

庖丁为文惠君宰牛，手触碰的，肩倚靠的，足踩踏的，膝抵住的，皮肉分离作砉砉声，进刀騞然破裂，莫不对上音律。合于商汤祷于桑林而作的《桑林》舞乐，切中黄帝所作的《经首》乐章。

文惠君曰："嘻，善哉！技盖至此乎？"

文惠君说："嘻，好极了！技巧达到如此程度了吗？"

庖丁释刀对曰："臣之所好者，道也，进乎技矣。

庖丁放下刀，回答："臣爱好的是道，超过技能\工匠精神的层次了。

始臣之解牛之时，所见无非牛者。三年之后，未尝见全牛也。方今之时，臣以神遇，而不以目视，官知止而神欲行，依乎天理，批大郤，（郤，读作'细'。间隙交际处。）道大窾，（窾，读作'款'。骨节空隙处。）因其固然，技经肯綮之未尝，（綮，读作'庆'。筋肉结节处。）而况大軱乎！（軱，读作'姑'。大骨。）

初期我宰牛时，满眼尽是牛。三年之后，不曾看到全牛了。而今，我精神与牛相遇，不用目视，感官睹其迹，神魂已析其形。依乎天理，劈开牛体大的间隙交际处，引导骨节小空隙，迁就它险要坚固的部位，经络、骨间肉和筋结皆未碰撞，何况大骨头呢！

良庖岁更刀，割也。族庖月更刀，折也。今臣之刀十九年矣，所解数千牛矣，而刀刃若新发于硎。（硎，读作'形'。磨刀石。）

好厨师每年换一把刀，用以割裂骨肉。杂牌厨师每月换一把刀，用以砍断骨肉。现在，我的刀用了十九年，宰过几千头牛，而刀刃像刚在磨石上磨过一样。

彼节者有间，而刀刃者无厚，以无厚入有间，恢恢乎其余游刃，必有余地矣！是以十九年，而刀刃若新发于硎。

牛的骨节有缝隙，而刀刃很薄，用薄刃进入有缝隙的骨节，宽宽绰绰留有行走锋刃的余地。所以十九年了，刀刃仍像新磨过一样。

虽然，每至于族，吾见其难为，怵然为戒，视为止，行为迟，动刀甚微，謋然已解，（謋，读作'货'。迅速分裂的声音。）如土委地。

纵使如此，每当遇到筋骨交错纠结的时候，我知道不好处理，便格外警惕戒备，目光凝聚，动作缓慢，微微一运刀，牛肉就分裂开，像泥土一般散落在地上。

提刀而立，为之四顾，为之踌躇满志，善刀而藏之。"

我提刀站立，四面环顾，为此番成就而踌躇满志。然后，妥当地保养好刀，收藏起来。”

文惠君曰：“善哉！吾闻庖丁之言，得养生焉。”

文惠君说：“好啊！我听了庖丁的话，懂得养生了。”

［养生第二要旨：把残缺和不如意，视作芸芸众生的无可奈何］

公文轩见右师而惊曰：“是何人也？恶乎介也？天与，其人与？”

公文轩看见右师（官名），惊问：“是什么人啊？怎么断了一只脚？天生如此，还是人为造成的？”

曰：“天也，非人也。天之生是使独也，人之貌有与也。以是知其天也，非人也。”

接着说：“是自然现象，不是人为的。老天爷使他只剩下一只脚——人的相貌姿体，存在赐予和许可的因素。因此知道他断一只脚，具有客观必然性，不以人的意志为转移。”

［养生第三要旨：高高飘扬起自由快乐的旗帜］

泽雉十步一啄，百步一饮，不蕲畜乎樊中，（樊，藩，笼鸟。）神虽王，不喜也。

池畔野鸡，十步啄一粒食，百步喝一口水，不祈求饲养在篱笆笼里。假如身处樊笼中，神态虽然旺盛，但它不快乐啊！

［养生第四要旨：解脱死亡的终极恐惧］

老聃死，秦失吊之，（秦失，人名，老聃的朋友。失，又作“佚”，读作“意”。）三号而出。

老聃死了，秦失去吊丧，哭几声就走出灵堂。

弟子曰：“非夫子之友邪？”

老聃的弟子问：“你不是老师的朋友吗？”

曰：“然。”

答：“是啊。”

“然则吊焉若此，可乎？”

“那么，吊唁像这个样子，可以吗？”

“然。始也吾以为其人也，而今非也。

“可以啊。曾经我以老聃为伴侣，而今不是伴侣了。

向吾入而吊焉，有老者哭之，如哭其子。少者哭之，如哭其母。彼其所以会之，必有不蕲言而言，不蕲哭而哭者。是遁天倍情，忘其所受，古者谓之遁天之刑。

刚才我入室吊唁，有老者在哭，像哭自己的儿子。有年轻人在哭，像哭自己的父母。他们会聚于此，必有不祈祷的话，说出来了；不祈祷的哭泣，哭出来了。这是欺蒙自然、背离真情的做法。忘记了所禀受的自然品性，古人称作违背自然规律所受的刑罚。

适来，夫子时也。适去，夫子顺也。安时而处顺，哀乐不能入也，古者谓是帝之县解。”

恰巧产生，是老聃合于时宜。偶然离去，是老聃依顺物理。安享自己的时运，暂止于顺从物理，哀乐不能进入内心。古人说，是天神来解开倒悬(在困境中得救)。”

指穷于为薪，火传也，不知其尽也。

手持木柴燃火，前薪将尽而后薪继之，火相延不熄，不知其终尽。(形虽往而神常存。)

［同游小语］

养生包含哪些内容？庄子说，保养躯体，完好生命旅程，给至亲带来优质的生活，活够自己的自然寿命。

怎样达到上述目的呢？他老人家择其大要：知止和守中。

生命很短暂，我们内心的欲念，必须停止于合宜的节点：参加社会活动时，其上限不要依附名声，其下限应当避免刑罚。这就好比背脊的督脉，清妙行气以得其中。

庄子还借助庖丁解牛等寓言故事，多方面诠释了养生要旨。

笔者读《养生主》，有诗曰：

生命有边际，智欲无涯岸。
有涯随无涯，何由避危险。
庖丁善宰牛，触抵中乐酣。
泽雉清啄饮，糟粕厌篱藩。
安时处顺逆，古者解倒悬。
勉力加柴薪，不尽火焰传。

人间世第四

［入职心态：内直外曲，跟从古人和懂得心斋］

颜回见仲尼，请行。曰："奚之？"

颜回拜见仲尼，辞行。仲尼问："到哪里去？"

曰："将之卫。"

颜回说："打算到卫国。"

曰："奚为焉？"

问："做什么呢？"

曰："回闻卫君，其年壮，其行独，轻用其国，而不见其过。轻用民死，死者以国量乎泽若蕉，（蕉，蕉麻，山生或田种。又指麻经久雨，其根坏死。）民其无如矣。

答："我听说卫君正值壮年，行事独断，轻率治理邦国，没有臣子敢规谏其过失。他随意置百姓于死地，因国政而死的人布满水洼，像旷野中遭逢苦雨而浸坏的乱麻。民众无所归依了。

回尝闻之夫子曰：'治国去之，乱国就之。医门多疾。'愿以所闻思其则，庶几其国有瘳乎？"（瘳，读作"抽"。痊愈，治愈。）

我听老师讲过：'安定的邦国可以离开，动荡的邦国可以前往——医生门前病人多嘛。'我希望尽展所学，拿出好办法，或许卫国还可治愈哩。"

仲尼曰："嘻！若殆往而刑耳！

仲尼说："嘻！恐怕你去将遭受刑戮吧。

夫道不欲杂，杂则多，多则扰，扰则忧，忧则不救。

道不要驳杂。驳杂则过多，过多则烦劳，烦劳则忧愁，忧愁则无药可救。

古之至人，先存诸己，而后存诸人。所存于己者未定，何暇至于暴人之所行！

古代的至人，先保存好自己，再过问别人的事情。你存己尚未搞定，哪来闲工夫顾及别人的恶行呢！

且若亦知乎德之所荡，而知之所为出乎哉？德荡乎名，知出乎争。名也者，相轧也；（轧，读作'亚'。排挤，倾轧。）知也者，争之器也。二者凶器，非所以尽行也。

况且你了解德行之所以摇摆，聪明之所以显露吗？德行摇摆于名声，聪明显露于争夺。名声，伴随着倾轧。聪明，是争夺的手段。二者皆凶器，不可以极限实施。

且德厚信矼，（矼，读作'枪'。诚实貌。）未达人气；名闻不争，未达人心。而强以仁义绳墨之言术暴人之前者，是以人恶有其美也，命之曰菑人。（菑，读作'资'。通'灾'。菑人，移祸于人。）菑人者，人必反菑之，若殆为人菑夫。

假如厚德诚信，则人气不太旺。不争竞名誉，就不够畅通人心。你勉强用仁义绳墨的学说，去阐述于凶人面前，涉嫌认为他讨厌这些美德，叫移祸于人。危害别人，别人必定反过来祸害，你将被人伤害。

且苟为悦贤而恶不肖，恶用而求有以异？若唯无诏，王公必将乘人而斗其捷，而目将荧之，而色将平之，口将营之，容将形之，心且成之。是以火救火，以水救水，名之曰益多。顺始无穷。若殆以不信厚言，必死于暴人之前矣！

如果卫君喜欢贤臣，而憎恶不肖之徒，哪里轮得上向你寻求异见？你纵使不讲话，王侯公卿亦将仗势比赛其敏捷。你的目光将昏眩，表情将和缓，言语将揣测，仪容将规范，精神接近于依从。如此一来，宛如用火救火，用水救水，越救越糟糕。依顺趋向没有限度。倘若再招惹怀疑，以致卫君不相信你的重大言论，你必死于恶人面前。

且昔者桀杀关龙逢，纣杀王子比干，是皆修其身以下伛拊人之民，（伛拊，读作‘宇府’。怜爱，抚养。）以下拂其上者也。故其君因其修以挤之，是好名者也。

从前桀杀关龙逢，纣杀王子比干，二人皆精修其身，怜爱抚养百姓，处下位而矫正居上位的人。所以，君王因他们的美善而加害；此为好名的显例。

昔者尧攻丛、枝、胥敖，禹攻有扈，国为虚厉，身为刑戮。其用兵不止，其求实无已，是皆求名实者也。

从前唐尧征伐丛、枝、胥敖等部落，夏禹征伐有扈部落，使土地成丘墟，人民变厉鬼，酋长遭刑戮。他二人用兵不止，贪利无止境；此为寻求名实的显例。

而独不闻之乎？名实者，圣人之所不能胜也，而况若乎？虽然，若必有以也，尝以语我来。”

你难道没听说过吗？名称和实际，圣人不能相符，何况你呢？虽然如此，你一定有些把握，试着讲来听听。”

颜回曰：“端而虚，勉而一，则可乎？”

颜回说：“我端肃而谦虚，努力而纯一，可以了吗？”

曰：“恶！恶可！

答：“嘿，怎么会可以！

夫以阳为充孔扬，采色不定，常人之所不违，因案人之所感，以求容与其心，名之曰日渐之德不成，而况大德乎？将执而不化，外合而内不訾，（訾，读作‘子’。计量。）其庸讵可乎？”

卫君骄盛溢于言表，神色不定，平常人不敢违逆。他由此挫抑别人的箴规，以快乐其心意。这种人，日渐修德尚难做到，而况宏大德行哩！他将顽固不化，外表敷衍，内心不思量谏言的意义。你的想法岂可如愿？”

"然则我内直而外曲，成而上比。

颜回说："那么，我内直而外曲，成而上比。

内直者，与天为徒。与天为徒者，知天子之与己，皆天之所子，而独以己言蕲乎而人善之，蕲乎而人不善之邪？若然者，人谓之童子，是之谓与天为徒。

所谓内直，是指跟从自然界。做跟从自然界的人，知道君王和自己，皆是大自然所滋生。岂可单独拿自己的话，希望别人赞许，希望别人不赞许？像这样做，旁人将称为童子。此谓跟从自然界。

外曲者，与人为之徒也。擎跽曲拳，（擎跽，读作'情计'。举笏长跪。曲拳，屈身鞠躬。）人臣之礼也。人皆为之，吾敢不为邪！为人之所为者，人亦无疵焉，是之谓与人为徒。

所谓外曲，是指跟从众人。举笏长跪和屈身鞠躬，此乃人臣之礼，大家都这样做，我敢不做吗？做众人都做的事，旁人无可挑剔。此谓从众。

成而上比者，与古为徒。其言虽教，谪之实也。（谪，读作'折'。责备，过错。）古之有也，非吾有也。若然者，虽直而不病，是之谓与古为徒。若是则可乎？"

所谓成而上比，是指跟从古人。古训虽属教诲，其实可用于讽责。古代早已有了，并非我首创。像这样做，即便直谏也不会被诟病。此谓跟从古人。像这样做就可以了吗？"

仲尼曰："恶！恶可！大多政，法而不谍，虽固亦无罪。虽然，止是耳矣，夫胡可以及化！犹师心者也。"

仲尼说："嘿，怎么会可以，太多标准了！合乎常理却不安宁，虽显愚陋尚无过错。纵然如此，又岂可感化到他人！仅仅是效法别人的心意。"

颜回曰："吾无以进矣，敢问其方。"

颜回说："我没有更好的办法了，请问老师有何妙方。"

仲尼曰："斋，吾将语若。有而为之，其易邪？易之者，皞天不宜。"（宜，祭名。祭祀土地之神。）

仲尼说："先斋戒，我再告诉你。存心去卫国谋职，容易吗？倘若容易，皇天后土便不用祭祀了。"

颜回曰："回之家贫，唯不饮酒不茹荤者，数月矣。如此，则可以为斋乎？"

颜回说："我家贫，不饮酒，几个月没吃辛辣之物和肉食了。这种情况算斋戒不？"

曰："是祭祀之斋，非心斋也。"

答："此为祭祀前的斋戒，不是心斋。"

回曰："敢问心斋？"

颜回问："请问什么叫心斋？"

仲尼曰："一若志，无听之以耳，而听之以心，无听之以心，而听之以气。听止于耳，心止于符。气也者，虚而待物者也。唯道集虚，虚者心斋也。"

仲尼说："纯一你的意念，不用耳朵听，而要用心听。不用心去听，而要用气去听。聆听止于耳朵，人心止于符合。气的特征，是空虚着等候众物。唯有道，集合空虚等待来的事物——这种空虚状态就是心斋。"

颜回曰："回之未始得使，实自回也。得使之也，未始有回也。可谓虚乎？"

颜回说："我不懂心斋前，确信自己的意向可行。现在既获赐教，已没有早先的颜回了。可以称作空虚吗？"

夫子曰："尽矣！吾语若：若能入游其樊，而无感其名，入则鸣，不入则止。无门无毒，一宅而寓于不得已，则几矣。

夫子说："到极限了！我告诉你：你求职于卫国这个樊笼，不为虚名所撼动。采纳谏言你就发声，不采纳就闭嘴。专一顺应，寄托于不得不做的事，便差不多了。

绝迹易，无行地难。为人使易以伪，为天使难以伪。闻以有翼飞者矣，未闻以无翼飞者也。闻以有知知者矣，未闻以无知至者也。

不现踪迹容易，不在大地上行走就难了。被人差遣容易伪诈，受自然界支配难以虚假。听说过有翅膀的物体飞翔，没听说无翅膀的物体飞翔。听说过有智慧的人具备见识，没听说无智慧的人达到极致。

瞻彼阕者，虚室生白，吉祥止止。夫且不止，是之谓坐驰。

看那窗户，房屋开洞透光，吉祥聚集。目光长时间地不停留，这叫坐驰（身子安坐而心神驰骛于外）。

夫徇耳目内通而外于心知，鬼神将来舍，而况人乎！是万物之化也，禹、舜之所纽也，伏羲、几蘧之所行终，而况散焉者乎！”

使耳目接受的信息向内畅达，而抛弃私智，鬼神将来停留，何况人呢！此为万物的变易转化——大禹、虞舜所执的根本，伏羲、几蘧（远古帝王）的行为范式，而况闲杂人等呢！”

[从业操守：痛苦或者高兴，都不改变前方的施展]

叶公子高将使于齐，（叶公子高，楚大夫。封于叶，名诸梁，字子高。）问于仲尼曰：“王使诸梁也甚重。齐之待使者，盖将甚敬而不急。匹夫犹未可动，而况诸侯乎！吾甚慄之。

叶公子高将出使齐国，向仲尼请教：“楚王派遣我，委寄甚重。齐国对待使者，很恭敬却不急于办事。普通的人尚难触动，何况诸侯呢！我颇恐惧。

子常语诸梁也曰：‘凡事若小若大，寡不道以欢成。事若不成，则必有人道之患。事若成，则必有阴阳之患。若成若不成，而后无患者，唯有德者能之。’

先生常对我说：‘凡事无论大小，罕见不依正道而欢然成功的。差事如果没办成，必有绩效惩处的忧患。如果办成了，必有喜惧交战的忧患。或成功或不成功，皆无后患，唯有德者能够做到。’

吾食也执粗而不臧，爨无欲清之人。（爨，读作‘窜’。烧火煮饭。）今吾朝受命而夕饮冰，我其内热与？吾未至乎事之情，而既有阴阳之患矣。事若不成，必有人道之患。是两也，为人臣者不足以任之，子其有以语我来！”

我饮食粗粝不求精美，厨房里没有寻求清凉的人。现今我早晨接受任务，傍晚狂饮冰水，是罹患内热之症了吗？我未出差，便已饱尝喜惧纠结的忧患。事情如果办不成，一定还有绩效惩处的忧患。此二者，做人臣的实在不堪负荷。老师指点我一下吧！”

仲尼曰：“天下有大戒二：其一命也，其一义也。

仲尼说：“天下有两大儆戒：一曰命，二曰义。

子之爱亲，命也，不可解于心。臣之事君，义也，无适而非君也。无所逃于天地之间，是之谓大戒。

子女爱父母，是生命延续，不可解于心。臣子侍奉君主，是社会准则，无论到哪里都不会没有君主。此二者，无所逃于天地之间，叫大儆戒。

是以夫事其亲者，不择地而安之，孝之至也。夫事其君者，不择事而安之，忠之盛也。

所以说，侍奉父母的人，不区别处境，惟求安适双亲，是孝的极致。侍奉君主的人，不区别命令，惟求安适君主，是忠的顶点。

自事其心者，哀乐不易施乎前，知其不可奈何而安之若命，德之至也。为人臣子者，固有所不得已。行事之情而忘其身，何暇至于悦生而恶死！夫子其行可矣！

自立其心的人，哀乐不改变前方的施展，知道无可奈何亦安之若命，这是德的极致。为人臣子，本来就有不得已的地方。按照实际情况做事，忘记自身，哪有空闲贪生怕死？先生去做就好啦。

丘请复以所闻：凡交，近则必相靡以信，远则必忠之以言，言必或传之。夫传两喜两怒之言，天下之难者也。夫两喜必多溢美之言，两怒必多溢恶之言。凡溢之类妄，妄则信之也莫，莫则传言者殃。

我再讲几句题外话：凡交往，近邻必用信用求亲顺，远国必用言语致诚敬。言语须派使者传达——传递两国君王的喜怒话锋，乃天下难事。双方在兴头上，必多过分赞美的话。双方赌气了，必多过分憎恶的话。但凡过度，即类似于胡言乱语。乱说话，则失信引致猜疑。有所怀疑，传话的人就遭殃了。

故法言曰：‘传其常情，无传其溢言。则几乎全。’

因此先圣格言讲：‘传递平实信息，不要传递过头的话。差不多可以自我保全。’

且以巧斗力者，始乎阳，常卒乎阴，大至则多奇巧。以礼饮酒者，始乎治，常卒乎乱，大至则多奇乐。凡事亦然，始乎谅，常卒乎鄙。其作始也简，其将毕也必巨。

凭借技巧争胜的人，初始公开透明，后来常玩阴招，高峰期则奇谲百出。依礼饮酒的人，初始守规矩，后来常惑乱，高峰期则纵情声色。凡事亦然，初始诚信，后来常鄙恶——那些鄙恶的兴起，初始隐微，到结束时必致巨大影响。

夫言者，风波也。行者，实丧也。夫风波易以动，实丧易以危。故忿设无由，巧言偏辞。

语言，惹起风波。行为，伴随得失。风波容易振动，得失容易忧惧。所以，引发忿怒没有门径，常源于巧言偏辞。

兽死不择音，气息茀然，（茀，读作‘伯’。茀然，气急促貌。）于是并生心厉。剋核大至，则必有不肖之心应之，而不知其然也。苟为不知其然也，孰知其所终？

困兽拼命时鸣不择音，气息急促，萌生害人之心。苛求精核太过，别人必回应不肖之心，你却不了解怎么回事。假如不明白怎么回事，谁知道结局。

故法言曰：‘无迁令，无劝成。’过度益也。迁令劝成殆事，美成在久，恶成不及改，可不慎与？

所以，先圣格言讲：‘不要改变命令，不要勉强成事。’若过于本度，则是增益语言。变易命令和勉强成功皆会坏事。优质成果靠长期经营，蒙羞的后果来不及改正，岂可不谨慎？

且夫乘物以游心，託不得已以养中，至矣！何作为报也？莫若为致命，此其难者。”

若驾驭众物以游乐本心，寄托于不得已，修养居中的理念，就到极点了。此番赴命怎样做？莫若平实地传达楚王的言辞，止此为难。”

［善处逆境：外表亲附而不参与，内心和顺而不显露］

颜阖将傅卫灵公太子，而问于蘧伯玉曰："有人于此，其德天杀。与之为无方，则危吾国；与之为有方，则危吾身。其知适足以知人之过，而不知其所以过。若然者，吾柰之何？"

颜阖将给卫灵公太子当老师，向蘧伯玉请教："有个人天性嗜杀。教他学习不依义理呢，则危害国家。教他学习遵从义理呢，则危害我自身。他的智力，刚够知道他人的过错，而不懂为什么错。遇到这种人，我该怎么办？"

蘧伯玉曰："善哉问乎！戒之慎之，正女身也哉！形莫若就，心莫若和。虽然，之二者有患：就不欲入，和不欲出。形就而入，且为颠为灭，为崩为蹶。心和而出，且为声为名，为妖为孽。彼且为婴儿，亦与之为婴儿。彼且为无町畦，亦与之为无町畦。彼且为无崖，亦与之为无崖。达之，入于无疵。

蘧伯玉说："问得好，戒备啰，谨慎啰，端正你自己吧。外表莫如亲附，内心莫如和顺。纵使这样，此二者犹有担忧：亲附不要参与，和顺不要显露。外表亲附且参与了，将会成坠落，成灭绝，成崩坏，成跌倒。内心的和顺显露出来了，将会成秽闻，成臭名，成怪异，成灾害。他如果像婴儿，跟从他装扮婴儿。他如果无威仪，跟从他无威仪。他如果无边际，跟从他无边际。做到这样，即没毛病。

汝不知夫螳螂乎？怒其臂以当车辙，不知其不胜任也，是其才之美者也。戒之慎之！积伐而美者以犯之，几矣！

你不了解螳螂吗？奋臂阻挡车辙，不知它不胜任，以为自己的才能优异着呢。警惕啊，谨慎啊，要是习惯夸耀，自以为优秀而去触犯卫国太子，那就跟螳螂一样一样的。

汝不知夫养虎者乎？不敢以生物与之，为其杀之之怒也。不敢以全物与之，为其决之之怒也。时其饥饱，达其怒心。虎之与人异类，而媚养己者，顺也。故其杀者，逆也。

你不了解养虎的人吗？不敢拿活物喂老虎，为了防备它杀生时发怒。不敢拿全物喂老虎，为了防备它撕裂时发怒。伺候虎的饥饱，通晓它的怒心。虎跟人不同类，却巴结饲养员，是因为顺应了它。老虎杀害的人，是因为违逆了它。

夫爱马者，以筐盛矢，以蜄盛溺。（蜄，读作‘甚’。蛤蜊壳容器。）适有蚊虻仆缘，而拊之不时，则缺衔毁首碎胸。意有所至，而爱有所亡，可不慎邪？”

爱马的人，用竹筐装马粪，用蛤蜊壳容器接马尿。偶然有蚊虻附援马身，他拍打蚊虻不合时宜，惊得马咬断嚼子，毁坏辔头，破碎胸带。他单单顾着驱蚊，忘记了爱马的本心，可以不谨慎吗？”

[换一种活法：无用享长寿，残缺终天年]

匠石之齐，至于曲辕，见栎社树。其大蔽数千牛，絜之百围，（絜，读作“协”。用绳约束度量。）其高临山十仞，而后有枝，其可以为舟者旁十数。

匠人阿石前往齐国，走到曲辕，看见祭祀土神的社里，有棵栎树。它的大，足以庇荫几千头牛。用绳度量，约略百人胳膊围起来的长度。它的高，模仿山丘，七八丈后才生枝丫。其枝丫可以造船的有十多根。

观者如市，匠伯不顾，遂行不辍。弟子厌观之，走及匠石曰：“自吾执斧斤以随夫子，未尝见材如此其美也。先生不肯视，行不辍，何邪？”

观赏它的人像集市，匠人老伯不回头看，径直行走不停歇。弟子饱饱地细看了一遍，追上匠人道：“自从我拿起斧头跟随师傅，未曾见过材料如此美好。师傅不肯考察，行走不止，为什么？”

曰：“已矣，勿言之矣！散木也，以为舟则沈，以为棺椁则速腐，以为器则速毁，以为门户则液樠，（樠，读作‘蛮’。汁液渗出的样子。）以为柱则蠹。是不材之木也，无所可用，故能若是之寿。”

答：“算了，别说了！无用材质而已。用它做船会沉，做棺材很快就腐朽了，做器具很快就毁坏了，做门户会渗出汁液，做柱子则生蛀虫。那是不成材的树种，没有可用之处，所以能够这般长寿。”

匠石归，栎社见梦曰：“女将恶乎比予哉？若将比予于文木邪？夫柤梨橘柚，（柤，读作‘扎’。山楂。）果蓏之属，（蓏，读作‘裸’。瓜类果实。）实熟则剥，剥则辱。大枝折，小枝泄。此以其能苦其生者也，故不终其天年，而中道夭，自掊击于世俗者也，（掊，读作‘抔’。击破。）物莫不若是。

匠人阿石回家后，梦见栎树说："你将如何比较我呢？你拿有用的木材跟我比较？山楂、梨、橘、柚之类的瓜果，果实成熟则脱落，脱落则挫折。大枝丫遭折断，小枝丫被拉扯。这是因为其才能使生命受苦，以致不终天年而中道夭折——在世俗中自取打击。众物莫不如此。

且予求无所可用久矣，几死，乃今得之，为予大用。

况且，我探索无所可用很久了，差点儿被砍伐，如今方得全身。这，就是我的大用。

使予也而有用，且得有此大也邪？且也若与予也皆物也，奈何哉其相物也？而几死之散人，又恶知散木！"

假如我有用，能长这么大吗？你跟我皆万物之一，何苦要互相死磕？你这个濒死的不为世用的人，又哪里明白无用的木材！"

匠石觉而诊其梦。弟子曰："趣取无用，则为社何邪？"

匠人阿石醒来，把梦境告诉弟子。弟子说："它的志趣是无用，干嘛要做祭祀场所里的树呢？"

曰："密！若无言！彼亦直寄焉，以为不知己者诟厉也。不为社者，且几有翦乎！且也彼其所保与众异，而以义喻之，不亦远乎！"

答："保密哦，你不要说了！它特意寄托在祭祀场所，任由不了解自己的人诟病。倘若不生长在祭祀场所，或许接近于遭砍伐——它自保的方法与众不同，你用常理解读，不是相差太远了吗？"

南伯子綦游乎商之丘，见大木焉，有异：结驷千乘，隐将芘其所藾。（芘通"庇"。藾读作"赖"；荫庇。）

南伯子綦到商丘旅游，看见一棵大树颇具异象：连接千辆四匹马拉的车，可以隐蔽在树荫下。

子綦曰："此何木也哉？此必有异材夫？"

子綦说："这是什么树啊？它必有特异材质吧？"

仰而视其细枝，则拳曲而不可以为栋梁。俯而视其大根，则轴解而不可以为棺椁。咶其叶，（咶，读作“是”。舔。）则口烂而为伤。嗅之，则使人狂酲，（酲，读作“成”。酒醉后的病态。）三日而不已。

仰头看它的细枝，弯裹卷曲不可以做栋梁。俯首看它的主根，病变破裂不可以做棺材。舔舔叶子，则口舌溃烂受伤。闻闻气味，则使人迷醉三天不醒。

子綦曰：“此果不材之木也，以至于此其大也。嗟夫神人，以此不材！”

子綦说：“这果真是不成材的植株，以至于长得如此高大。啊，神人因此不显现材具！”

宋有荆氏者，宜楸柏桑。其拱把而上者，求狙猴之杙者斩之。（杙，读作“义”。小木桩。）三围四围，求高名之丽者斩之。七围八围，贵人富商之家，求椫傍者斩之。（椫，读作“善”。椫傍，整板做成的棺材。）故未终其天年，而中道之夭于斧斤，此材之患也。

宋国有个叫荆氏的地方，适合栽种楸树、柏树和桑树。当树干长成一握两握粗时，被寻求系猴木桩的人砍掉。长成三围四围粗时，被寻求高大屋栋的人砍掉。长成七围八围粗时，被贵人富商之家，寻求用整板做棺材的人砍掉。所以，它们不能活够自然寿命，而中途夭折于斧斤。此为可用原料的祸患。

故解之以牛之白颡者，与豚之亢鼻者，与人有痔病者，不可以适河。此皆巫祝以知之矣，所以为不祥也。此乃神人之所以为大祥也。

从前向鬼神祈祷消灾，认为白额头的牛、高鼻子的猪和长痔疮的人，不可以沉河设祭。这是巫祝们的共识，以为三者不吉祥。而神人把三者保全生命的结局，视作大吉祥。

支离（形体不全貌）疏（其名）者，颐隐于脐，肩高于顶，会撮指天，五管在上，两髀为胁。挫针治繲，（繲，读作“介”。洗衣。）足以糊口。鼓筴播精，足以食十人。上征武士，则支离攘臂而游于其间。上有大役，则支离以有常疾不受功。上与病者粟，则受三钟与十束薪。夫支离其形者，犹足以养其身，终其天年，又况支离其德者乎！

残疾人阿疏，下巴埋入肚脐，双肩高出头顶，后颈的发髻指天，肘膝以下的五个行气穴位全朝上，两腿夹住肋骨。他靠缝补浆洗足以糊口，簸米筛糠可养活十人。官府征召武士，阿疏捋袖子伸胳膊游走于人群间。官府征召役夫，阿疏因为有残疾而不分派工作。官府救济病患粮食，阿疏独得三钟米十捆柴。残疾形体的人，仍然足以养活自身，活够天赋寿命，何况让步其德行的正常人呢！

［**尾声**］

孔子适楚，楚狂接舆游其门曰：

孔子到楚国去，楚地狂人接舆走过门前，且行且唱：

凤兮凤兮，何如德之衰也！
来世不可待，往世不可追也。
天下有道，圣人成焉。
天下无道，圣人生焉。
方今之时，仅免刑焉。
福轻乎羽，莫之知载。
祸重乎地，莫之知避。
已乎已乎！临人以德。
殆乎殆乎，画地而趋。
迷阳迷阳，无伤吾行！
吾行郤曲，无伤吾足。

凤凰啊（喻孔子），凤凰啊，你的德行怎么衰微了！
来世不可依靠，往世不可回溯。
天下有道，圣人就谋取成功，
天下无道，圣人该保全生命。
方今之世，仅求免遭刑戮。

福气轻如羽毛，不知如何承运。
祸患重如大地，不知如何躲避。
停止吧，停止吧，拿德行察视别人。
危险啊，危险啊，设定范围去追求。
棘刺啊，棘刺啊，不要妨碍我行走。
我走在人间夹缝里，不要伤了我的脚。

山木自寇也，膏火自煎也。桂可食，故伐之。漆可用，故割之。人皆知有用之用，而莫知无用之用也。

山木做斧柄，斧头砍伐自身。油膏旺火，火焰消熔自身。桂皮可食，所以桂树被砍伐。漆脂可用，所以树皮遭割裂。人人都知道有用的功效，而不懂得无用的功效。

［同游小语］

一位平民智者，怎样在攻伐连年、人死如麻的战国，先求存活，次求成功？庄子洋洋洒洒2802字，做了既憋屈又无可奈何的回答。

一位普通公民，怎样在职场无父子的今天，先稳定工作岗位，次求领导和同事认可，进而寻找到存在感和归属感？《人间世》教你从容理性地活在当下。

纵使百无一用，也要想开点。身体好，活得长，就是人生赢家。

笔者读《人间世》，有诗曰：

人人叹艰辛，戒慎响耳边。
外曲寓内直，庶几合尘缘。
虚空待众物，心斋窗景远。
命义两大儆，莫逃天地间。
有用奠基础，无用去盈满。
栎树享长寿，支离终永年。

德充符第五

[残疾人王骀：成事效果极佳的范例]

鲁有兀者王骀，从之游者与仲尼相若。

鲁国有个被斩断了一只脚的人，叫王骀。他的学生，跟仲尼弟子的人数差不多。

常季问于仲尼曰："王骀，兀者也，从之游者与夫子中分鲁。立不教，坐不议。虚而往，实而归。固有不言之教，无形而心成者邪？是何人也？"

常季跟仲尼探讨："王骀断了脚，随行求学的人，与老师各占鲁国的一半。他站着不教诲，坐下不议论。学生们大脑空空而去，内心充实而返。难道有不说话的教化，无形体而靠思维成事的吗？是何方神圣啊？"

仲尼曰："夫子圣人也，丘也直后而未往耳！丘将以为师，而况不若丘者乎！奚假鲁国，丘将引天下而与从之。"

仲尼说："那位先生是圣人，我竟然落后了，未去拜访。我打算拜他为师，何况不如我的人呢！岂止鲁国，我将率领天下莘莘学子追随他。"

常季曰："彼兀者也，而王先生，其与庸亦远矣。若然者，其用心也，独若之何？"

常季说："他一个断脚者，居然胜过老师。跟常人相比，他肯定超越得更远了。像这样的人，其用心有什么独特之处？"

仲尼曰："死生亦大矣，而不得与之变。虽天地覆坠，亦将不与之遗。

审乎无假，（假通‘瘕’；读作‘假’。疾病；比喻罪过，过失。）而不与物迁，命物之化，而守其宗也。”

仲尼说：“死生算大事了吧，不能使他改变。纵然天地倾覆坠落，也必定不使他匮乏。审视自身没有过失，不随外界环境迁移。指导事物的转化无常，而执守它们的实质。”

常季曰：“何谓也？”

常季问：“怎么讲？”

仲尼曰：“自其异者视之，肝胆楚越也。自其同者视之，万物皆一也。夫若然者，且不知耳目之所宜，而游心乎德之和。物视其所一，而不见其所丧，视丧其足，犹遗土也。”

仲尼说：“从分开的角度看，肝脏和胆囊，好比楚国和越国。从会合的角度看，万物皆为一体。王骀这种人，不知耳目适宜于声色，只游心道德恰到好处。遇事观察其相同的方面，而不见其亡失的方面。看待自己被砍掉了一只脚，犹如遗落一块泥土。”

常季曰：“彼为己，以其知得其心，以其心得其常心。物何为最之哉？”

常季说：“他修身，用智慧适合本心，用本心晓悟古今恒常的心理。众人为何齐聚在他身旁？”

仲尼曰：“人莫鉴于流水，而鉴于止水。唯止能止众止。受命于地，唯松柏独也在冬夏青青。受命于天，唯舜独也正，幸能正生，以正众生。

仲尼说：“人们不把流水当镜子照，而把止水当镜子照。唯有静止，能够聚集众多的来临者。受命于地的植物，唯有松柏独自在冬夏青翠茂盛。受命于天的生灵，唯有虞舜独自中正；多亏他端正本性，进而得以匡正众生。

夫保始之征，不惧之实。勇士一人，雄入于九军。将求名而能自要者，而犹若是。而况官天地，府万物，直寓六骸，象耳目，一知之所知，而心未尝死者乎！彼且择日而登假，人则从是也。彼且何肯以物为事乎！”

保持初始的追求，不怕到高强度的地方去。勇士一人，雄赳赳进入天子诸侯的联军。将帅求功名而能自取的，大抵如此。何况取法天地，包藏万物，寄意于身首四肢，显现于颜面耳目，专一知识到智慧境界，而思想不曾穷尽的人么！他若挑选吉日逝世，人们将恋恋不舍地仰望跟从。他又怎么肯把外物当一回事呢？”

［残疾人申徒嘉：德充实于内心，忘记形体断了一只脚］

申徒嘉兀者也，而与郑子产同师于伯昏无人。

申徒嘉曾经被斩断一只脚，他与郑子产（郑国名臣），一同拜伯昏无人做老师。

子产谓申徒嘉曰：“我先出则子止，子先出则我止。”

子产对申屠嘉说：“我先出教室，你留下。你先出教室，我留下。”

其明日，又与合堂同席而坐。子产谓申徒嘉曰：“我先出则子止，子先出则我止。今我将出，子可以止乎？其未邪？且子见执政而不违，子齐执政乎？”

第二天，两人又共处一室，同席而坐。子产对申屠嘉说：“我先出门，你稍缓一步。你先出门，我就延后再走。现在，我想出教室了，你可以止步不？抑或做不到？况且，你见了执政大臣不远离，你跟执政大臣平等吗？”

申徒嘉曰：“先生之门，固有执政焉如此哉？子而说子之执政而后人者也。闻之曰：‘鉴明则尘垢不止，止则不明也。久与贤人处则无过。’今子之所取大者，先生也，而犹出言若是，不亦过乎！”

申屠嘉说：“在伯昏先生门下，何以有执政这样的学生？你喜爱执政身份，而落后于人了。我听说：‘镜子明亮则尘垢不聚集，聚集则不明亮。长久跟贤人相处，则无过错。’现今你选择的大目标，理应追随老师求广见识。像这样说话，不过分吗？”

子产曰：“子既若是矣，犹与尧争善。计子之德，不足以自反邪？”

子产说：“你已形残了，仍然跟帝尧级别的人争辩正确高明。衡量你素来的德行，不足以自我反省吗？”

申徒嘉曰：“自状其过，以不当亡者众。不状其过，以不当存者寡。知不可奈何而安之若命，唯有德者能之。

申屠嘉说：“自己陈述过错，认为不应当失去的人很多。不描摹过错，认为自己不应当保存的人很少。知道无可奈何而能安之若命，唯有德者能够做到。

游于羿之彀中，（羿，读作‘义’。传说中的善射者。彀，读作‘构’。弓矢射程内。）中央者，中地也。然而不中者，命也。人以其全足，笑吾不全足者众矣。我怫然而怒，（怫，读作‘费’。愤怒貌。）而适先生之所，则废然而反。不知先生之洗我以善邪？吾与夫子游十九年矣，而未尝知吾兀者也。今子与我游于形骸之内，而子索我于形骸之外，不亦过乎！”

遨游于羿的弓箭射程之内，遭殃的人，恰好合上位置而已；没被射中的是运气好。拿自身双脚俱全来嘲笑我残疾的有很多人，我怫然而怒。及至到了老师这里，才慢慢抛弃愤怒，返回常态——不知老师用善道已洗净我心累。我追随老师十九年了，未尝感觉断了脚。如今你同我研习形骸之内的学问，却苛求我于形骸之外，不过分吗？”

子产蹴然改容更貌曰：（蹴，读作“促”。蹴然，惊惭、恭敬的样子。）“子无乃称！”

子产惊惭不安，变成恭敬的态度，说：“你不要这样讲了！”

[残疾人叔山无趾：修葺人格中曾经损坏的部分]

鲁有兀者叔山无趾，踵见仲尼。仲尼曰：“子不谨前，既犯患若是矣。虽今来，何及矣！”

鲁国有个被砍掉一只脚的人，叫叔山无趾。他用脚后跟走路，去见仲尼。仲尼说：“你之前不谨慎，已遭祸如此了。虽然今天来，怎么来得及呢。”

无趾曰：“吾唯不知务而轻用吾身，吾是以亡足。今吾来也，犹有尊足者存，吾是以务全之也。夫天无不覆，地无不载，吾以夫子为天地，安知夫子之犹若是也！”

无趾说：“我当初不懂事，随意使用生命，所以失去了脚。现在我来，是因为有比脚更重要的东西存留，一定要保全它。天空没有不覆盖的，大地没有不承载的，我把老师当作天地，哪晓得老师这样讲话呀！”

孔子曰："丘则陋矣！夫子胡不入乎？请讲以所闻。"

孔子说："我浅陋了！先生何不进门，用所知所闻来讨论一番？"

无趾出。孔子曰："弟子勉之！夫无趾，兀者也，犹务学以复补前行之恶，而况全德之人乎！"

无趾离开了。孔子说："同学们努力啊！无趾，一个断脚的人，尚且专力向学，以弥补往日造成的过错，何况德行完好的人呢。"

无趾语老聃曰："孔丘之于至人，其未邪？彼何宾宾以学子为？彼且蕲以諔诡幻怪之名闻，不知至人之以是为己桎梏邪？"

无趾对老聃议论："孔丘相较于至人，谈不上吧？何苦以客礼迎接学生？他期望用奇异幻怪的名声传闻天下，不懂得至人已把盛名当作自己的枷锁吗？"

老聃曰："胡不直使彼以死生为一条，以可不可为一贯者，解其桎梏，其可乎？"

老聃说："何不径直使他把死生视作同一条理层次，把许可跟不许可，视作同一条理层次，解开其枷锁，可以了吧？"

无趾曰："天刑之，安可解！"

无趾说："自然形质伤害他，怎么能够免除！"

[丑人哀骀它：把和谐效应做得特好的范例]

鲁哀公问于仲尼曰："卫有恶人焉，曰哀骀它。丈夫与之处者，思而不能去也。妇人见之，请于父母曰：'与为人妻，宁为夫子妾'者，十数而未止也。未尝有闻其唱者也，常和人而已矣。无君人之位，以济乎人之死，无聚禄以望人之腹。又以恶骇天下，和而不唱，知不出乎四域，且而雌雄合乎前，是必有异乎人者也。

鲁哀公告诉仲尼："卫国有个丑人，叫哀骀它。男子跟他相处，思慕得不想离开。妇人见了他，返身向父母请求：'与其嫁给平常人当妻子，宁愿给夫子做妾。'这样讲的姑娘有十多个。未曾听到他发起什么，常常响应别人而已。他没有主宰势位，用以拯救别人的消亡；没有积聚的食物，用以喂饱别人的肚子；仅以丑貌惊骇天下。他附和而不倡导，知名度不出国境之外，无论男女都亲近在他的周围。他一定有异于常人的地方吧。

寡人召而观之，果以恶骇天下。与寡人处，不至以月数，而寡人有意乎其为人也。不至乎期年，而寡人信之。国无宰，寡人传国焉。闷然而后应，氾而若辞。寡人丑乎，卒授之国。无几何也，去寡人而行。寡人恤焉，若有亡也，若无与乐是国也。是何人者也！"

寡人召来观察，果然丑得吓人。跟寡人相处不足一月，就感知到他的为人了。不满一年，我已完全信赖。恰逢邦国没有宰相，便转授国事给他。他沉默良久才回应，摇摆不定，像是要推辞。寡人惭愧，终于授予他国事。可是没多久，他离开我走了。我忧虑，若有所失，好像没人同我一起喜爱鲁国了。这是怎样的人啊！"

仲尼曰："丘也尝使于楚矣，适见豚子食于其死母者。少焉眴若，（眴，读作'顺'。惊慌。）皆弃之而走。不见己焉尔，不得其类焉尔。所爱其母者，非爱其形也，爱使其形者也。

仲尼说："我曾经有事到楚国，偶遇一群幼猪围住死去的母猪吃奶。一会儿惊慌起来，都放弃而逃走。它们不见往日的母猪，没得到同类的感触而已。小猪对母猪感情深，不是喜欢母猪形体，而是喜欢支配母亲形体的生命力和精神。

战而死者，其人之葬也，不以翣资。（翣，读作'霎'。棺饰。）刖者之屦，（屦，读作'巨'。鞋。）无为爱之。皆无其本矣。

阵亡将士的葬礼，不用垂于棺材两旁的羽形饰品。断一只脚的人的鞋子，不必喜欢用不上的那只鞋。这些，都是因为失去了基础主体。

为天子之诸御不翦爪，不穿耳。娶妻者止于外，不得复使。形全犹足以为尔，而况全德之人乎！今哀骀它未言而信，无功而亲，使人授己国，唯恐其不受也，是必才全而德不形者也。"

做天子的女人，不剪指甲，不穿耳洞。已娶妻的男人止于宫门之外，不得再役使于宫内。追求形体完整尚且做足功夫，何况追求德行完备的人呢！现在，哀骀它不说话就获得信任，没立功已让人亲近，致使人君授予自己国政，还唯恐不接受。他一定属于才能完美而道德不显露的人。”

哀公曰：“何谓才全？”

哀公问：“什么叫才能完美？”

仲尼曰：“死生，存亡，穷达，贫富，贤与不肖，毁誉，饥渴，寒暑，是事之变，命之行也。日夜相代乎前，而知不能规乎其始者也。故不足以滑和，不可入于灵府。使之和豫，通而不失于兑。（兑通‘悦’。喜悦。）使日夜无郤，而与物为春，是接而生时于心者也。是之谓才全。”

仲尼答：“死生，存亡，穷达，贫富，贤与不肖，毁誉，饥渴，寒暑，这些都是事物的变化，天道的运行。日夜在眼前交替，而智力不能窥视其初始。所以，任何局限性和不确定性，皆不足以扰乱和谐，不可以进入精神世界。让内心调和安乐，通达人情事理而不失愉悦。使日夜无间隙，与万物共享初生的喜色。这叫连续地滋生时宜于胸怀，叫才能完美。”

“何谓德不形？”

“什么叫道德不显露？”

曰：“平者，水停之盛也。其可以为法也，内保之而外不荡也。德者，成和之修也。德不形者，物不能离也。”

答：“平静，是水停止的极点。它可以视作常理，是因为内在保养明澈，而外部不动荡。德，是成事和物的修养。德不显露的人，大家不肯离开。”

哀公异日以告闵子曰：“始也吾以南面而君天下，执民之纪而忧其死，吾自以为至通矣。今吾闻至人之言，恐吾无其实，轻用吾身而亡吾国。吾与孔丘非君臣也，德友而已矣！”

哀公过了些日子，把这番话告诉闵子：“我先前处于君位治理天下，执掌万民纲纪，忧虑他们的消亡；自以为达到平正了。现在，我听过至人的话，恐怕我并没有获得平正的实际内容，随意用君位而失去邦国。我跟孔丘不是君臣，算作道德相交的朋友吧！”

［结语：德经得起长久，圣人有潜心优游的境界］

闉跂支离无脤，说卫灵公，（闉，读作“因”。屈曲。跂，读作“奇”。多生出的脚趾。脤，唇。）灵公说之，而视全人，其脰肩肩。（脰，读作"豆"。颈项。肩肩，瘦小细长貌。）

有个兔唇残疾人，弯腰驼背，多生出一个脚趾。他去游说卫灵公，灵公很喜欢。回头看正常人，反倒觉得颈子瘦小细长了。

瓮盎大瘿说齐桓公，（瓮，陶制容器。盎，大腹小口瓦器。瘿，读作"影"。颈部大瘤子。）桓公说之，而视全人，其脰肩肩。

有个颈部长着大型陶器一样瘤子的人，去游说齐桓公，桓公很喜欢。回头看正常人，反倒觉得颈子瘦小细长了。

故德有所长，而形有所忘。人不忘其所忘，而忘其所不忘，此谓诚忘。

所以说，道德经得起长久，而形体不妨遗忘。人们不舍弃可以遗忘的形体，而舍弃不该遗忘的德行，是真正不识货啊。

故圣人有所游，而知为孽，约为胶，德为接，工为商。

因此，圣人有潜心优游的境界。而把聪明叫做细枝末节，把约束叫做拘泥，把获得叫做掌控，把工巧叫做商贾伎俩。

圣人不谋，恶用知？不斲，恶用胶？无丧，恶用德？不货，恶用商？

圣人不营求，哪里用得着聪明？不雕饰，哪里用得着拘泥？没有丢失，哪里用得着获取？不做买卖，哪里用得着商务伎俩？

四者，天鬻也。天鬻者，天食也。既受食于天，又恶用人！（鬻，读作"玉"。生养。）

上述四种取向，属于大自然养育人的方面。所谓大自然生养人，就是它自然而然会给人一份食物。既然从大自然受取食物，又哪里用得着人为因素！

有人之形，无人之情。有人之形，故群于人。无人之情，故是非不得于身。眇乎小哉，所以属于人也。謷乎大哉，独成其天。（謷，读作"敖"。高大貌。）

圣人有人的形体，没有人的情绪欲念。具有常人形体，所以入乡随俗。没有常人的情绪欲念，所以是非不能扰乱胸襟。渺小啊，他们同属于人的形体。高大啊，他们独立成就的天性。

惠子谓庄子曰："人故无情乎？"

惠子对庄子说："人本来没有情绪欲念吗？"

庄子曰："然。"

庄子回答："是的。"

惠子曰："人而无情，何以谓之人？"

惠子问："人如果没有情绪欲念，怎么配称作人？"

庄子曰："道与之貌，天与之形，恶得不谓之人？"

庄子答："道给他容貌，自然界给他形体，为啥不可称作人？"

惠子曰："既谓之人，恶得无情？"

惠子问："既然称为人，咋会没有情绪欲念？"

庄子曰："是非吾所谓情也。吾所谓无情者，言人之不以好恶内伤其身，常因自然而不益生也。"

庄子答："是非，是我界定的情绪欲念。我所讲的没有情绪欲念，是说人不要被好恶内伤到身心。常常顺应自然，而不增多生计考量。"

惠子曰："不益生，何以有其身？"

惠子问："不增多生计，用什么来养护身心？"

庄子曰："道与之貌，天与之形，无以好恶内伤其身。今子外乎子之神，劳乎子之精，倚树而吟，据槁梧而瞑。天选子之形，子以坚白鸣。"

庄子答："道给了容貌，自然界给了形体，不必让好恶内伤到身心。今天，你疏远你的精神，役使你的生命力，行则倚树吟咏，坐则靠着桌子昏睡。大自然选择了你的形体，你却用来同公孙龙争辩坚白理论。"

[同游小语]

什么叫做德？庄子简明扼要地下了定义：德是成事和物的修养。

德的首要元素是成事，它含有升登、徙前与获得的释义。故而，用心建设还是蓄谋破坏？做成一件事，还是存心搞砸它？区分出了有德还是无德。

德的第二要素是和谐，它在主观意图方面，需要把握恰到好处的分寸。

在客观效果方面，需要特定事业里的受众们附和响应。

德的第三要素是修养。它基于学习和锻炼，进而修葺人格中缺失\损坏的部分；经常整治，使之有条理，尽量展开扩充，并长期累积。

上述元素充实于内心，自然而然会有可信任、可施行的符验显示出来，叫做德充符。

笔者读《德充符》，有诗曰：

道德为何物，成事和万品。
升登齐徙前，协调懂分寸。
自审没瑕疵，变幻守本根。
百般无聊赖，安止若命运。
苍天生养人，天食有一份。
圣者不营求，哪堪用聪敏。

大宗师第六

[顶级宗师，存养本性做真人]

知天之所为，知人之所为者，至矣！

知道自然的作为，知道人的作为，就到极致了。

知天之所为者，天而生也。知人之所为者，以其知之所知，以养其知之所不知。终其天年，而不中道夭者，是知之盛也。

懂得自然作为的人，依循天然形质生活。懂得人的作为的人，用他智慧所识别的部分，去蓄养智慧未识别的部分。活够天赋寿命，而不中途夭折，即算顶级智慧。

虽然，有患：夫知有所待而后当，其所待者特未定也，庸讵知吾所谓天之非人乎？所谓人之非天乎？

虽然如此，仍然存在担忧：知识有所等待之后才匹配。当所等待的信息空白未定时，怎么了解我所说的天然形质不是人为，所说的人为不是天然形质？

且有真人，而后有真知。

有真人，而后有真知。

何谓真人？古之真人，不逆寡，不雄成，不谟士。若然者，过而弗悔，当而不自得也。若然者，登高不栗，入水不濡，入火不热。是知之能登假于道者也若此。

什么叫真人？古代的真人，不拒绝寡少，不雄张成绩，不谋议职事。像这样的人，过去了不后悔，正当红不得意。像这样的人，登高不战慄，入水不沾湿，蹈火不焦躁。是智能达到了道的层级才如此。

古之真人，其寝不梦，其觉无忧，其食不甘，其息深深。真人之息以踵，众人之息以喉。屈服者，其嗌言若哇。（嗌，读作“爱”。咽喉堵塞。哇，读作“滑”。梗塞不通。）其耆欲深者，（耆同“嗜”，特别爱好。）其天机浅。

古代的真人，就寝不做梦，醒来没忧愁，饮食不求甘美，气息徐缓深沉。真人用涌泉穴呼吸，众人用喉咙呼吸。弯曲倒卧的人咽喉堵塞，说话梗阻。嗜欲深重，天赋悟性就浅钝。

古之真人，不知说生，不知恶死。其出不䜣，（䜣同“欣”。喜悦。）其入不距。翛然而往，翛然而来而已矣。（翛，读作“消”。翛然，自在超脱貌。）不忘其所始，不求其所终。受而喜之，忘而复之。是之谓不以心捐道，不以人助天，是之谓真人。

古代的真人，不取悦生命，不憎恶死亡。离开了不欣喜，参与了不违戾。自在地去，超脱地来而已。不忘记生命的初始，不责求生命的终结。接受到的就喜爱它，遗失掉的就宽宥它。这叫不因为心计而舍弃道，不用人为因素去佐助天然形质。这就是真人。

若然者，其心志，其容寂，其颡頯。（颡读作“桑一上声”，额头。頯读作“魁”。质朴貌。）凄然似秋，暖然似春，喜怒通四时，与物有宜而莫知其极。

像这样的人，思想专一，仪容安静，额际高高显得质朴。冷清的样子像秋天，温暖的样子像春天。喜怒通于四季，与事物合宜，而莫窥其际。

故圣人之用兵也，亡国而不失人心。利泽施乎万世，不为爱人。

所以，通达的帝王用兵，灭亡了敌国而不失去人心。利益恩泽施于万世，而不单纯宣示仁爱。

故乐通物，非圣人也。有亲，非仁也。天时，非贤也。利害不通，非君子也。行名失己，非士也。亡身不真，非役人也。

故而，制乐通于万物，不算圣人。仅有亲近宠爱，不算仁德。依靠自然条件，不算贤能。不懂趋利避害，算不上君子。求名而失本性，算不上士人。消亡自我，丧失真性，算不上守职做事的人。

若狐不偕、务光、伯夷、叔齐、箕子、胥余、纪他、申徒狄，是役人之役，适人之适，而不自适其适者也。

例如狐不偕、务光、伯夷、叔齐、箕子、胥余、纪他、申徒狄等辈，都是服劳役的做法，适合他人快乐，而不能使自己快乐的人。

古之真人，其状义而不朋，若不足而不承。与乎其觚而不坚也，（觚通“孤”。特出的，杰出的。）张乎其虚而不华也。邴邴乎其似喜乎，崔乎其不得已乎。滀乎进我色也，（滀，读作“触”。勃然色变貌。）与乎止我德也。厉乎其似世乎，謷乎其未可制也。（謷，读作“傲”。高大貌。）连乎其似好闭也，悗乎忘其言也。（悗，读作“闷”。无心貌。）

古代的真人，仪态峨然不群，而无崩坏之意。谦退若不足，却不奉承别人。发表杰出言论而不固执，张大抽象境界而不浮华。和悦待人好似很愉快，动作感应本乎不得已。勃然而起展现一己本色，赞许给予止于自我的品德。刚烈振奋好似超过众物，志向高远不可禁制。绵长深邃宛如爱好闭藏，全无机心常常忘记语言。

以刑为体，以礼为翼，以知为时，以德为循。

以刑罚为主体，以礼制为辅助，以智慧为时宜，以道德为遵循。

以刑为体者，绰乎其杀也。以礼为翼者，所以行于世也。以知为时者，不得已于事也。以德为循者，言其与有足者至于丘也，而人真以为勤行者也。

以刑罚为主体的人，宽缓它的杀戮。以礼制为辅助的人，教化无不施行于世。以智慧为时宜的人，做事踩准不得已的节点。以道德为遵循的人，是说跟有脚的人一同爬山，旁人真以为他是勤勉践行者呢。

故其好之也一，其弗好之也一。其一也一，其不一也一。

故而，真人喜好的东西纯正，不喜欢的东西也专一。相同点不杂乱，不同点也不杂乱。

其一与天为徒，其不一与人为徒。天与人不相胜也，是之谓真人。

他们喜好的东西跟从自然界，不喜好的东西跟从众人。天与人不互相胜过，就叫真人。

〔次级大宗师，无所不通做圣人〕

死生，命也。其有夜旦之常，天也。人之有所不得与，皆物之情也。

死生，由寿命决定。宛如夜间过渡到天明，乃自然界的常态。人对于某些事情没法干预，都是万物的情性所致。

彼特以天为父，而身犹爱之，而况其卓乎！

别人特意把上天视作生父，而我同样敬爱上天；何况不假借外力、自行存在和变化的道呢。

人特以有君为愈乎己，而身犹死之，而况其真乎！

别人特意视君主胜过自身，而我同样信守这个准则；何况固守本性的真实呢。

泉涸，鱼相与处于陆。相呴以湿，（呴，读作“许”。嘘气。）相濡以沫，不如相忘于江湖。

泉水干涸了，鱼群打堆困在陆地上，相互嘘气沾点儿水分，相互吐唾沫湿润，不如在江湖上就互相忘记。

与其誉尧而非桀也，不如两忘而化其道。

与其称誉唐尧，讨厌夏桀，不如把二者都忘掉，而消化史实里合于道的部分。

夫大块载我以形，劳我以生，佚我以老，息我以死。故善吾生者，乃所以善吾死也。

造物用形体承载我，用生长劳动我，用老年逸乐我，用死亡休息我。那些善待我生命的事物，也适宜用来善待我死亡。

夫藏舟于壑，藏山于泽，谓之固矣！然而夜半有力者负之而走，昧者不知也。

把船藏在沟壑里，把山藏在草泽中，可以说很牢固了吧。然而，半夜有大力士将它们背走，糊涂虫还不知道呢。

藏小大有宜，犹有所遁。若夫藏天下于天下而不得所遁，是恒物之大情也。

藏匿小大物件各得所安，犹有躲避的空间。倘若在天下隐藏天下，而找不到迁移的地方，则是恒常事物的大略实情。

特犯人之形而犹喜之。（犯通“范”。约束使合规范。）若人之形者，万化而未始有极也，其为乐可胜计邪？

特意约束人的形体使合规范，而油然心喜——众物中如同人有形体，千变万化而无穷尽，它们所产生的快乐，计算得清楚吗？

故圣人将游于物之所不得遁而皆存。善妖善老，（妖通“夭”。幼小。）善始善终，人犹效之。又况万物之所系，而一化之所待乎！

所以，圣人情愿遨游在万物都没法隐匿、都共存的境界。做好幼稚期，处理好老年期；做好开头，处理好结尾；众人都仿效他。又何况万物所维系，均平转化所依靠的道呢！

[大宗师的修道方法：守静笃和致虚极]

夫道，有情有信，无为无形。可传而不可受，可得而不可见。自本自根，未有天地，自古以固存。神鬼神帝，生天生地。在太极之先而不为高，在六极之下而不为深。先天地生而不为久，长于上古而不为老。

道，有实情有应验，无作为无形体。可传授而不可继承，可晓悟而不可看见。它自己做主体，自己做根源。没有天地之前，自古已存在。它尊重鬼神，尊重君主，生出天空，生出大地。它在原始混沌之先，而不以为遥远。在天地四方之下，而不以为深藏。比天地还早诞生，而不以为长久。生长于上古，而不以为老旧。

狶韦氏得之，以挈天地。伏戏氏得之，以袭气母。维斗得之，终古不忒。日月得之，终古不息。勘坏得之，以袭昆仑。冯夷得之，以游大川。肩吾得之，以处大山。黄帝得之，以登云天。颛顼得之，以处玄宫。禺强得之，立乎北极。西王母得之，坐乎少广，莫知其始，莫知其终。彭祖得之，上及有虞，下及五伯。傅说得之，以相武丁，奄有天下，乘东维，骑箕尾，而比于列星。

豨韦氏（远古酋长）得道，用来维系天地。伏羲氏（三皇之首）得道，用来调合阴阳。北斗星得到它，久远不出差错。日月得到它，永不改变运行。勘坏（昆仑山神）得到它，用来继承昆仑。冯夷（黄河水神）得到它，用来遨游江河。肩吾（泰山之神）得到它，用来享有泰山。黄帝（五帝之首）得到它，用来登天成仙。颛顼（五帝之一）得到它，用来居住玄宫。禺强（北海之神）得到它，正位于北极。西王母（西方女神）得到它，留守在少广山，无人知道它何时开始，何时结束。彭祖得到它，上起有虞氏，下至五霸时代，长寿八百余年。傅说得到它，当宰相辅佐商王武丁，尽有天下。死后，据说他驾驭东维星，跨坐箕尾星，跻身于星宿之列。

南伯子葵问乎女偊曰：（偊，读作“禹”。女偊，人名。）“子之年长矣，而色若孺子，何也？”

南伯子葵问女偊：“你年纪很老了，面色却像幼童一样，怎么做到的？”

曰：“吾闻道矣。”

答：“我懂得了道。”

南伯子葵曰：“道可得学邪？”

南伯子葵问：“道可以学会吗？”

曰：“恶！恶可！子非其人也。

答：“嗨，怎么可以！你不是适当的人选。

夫卜梁倚有圣人之才而无圣人之道，我有圣人之道而无圣人之才。吾欲以教之，庶几其果为圣人乎？不然，以圣人之道告圣人之才，亦易矣。

卜梁倚有圣人的才具，而无圣人的思想体系。我有圣人的思想体系，而无圣人才具。我愿意拿思想体系教导他，或许他真的就成圣人了吧？要不，把圣人的思想体系，说给具备圣人才能的人听，也挺容易。

吾犹守而告之，参日而后能外天下。已外天下矣，吾又守之，七日而后能外物。已外物矣，吾又守之，九日而后能外生。已外生矣，而后能朝彻。

朝彻，而后能见独。见独，而后能无古今。无古今，而后能入于不死不生。

我打算守视着告诉他，三天后能够疏远天下。已经疏远天下了，我又守视着他，七天后能够疏远人和事物。已经疏远人和事物了，我又守视着他，九天后能够疏远生命。已经疏远生命了，而后能一朝通透，明彻万里。通透明彻了，而后能独有所见，了解至道的胜境。了解至道了，而后能做到没有古今的分别。无古今了，而后能进入不死不生的境界。

杀生者不死，生生者不生。其为物，无不将也，无不迎也，无不毁也，无不成也。其名为撄宁。撄宁也者，撄而后成者也。”（撄，读作“婴”。扰乱，触犯。）

世间主导杀伐的因素不会穷尽，主导生养的因素远非充沛。它们对待万物，无不将息，无不逢迎，无不毁坏，无不成全——这种情况叫撄宁。撄宁，就是置身扰乱触犯之地，而心态安宁，然后有成。”

南伯子葵曰：“子独恶乎闻之？”

南伯子葵说：“你独自从哪里知道的？”

曰：“闻诸副墨之子，副墨之子闻诸洛诵之孙，洛诵之孙闻之瞻明，瞻明闻之聂许，聂许闻之需役，需役闻之于讴，于讴闻之玄冥，玄冥闻之参寥，参寥闻之疑始。”

答：“我从文字滋生的内涵知闻。文字内涵，由反复诵读后孳生的理致知闻。道理情趣，由功劳积久的洞见知闻。洞澈见解，由彼此认同的投契私语知闻。投契私语，由等待践行的事情知闻。勤勉力行，由寄趣精妙的歌谣知闻。咏叹歌吟，由幽远迷糊的恍惚状态知闻。恍兮惚兮，由形而上的道知闻。形而上的道，由似有开始，而未尝有始的质疑知闻。”

[大宗师的践道途径：通透看待疾病、死亡、礼仪、仁义和贫穷]

子祀、子舆、子犁、子来四人相与语曰：“孰能以无为首，以生为脊，以死为尻。孰知死生存亡之一体者，吾与之友矣！”

子祀、子舆、子犁和子来，四人一起交谈：“谁能把无当头颅，把生当背脊，把死当屁股。谁懂得死生存亡同属一体，我们就跟他做朋友。”

四人相视而笑，莫逆于心，遂相与为友。

四人相视而笑，莫逆于心，于是结为好友。

俄而子舆有病，子祀往问之。曰："伟哉，夫造物者，将以予为此拘拘也。"

俄而，子舆生病了，子祀前去探望。他说："奇怪啊，造物主，快要把我弄成拳曲拘挛的模样了。"

曲偻发背，上有五管，颐隐于齐，肩高于顶，句赘指天，阴阳之气有沴。（沴，读作"立"。阴阳之气凌乱引起伤害。）其心闲而无事，跰跹（行步倾跌不稳貌）而鉴于井，曰："嗟乎！夫造物者，又将以予为此拘拘也！"

但见子舆弯腰驼背，背骨朝上露出五个行气穴位，下巴埋入肚脐，双肩高出头顶，项椎如肉瘤指向天空，阴阳二气凌乱引起伤害。然而，他心态闲静若无其事，跌跌撞撞步行到井口边，从井水里照看自己的影子，说："唉，造物主，又要把我弄成拳曲拘挛的模样了！"

子祀曰："女恶之乎？"

子祀问："你讨厌这个样子不？"

曰："亡，予何恶！

答："不至于吧，我怎么会讨厌！

浸假而化予之以为鸡，予因以求时夜。浸假而化予之右臂以为弹，予因以求鸮炙。（鸮，读作'消'。小鸠。）浸假而化予之尻以为轮，以神为马，予因以乘之，岂更驾哉！

假如逐渐把我的左臂变成雄鸡，我就依从它主管夜间报时。假如逐渐把我的右臂变成弹弓，我就依从它打小鸠，享用鸠肉烧烤。假如逐渐把我的屁股变成车轮，精魂变成马，我就顺势驾驭这套车马——难道还要更换座驾吗？

且夫得者，时也。失者，顺也。安时而处顺，哀乐不能入也。此古之所谓县解也，而不能自解者，物有结之。且夫物不胜天久矣，吾又何恶焉！"

获得，是时运来了。失去，是依顺物理。安享自己的时运，暂止于顺从物理，哀乐不能进入内心，此为古人讲的解开倒悬（在困境中得救）。那些不能自我解脱的人，是被外界环境束缚住了。再说，人赢不了自然界很久啦，我又怎么会讨厌呢！”

俄而子来有病，喘喘然将死，其妻子环而泣之。

不久，子来生病，气喘吁吁快死了，妻子儿女围在身边哭泣。

子犁往问之，曰：“叱！避！无怛化！”（怛，读作“达”。忧伤，畏惧。）

子犁前往探病，说：“嗨！退让一点点，不要忧惧变化！”

倚其户与之语曰：“伟哉造化，又将奚以汝为，将奚以汝适？以汝为鼠肝乎？以汝为虫臂乎？”

他依靠房门，跟病人说：“奇异啊造化，又想让你做什么，将要使你到哪儿去？把你变成老鼠的肝脏吗？把你变成虫子的胳膊吗？”

子来曰：“父母于子，东西南北，唯命之从。阴阳于人，不翅于父母。（翅通‘啻’。仅，只。）彼近吾死而我不听，我则悍矣，彼何罪焉？

子来说：“父母对于子女，普天下的任何方向，叫做什么就做什么，子女会绝对服从。阴阳对于人，不只作为父母。它们催促我死，而我不听，我就算抗拒了。它们有什么过失呢？

夫大块载我以形，劳我以生，佚我以老，息我以死。故善吾生者，乃所以善吾死也。

造物用形体承载我，用生长劳动我，用老年逸乐我，用死亡休息我。那些善待我生命的事物，也适宜用来善待我死亡。

今大冶铸金，金踊跃曰：‘我且必为镆铘。’大冶必以为不祥之金。

现在，技术精湛的师傅熔化金属浇制器物，金属踊跃说：‘我一定要铸成镆铘剑。’师傅必定认为它是不吉祥的金属。

今一犯人之形而曰：（犯通‘范’。约束使合规范。）‘人耳，人耳。’夫造化者必以为不祥之人。

现在，偶然规范成了人形，就嚷嚷：‘我一定要成为人，一定要成为人。’造物主必定认为哭着喊着的人不吉祥。

今一以天地为大炉，以造化为大冶，恶乎往而不可哉！”

“现在，一概地以天地为大炉子，以造化为冶炼师傅，什么地方不可以去啊！”

成然寐，蘧然觉。（蘧，读作“巨”。惊喜貌。）

晚上安然入睡，清晨带着惊喜醒来。

子桑户、孟子反、子琴张三人相与友曰：“孰能相与于无相与，相为于无相为？孰能登天游雾，挠挑无极，相忘以生，无所穷终？”

子桑户、孟子反和子琴张，三人关系亲近，说：“谁能不黏在一起而互动交往，不交相谋求而共同做事？谁能登天游雾，循环无极，彼此忘记生长和产生，没有穷尽与终了？”

三人相视而笑，莫逆于心，遂相与友。

三人相视而笑，莫逆于心，于是结为好友。

莫然有间，而子桑户死，未葬。孔子闻之，使子贡往侍事焉。

恬淡清净地过了一段日子，子桑户死了，尚未下葬。孔子知道了，派子贡前去帮忙料理丧事。

或编曲，或鼓琴，相和而歌曰：“嗟来桑户乎！嗟来桑户乎！而已反其真，而我犹为人猗！”

但见孟子反跟子琴张，或者编曲，或者鼓琴，相和而歌：“哎呀桑户啊！哎呀桑户啊！你已经回归自然了，而我们还在充当人呢！”

子贡趋而进曰：“敢问临尸而歌，礼乎？”

子贡疾走向前，说：“请问面对尸体唱歌，合乎礼仪不？”

二人相视而笑曰：“是恶知礼意！”

二人相视而笑，说：“此人哪里懂得礼仪的本意！”

子贡反，以告孔子曰：“彼何人者邪？修行无有，而外其形骸，临尸而歌，颜色不变，无以命之。彼何人者邪？”

子贡返回后，把上述情况告诉孔子，说：“他们是什么样的人呀？没有修养德行，而疏远形骸，靠近尸体唱歌，颜色不变，没法描述其失礼的样子。他们是什么样的人啊？”

孔子曰：“彼，游方之外者也。而丘，游方之内者也。外内不相及，而丘使女往吊之，丘则陋矣！

孔子说："他们，是活动在世俗之外的人。而我，是活动在世俗之内的人。外内不相及，我派你前往吊唁，是我见识短浅了！

彼方且与造物者为人，而游乎天地之一气。

他们正与造物主为伴，遨游于天地的纯正云气。

彼以生为附赘县疣，以死为决肒溃痈。夫若然者，又恶知死生先后之所在！

他们把活着当成赘肉跟瘊子，把死亡当成引流脓疮和溃破肿疡。像这种认知，又怎么知道死生先后的存在！

假于异物，托于同体。忘其肝胆，遗其耳目。反复终始，不知端倪。芒然彷徨乎尘垢之外，逍遥乎无为之业。彼又恶能愦愦然为世俗之礼，以观众人之耳目哉！"

假借不同事物，承托相同形体。忘掉它的肝胆（内在节点），遗弃它的耳目（外在节点）。反复终始，不知端倪。茫然彷徨在尘垢之外，逍遥于无为的过程。他们又怎么能昏乱不明地遵循世俗礼仪，以显示给众人的耳目呢！"

子贡曰："然则夫子何方之依？"

子贡问："那么，老师同意哪种方法？"

孔子曰："丘，天之戮民也。虽然，吾与汝共之。"

孔子答："我，是受大自然惩罚的人。纵然如此，我跟你共勉吧。"

子贡曰："敢问其方？"

子贡问："请问有何良方？"

孔子曰："鱼相造乎水，人相造乎道。相造乎水者，穿池而养给。相造乎道者，无事而生定。故曰：鱼相忘乎江湖，人相忘乎道术。"

孔子曰："鱼交互归向水，人交互归向道。互相归于水的物种，挖掘池塘就满足需求了。互相归于道的人，无事，就产生安定了。所以说：鱼相忘于江湖，人相忘于道术。"

子贡曰："敢问畸人？"

子贡问："请问个别奇人呢？"

曰："畸人者，畸于人而侔于天。故曰：天之小人，人之君子。人之君子，天之小人也。"

答："奇人，奇异于众人而等齐于自然界。所以说：大自然的小人，恰是人类的君子。人类的君子，正是大自然的小人。"

颜回问仲尼曰："孟孙才，其母死，哭泣无涕，中心不戚，居丧不哀。无是三者，以善处丧盖鲁国，固有无其实而得其名者乎？回壹怪之。"

颜回问仲尼："孟孙才这个人，他母亲去世了，哭泣无眼泪，中心不忧伤，居丧不哀悼。没有这三点，却以善于治理丧事，胜过鲁国其他的人。何以有无其实而得其名的人呢？我的确感到奇怪。"

仲尼曰："夫孟孙氏尽之矣，进于知矣。唯简之而不得，夫已有所简矣。

仲尼答："孟孙氏达到极致了，上升到智慧境界了。唯有质朴，在世俗相因的情况下难以得到。他的做法，已经表现出简朴平易了。

孟孙氏不知所以生，不知所以死。不知就先，不知就后。若化为物，以待其所不知之化已乎。

孟孙氏不了解生的情由，不了解死的情由。不知道趋向先，不知道依从后。仅仅顺从于转化无常创作万物，等待他所不明白的变易而已。

且方将化，恶知不化哉？方将不化，恶知已化哉？

再说哈，正要变化，怎么知道不改变的因素？正要不变化，怎么知道已经改变的因素？

吾特与汝，其梦未始觉者邪！且彼有骇形而无损心，有旦宅而无情死。

我跟你，只是做梦未曾醒来的人呀！孟孙氏有形骸而无心神的损累，有旦暮改变的躯体而无本性的消亡。

孟孙氏特觉，人哭亦哭，是自其所以乃。且也相与吾之耳矣，庸讵知吾所谓吾之乎？

孟孙氏算得上格外醒悟了，别人哭他也哭，是自身哀伤所以如此。再说，人们互相讲'我要怎样'，何以知道我所讲的'我要怎样'，究竟指什么？

且汝梦为鸟而厉乎天，梦为鱼而没于渊。不识今之言者，其觉者乎？其梦者乎？

你梦见变成鸟，就高飞蓝天。梦见变成鱼，就潜入深潭。假如没有认识到今天的谈话内容，你是清醒的呢，还是在梦里？

造适不及笑，献笑不及排，安排而去化，乃入于寥天一。”

仓促适意了来不及笑。显露笑容了，来不及排演。安于既有设置，而行走到变易，就进入寂寥的天人合一境界。”

意而子见许由，许由曰：“尧何以资汝？”

意而子跟许由见面，许由问：“尧平时同你谋虑些什么？”

意而子曰：“尧谓我：汝必躬服仁义，而明言是非。”

意而子答：“尧对我说：你一定要躬服仁义，明言是非。”

许由曰：“而奚来为轵？（轵同‘只’。语气词。）夫尧既已黥汝以仁义，而劓汝以是非矣。汝将何以游夫遥荡恣睢转徙之涂乎？”

许由说：“你来我这儿做什么呢？尧既然已经把仁义刺字在你脸上，用是非割掉你的鼻子。你拿什么遨游在任情放纵、自得无羁的辗转迁移的道路上？”

意而子曰：“虽然，吾愿游于其藩。”

意而子说：“纵然如此，我愿游心于先生的领域。”

许由曰：“不然。夫盲者无以与乎眉目颜色之好，瞽者无以与乎青黄黼黻之观。”（黼黻，读作“辅伏”。古代礼服上绘绣的花纹。）

许由说：“不对。双眼失明的人，没法类比眉目颜色的美好。微见黑影的人，没法类比青黄礼服花纹的妆饰。”

意而子曰：“夫无庄之失其美，据梁之失其力，黄帝之亡其知，皆在炉捶之间耳。庸讵知夫造物者之不息我黥而补我劓，使我乘成以随先生邪？”

意而子说：“无庄（古代美人）不顾自己的美色，据梁（古代力士）放弃自己的力量，黄帝忘记自己的聪明，他们皆在炉火与锤子的锻造之间。怎么知道造物主不消失我脸上的刺青，修补我被割掉的鼻子，使我驾驭完整的躯体，来跟从先生呢？”

许由曰：“噫！未可知也。我为汝言其大略：吾师乎！吾师乎！𩐋万物而不为义，（𩐋同‘齑’。碎。）泽及万世而不为仁，长于上古而不为老，覆载天地、刻雕众形而不为巧。此所游已！”

许由说：“噫！不可知啊。我给你讲讲大概吧：我的老师啊！我的老师啊！他细碎万物，却不会仅仅考虑迎合大众的适宜性。他泽及万世，却不会仅仅选择衷心爱人的价值观。他生长于上古，却不会衰落。他覆载天地，雕刻众形，却不用技巧。这就是你要游心的境界。”

颜回曰：“回益矣。”

颜回说：“我进步了。”

仲尼曰：“何谓也？”

仲尼说：“啥意思呢？”

曰：“回忘仁义矣。”

颜回说：“我忘记仁义了。”

曰：“可矣，犹未也。”

仲尼说：“不错，但谈不上多大的进步。”

他日复见，曰：“回益矣。”

改天又相见，颜回说：“我进步了。”

曰：“何谓也？”

问：“啥意思？”

曰：“回忘礼乐矣！”

答：“我忘记礼乐了。”

曰：“可矣，犹未也。”

仲尼说：“不错，但仍然没有获益啊。”

他日复见，曰：“回益矣！”

改天再相见，颜回说：“我进步了。”

曰：“何谓也？”

问："怎么讲呀？"

曰："回坐忘矣。"

答："我坐忘了。"

仲尼蹴然曰："何谓坐忘？"（蹴，读作"促"。蹴然，不安貌，恭敬貌。）

仲尼惊讶地问："什么叫坐忘？"

颜回曰："堕肢体，黜聪明，离形去知，同于大通，此谓坐忘。"

颜回答："减损肢体，摈弃聪明，离开形骸，去掉知识，会合于大概的往来无穷，这就叫坐忘。"

仲尼曰："同则无好也，化则无常也。而果其贤乎！丘也请从而后也。"

仲尼说："会合则无喜爱，变易则无常法。你果真德才兼善啊！我也愿意跟从在你后面。"

子舆与子桑友，而霖雨十日。子舆曰："子桑殆病矣！"裹饭而往食之。

子舆和子桑做朋友，适逢连续十天大雨。子舆说："子桑将要饿肚子了！"于是包裹着米饭去给他吃。

至子桑之门，则若歌若哭，鼓琴曰："父邪母邪！天乎人乎！"有不任其声，而趋举其诗焉。

到了子桑家门，听见像唱歌又像哭泣，鼓琴伴奏的声音："爹呀妈呀！天哪人哪！"又不能放任其歌声，而急匆匆地唱完歌词。

子舆入，曰："子之歌诗，何故若是？"

子舆进入室内，问道："你咏唱诗歌，怎么会像这个样子？"

曰："吾思夫使我至此极者而弗得也。父母岂欲吾贫哉？天无私覆，地无私载，天地岂私贫我哉？求其为之者而不得也。然而至此极者，命也夫！"

答："我思量，谁使我至此极贫地步，却不得要领。父母难道希望我贫困吗？天无私覆，地无私载，天地难道单独让我贫困吗？探求造成我穷匮的原因，而不可得。然而，我已经落到极贫境地了，就认命吧！"

［同游小语］

《黄帝内经·素问·上古天真论》说，上古有真人，提挈天地，把握阴阳，呼吸精气，独立守神，肌肉若一。能够寿命极尽天地，没有终了的时候，只因他们的道充沛了。

黄帝说，中古出现了至人，跟真人差不多。其次才有圣人，才有贤人。

后来庄子和列子，较多提出了真人概念，本篇即为显例。

何为真？真实，不虚假。明知事实和道理俱在，却故意违反，称作伪。庄子提醒：先做真实的人，然后才谈得上觉悟真知。

笔者读《大宗师》，有诗曰：

识天懂人为，真人求真知。
喜好随自然，厌恶从尘世。
外物外天下，静笃无生死。
副墨络诵读，虚极闻疑始。
离形黜聪明，大通忘心机。
安命任造化，入于寥天一。

应帝王第七

［有言之教跟不言之教的对比］

啮缺问于王倪，四问而四不知。啮缺因跃而大喜，行以告蒲衣子。

啮缺向王倪请教，问了四次，四次得到不知道的答复。啮缺高兴得跳起来，跑去告诉蒲衣子。

蒲衣子曰："而乃今知之乎？有虞氏不及泰氏（太昊伏羲氏）。有虞氏其犹藏仁以要人，亦得人矣，而未始出于非人。

蒲衣子说："你现在懂了吧？有虞氏比不上太昊伏羲氏。有虞氏还怀藏着仁爱，用来约束人，也驾驭住了人，但是没能超出众物。

泰氏其卧徐徐，（徐徐作'呿呿'。张口卧息声。）其觉于于。（于于作'吁吁'。安闲自得貌。）一以己为马，一以己为牛。其知情信，其德甚真，而未始入于非人。"

太昊伏羲氏，睡着了打呼噜，醒来后安闲自得。或者拿自己当马，或者拿自己当牛。他智识真诚，品德精淳，从未被众物束缚。"

肩吾见狂接舆。狂接舆曰："日中始何以语女？"

肩吾去见狂人接舆。接舆问："日中始（人名）对你说了什么？"

肩吾曰："告我：君人者以己出经式义度，人孰敢不听而化诸！"

肩吾答："他告诉我，帝王凭借个人意志制定法度，谁敢不听从，不被教化呢！”

狂接舆曰：“是欺德也。其于治天下也，犹涉海凿河而使蚊负山也。

接舆说：“这是欺诈人性的做法。用这种理念统治天下，好比涉过大海去开凿河流，好比让蚊子背负高山。

夫圣人之治也，治外夫？正而后行，确乎能其事者而已矣。

圣人政治，是治理自身之外的事物吗？先正其性而后行化，确定能够办事的人而已。

且鸟高飞以避矰弋之害，（矰弋，读作‘曾义’。系有丝绳的短箭。）鼷鼠深穴乎神丘之下以避熏凿之患，而曾二虫之无知！”

鸟高飞以躲避短箭的伤害，小鼠深掘洞穴在社坛之下，以躲避烟熏挖凿的祸患，你怎么比这两种小动物还无知呢！”

[有为而治跟无为而治的对比]

天根游于殷阳，至蓼水之上，适遭无名人而问焉，曰：“请问为天下。”

天根到殷阳游玩，在蓼水岸边恰逢无名人，搭讪道：“请问治理天下。”

无名人曰：“去！汝鄙人也，何问之不豫也！

无名人说：“走开！你这个鄙陋的人，为何问出不知厌足的话题！

予方将与造物者为人，厌则又乘夫莽眇之鸟，以出六极之外，而游无何有之乡，以处圹埌之野。汝又何为以治天下感予之心为？”

我正同造物主交朋友，满足了，又乘着深远微妙的鸟，飞出天地四方之外，遨游在空无所有的境界，栖息在平旷无际的领域。你又何苦拿治理天下这种琐事来摇动我的心呢？”

又复问，无名人曰：“汝游心于淡，合气于漠，顺物自然而无容私焉，而天下治矣。”

天根再问，无名人说：“你游心于无所嗜、无所起的淡泊，合气于清澄无声的境界，顺应众物的自然，而不把私欲加进去，天下就太平了。”

阳子居见老聃，曰：“有人于此，向疾强梁，物彻疏明，学道不倦，如是者，可比明王乎？”

阳子居见到老聃，说：“这儿有个人强干果决，做事敏捷，洞彻事物，疏通明达，还学道不倦。像这样的人，可以跟圣明帝王相比了吗？”

老聃曰：“是于圣人也，胥易技系，劳形怵心者也。

老聃说：“他同圣人相比，属于小吏修治技艺，反被技艺束缚，劳苦身躯担惊受怕的类型。

且也虎豹之文来田，猿狙之便执斄之狗来藉。（斄通‘犛’，读作‘毛’。牦牛。）如是者，可比明王乎？”

你瞧，虎豹的花纹招致田猎，猿猴的敏捷和能够捕捉牦牛的狗，招致绳索捆绑。像这类例子，可以跟圣明帝王相比么？”

阳子居蹴然曰：“敢问明王之治。”（蹴，读作“促”。蹴然，惊惭不安貌。）

阳子居惊惭地说：“请问圣明帝王治国理政的方式。”

老聃曰：“明王之治，功盖天下而似不自己，化贷万物而民弗恃。有莫举名，使物自喜。立乎不测，而游于无有者也。”

老聃说：“圣明帝王治国理政，功盖天下却像不是自己做成的，化施万物而兆民不依赖。纵有功业，却没法称扬其名目，使众物自然喜乐。设立不确定状况的应对预案，而遨游于空无所有的境界。”

[详述不言＋无为＝虚空]

郑有神巫曰季咸，知人之死生、存亡、祸福、寿夭，期以岁月旬日，若神。郑人见之，皆弃而走。

郑国有个神巫，叫季咸。他知道人的死生、存亡、祸福和寿夭，预料出年月旬日，像天神一般灵验。郑国的人见了他，全都逃离。

列子见之而心醉，归，以告壶子，曰：“始吾以夫子之道为至矣，则又有至焉者矣。”

列子看到季咸，却很喜爱和陶醉。他返回告诉壶子：“当初我以为老师的学说达到极点，现在又发现更高境界的人了。”

壶子曰：“吾与汝既其文，未既其实。而固得道与？众雌而无雄，而又奚卵焉！而以道与世亢，必信，夫故使人得而相汝。尝试与来，以予示之。”

壶子说：“我尽数教你道术的文理，并未教授道术的实际内容。你因此就得道了吗？一大群雌鸟而无雄鸟，怎么下蛋呢！你用此道与世人匹敌，希求伸展，故而被别人获得了底细，进而窥测你。你试着带季咸来，替我相面。”

明日，列子与之见壶子。出而谓列子曰：“嘻！子之先生死矣！弗活矣！不以旬数矣！吾见怪焉，见湿灰焉。”

明日，列子同季咸来见壶子。季咸出门后对列子说：“嘻！你的老师快死了，活不了了，不会超过十天！我见到怪异，看见潮湿的灰烬了。”

列子入，泣涕沾襟以告壶子。壶子曰：“乡吾示之以地文，萌乎不震不正，是殆见吾杜德机也。尝又与来。”

列子进入室内，泣涕沾襟地告知壶子。壶子说：“先前我显示大地的文理给他看，征兆为不震动、不停止，他大概看见我堵塞生机了。你试着又带他来。”

明日，又与之见壶子。出而谓列子曰：“幸矣！子之先生遇我也，有瘳矣！（瘳，读作‘抽’。病愈。）全然有生矣！吾见其杜权矣！”

明日，列子又带季咸见壶子。季咸出门后对列子说：“幸运啊！尊师遇到我，有望痊愈了，全然有生气了。我看见他身体堵塞的地方都改善了！”

列子入，以告壶子。壶子曰：“乡吾示之以天壤，名实不入，而机发于踵。是殆见吾善者机也。尝又与来。”

列子入室转告壶子。壶子说：“刚才我显示天覆地载给他看，名称跟实际皆不进入，而变化征兆萌发于往来之间。他大概看见我生机盎然了。你试着又带他来。”

明日，又与之见壶子。出而谓列子曰：“子之先生不齐，吾无得而相焉。试齐，且复相之。”

明日，列子又同季咸一起见壶子。季咸出门后对列子说：“你的老师前后不一致，我没法看相了。等他正常了，再省视吧。”

列子入，以告壶子。壶子曰：“吾乡示之以太冲莫胜，是殆见吾衡气机也。

列子入室告诉壶子。壶子说："我方才显示虚静无迹给他看，他大概看见我平衡混一的预兆了。

鲵桓之审为渊，止水之审为渊，流水之审为渊。（审通'潘'。水回流处。）渊有九名，此处三焉。尝又与来。"

鲵鱼盘桓的洄流为渊潭，止水汇聚为渊潭，流水回旋为渊潭。渊潭有九个种类，此处为三种。你试着又带他来。"

明日，又与之见壶子。立未定，自失而走。壶子曰："追之！"

明日，列子又带季咸见壶子。季咸立足未稳，便自失地逃走。壶子说："快追！"

列子追之不及。反，以报壶子曰："已灭矣，已失矣，吾弗及已。"

列子没追上，返回来报告壶子："不见人影，失踪了，我撵不上他。"

壶子曰："乡吾示之以未始出吾宗。吾与之虚而委蛇，不知其谁何，因以为弟靡，因以为波流，故逃也。"

壶子说："适才，我没有流露本意给他看。我跟他虚与委蛇，泛泛地不知谁谁怎么样，顺随着做无穷貌，顺随着做水波流动貌，所以他逃走了。"

然后列子自以为未始学而归。三年不出，为其妻爨，（爨，读作"窜"。烧火煮饭。）食豕如食人，于事无与亲。雕琢复朴，块然独以其形立。纷而封哉，一以是终。

经历过这件事情之后，列子自以为尚未学成壶子的道术，而回归家乡。他三年不外出，为妻子烧火煮饭，喂猪如同照料人饮食。不近冗事，屏除华饰，回复朴素，安然独立其形骸，世间纷扰皆封闭住，一概以此贯彻始终。

无为名尸，无为谋府，无为事任，无为知主。体尽无穷，而游无朕。尽其所受乎天而无见得，亦虚而已！至人之用心若镜，不将不逆，应而不藏，故能胜物而不伤。

不要做名誉的执掌者，不要做计谋的聚集处，不要为职事而劳役，不要做智慧的首领。体察竭尽无穷，而遨游无迹兆的境界。优先使用自然禀性，而不显露所得，一味虚空而已——至人的用心好比镜子，不送行，不迎接，适应而不藏匿，所以能够承担众物而不受伤。

［儵忽好心作为，却害死了合和的浑沌］

南海之帝为儵，(儵同“倏”。迅疾。)北海之帝为忽，中央之帝为浑沌。儵与忽时相与遇于浑沌之地，浑沌待之甚善。

南海的帝王叫儵，北海的帝王叫忽，中央的帝王叫浑沌。儵和忽时常到浑沌的疆土相会，浑沌待他们很好。

儵与忽谋报浑沌之德，曰：“人皆有七窍以视听食息，此独无有，尝试凿之。”日凿一窍，七日而浑沌死。

儵跟忽商量着要报答浑沌的美意，说：“人人都有七窍，用来看、听、吃东西和呼吸，唯独浑沌兄没有，我们尝试着替他凿开吧。”于是每天凿一窍，七天后浑沌就死了。

［同游小语］

什么叫不言之教？帝王＼领导人几乎不说话，就达到了教化臣民＼下属的目的。

什么叫无为而治？帝王＼领导人设定自己不去逞能的领域，预留空间给其他社会阶层，反而比大小事务都薅刨一把的管理，更能达到善政的效果。

换言之，帝王＼领导人不能知众人之所知，不能为众人之所能，无偏恶，无偏好，养物而物为我所用，群才并用，就可以了。

把不言之教和无为而治升华到哲学高度，就叫虚空。

本篇借助神巫季咸四次为壶子相面的故事，诠释了虚空可选择的妙用模式。又借助儵忽好心作为，却害死浑沌的寓言，论证了太想建功立业，有时反而招致难以回头的祸患。

笔者读《应帝王》，有诗曰：

黑甜梦一枕，安然远拘縻。
正性行薰陶，选贤任庶事。

常携造化游，顺物莫容私。

功高名声淡，牧民各自喜。

倏忽伤浑沌，妄为乖天机。

至人心如镜，不迎不推辞。

卷二 外篇

外篇说明

某些古书，把主旨之外有所发挥的文章列为外篇。唐成玄英《庄子序》说：内篇谈于理本，外篇语其事迹。桐城学者叶玉麟说：外篇、杂篇都是解说内七篇的，大半是后人窜作的。内篇的标题各具深意，外篇和杂篇只选取篇首一句的字做题目。

笔者注意到，《骈拇》《马蹄》《胠箧》《缮性》和《刻意》自成一体。《天地》《天道》《天运》自宏观落笔，可对应《老子》25章的「道大，天大，地大，王亦大」。《秋水》重拾《逍遥游》的小大之辨。《山木》再现《人间世》的生存艰辛。《至乐》《达生》深化了《养生主》。《在宥》《知北游》详释什么叫做道。《田子方》细解《大宗师》提出的真人。

外篇15篇合计28064字，占全书文字量的43%，是庄氏书重点所在。

骈拇第八

[仁义拔高了道德标准，是多余的东西]

骈拇枝指出乎性哉，而侈于德。（骈拇，足大拇指与第二指相连。枝指，手大拇指傍生一指成六指。）

脚上大拇指跟二指相连，手上大拇指旁边长出第六根指头，它们产生于自然性质，比常态应得的多余。

附赘县疣出乎形哉，而侈于性。

附生赘肉和悬挂的瘤子，它们产生于人体，比与生俱生的特点多余。

多方乎仁义而用之者，列于五藏哉，而非道德之正也。

多种方法推行仁义，把仁义礼智信跟肝肺心肾脾对应起来，不是道德的正见。

是故骈于足者，连无用之肉也。枝于手者，树无用之指也。

所以，脚趾相连，连接的是无用的肉。手生六指，竖立的是无用的指头。

多方骈枝于五藏之情者，淫僻于仁义之行，而多方于聪明之用也。

设法别生枝蔓于五脏实情的人，不正常地放纵了仁义行为，处心积虑地使用了聪明。

是故骈于明者，乱五色，淫文章，青黄黼黻之煌煌非乎？（黼黻，读作“斧服”。礼服上所绣的黑白相间的花纹。）而离朱是已！

因此，增赘旁出视力，紊乱了五色，侵淫了错杂的花纹。青黄礼服上绣出黑白相间的花纹，光彩炫目不好吗？此疑问，自百步见秋毫之末的离朱就开始了。

多于聪者，乱五声，淫六律，金石丝竹黄钟大吕之声非乎？而师旷是已。

听觉过分灵敏，紊乱了五声，侵淫了六律。金石丝竹黄钟大吕的声音不好吗？此疑问，自善音律能致鬼神的师旷就开始了。

枝于仁者，擢德塞性以收名声，（擢，读作“卓”。拔，抽。）使天下簧鼓以奉不及之法，非乎？而曾、史是已！

别生枝蔓于仁义，拔高道德标准，蔽塞真性，以收获名声。致使天下喧哗如笙簧鼓动，来奉行不可尽从的法式，这样做不合适吧？此疑问，自至孝的曾参和忠直的史鱼就开始了。

骈于辩者，累瓦结绳，窜句游心于坚白同异之间，而敝跬誉无用之言，非乎？（敝，读作“币”。衰败、疲惫。跬，读作“奎”。迈一次腿的距离。跬誉，一时的或眼前的名誉。）而杨、墨是已！

别生枝蔓于辩解，宛如堆积瓦片和绳子打结，窜改文句、游荡心思在“离坚白”“合同异”的争论之间。因一时近誉和车轱辘废话而衰损疲劳，这样做没必要吧？此疑问，自禀性多辩的杨朱、墨翟就开始了。

故此皆多骈旁枝之道，非天下之至正也。

上述皆属于过多连接、旁生枝蔓的做法，算不上天下最中正的主张。

[人间正道：不失去天性\实情，不缺损常识\常态]

彼正正者，（清王先谦《庄子集解》：俞云，上“正”字，乃“至”字之误。）不失其性命之情。

那些最为中正的主张，不失去天生性质和人所禀受的实情。

故合者不为骈，而枝者不为跂，长者不为有余，短者不为不足。

故而，合拢来不觉得连并，别生指头不认为分岔，长的不搞得有余，短的不弄得不足。

是故凫胫虽短，（凫，读作“伏”。野鸭。）续之则忧。鹤胫虽长，断之则悲。

所以野鸭的腿虽短，接长它则存忧患。白鹤的腿虽长，截断它则为伤悲。

故性长非所断，性短非所续，无所去忧也。

因此，事物特性是长的不必截断，短的不必接续，便没有相违的忧虑。

意仁义其非人情乎，彼仁人何其多忧也！

感觉仁义违背世态人情了，那帮仁人失其常性，忧患何其多啊！

且夫骈于拇者，决之则泣。枝于手者，龁之则啼。（龁，读作“和”。咬，吞噬。）二者或有余于数，或不足于数，其于忧一也。

再说，脚趾相连的人，破开它就要默默流泪。手长六指的人，咬断它就要放声大哭。此二者，或有余于固然之数，或不足于固然之数，它们存在的忧愁一模一样。

今世之仁人，蒿目而忧世之患。不仁之人，决性命之情而饕贵富。

当今世上的爱心人士，用迷乱眼神眺望远方，忧虑着人间的祸患。不仁的人，突破天性和人所禀受的实情，而贪图高位与财富。

故意仁义其非人情乎，自三代以下者，天下何其嚣嚣也。

所以我辈感知到，仁义违背人心世态的常情了。自夏商周以降，天下怎么弄出这么多喧哗呢！

且夫待钩绳规矩而正者，是削其性者也。待绳约胶漆而固者，是侵其德者也。

总之，等待钩子、绳索、圆规和矩尺来矫正的东西，都削弱了天生属性。等待绳索缠束、胶漆黏结来固定的东西，都侵蚀了应得的状态。

屈折礼乐，呴俞仁义，（呴俞，读作“许余”。关怀培养，使之成长。）以慰天下之心者，此失其常然也。

曲折肢体推行礼乐，关怀抚养倡导仁义，以安慰天下人心。这样做，失去了社群关系的常识\常态。

天下有常然。常然者，曲者不以钩，直者不以绳，圆者不以规，方者不以矩，附离不以胶漆，（离通“丽”。附着，依附。）约束不以纆索。

天下有常识\常态。所谓常识\常态，弯曲不使用曲钩，伸直不使用墨斗，圆形不使用圆规，方形不使用矩尺，附着不凭借胶漆，约束不凭借绳索。

故天下诱然皆生，而不知其所以生。同焉皆得，而不知其所以得。

由此，在天下隐藏自身导引进善，自然而然全体社会成员都生长养育了，却不知道为什么生养。大家共享获得感，却不知道为什么获得。

故古今不二，不可亏也。

所以由古至今没啥区别，不可以缺损常识\常态。

则仁义又奚连连如胶漆纆索，而游乎道德之间为哉？使天下惑也！

那么，仁义又为何要黏黏糊糊如同胶漆绳索，游荡在道德之间搞事情呢？枉然使得天下迷乱！

[世间迷惑：君子小人都残生伤性]

夫小惑易方，大惑易性。何以知其然邪？

小迷惑改变行为的方向，大迷乱转变事物的性质。何以知道会这样呢？

自虞氏招仁义以挠天下也，天下莫不奔命于仁义。

自从虞舜号召仁义以扰乱天下，天下莫不奉仁义之命而奔走。

是非以仁义易其性与？故尝试论之：

这不是用仁义来变易人的本性吗？我尝试着述说一下：

自三代以下者，天下莫不以物易其性矣。

自夏商周以来，天下莫不因为外物而改变了人的本性。

小人则以身殉利，士则以身殉名，大夫则以身殉家，圣人则以身殉天下。

小人为了利益而舍弃生命，士人为了名声而舍弃生命，有官位者为了封地而舍弃生命，帝王为了天下而舍弃生命。

故此数子者，事业不同，名声异号，其于伤性以身为殉，一也。

所以，这几类人事业不同、名声称谓不同，他们在妨害本性、用身躯追求外物方面，是一模一样的。

臧与谷二人相与牧羊，而俱亡其羊。（臧，奴仆。谷，小孩。）

奴仆和小孩一起去放羊，他们的羊都逃走了。

问臧奚事，则挟策读书。问谷奚事，则博塞以游。

问奴仆在做什么，他说手持竹简读书。问小孩在做什么，他说掷骰子玩游戏。

二人者，事业不同，其于亡羊均也。

两人所做的事情不同，在走失羊子方面是相等的。

伯夷死名于首阳之下，盗跖死利于东陵之上。

伯夷为了名声死在首阳山下，盗跖为了利益死在东陵上。

二人者，所死不同，其于残生伤性均也。

两人死的因由不同，在残害生命、伤损本性方面是相等的。

奚必伯夷之是而盗跖之非乎？天下尽殉也。

何必认定伯夷是正确的，而盗跖是错误的呢？天下人都有所贪求啊。

彼其所殉仁义也，则俗谓之君子。其所殉货财也，则俗谓之小人。

那些追求仁义的，世俗称为君子。贪求货财的，世俗称为小人。

其殉一也，则有君子焉，有小人焉。

他们为了目标而舍弃生命完全一样，却有君子了，有小人了。

若其残生损性，则盗跖亦伯夷已，又恶取君子小人于其间哉！

如果单论残害生命和损伤本性，则盗跖也就是伯夷，又怎么在二人之间择取君子小人呢！

[作者的行为观：上限不践行仁义，下限不放纵邪僻]

且夫属其性乎仁义者，虽通如曾、史，非吾所谓臧也。

再说，托付本性在仁义里的人，虽然通晓洞贯如至孝的曾参和忠直的史鱼，不是我所称许的美好。

属其性于五味，虽通如俞儿，非吾所谓臧也。

托付本性在五味，虽然通晓洞贯如善辨滋味的俞儿，不是我所称许的美好。

属其性乎五声，虽通如师旷，非吾所谓聪也。

托付本性在五声，虽然通晓洞贯如善识音律的师旷，不是我所称许的听觉灵敏。

属其性乎五色，虽通如离朱，非吾所谓明也。

托付本性在五色，虽然通晓洞贯如百步见秋毫之末的离朱，不是我所称许的眼睛明亮。

吾所谓臧者，非所谓仁义之谓也，臧于其德而已矣。

我所称许的美好，不是所谓仁义的意思，完善成事和物的修养，就可以了。

吾所谓臧者，非所谓仁义之谓也，任其性命之情而已矣。

我所称许的美好，不是所谓仁义的意思，符合事物固有性质和当事人所禀受的实情，就可以了。

吾所谓聪者，非谓其闻彼也，自闻而已矣。

我所称许的听觉灵敏，不唠叨所听闻的别人的事情，自己知道就可以了。

吾所谓明者，非谓其见彼也，自见而已矣。

我所称许的眼睛明亮，不唠叨所看见的别人的事情，自己具有见解就可以了。

夫不自见而见彼，不自得而得彼者，是得人之得，而不自得其得者也；适人之适，而不自适其适者也。

假如自己没有见地，却盯住别人的事情；自己无所得，却把别人的事情弄得门儿清；是获取了别人的信息，而自己没有获得适当的信息。是归从了别人的安逸，而没有归向自身的安逸。

夫适人之适，而不自适其适，虽盗跖与伯夷，是同为淫僻也。

归从别人的安逸，而不归向自身的安逸，纵使盗跖跟伯夷，也是同为邪僻放纵。

余愧乎道德，是以上不敢为仁义之操，而下不敢为淫僻之行也。

我惭愧啊，谈不上有道德。所以我的上限，不愿践行仁义的节操；我的下限，不敢做邪僻放纵的行为。

［同游小语］

《史记·老子韩非列传》感慨：世间学老子的人贬低儒家，学儒的人贬低老子。道不同不相为谋。尤其是庄周，他毁谤孔子门徒，攻击儒墨，虽当世宿学不能自解。

《骈拇》把儒家的核心价值观仁义，比喻为脚上大拇指跟二指相连，手上长出第六根指头，或者附生的赘肉和悬挂的瘤子，纯属多余的东西。

在《庄子》33篇里，类似的辛辣挖苦，妙语连珠，散存于若干篇目，可谓古今文坛一大奇葩。

笔者读《骈拇》，有诗曰：

骈拇叹多余，跬誉蔽真性。
满眼饕富贵，何人守至精。
枝蔓高标拔，喧哗簧鼓鸣。
小惑方向改，大迷本质倾。
诱然生万物，皆得谁知情。
上不为仁义，下未敢邪行。

马蹄第九

［伯乐使马失去了生命力；治理天下的人，过错类此］

马蹄可以践霜雪，毛可以御风寒，龁草饮水，（龁，读作“和”。咬。）翘足而陆，此马之真性也。虽有义台路寝，无所用之。

马蹄可以踩踏霜雪，毛可以抵御风寒。它吃草饮水，翘脚跳跃，这是马的真性。虽然有举行仪礼的高台，和天子诸侯的正厅，对于马没有用处。

及至伯乐，曰：“我善治马。”烧之，剔之，刻之，雒之，（雒通“络”，套笼头。）连之以羁馽，（馽，读作“直”。绊马索。）编之以皁栈，（皁通“槽”。牲口槽。）马之死者十二三矣。

等到伯乐出现，说：“我擅长养马。”于是，烧印烙字，剃剪鬃毛，刻凿马蹄，套上辔头，连接羁绊，编入马厩，马的生命力失去十之二三了。

饥之，渴之，驰之，骤之，整之，齐之，前有橛饰之患，（橛，读作“决”。马口中衔的小横木。橛饰，马嚼子和马缨。）而后有鞭筴之威，而马之死者已过半矣。

再加上饥饿，干渴，驱使，疾行，整束，饬戒，前面有马嚼子和马缨的患苦，后面有鞭子抽打的威慑，马的生命力失去已过半了。

陶者曰：“我善治埴，圆者中规，方者中矩。”匠人曰：“我善治木，曲者中钩，直者应绳。”

陶工说：“我擅长用黄黏土烧制瓦器，圆形器物恰好合上圆规测量，方形器物恰好合上矩尺测量。”木匠说：“我擅长木工活，弯曲木材恰好合上曲钩测量，伸直木材恰好符合墨斗测量。”

夫埴木之性，岂欲中规矩钩绳哉？

黏土跟木材的本性，难道想要满足圆规、矩尺、曲钩和墨斗吗？

然且世世称之曰：“伯乐善治马，而陶匠善治埴木。”

然而，世世代代的人都称赞：“伯乐善于养马，陶工木匠善于整治黏土和木材。”

此亦治天下者之过也。

这也是治理天下的人的过错。

[亏缺道德来推行仁义礼乐，是圣人的过失]

吾意善治天下者不然。

我心所向的善治天下的人，不会这样做。

彼民有常性，织而衣，耕而食，是谓同德。一而不党，命曰天放。

人类有恒常的本性，织作布帛缝制衣服，犁田劳动受纳食物，这叫心意一致。众人协同而无偏私，名叫放任自然。

故至德之世，其行填填，其视颠颠。

所以，具备最高道德的时代，百姓行步稳重，视瞻专一。

当是时也，山无蹊隧，泽无舟梁。万物群生，连属其乡。禽兽成群，草木遂长。是故禽兽可系羁而游，乌鹊之巢可攀援而窥。

那时，山里没有始行的小路，水泽没有船和桥梁。万物群生，各各靠近它们的辈类居处。禽兽成群，草木顺遂地成长。由此，禽兽可以拴缚着游玩，乌鹊的巢穴可以攀援上去偷看。

夫至德之世，同与禽兽居，族与万物并，恶乎知君子小人哉！

在最高道德的时代，人跟禽兽同居，跟万物聚合，哪里懂得什么君子小人啊！

同乎无知，其德不离；同乎无欲，是谓素朴；素朴而民性得矣。

大家会聚着不明事理，心意不会离散。会聚着没有欲望，叫做素朴。素朴，就得到了人的本性。

及至圣人，蹩躠为仁，（蹩躠，读作“别血”。用尽心力貌。）踶跂为义，（踶跂，读作“至企”。矜持烦劳貌。）而天下始疑矣。澶漫为乐，（澶，读作“旦”。澶漫，纵逸之心。）摘僻为礼，（摘僻，拳曲手足。）而天下始分矣。

等到圣人出现，用尽心力为仁，矜持烦劳为义，天下却开始疑惑了。纵逸心意为乐，拳曲手足为礼，天下却开始分离了。

故纯朴不残，孰为牺尊？白玉不毁，孰为珪璋？道德不废，安取仁义？性情不离，安用礼乐？五色不乱，孰为文采？五声不乱，孰应六律？

所以，全木未经劈砍雕刻，怎么做成牛形酒器？白玉不亏缺，怎么制成圭璋礼器？道德不废弃，岂会选取仁义？本性与实情不分离，岂会采用礼乐？五色不紊乱，谁去创作错杂艳丽的彩色？五声不紊乱，谁应和六律？

夫残朴以为器，工匠之罪也。毁道德以为仁义，圣人之过也。

毁坏原木来制作器具，是工匠的错误。亏缺道德来推行仁义，是圣人的过失。

［人们自矜逞智，争谋利益，无法禁止，是圣人的过失］

夫马，陆居则食草饮水，喜则交颈相靡，（靡通“摩”。贴近，摩擦。）怒则分背相踶，（踶，读作“弟”。踢。）马知已此矣。

马儿们栖身陆地，吃草喝水。高兴了便脖子依偎脖子摩擦，生气了就背对背踢蹬。马所懂得的仅止于此。

夫加之以衡扼，齐之以月题，而马知介倪，（介倪犹“睥睨”。斜视，窥伺。）闉扼，（闉读作“因”；屈曲。扼通“轭”，车辕前端驾在牛马颈上的曲木。）鸷曼，（鸷，猛鸟，比喻凶狠攻击的动作。曼后作“幔”。车幔。）诡衔，窃辔。故马之知而態至盗者，（態同“态”。意态。）伯乐之罪也。

后来木轭夹颈，跟车辕上的横木相连，额头上布列月形佩饰，马即知道了侧视窥伺，曲颈脱轭，猛抵车幔，吐出铁勒口，挣脱笼头。因此，马的智慧，使意态达到了盗贼的程度，是伯乐的过错。

夫赫胥氏之时，民居不知所为，行不知所之，含哺而熙，（熙通“嬉”。嬉戏。）鼓腹而游，民能以此矣。

在赫胥氏（上古帝王）的时代，人们居处不知道该做些什么，行走不知道所去的地方。口含食物玩耍，鼓起肚子游逛。大家能做的仅止于此。

及至圣人屈折礼乐，以匡天下之形，县跂仁义，（县为“悬”的古字。跂通“企”。踮起脚跟。）以慰天下之心，而民乃始踶跂好知，争归于利，不可止也。此亦圣人之过也。

等到圣人曲折肢体推行礼乐，以匡正天下人的形象。把仁义悬挂在踮起脚跟的高处，以安抚天下人的思想。人们才开始自矜逞智，争谋利益，无法禁止。这都是圣人的过失。

［同游小语］

本篇用马作喻一气呵成，阐释无为自化，在《庄子》33篇里仅此一例。

它首次描绘出了庄子心目中的理想社会：在上古，人跟禽兽同居，跟万物聚合。大家会聚着不明事理，心意不会离散。会聚着没有欲望，叫做素朴。素朴，就得到了人的本性。

它反复指出，等到圣人曲折肢体推行礼乐，把仁义悬挂在踮起脚跟的高处，人们才开始自矜逞智，争谋利益，无法禁止。这是治理天下的人的过错。

笔者读《马蹄》，有诗曰：

马蹄践霜雪，翘足真爽气。
伯乐套羁馽，生命半僵死。
填填复颠颠，天放常耕织。
无知更无欲，素朴得民意。
何须圣人烦，仁义始分离。
逞智争利害，万世难禁止。

胠箧第十

［圣人便利天下少，伤害天下多］

将为胠箧探囊发匮之盗，（胠，读作“区”。从旁边打开。箧，读作“怯”。小箱子。匮同“柜”。）而为守备，则必摄缄縢，（缄縢，读作“间腾”。绳索。）固扃鐍，（扃鐍，读作“问决”。箱箧上的锁。）此世俗之所谓知也。

将要对付撬箱笼、摸包包和开柜子的小偷，而作防备，定要收紧绳索，加固箱锁。这是世俗所说的聪明。

然而巨盗至，则负匮揭箧担囊而趋，唯恐缄縢扃鐍之不固也。然则乡之所谓知者，不乃为大盗积者也？

然而巨盗来了，立马背起柜子、扛起箱包、担上行囊疾走，唯恐绳子箱锁不结实。那么，先前所说的聪明人，不是变成大盗的积蓄者了吗？

故尝试论之：世俗之所谓知者，有不为大盗积者乎？所谓圣者，有不为大盗守者乎？

我们试着聊聊：世俗的所谓智者，有不为大盗积蓄的吗？所谓圣人，有不为大盗执守的吗？

何以知其然邪？

怎么知道是这样的呢？

昔者齐国邻邑相望，鸡狗之音相闻，罔罟之所布，耒耨之所刺，方二千余里。

从前在齐国，邻近城镇相望，鸡犬之声相闻，鱼猎网罟所分布，翻土锄草的农具所铲除，方圆二千余里。

阖四竟之内，所以立宗庙社稷，治邑屋州闾乡曲者，曷尝不法圣人哉？

总括四境之内，用来建立宗庙社稷，治理村巷房舍、州里闾里和偏远乡下的，何尝不效法圣人？

然而田成子一旦杀齐君而盗其国，所盗者岂独其国邪？并与其圣知之法而盗之。

然而，田成子一旦弑君窃取齐国，所盗的难道只是邦国吗？他连同聪明睿智的法度一起盗走了。

故田成子有乎盗贼之名，而身处尧舜之安。小国不敢非，大国不敢诛，十二世有齐国。

故而，田成子有盗贼的名声，却身处尧舜的安定。小国不敢违背，大国不敢诛讨，相继十二代拥有齐国。

则是不乃窃齐国，并与其圣知之法，以守其盗贼之身乎？

若此，他岂不篡据了齐国，同时还窃取了齐国聪明睿智的法度，用来守护他的盗贼地位了吗？

尝试论之：世俗之所谓至知者，有不为大盗积者乎？所谓至圣者，有不为大盗守者乎？

我们试聊一下：世俗所谓最具智慧的人，有不为大盗积聚的吗？所谓最高道德的人，有不为大盗执守的吗？

何以知其然邪？

怎么知道是这样的呢？

昔者龙逢斩，比干剖，苌弘胣，（胣，读作“齿”。刳肠。）子胥靡。故四子之贤而身不免乎戮。

从前关龙逢被斩首，比干被剖心，苌弘被刳肠，伍子胥被碎尸。这四位先生才能德行均好，自身却未能免于刑戮。

故跖之徒问于跖曰：“盗亦有道乎？”

所以，盗跖的马仔问：“做强盗也有道义吗？”

跖曰："何适而无有道邪？

盗跖答："做哪个行业没有道义？

夫妄意室中之藏，圣也。入先，勇也。出后，义也。知可否，知也。分均，仁也。五者不备而能成大盗者，天下未之有也。"

未获事实根据便估量出室中的储藏，是圣通。入室领先，是勇敢。撤出断后，是义气。懂得可不可以偷盗，是智慧。分赃均平，是仁爱。此五者不具备而能成大盗的，天下未曾有过。"

由是观之，善人不得圣人之道不立，跖不得圣人之道不行。天下之善人少而不善人多，则圣人之利天下也少，而害天下也多。

由此看来，善人未得圣人之道没法建树，盗跖未得圣人之道没法抢劫。天下善人少而恶人多，那么，圣人便利天下的比较少，而伤害天下的比较多。

故曰：唇竭则齿寒，鲁酒薄而邯郸围，（鲁酒，薄酒。许慎注《淮南子》：楚王会见诸侯，鲁国和赵国都献酒给楚王，鲁酒味薄，赵酒味厚。楚国管酒的官吏向赵人索取酒，赵人不给。楚人生气了，就把赵国味厚的酒换成鲁国味薄的酒，进献上去。楚王因为赵酒淡薄，所以发兵围住了赵都邯郸。后人因称薄酒为鲁酒。）圣人生而大盗起。掊击圣人，纵舍盗贼，而天下始治矣！

所以，嘴唇没有了，牙齿会寒冷。鲁酒味薄了，邯郸就被围困。圣人诞生了，大盗随之兴起。抨击圣人，释放盗贼，天下方始太平。

［感慨"窃钩者诛，窃国者侯"；立论"圣人不死，大盗不止"］

夫川竭而谷虚，丘夷而渊实。圣人已死，则大盗不起，天下平而无故矣。

河流干涸溪谷才空虚，土山铲平深池才填满。圣人死了，大盗就不会兴起，天下安定而没有灾祸。

圣人不死，大盗不止。虽重圣人而治天下，则是重利盗跖也。

反之，圣人不死，大盗没法除去。虽然敬重圣人来治理天下，却是对盗跖一类人物的重大利好。

为之斗斛以量之，则并与斗斛而窃之。为之权衡以称之，则并与权衡而窃之。为之符玺以信之，则并与符玺而窃之。为之仁义以矫之，则并与仁义而窃之。

设定斗斛来测量多少，他们连同斗斛一起偷盗。设定秤锤秤杆来称重量，他们连同秤锤秤杆一起偷盗。设计符节印玺来做凭证，他们连同符节印玺一起偷盗。设计仁义来矫正天下，他们连同仁义一起偷盗。

何以知其然邪？

怎么知道是这样的呢？

彼窃钩者诛，窃国者为诸侯。诸侯之门而仁义存焉，则是非窃仁义圣知邪？

那些偷带钩的人被杀戮，窃邦国的人却做了诸侯。诸侯家里保存着仁义，这不是偷盗了仁义圣智吗？

故逐于大盗，揭诸侯，窃仁义，并斗斛权衡符玺之利者，虽有轩冕之赏弗能劝，斧钺之威弗能禁。

所以，追随大盗，掀开诸侯，偷窃仁义，以及斗斛权衡符玺诸般便利的人，虽有官位爵禄的赏赐不能勉励，虽有刑罚杀戮的威慑不能禁止。

此重利盗跖而使不可禁者，是乃圣人之过也。

此类重利于盗跖而不可禁绝的状况，恰是圣人的过失啊。

故曰："鱼不可脱于渊，国之利器不可以示人。"（示通"施"。给予。）

所以《老子》三十六章说："鱼不可以脱离深渊，邦国的兵柄刑赏一类重要权势，不可给予别人。"

彼圣人者，天下之利器也，非所以明天下也。

那些圣人，宛如天下的精良兵柄，不可以让天下人通晓。

故绝圣弃知，大盗乃止。擿玉毁珠，（擿，读作"至"。投掷。）小盗不起。焚符破玺，而民朴鄙。掊斗折衡，而民不争。殚残天下之圣法，而民始可与论议。

故而断绝聪敏，舍弃智谋，大盗终将除去。扔掉玉石，毁坏珠子，小偷不会发生。焚烧符节，碎裂印玺，百姓复归质朴。击破量斗，折断秤杆，百姓不至争竞。尽毁天下的圣法，才可以跟百姓谈论是非好坏。

擢乱六律，（擢，读作“浊”。用同“戳”。）铄绝竽瑟，塞瞽旷之耳，而天下始人含其聪矣。

戳乱六律，烧断竽瑟，堵塞乐官师旷的耳朵，天下方才人人含藏其听觉灵敏。

灭文章，散五采，胶离朱之目，而天下始人含其明矣。

禁绝文章，分散五采，黏合离朱的眼睛，天下方才人人含藏其视力明亮。

毁绝钩绳而弃规矩，攦工倕之指，（攦，读作“力”。折断。倕，读作“垂”。古代巧匠的名字。）而天下始人有其巧矣。（有通“囿”。拘谨，局限。）

毁绝钩子绳索，丢弃圆规矩尺，折断巧匠倕的手指，天下方才人人拘谨其技能技巧。

故曰：大巧若拙。

所以说：超妙的技巧好似笨拙。

削曾史之行，钳杨墨之口，攘弃仁义，而天下之德始玄同矣。

去除曾参、史鱼的行为，封闭杨朱、墨翟的嘴巴，抛弃仁义，天下的道德方才与天地万物混同为一。

彼人含其明，则天下不铄矣。人含其聪，则天下不累矣。人含其知，则天下不惑矣。人含其德，则天下不僻矣。

那时，人人含藏其视力明亮，则天下不耗神。人人含藏其听觉灵敏，则天下不疲劳。人人含藏其知识智慧，则天下不迷惑。人人含藏其德行节操，则天下不邪僻。

彼曾、史、杨、墨、师旷、工倕、离朱，皆外立其德，而以爚乱天下者也，（爚，读作“月”。消散。）法之所无用也。

像曾参、史鱼、杨朱、墨翟、师旷、工倕、离朱等人，全都在社会上成就了道德，而用来散乱天下。法度用不上他们。

［君主喜欢智谋，酿成天下大乱］

子独不知至德之世乎？

你难道不了解最高道德的时代吗？

昔者容成氏、大庭氏、伯皇氏、中央氏、栗陆氏、骊畜氏、轩辕氏、赫胥氏、尊卢氏、祝融氏、伏牺氏、神农氏，当是时也，民结绳而用之，甘其食，美其服，乐其俗，安其居。邻国相望，鸡狗之音相闻，民至老死而不相往来。

从前，在容成氏、大庭氏、伯皇氏、中央氏、栗陆氏、骊畜氏、轩辕氏、赫胥氏、尊卢氏、祝融氏、伏牺氏和神农氏的时代，百姓结绳记事，感觉食物可口，衣服好看，习俗喜乐，住所安定。邻国之间相望，鸡犬之声相闻，人们活到老死也不相往来。

若此之时，则至治已。

像这样的时代，算最好的治世了。

今遂至使民延颈举踵曰："某所有贤者。"赢粮而趣之，则内弃其亲，而外弃其主之事。

今天，竟然弄得百姓伸长脖子踮起脚跟说："某地有贤人。"然后背负口粮去追随，对内遗弃父母，对外废弃了所掌管的事业。

足迹接乎诸侯之境，车轨结乎千里之外，则是上好知之过也。

他们足迹交接诸侯的境域，车轨联结千里之外。这是君主赞同智谋的过失。

上诚好知而无道，则天下大乱矣。

君主如果赞许智谋而不行正道，天下就要大乱了。

何以知其然邪？

怎么知道是这样的呢？

夫弓弩毕弋，机变之知多，则鸟乱于上矣。钩饵罔罟罾笱之知多，（罾，读作"曾"。用竹竿\木棍做支架的方形渔网。笱，读作"狗"。有倒刺的捕鱼竹器。）则鱼乱于水矣。削格罗落罝罘之知多，（削格，陷阱。罗落，罗网。罝罘，读作“居伏”。捕兔猎具。）则兽乱于泽矣。

弓弩、兽网跟系绳短箭，器械巧变的聪明增多，鸟在天上就动荡不定。钩饵、罔罟和罾笱的聪明增多，鱼在水中就动荡不定。陷阱、罗网和猎具的聪明增多，兽在池边就动荡不定。

知诈渐毒，颉滑坚白，（颉滑，读作“协滑”。错乱，混淆。）解垢同异之变多，则俗惑于辩矣。故天下每每大乱，罪在于好知。

满世界充斥着智谋、伪诈、欺骗跟伤害。人们淆乱离坚白的命题，诡曲合同异的学说——此类变化太多，世俗就迷惑于漂亮言辞了。故而，天下时常大乱，恶因即在于爱好智略。

故天下皆知求其所不知，而莫知求其所已知者；皆知非其所不善，而莫知非其所已善者，是以大乱。

天下都知道寻找不懂的东西，却不知道探求已知的东西。都知道责怪自认为不善的事物，却不知道责怪自己喜爱的事物。由此大乱。

故上悖日月之明，下烁山川之精，中堕四时之施。

所以，在上乖逆了太阳月亮的光明，在下削弱了山岳河流的精华，居中毁坏了春夏秋冬的布施。

惴耎之虫，（惴耎，读作“缀软”。虫蠕动貌。）肖翘之物，莫不失其性。

蠕动的小虫，轻小会飞的生物，莫不丧失了它们的本性。

甚矣，夫好知之乱天下也！自三代以下者是已。

太过分了哦，赞许智谋而动乱天下！自夏商周以来都这样了。

舍夫种种之民，（种种，诚实恭谨貌。）而悦夫役役之佞。（役役，奔走钻营貌。）释夫恬淡无为，而悦夫啍啍之意。（啍啍，以己诲人貌。）啍啍已乱天下矣。

放弃诚实恭谨的百姓，而喜欢奔走钻营的辩士。废弃恬淡无为，而喜欢以己诲人的意愿——以己诲人已经惑乱天下了。

〔同游小语〕

胠箧，意谓从旁边打开箱包。箱包里装什么？装长期积蓄，想要守住的财富。人类社会的财富，是历代圣人发明的学识技艺，以及无所不通博达众务的方法。

庄子指出，天下善人少，恶人多。那么，打开和运用圣人的精神文明成果，就是善人用得少，恶人用得多。于是推论：圣人生而大盗起；绝圣弃智，大盗乃止。

他再次羡慕结绳记事的远古，邻国相望，鸡犬之声相闻，民至老死不相往来。同时痛心疾首：太过分了，奔走钻营的辩士，喜欢以己诲人，已经惑乱天下了。

笔者读《胠箧》，有诗曰：

箱包守财富，巨盗忽劫夺。
文化历代积，国贼采用多。
圣者犹利器，深藏莫明说。
弃智绝聪敏，大巧如笨拙。
扼腕上好谋，役役辩士惑。
世人渐诈故，哼哼天下祸。

在宥第十一

［引子］

闻在宥天下，（宥，读作“又”。宽。）不闻治天下也。在之也者，恐天下之淫其性也；宥之也者，恐天下之迁其德也。天下不淫其性，不迁其德，有治天下者哉？

听说过存养宽宥天下，没听说过治理天下。存养所出，是担心天下人败亡了生命。宽宥所出，是担心天下人远离了道德。天下不败亡生命，不远离道德，还存在治理天下的人吗？

［诠释无为而治］

昔尧之治天下也，使天下欣欣焉人乐其性，是不恬也。桀之治天下也，使天下瘁瘁焉人苦其性，是不愉也。夫不恬不愉，非德也；非德也而可长久者，天下无之。

从前唐尧治理天下，使天下欣喜，人人愉悦生命，是不安静。夏桀治理天下，使天下忧伤，人人患苦生命，是不快乐。不安静不快乐，皆不符合自然常性。不合常性而可以长久，天下没有这样的事。

人大喜邪，（大通“太”。邪，语气词。）毗于阳。（毗，读作“皮”。损伤。）大怒邪，毗于阴。阴阳并毗，四时不至，寒暑之和不成，其反伤人之形乎！

人太快乐了，伤损阳气。太生气了，伤损阴气。阴阳并废，朝夕昼夜不恰当，寒暑和洽不确定，反过来会伤害人体。

使人喜怒失位，居处无常，思虑不自得，中道不成章。于是乎天下始乔诘卓鸷，而后有盗跖、曾史之行。

假使人喜怒失控，居住不固定，思虑不得意，中途不成条理，于是乎天下开始意向不平，独行自专。而后有盗跖（大盗）、曾参（以孝闻名）和史鱼（以正直闻名）的行为。

故举天下以赏其善者不足，举天下以罚其恶者不给。故天下之大不足以赏罚。

所以，拿天下赏赐善人仍不充足，拿天下惩罚恶人仍不协洽。故而天下之大，不足以赏罚。

自三代以下者，匈匈焉终以赏罚为事，彼何暇安其性命之情哉！

自夏商周以来，吵吵嚷嚷常以赏罚为建树，他们哪有空闲安定自己躯体所禀受的实情呢！

而且说明邪，（说同“悦”。高兴，喜爱。）是淫于色也；说聪邪，是淫于声也；说仁邪，是乱于德也；说义邪，是悖于理也；说礼邪，是相于技也；说乐邪，是相于淫也；说圣邪，是相于艺也；说知邪，是相于疵也。

而且，喜欢明亮呢，是沉湎于颜色；喜欢聪察呢，是耽滞于声音；喜欢仁爱呢，是紊乱道德；喜欢合宜呢，是违背事理；喜欢礼仪呢，是扶助技巧；喜欢音乐呢，是助长迷惑；喜欢圣通呢，是辅助才艺；喜欢智识呢，是助长毁訾。

天下将安其性命之情，之八者，存可也，亡可也。天下将不安其性命之情，之八者，乃始脔卷獊囊而乱天下也。（脔读作“峦”；肉块。脔卷，不申舒貌。一云相牵引。獊读作“仓”；獊囊，乱貌。）

天下人如果安定了自己躯体所禀受的实情，上述八种喜好，有也可以，无也可以。天下人如果不安定自己躯体所禀受的实情，上述八种喜好，于是开始牵缠乱腾而动荡天下。

而天下乃始尊之惜之。甚矣，天下之惑也！岂直过也而去之邪！（岂通“觊”。希冀。）乃齐戒以言之，（齐同“斋”。古人祭祀或举行其他典礼前整洁身心，以示虔敌。以通“已”。完结，完成，停止。）跪坐以进之，鼓歌以僛之。（僛同“舞”。舞蹈。）吾若是何哉！

然而，天下人居然开始敬重它们，珍惜它们。太喜剧了，天下的迷惑！希望径直经过了便放手吧，却斋戒完毕才谈论它们，跪坐完成才靠近它们，弦歌完结还舞蹈它们——我拿这种情况怎么办？

故君子不得已而临莅天下，莫若无为。无为也，而后安其性命之情。

所以，君子不得已而临视掌管天下，莫如无形无名＼给其他社会阶层留足空间去作为。无形无名＼留足空间的作为，而后安定自己躯体所禀受的实情。

故贵以身于为天下，则可以托天下。爱以身于为天下，则可以寄天下。（清王先谦《庄子集解》：“身下两于字，当衍。四语见老子。”意思是，这段话“身”后两个“于”字，应属多余的字。四句话见《老子》十三章。）

所以，重视用生命佐助天下的人，才可以依凭天下。爱惜用生命佐助天下的人，才可以托付天下。

故君子苟能无解其五藏，（藏同“脏”。内脏。）无擢其聪明，（擢，读作“卓”。拔取，独出貌。）尸居而龙见，渊默而雷声，神动而天随，从容无为而万物炊累焉。吾又何暇治天下哉！

所以，君子若能不离散五脏的特性（肝性静，心性躁，脾性力，肺性坚，肾性智），不显摆聪明，如同神像安坐，却像龙一样显露；如同深潭不语，却像雷霆一样有声势。精神感应而天性跟随，悠闲舒缓，无形无名＼留足空间去作为，万物好比尘埃飘动，任运去留——我又哪有闲暇治理天下呢！

崔瞿问于老聃曰：“不治天下，安藏人心？”（藏通“臧”。善。）

崔瞿问老聃：“不治理天下，怎么善导人心？”

老聃曰：“女慎无撄人心。人心排下而进上，上下囚杀，淖约柔乎刚强。廉刿雕琢，（刿，读作‘贵’。伤，割。）其热焦火，其寒凝冰。其疾俯仰之间而再抚四海之外，其居也渊而静，其动也县而天。偾骄而不可系者，（偾，读作‘奋’。动，亢奋。）其唯人心乎！

老聃说："你谨慎些，不要扰乱人心。人心排挤在下的人，靠近在上的人。上下犹如囚禁一样消耗，柔弱比刚强更可以曲直。人心的棱角割伤和镌削罗织，情浓的时候像烈火，寒冷的时候像凝冰。它们迅急于周旋应付之间，继而莅临四海之外。守位时像深潭一样安静，活动起来像悬浮在半空中。亢奋骄矜而不可约束，唯有人心了吧！

昔者黄帝始以仁义撄人之心，尧舜于是乎股无胈，（胈读作'拔'；白肉。）胫无毛，（胫，读作'径'。小腿。）以养天下之形。愁其五藏以为仁义，矜其血气以规法度。然犹有不胜也。

从前，黄帝开始用仁义扰乱人心。帝尧和帝舜，于是乎大腿无白肉，小腿无汗毛，去蓄养天下的形体。他们忧虑五脏以设置仁义，劳苦血气以谋划法度。然而，仍然有不能禁受的地方。

尧于是放讙兜于崇山，投三苗于三峗，流共工于幽都，此不胜天下也夫。

帝尧于是流放讙兜（尧臣）到南方的崇山，弃置三苗（古代部族）到西方的三危山，放逐共工（尧臣）到北方的幽州。这些，就是不能禁受天下的地方。

夫施及三王而天下大骇矣。下有桀跖，上有曾史，而儒墨毕起。

延续到夏禹、商汤和周文王\周武王，天下更是大大地惊动了。下有夏桀（夏末暴君）、盗跖（大盗），上有曾参（以孝闻名）、史鱼（以正直闻名），而儒家墨家都兴起了。

于是乎喜怒相疑，愚知相欺，善否相非，诞信相讥，而天下衰矣。大德不同，而性命烂漫矣；天下好知，而百姓求竭矣。

于是乎，喜悦和愤怒互相疑惑，愚钝跟智识互相欺诈，美好同低劣互相责怪，虚妄与诚信互相讥刺——因而天下就衰落了。大节不同，躯体禀受便散乱。天下喜好智巧，百姓便选择穷尽模式。

于是乎釿锯制焉，（釿同'斤'。斧头。）绳墨杀焉，椎凿决焉。天下脊脊大乱，（脊脊同'藉藉'。）罪在撄人心。

于是乎，斧头（兵器）锯子（刑具）制裁于此，墨斗墨线（喻规矩法度）约束于此，棒槌（打击）凿子（刻镂）判决于此。天下互相践踏喧闹着大乱，过错就在扰乱了人心。

故贤者伏处大山嵁岩之下，（嵁，读作‘刊’。嵁岩，高峻的山岩。）而万乘之君忧栗乎庙堂之上。（栗通‘慄’。因恐惧或寒冷而发抖。）

所以，贤者隐居在大山的悬崖峭壁之下，而拥有万辆兵车的君王，忧愁战慄在庙堂之上。

今世殊死者相枕也，桁杨者相推也，（桁，读作‘杭’。桁杨，夹颈夹脚的刑具。）刑戮者相望也，而儒墨乃始离跂攘臂乎桎梏之间。

当今之世，被斩首的人互相枕藉，带着夹颈夹脚刑具的人互相推移，受刑罚或处死的人互相对望。而儒家墨家才开始违俗自高，捋袖子伸胳膊于脚镣手铐之间。

意，甚矣哉！其无愧而不知耻也甚矣！

噫，开玩笑吧，他们毫无愧意和不知羞耻，太过头了！

吾未知圣知之不为桁杨椄槢也，（椄槢，读作‘节习’。连接桎梏两孔的木梁。）仁义之不为桎梏凿枘也，（枘读作‘锐’。凿枘，榫眼和榫头。喻互相投合。）焉知曾史之不为桀跖嚆矢也！（嚆，读作‘蒿’。呼叫。）

我不了解圣智是否充当颈脚刑具的连接木梁，仁义是否充当脚镣手铐的榫眼榫头，怎么知道曾参、史鱼，不变成夏桀和盗跖这类人的先导呢？

故曰：‘绝圣弃知，而天下大治。’”

所以说：‘抛弃圣通，遗忘智识，天下才大治。’”

[阐释特定领域的无为而治——高妙的养生方式]

黄帝立为天子十九年，令行天下，闻广成子在于空同之上，（空同，崆峒山。）故往见之，曰：“我闻吾子达于至道，敢问至道之精。吾欲取天地之精，以佐五谷，以养民人。吾又欲官阴阳以遂群生，为之奈何？”

黄帝即位做天子十九年，令行天下。听说广成子住在崆峒山上，于是去看望他。说：“我听闻您通达至道，冒昧问问至道的内在本质。我想取天地精华，用来辅助五谷，供养人民。我又想效法阴阳而顺应一切生物，该怎么做？”

广成子曰："而所欲问者，物之质也。而所欲官者，物之残也。自而治天下，云气不待族而雨，草木不待黄而落，日月之光益以荒矣，而佞人之心翦翦者，（翦，读作'简'。剪整齐。翦翦，浅狭貌。）又奚足以语至道！"

广成子说："你所要问的，是事物客观存在的本体。你所想取法的，是事物的残余。自从你治理天下，云气不等待聚合就下雨，草木不等待枯黄就脱落，日月的光明逐渐模糊。你这种巧言谄媚的人，心思浅狭，又怎么配得上谈论至道？"

黄帝退，捐天下，筑特室，席白茅，闲居三月，复往邀之。

黄帝返回，舍弃天下，建造单独的房屋，铺垫白茅，避人独居了三个月，再次去约见广成子。

广成子南首而卧，黄帝顺下风膝行而进，再拜稽首而问曰："闻吾子达于至道，敢问：治身奈何而可以长久？"

广成子头朝南（尊位）横躺，黄帝顺着风向的下方（下位）跪地前行靠近，两次行跪拜礼，问道："听说您通达至道，冒昧请问：怎样修养身体才可以长久？"

广成子蹶然而起，（蹶，读作"决"。急遽貌。）曰："善哉问乎！来，吾语女至道：至道之精，窈窈冥冥。（窈，读作'咬'。深远。）至道之极，昏昏默默。

广成子急速坐起，说："问得好啊！来，我告诉你至道：至道的本质，深远幽隐。至道的终极，昏暗寂静。

无视无听，抱神以静，形将自正。必静必清，无劳女形，无摇女精，乃可以长生。

不要看，不要听，用安静保养精神，形体就会自然地健康美好。确保安静，确保单纯，不要劳累你的形体，不要摇动你的精神，就可以长生。

目无所见，耳无所闻，心无所知，女神将守形，形乃长生。

眼睛无所见，耳朵无所闻，心思无所知，你的精神会守护形体，形体便长生了。

慎女内，闭女外，多知为败。

谨慎你的内心，关闭你的外事，过多智识即是毁坏。

我为女遂于大明之上矣，至彼至阳之原也。为女入于窈冥之门矣，至彼至阴之原也。

我帮你前往太阳的高处，到达那至阳的根源。帮你进入幽远的门径，到达那至阴的根源。

天地有官，阴阳有藏。慎守女身，物将自壮。我守其一，以处其和。故我修身千二百岁矣，吾形未常衰。”

天地有职位，阴阳有藏匿。谨慎守护你的躯体，万物会自然地旺盛\强健。我持守它们的纯正，而享有它们的和谐。所以我修养身体一千二百年了，形体恒久地不衰老。”

黄帝再拜稽首曰：“广成子之谓天矣！”

黄帝再次行跪拜礼说：“广成子已可称作天人了！”

广成子曰：“来！余语女：彼其物无穷，而人皆以为有终。彼其物无测，而人皆以为有极。

广成子说：“来！我告诉你：那些顶级的事物没有穷尽，然而人们都以为有终止。那些顶级的事物没法测量，然而人们都以为有边际。

得吾道者，上为皇而下为王。失吾道者，上见光而下为土。今夫百昌皆生于土而反于土。

晓悟我至道的人，在高位可以做立事光大的君主，在低位可以做天下归往的首领。丧失我至道的人，在高位得以接触荣宠，在低位则变成乡巴佬。现在，各种生物都生于泥土，又返回泥土。

故余将去女，入无穷之门，以游无极之野。吾与日月参光，吾与天地为常。当我缗乎，（缗，读作‘民’。昏昧，糊涂。）远我昏乎！人其尽死，而我独存乎！”

所以，我将离开你，进入没有穷尽的门径，遨游没有边际的区域。我跟日月一同发光，跟天地谋求长久。谁面向我，我糊里糊涂。谁避开我，我昏头昏脑。人们最终全部死去，而我独自永存。”

云将东游，过扶摇之枝而适遭鸿蒙。鸿蒙方将拊髀雀跃而游。（拊读作

“府”；拍打，抚摩。髀读作“币”；大腿，股骨。）

云气的主帅（以下简称云将）东游，经过扶摇神木的枝头，偶遇宇宙形成前的混沌状态（以下简称混沌）。混沌正要拍打大腿，像小鸟一样跳跃着嬉戏。

云将见之，倘然止，贽然立，（贽，读作“至”。不动貌。）曰：“叟何人邪？叟何为此？”

云将看见他，惊疑自失地停下，一动不动地站立，说：“老人家是什么人啊？在这儿做什么？”

鸿蒙拊髀雀跃不辍，对云将曰：“游！”

混沌抚摩大腿雀跃不停，对云将说：“玩耍！”

云将曰：“朕愿有问也。”

云将说：“我想请教个问题。”

鸿蒙仰而视云将曰：“吁！”

混沌仰视云将说：“吁！”

云将曰：“天气不和，地气郁结，六气不调，四时不节。今我愿合六气之精以育群生，为之奈何？”

云将说：“天气不和，地气郁结，阴阳、风雨和晦明不协调，春夏秋冬跟朝夕昼夜不适度。现在，我希望聚合阴阳、风雨与晦明的精华，用来养育芸芸众生，该怎么做？”

鸿蒙拊髀雀跃掉头曰：“吾弗知！吾弗知！”云将不得问。

混沌拍拍大腿，像小鸟似的跳跃着调头，说：“我不懂！我不懂！”云将不能再询问了。

又三年，东游，过有宋之野，而适遭鸿蒙。云将大喜，行趋而进曰：“天忘朕邪？天忘朕邪？”再拜稽首，愿闻于鸿蒙。

三年后，云将又东游，经过宋国郊外，偶遇混沌。云将大喜，小步快走向前移动，说：“天忘记我了吗？天忘记我了吗？”两次行跪拜礼，希望被混沌接受。

鸿蒙曰：“浮游不知所求，猖狂不知所往，游者鞅掌，以观无妄。朕又何知！”

混沌说："随意游览不知索求，肆意妄行不知到达哪儿。游玩的人烦恼劳累，没有空闲修饰仪容，藉此细看无虚假和必然性——我又懂得什么！"

云将曰："朕也自以为猖狂，而民随予所往。朕也不得已于民，今则民之放也！愿闻一言。"

云将说："我也自以为肆意妄行，然而百姓跟随我来往。我相依民众实属不得已，现在做民众的仿效依据。希望听到一番高见。"

鸿蒙曰："乱天之经，逆物之情，玄天弗成，解兽之群而鸟皆夜鸣，灾及草木，祸及止虫。（止通'豸'，读作'至'。无脚的虫。）意！治人之过也。"

混沌说："淆乱自然经界，乖逆万物实情，不能成就天性。解散兽群，飞禽都在半夜鸣叫，灾及草木，祸及豸虫。噫，这些全是治人的过错。"

云将曰："然则吾奈何？"

云将说："那么，我该怎么办？"

鸿蒙曰："意！毒哉！僊僊乎归矣！"（僊同"仙"；轻捷貌。）

混沌说："噫，太痛苦了，你轻轻松松地返回吧！"

云将曰："吾遇天难，愿闻一言。"

云将说："我好不容易才遇见自然界的主宰，希望聆听到一点教诲。"

鸿蒙曰："意！心养！汝徒处无为，而物自化。

混沌说"噫，养心好了！你仅仅暂止于无形无名\留足空间的作为，万物自然就转化了。

堕尔形体，（堕同'隳'，读作'灰'。毁，减损。）吐尔聪明，伦与物忘，大同乎涬溟。（涬，读作'幸'。涬溟，自然元气的混沌状态。）解心释神，莫然无魂。

减损你的形体，抛弃你的聪明，忘记人际关系和环境事物，跟自然元气的混沌状态基本相同。排解心思放松精神，茫然寂静没有神志。

万物云云，各复其根。（《老子》十六章作"夫物芸芸，各复归其根"。芸芸，众多貌。）各复其根而不知，浑浑沌沌，终身不离。若彼知之，乃是离之。无问其名，无窥其情，物固自生。"

万物众多，各自都返回到它们的根源处。各返根源却无知觉，浑浑沌沌，终身不失去。如果它们知觉了，就会离开。不要询问名称\名义，不要窥探本性＼情形，万物必定自然地生长。”

云将曰：“天降朕以德，示朕以默。躬身求之，乃今得也。”再拜稽首，起辞而行。

云将说：“天用道德赐予我，用静默教导我。俯曲身体寻求它们，竟然在今天得到了。”又一次行跪拜礼，起身告辞才离开。

［**诠释不言之教**］

世俗之人，皆喜人之同乎己，而恶人之异于己也。同于己而欲之，异于己而不欲者，以出乎众为心也。

世俗的人，都喜欢别人跟自己相同，憎恶别人跟自己不同。跟自己相同就爱好＼需要，跟自己不同就不爱好＼不想要，以超出众人为心胸。

夫以出乎众为心者，曷尝出乎众哉？（曷，读作“和”。何，怎么，难道。）因众以宁所闻，不如众技众矣。

凡是以超出众人为心胸的人，何尝超出众人呀？顺随大家以安宁见闻，不如普通才艺多了。

而欲为人之国者，此揽乎三王之利，（揽通“览”。看。）而不见其患者也。此以人之国侥幸也。几何侥幸而不丧人之国乎？

而想要治理自己邦国的人，乃是看到了夏禹、商汤和周文王＼周武王的顺利，没有看到他们的祸患——这是凭借别人邦国的侥幸啊。有多少人仗恃侥幸，而不灭亡自己邦国的呢？

其存人之国也，无万分之一。而丧人之国也，一不成而万有余丧矣！

他们保存自己的邦国，不到万分之一。而灭亡自己的邦国，一次不成功，就存在一万多次亡国的概率。

悲夫，有土者之不知也！

悲哀呀，拥有土地的人的不聪明！

夫有土者，有大物也。有大物者，不可以物。（物通“殁”，读作“末”；终，尽，死亡。）物而不物，故能物物。

拥有土地的人，取得了大物业。取得大物业的人，不可以死心眼。观察而不终尽，所以能选择事物。

明乎物物者之非物也，岂独治天下百姓而已哉！

明白选择事物的人不是物体，何止治理天下百姓而已哦！

出入六合，游乎九州，独往独来，是谓独有。独有之人，是之谓至贵。

他出入天地四方，遨游中国九州，独往独来，这叫独自具有主宰万物的能力。独具这种能力的人，称作至尊至贵。

大人之教，若形之于影，声之于响。有问而应之，尽其所怀，为天下配。

高尚的大人物的教化，好比形体相依阴影，发声相依回声。有询问就应答，全部使用心中的怀藏，做天下的配给。

处乎无响，行乎无方。挈汝适复之挠挠，（挈，读作“妾”。提携，带领。）以游无端。

他们停留没有响动，行走没有方位。携带你往还于扰乱喧闹，而遨游在无顶端无征兆的境界。

出入无旁，与日无始。颂论形躯，合乎大同。大同而无己。无己，恶乎得有有？

他们出入没有边侧，随从时节没有初始。其容貌、言论、形象和躯体，都合乎人群的大体状况。大体上相同就没有自己。没有自己，何处存在群有呢？

睹有者，昔之君子；睹无者，天地之友。

看到有（圣法可行，事在人为，功名可立）的人，是昔日的君子。看到无（天地以无为化生万物）的人，是天地的朋友。

贱而不可不任者，物也。卑而不可不因者，民也。匿而不可不为者，事也。粗而不可不陈者，法也。远而不可不居者，义也。亲而不可不广者，仁也。节而不可不积者，礼也。中而不可不高者，德也。一而不可不易者，道也。神而不可不为者，天也。

价格低而不可不负担的，是物产。身份低而不可不依靠的，是百姓。隐藏着不可不处理的，是职事。粗略而不可不施展的，是法令。深远而不可不守持的，是合宜性。亲近而不可不增强的，是仁爱。节制而不可不习惯的，是礼仪。中正而不可不推崇的，是品德。原始本源不可不形变的，是道。玄妙而不可不作为的，是自然。

故圣人观于天而不助，成于德而不累，出于道而不谋，会于仁而不恃，薄于义而不积，应于礼而不讳，接于事而不辞，齐于法而不乱，恃于民而不轻，因于物而不去。物者莫足为也，而不可不为。

所以，圣人观察自然而不佐助，成就品德而不毁害，居处大道而不营求，符合仁爱而不矜持，依附合宜性而不滞积，应对礼仪而不避讳，接交职事而不推辞，齐整法令而不淆乱，依赖百姓而不轻视，凭借万物而不相违——万物不要过分作为，也不可不作为。

不明于天者，不纯于德。不通于道者，无自而可。不明于道者，悲夫！

不明白自然的人，德行不完整。不通达道的人，没法自我肯定。不明白道的人，悲哀啊！

何谓道？有天道，有人道。

什么叫做道？有自然界的道，有人类社会的道。

无为而尊者，天道也。有为而累者，人道也。主者，天道也。臣者，人道也。

无为（不先物为，因物之所为）而尊贵，是自然界的道。有所造作而劳累，是人类社会的道。君主遵循自然界的道。臣属遵循人类社会的道。

天道之与人道也，相去远矣，不可不察也。

自然界的道和人类社会的道，相去甚远，不可不细究。

［同游小语］

在，《说文》解作“存”。帝王每年派遣使臣慰问安抚各诸侯国，叫做“岁遍存”。存又解作“恤问”，含有忧虑、体恤、救济、安置等生命关怀。史书中常常记载，皇帝委派州官县令，优恤“八十已上及鳏寡孤独不能自存者”，类似于今天的精准扶贫，即为“在”字的传统文化意义。

宥，《说文》解作“宽”，即宽厚待人。如果有人犯了轻过，就赦免他。犯了重罪，就宽宥他。

庄子的设计：做好如上两项工作，天下就太平了。

可是，三国蜀相诸葛亮《答惜赦》却说：“岁岁赦宥，何益于治?”是呀，依照常识，假如只搞恤问和宽缓，恐怕今世连一个居民小区的物业管理，也没法维持吧!

笔者读《在宥》，有诗曰：

存养宽四海，王者秉初心。
有缘莅社稷，无为安性分。
尸居龙凤见，渊默雷霆闻。
精骛天然随，物任飘尘运。
守一处和谐，神静形自淳。
绝圣弃智故，芸芸复根本。

天地第十二

[正面阐释王者德行]

天地虽大，其化均也。万物虽多，其治一也。人卒虽众，其主君也。

天地虽然广大，二者的变化平均。万物虽然盛多，它们的修治相同。居民组织虽然众多，他们由首领主宰。

君原于德而成于天。故曰：玄古之君天下，无为也，天德而已矣。

君主的根源在品德，成就在自然。所以说：远古统治天下，是无形作为，遵循自然性质而已。

以道观言，而天下之君正。以道观分，而君臣之义明。以道观能，而天下之官治。以道泛观，而万物之应备。

用道观察言论，天下的君主公正。用道观察身份，君臣的伦理修明。用道观察才能，天下的官吏有序。用道广泛观察，万物的应和齐备。

故通于天地者，德也。行于万物者，道也。上治人者，事也。能有所艺者，技也。技兼于事，事兼于义，义兼于德，德兼于道，道兼于天。

于是，通达天地，是德。施行万物，是道。高位治人，是职事。才能获得极限准则，是技术。技术相从职事，职事相从众适，众适相从品德，品德相从道，道相从自然。

故曰：古之畜天下者，无欲而天下足，无为而万物化，渊静而百姓定。

所以说：古代养育天下的人，没有贪欲而天下富裕，无形作为而万物改易，深邃宁静而百姓安定。

《记》曰："通于一而万事毕。无心得而鬼神服。"

有本叫《记》的书说："通达形变之始，万事皆得终究。无心获取，鬼神可以任用。"

夫子曰：（清郭庆藩《庄子集释》：庄子师老君，故曰夫子。）"夫道，覆载万物者也，洋洋乎大哉！君子不可以不刳心焉。（刳，读作'枯'。剖开，挖空。刳心，摒除杂念。）

老子说："道，覆盖\承载万物，盛多广大啊，君子不可不摒除杂念。

无为为之之谓天，无为言之之谓德，爱人利物之谓仁，不同同之之谓大，行不崖异之谓宽，有万不同之谓富。故执德之谓纪，德成之谓立，循于道之谓备，不以物挫志之谓完。

无形无名地作为而设置，叫自然。无形无名地作为而言谈，叫品德。加惠他人利益事物，叫仁爱。不相同而和谐会合，叫尊重。做事不标异于众，叫宽松。使用众多的不同，叫完备。因此，守执品德叫纲要，品德实现叫建树，顺行大道叫形成，不以事物摧折志向叫完整。

君子明于此十者，则韬乎其事心之大也，沛乎其为万物逝也。

君子明白了这十个理念，就包容在他树立的心思中，滋长出高尚渊博。充沛在他的作为里，跟万物相来往。

若然者，藏金于山，藏珠于渊；不利货财，不近贵富；不乐寿，不哀夭；不荣通，不丑穷。不拘一世之利，以为己私分。不以王天下为己处显。显则明。万物一府，死生同状。"

像这样的人，藏黄金在山岳，藏珍珠在深潭。不贪图货财，不靠近富贵。不喜悦长寿，不悲伤短命。不赞美通达，不惭愧穷困。不收集天下利益以为私有，不认为统治天下是位居显赫。他显著地效法光明：万物一样聚集，死生相同状况。"

夫子曰："夫道，渊乎其居也，漻乎其清也。（漻。读作'辽'。水清澈貌。）金石不得，无以鸣。故金石有声，不考不鸣。万物孰能定之？

老子说："道，深邃啊它的安居，清澈啊它的洁净。金石不相遇，没法发出声响。所以金石存在声音，不敲击不出声。万物谁能确定？

夫王德之人，素逝而耻通于事，立之本原而知通于神。

王者德行的人，本色来去，羞愧通于事务。站立本原，智慧通于神明。

故其德广，其心之出，有物采之。

因而，他品德宽弘，其思想的产生，源于采择事物。

故形非道不生，生非德不明。存形穷生，立德明道，非王德者邪！

所以，形象没有道不生出，生出没有德不彰明。保存形象，根究生命，成就德，通晓道，不就是王者德行吗！

荡荡乎！忽然出，勃然动，而万物从之乎！此谓王德之人。

宽大渺茫哦，忽然显露，勃然行动，万物跟从他——这就叫王者德行的人。

视乎冥冥，听乎无声。冥冥之中，独见晓焉；无声之中，独闻和焉。

看上去幽深高远，听起来没有声音。幽远之中独显明智，无声之中独闻响应。

故深之又深，而能物焉，神之又神，而能精焉。

所以，隐微又隐微，而能标识。神妙又神妙，而能完美。

故其与万物接也，至无而供其求，时骋而要其宿，大小，长短，修远。"

所以，王者德行与万物交接，极致的无形无名，却供给万物选取。常常放任，却符合万物的聚合。或大或小，乍长乍短，都长久而深远。"

[警惕似是而非的王者德行]

黄帝游乎赤水之北，登乎昆仑之丘而南望。还归，遗其玄珠。

黄帝在赤水北岸游玩，登上昆仑山遥望南方。返家后，发现丢失了赤黑色珠子。

使知索之而不得，使离朱索之而不得，使喫诟索之而不得也。乃使象罔，象罔得之。

他派遣知（虚拟人物，象征凭借知识和智慧）寻找，没找到。派遣离朱（古代眼睛明亮的人，能视百步之外，见秋毫之末）寻找，没找到。派遣喫诟（古代力气最大，用力争辩的人）寻找，没找到。然后派遣象罔（虚拟人物，似有象而实无，象征无心），象罔找到了。

黄帝曰："异哉，象罔乃可以得之乎？"

黄帝说："奇怪哦，象罔才可以找到吗？"

尧之师曰许由，许由之师曰啮缺，啮缺之师曰王倪，王倪之师曰被衣。

尧的老师叫许由，许由的老师叫啮缺，啮缺的老师叫王倪，王倪的老师叫被衣。

尧问于许由曰："啮缺可以配天乎？吾藉王倪以要之。"

尧向许由请教："啮缺可以匹配君主吗？我借助王倪去邀请他。"

许由曰："殆哉，圾乎天下！（圾同'岌'。危险。）啮缺之为人也，聪明睿知，给数以敏，其性过人，而又乃以人受天。彼审乎禁过，而不知过之所由生。与之配天乎？彼且乘人而无天。

许由说："忧惧啊，天下危险了！啮缺的为人，聪明睿智，辨察敏捷，天性过人。你又用人为去接受自然——他悉知禁止过错，而不懂过错的产生缘由。用他当君主吗？他只凭恃人为，而没有自然。

方且本身而异形，方且尊知而火驰，方且为绪使，方且为物絯，（絯，读作'该'。束缚。）方且四顾而物应，方且应众宜，方且与物化，而未始有恒。

将要依据自身需要，显露不同神色和方法。将要重视智巧，像火焰一样驰骤奔逐。将要被千头万绪役使，将要被社会环境束缚，将要四面环顾应付人事。将要响应公众合宜性——将要随从形色种类转化，而不曾有恒心。

夫何足以配天乎！虽然，有族，有祖，可以为众父，而不可以为众父父。

他哪里够得上当君主呢！虽然如此，他有部族，有祖庙，可以做同姓诸侯，不可以做诸侯的君主。

治，乱之率也，北面之祸也，南面之贼也。"

治理，是动荡所由出，是人臣的祸殃（像桀纣假圣智以戮贤良），人君的窃贼

（像田恒托仁义以窃齐国）。”

尧观乎华。华封人曰：“嘻，圣人！请祝圣人，使圣人寿。”

尧在华地游览。华地封疆官员说：“嘻，圣人！愿祝福圣人，祝圣人长寿。”

尧曰：“辞。”

尧说：“用不着。”

“使圣人富。”

“祝圣人富有。”

尧曰：“辞。”

尧说：“用不着。”

“使圣人多男子。”

“祝圣人多男子。”

尧曰：“辞。”

尧说：“用不着。”

封人曰：“寿，富，多男子，人之所欲也。女独不欲，何邪？”

封疆官员说：“长寿，富有，多男子，人人都想要。唯独你不想要，为什么呢？”

尧曰：“多男子则多惧，富则多事，寿则多辱。是三者，非所以养德也，故辞。”

尧说：“多男子就多恐惧，富有就多事，长寿就多屈辱。这三样东西，不可以修养德性，所以推辞。”

封人曰：“始也我以女为圣人邪，今然君子也。

封疆官员说：“刚才我以为你是圣人，现在明白只是君子。

天生万民，必授之职。多男子而授之职，则何惧之有？富而使人分之，则何事之有？

天生万民，确保授予职业——多男子如果委任职务，有什么可怕？富有如果让别人分享，有什么变故？

夫圣人，鹑居而鷇食，（鹑读作‘纯’；鹌鹑。鹑居，居无定所。鷇读作‘扣’；待母哺食的幼鸟。鷇食，幼鸟仰母哺食而足。）鸟行而无彰。天下有道，则与物皆昌。天下无道，则修德就閒。千岁厌世，去而上僊，（僊同‘仙’。神话传说中，指修炼得道长生不死的人。）乘彼白云，至于帝乡。三患莫至，身常无殃，则何辱之有？”

凡是圣人，像鹌鹑一样居无定所，像待母哺食的幼鸟一样满足，像鸟飞一样没有痕迹。天下有道，就跟从人事环境一同昌盛。天下无道，就修养德性，归于安闲。千年后，厌倦人世了，就离开登升仙境，乘着白云，到达天堂。前述三种担忧都没有到来，自身常常没有灾祸，有什么屈辱？”

封人去之。尧随之曰：“请问。”

封疆官员离去。尧跟随他说：“请问。”

封人曰：“退已！”

封疆官员说：“你返回吧！”

尧治天下，伯成子高立为诸侯。尧授舜，舜授禹，伯成子高辞为诸侯而耕。

尧治理天下的时候，伯成子高（人名）立为诸侯。到了尧传授天下给舜，舜传授天下给禹，伯成子高逃避当诸侯，只做农耕劳动。

禹往见之，则耕在野。禹趋就下风，立而问焉，曰：“昔尧治天下，吾子立为诸侯。尧授舜，舜授予，而吾子辞为诸侯而耕。敢问其故何也？”

禹去看望他，他在郊外犁田。禹疾步走到风向下方站好，问道：“从前尧治天下，你即位做诸侯。后来尧授天下给舜，舜授天下给我，你推辞做诸侯而耕田。冒昧问问，是什么原因？”

子高曰：“昔尧治天下，不赏而民劝，不罚而民畏。今子赏罚而民且不仁，德自此衰，刑自此立，后世之乱自此始矣！夫子阖行邪？无落吾事！”（阖通“盍”，读作“和”。何不。）俋俋乎耕而不顾。（俋，读作“义”。俋俋，耕者行走貌。）

子高说：“昔日尧治理天下，不奖励而民众努力，不惩罚而民众畏惧。当今你有赏有罚，民众却不仁爱。品德自此衰微，刑杀自此设立，后世的动荡自此开始。你为何不离开啊，不要荒废了我的农活！”说罢，雄赳赳地耕作前行，再不回头。

［厘清几个有为＼无为的概念］

泰初有无，无有无名。一之所起，有一而未形。

太初呈现无形状态，没有存在，没法命名。之后，原始浑沌兴起，产生形变而没有形体。

物得以生，谓之德。未形者有分，且然无间，谓之命。留动而生物，物成生理，（留通“流”。运行，演变。）谓之形。形体保神，各有仪则，谓之性。性修反德，德至同于初。

之后，种类得以生出，叫做德。未成形的东西有分别了，几乎没有间隙，叫做命。它演变感应生出物体，物体既定，生出纹理，叫做形。形体保养精神，各有仪度法则，叫做性。本性通过学习和锻炼，返回德。德达到极点，跟物类初生的时候相同。

同乃虚，虚乃大。合喙鸣，喙鸣合，（喙，读作“会”。鸟兽的嘴，人的嘴。）与天地为合。其合缗缗，（缗，读作“民”。昏昧，糊涂。）若愚若昏，是谓玄德，同乎大顺。

相同就是虚空，虚空就是广大。它匹配众口的发声。众口发声和洽了，就与天地适合。这种适合昏昧糊涂，像愚笨，像昏聩，称作潜蓄的品德，它等同于自然境界。

夫子问于老聃曰：“有人治道若相放，可不可，然不然。辩者有言曰：‘离坚白若县寓。’（寓同‘宇’。屋檐，原野，宇宙。）若是则可谓圣人乎？”

孔子跟老聃探讨：“有人修道，选择互相仿效，许可不值得的东西，同意不合宜的东西。善辩的人有句话：‘坚硬和白色，是脱离石头而独立存在的实体。分析这个命题，如同在屋檐悬挂物体一样高显易见。’像这样，可以称作圣人吗？”

老聃曰：“是胥易技系，劳形怵心者也。执留之狗成思，（留又作“貍”。竹鼠，貜狸。）猿狙之便自山林来。

老聃说："这是小吏修治技艺，反而被技艺束缚，劳苦身躯担惊受怕。好比捕捉竹鼠、貜狸的狗，被绳索捆绑而成愁思，好比猿猴的敏捷来自山林。

丘，予告若，而所不能闻，与而所不能言。

孔丘，我告诉你，你不能听到，和不能说出的道理。

凡有首有趾，无心无耳者众。有形者，与无形无状而皆存者，尽无。

平常有头有脚、无心无耳的人很多。有形体的人，跟无形象、无状貌一同存在，完全没有。

其动止也，其死生也，其废起也，此又非其所以也。

动作和静止，死去跟活着，废退与兴起，这些东西，又不是他们所从事的。

有治在人。忘乎物，忘乎天，其名为忘己。忘己之人，是之谓入于天。"

有修养在品行：忘记人事环境，忘记自然，这叫忘却自己。忘却自己的人，称作跟自然契合。"

将闾葂见季彻曰：（葂，读作"免"。人名用字。）"鲁君谓葂也曰：'请受教。'辞不获命，既已告矣，未知中否。请尝荐之。

将闾葂（人名）见季彻（人名）说："鲁侯告诉我：'愿意接受你的教诲。'我想推辞，没有获得批准。现在已然完成报告了，不知妥当与否，愿意试着陈说一下。

吾谓鲁君曰：'必服恭俭，拔出公忠之属，而无阿私，民孰敢不辑！'"

我告诉鲁侯：'必须服膺恭肃俭约，选出公平忠诚的官吏。你没有偏私，民众谁敢不和谐！'"

季彻局局然笑曰："若夫子之言，于帝王之德，犹螳螂之怒臂以当车轶，则必不胜任矣！且若是，则其自为处危，其观台多物，将往投迹者众。"

季彻浅浅一笑，说："像先生这番话，按照帝王品德，犹如螳螂奋臂去阻挡车轮越过，必定不胜任。假如这样操作，将自己搞事情，位处高危境地。鲁侯宫室自此多事，想要去落脚的人很多。”

将闾葂觑觑然惊曰：（觑觑，读作“细细”。惊惧貌。）“葂也汒若于夫子之所言矣！（汒同‘茫’。模糊，迷惘。）虽然，愿先生之言其风也。”

将闾葂大吃一惊，说：“我对先生的话一片茫然。虽然如此，希望先生说说其中的教益。”

季彻曰：“大圣之治天下也，摇荡民心，使之成教易俗，举灭其贼心，而皆进其独志。若性之自为，而民不知其所由然。

季彻说：“大圣人治理天下，将鼓舞民心，使之成就教化，改易风俗。使百姓全都消除贼心，全都提升独特志向，如同他们的本性自然地设立——民众不懂得其中形成的缘由。”

若然者，岂兄尧舜之教民，（兄同‘况’。滋益，增加。）溟涬然弟之哉？（涬，读作‘幸’。溟涬，推崇尊敬貌。弟后作‘第’。次第，次序。）欲同乎德，而心居矣！”

像这样，是否能增益尧舜教化民众的方法，崇敬地次第居后？让欲望和谐于品德，心性就安居了。”

子贡南游于楚，反于晋，过汉阴，见一丈人方将为圃畦，凿隧而入井，抱瓮而出灌，搰搰然用力甚多，（搰读作“枯”。搰搰，用力貌。）而见功寡。

子贡到南方的楚国游览，返回晋国，经过汉阴，看见一位老人在打理菜园。他挖掘地道进入井内，怀抱陶瓮出外浇灌，吭哧吭哧用力很多，显现的功效却很少。

子贡曰：“有械于此，一日浸百畦，（畦，读作“齐”。25亩为小畦，50亩为大畦。）用力甚寡而见功多，夫子不欲乎？”

子贡说：“如今有器械，一天灌溉百畦田园，用力很少，显现功效很多。老先生不想要吗？”

为圃者卬而视之曰：（卬读作“养”。后作“仰”；仰望。）“奈何？”

种菜老人仰视子贡，说：“要怎么做？”

曰：“凿木为机，后重前轻，挈水若抽，（挈，读作‘怯’。悬持，提起。）数如泆汤，其名为槔。”（槔，读作“高”。汲水器。）

答："凿穿木材做成机械，它后重前轻，提水好像抽引，疾速如同沸水溢出，名字叫槔。"

为圃者忿然作色而笑曰："吾闻之吾师，有机械者必有机事，有机事者必有机心。机心存于胸中，则纯白不备。纯白不备，则神生不定。神生不定者，道之所不载也。吾非不知，羞而不为也。"

种菜老人怒形于色，嘲笑说："我听我的老师讲，有机械的人，必有机要的事。有机要事务的人，必存机巧的心。机变心思存在胸中，就不具备纯洁。纯洁不具备，就精神不安定。精神不安定的人，是没有承载道的人。我不是不懂汲水器，是认为羞耻，因而不使用它。"

子贡瞒然惭，俯而不对。有间，为圃者曰："子奚为者邪？"

子贡闭目惭愧，低头不答。稍等片刻，种菜老人问："你是做哪行的？"

曰："孔丘之徒也。"

答："孔丘的弟子。"

为圃者曰："子非夫博学以拟圣，於于以盖众，独弦哀歌，以卖名声于天下者乎？汝方将忘汝神气，堕汝形骸，而庶几乎！而身之不能治，而何暇治天下乎！子往矣，无乏吾事。"

种菜老人说："你不是那些博学以为类似圣人，夸诞自得以为胜过大众，独自弹奏哀歌，用来在天下炫耀名声的人吗？你应该忘记你的神气，堕坏你的容颜，才差不多哦。你自身不能修养，哪有闲工夫治理天下！你去吧，不要荒废了我的事情。"

子贡卑陬失色，（陬，读作"邹"。山角，水边。卑陬，愧惧貌，惭怍貌。）顼顼然不自得，（顼顼，读作"须须"。自失貌。）行三十里而后愈。

子贡惭愧害怕，脸色发白，怅然若失而不开心，走了三十里才好转一点。

其弟子曰："向之人何为者邪？夫子何故见之变容失色，终日不自反邪？"

他的弟子问："刚才那人做什么的？老师见了为何变容失色，久久不能恢复？"

曰："始吾以为天下一人耳，不知复有夫人也。吾闻之夫子，事求可，功求成。用力少，见功多者，圣人之道。

答："起初，我以为天下只有孔子一位伟人，不知另有此等人物。我听老师讲，事务寻求认可，功效寻求完成。用力少，见功多，是圣人之道。

今徒不然。执道者德全，德全者形全，形全者神全。神全者，圣人之道也。

如今却不是这样。守持道的人品德完备，品德完备的人形体完整，形体完整的人精神纯粹。精神纯粹，才是圣人之道。

托生与民并行，而不知其所之，汒乎淳备哉！（汒同'茫'。模糊，迷惘。）功利机巧，必忘夫人之心。

寄托生命跟民众同行，不知到何处去，模糊迷惘哦，又纯美无缺！功利和机巧，确保在自己心中忘掉。

若夫人者，非其志不之，非其心不为。虽以天下誉之，得其所谓，謷然不顾。（謷通'傲'。骄傲，轻慢。）以天下非之，失其所谓，傥然不受。天下之非誉，无益损焉，是谓全德之人哉。我之谓风波之民。"

像这种人，不是志向不归往极致，不是心思不作为。纵使率领天下的人赞誉他，契合其道义，他也傲然不回头。率领天下的人诋毁他，错失其道义，他也傥然不应答。天下的非议跟称誉，对他没有增益或毁损，这叫全德之人。而我，仅是随波逐流的普通人。"

反于鲁，以告孔子。孔子曰："彼假修浑沌氏之术者也。（假通'遐'。远。）识其一，不识其二。治其内，而不治其外。

返回鲁国，子贡如实向孔子报告。孔子说："种菜老人远修浑沌氏（上古帝王）的道术，仅识其一，不知其二。他修养了内心，却不能整治外界。

夫明白入素，无为复朴，体性抱神，以游世俗之间者，汝将固惊邪？（固通'胡'。岂，何。）且浑沌氏之术，予与汝何足以识之哉！"

那些区分洁净，进入本色，无形无名地作为，返回质朴，效法本性，守持玄妙，用来遨游世俗之间的人，你岂会惊惧？况且，浑沌氏的道术，我和你哪里够得上认识啊！"

[呼应前文的王者德行]

谆芒将东之大壑，适遇苑风于东海之滨。苑风曰："子将奚之？"

谆芒（虚拟角色）东行到大海，在东海之滨恰遇苑风（虚拟角色）。苑风问："你打算去哪儿？"

曰："将之大壑。"

答："要到大海。"

曰："奚为焉？"

问："去做什么？"

曰："夫大壑之为物也，注焉而不满，酌焉而不竭。吾将游焉！"

答："大海成为物体，灌注呢不盈溢，舀取呢不干涸。我打算游览一番。"

苑风曰："夫子无意于横目之民乎？愿闻圣治。"

苑风说："先生无意于人类百姓吗？我希望见识一下圣人政治。"

谆芒曰："圣治乎？官施而不失其宜，拔举而不失其能，毕见其情事，而行其所为，行言自为，而天下化。手挠顾指，四方之民莫不俱至，此之谓圣治。"

谆芒说："圣人政治吗，官吏设置不丧失宜当，选拔推举不遗漏才能，尽见情性和职事，胜任岗位责任。推行政令从自身做起，天下感化\仿效。手掌挥动指引前进目标，四方百姓莫不大善。这就叫圣人政治。"

"愿闻德人。"

"希望见识有德的人。"

曰："德人者，居无思，行无虑，不藏是非美恶。四海之内，共利之之谓悦，共给之之谓安。怊乎若婴儿之失其母也，（怊，读作'抄'。失意，惆怅。）傥乎若行而失其道也。财用有余，而不知其所自来。饮食取足，而不知其所从。此谓德人之容。"

答："有德的人，居住无思念，出行无谋划，不怀藏是非美恶。四海之内，共同吉利他为之喜悦，共同富裕他认为安稳。惆怅失意，像婴儿失去母亲。恍兮惚兮，像行走迷失道路。财用有剩余，不知从哪里产生。饮食充分取得，不懂怎么操作。这就是有德之人的仪容。”

“愿闻神人。”

“希望见识神人。”

曰：“上神乘光，与形灭亡，是谓照旷。致命尽情，天地乐而万事销亡，万物复情，此之谓混冥。”

答：“崇尚玄妙，驾驭光明，随从形体灭亡，这叫照耀旷远。达到天命，竭尽实情，天地安乐，万事消失，万物回复本性，这叫混同幽深。”

门无鬼与赤张满稽观于武王之师。赤张满稽曰：“不及有虞氏乎！故离此患也。”（离通“罹”。遭受，遭遇。）

门无鬼（人名）和赤张满稽（人名），看到周武王伐纣的军队，赤张满稽说：“比不上有虞氏啊！所以遭受此番祸患。”

门无鬼曰：“天下均治，而有虞氏治之邪？其乱而后治之与？”

门无鬼说：“天下普遍安定，有虞氏才去治理呢，还是动荡而后治理？”

赤张满稽曰：“天下均治之为愿，而何计以有虞氏为！

赤张满稽说：“天下普遍安定，大家都已如愿，还用有虞氏来做什么谋划！

有虞氏之药疡也，（疡，读作‘阳’。头疮；泛指痈疮。）秃而施髢，（髢，读作‘弟’。假发。）病而求医。孝子操药以修慈父，其色燋然，（燋通‘憔’。憔悴。）圣人羞之。

有虞氏治疗头疮，秃顶了用假发，病重了找医生。孝子拿药治疗慈父，神色憔悴，圣人不愿意这样。

至德之世，不尚贤，不使能。上如标枝，民如野鹿。端正而不知以为义，相爱而不知以为仁，实而不知以为忠，当而不知以为信，蠢动而相使，不以为赐。是故行而无迹，事而无传。”

至德时代，不崇尚多才 \ 多财，不使用技能。君主像树梢的枝条，百姓像野生的鹿群。端正不知拿它做合宜，相爱不知拿它做仁亲，真实不知拿它做忠敬，恰当不知拿它做诚信，率性动作互相顺从，互不以为赐予。因此，行为没有痕迹，建树没有记载。”

[抨击几种迷惑的德行]

孝子不谀其亲，忠臣不谄其君，臣子之盛也。

孝子不奉承父母，忠臣不谄媚君主，这是臣属和子女的极点。

亲之所言而然，所行而善，则世俗谓之不肖子。君之所言而然，所行而善，则世俗谓之不肖臣。

父母说的话你同意，父母做的事你喜爱，世俗称作不肖子。君主说的话你同意，君主做的事你喜爱，世俗称作不肖臣。

而未知此其必然邪？世俗之所谓然而然之，所谓善而善之，则不谓之道谀之人也！然则俗故严于亲而尊于君邪？

然而，不知这样是必然的吗？世俗所谓的合宜你同意，所谓的吉祥你喜爱，就不称作谄媚的人。那么，习俗反而比父母更庄严、比君主更尊贵吗？

谓己道人，则勃然作色。谓己谀人，则怫然作色。而终身道人也，终身谀人也，合譬饰辞聚众也，是终始本末不相坐。

评论自己谄媚了别人，就怨恨地现出怒色。评论自己奉承了别人，就不爽地现出忧色。然而，终身谄媚他人，终身奉承他人，聚合譬喻，修饰辞令，招人附己，是始终本末的因果逻辑脱节。

垂衣裳，设采色，动容貌，以媚一世，而不自谓道谀。与夫人之为徒，通是非，而不自谓众人也，愚之至也。

垂挂衣裳，陈设彩色，改变容貌，用来讨好天下，而不自认谄媚。跟众人成为同类，沟通是非，而不自认从众，是愚昧至极。

知其愚者，非大愚也。知其惑者，非大惑也。大惑者，终身不解。大愚者，终身不灵。

知道自己笨，不是大笨蛋。知道自己疑惑，不是大迷乱。大迷乱的人，终身不理解。大笨蛋呢，终身不晓事。

三人行而一人惑，所适者，犹可致也，惑者少也。二人惑则劳而不至，惑者胜也。

三人行走，一人犯迷糊，前往的地方仍可到达，因为迷惑的人少。倘若两个人犯迷糊，就累死也走不拢，因为迷惑的人多。

而今也以天下惑，予虽有祈嚮，不可得也。不亦悲乎！

而今如果天下犯迷糊，我虽有祈求引导，不可得啊。岂不是很悲哀吗！

大声不入于里耳，《折杨》《皇荂》，（荂，读作“夫”。草木的花。《折杨》《皇荂》，歌曲名。）则嗑然而笑。（嗑，读作“侠”。笑声。）

高雅音乐进不了里巷俗人的耳朵，他们听到《折杨》《皇荂》等流行小曲，就哈哈大笑。

是故高言不止于众人之心。至言不出，俗言胜也。

因此，高妙的话不在众人心中停留。至理名言不出来，俗气说法就胜利了。

以二缶钟惑，而所适不得矣。

用两个缶（瓦质乐器）叩击发声，有点小迷乱，得不到恰好的快乐。

而今也以天下惑，予虽有祈嚮，其庸可得邪！

现在，如果天下犯迷糊，我虽有祈求引导，又怎么可以实现呢！

知其不可得也而强之，又一惑也。故莫若释之而不推。不推，谁其比忧！（比通“鼻”。创始，开端。）

知道自己不能采用，却勉强去做，又是一种迷惑。鉴于此，不如放下不再推行。不推行，谁肇始忧虑！

厉之人，（厉通“癞”。麻风病。）夜半生其子，遽取火而视之，汲汲然唯恐其似己也。”

麻风病人半夜生儿子，急忙取火来看，惶惶不安，唯恐婴儿像自己。

百年之木，破为牺尊，青黄而文之，其断在沟中。比牺尊于沟中之断，则美恶有间矣，其于失性一也。

百年大树，剖开做牛形酒樽，刻画青黄花纹，剩下的断干残枝丢弃在沟中。比较酒樽跟沟中的断干残枝，美丑就有差距了。它们被损失本性，是一样的。

跖与曾史，行义有间矣，然其失性均也。

盗跖与曾参、史鱼，践行合宜性有差距，然而他们损失本性，是同等的。

且夫失性有五：一曰五色乱目，使目不明。二曰五声乱耳，使耳不聪。三曰五臭熏鼻，困惾中颡。（惾读作“宗”；壅塞。）四曰五味浊口，使口厉爽。五曰趣舍滑心，使性飞扬。此五者，皆生之害也。

且说损失本性有五种：第一叫五色乱目，使眼睛不明亮。第二叫五声乱耳，使耳朵不灵敏。第三叫五臭熏鼻，使鼻子堵塞直达额头。第四叫五味浊口，使口味虐害伤败。第五叫取舍乱心，使情性飞扬。这五种情况，都是生命的伤害。

而杨墨乃始离跂自以为得，（跂通“企”。踮起脚跟。）非吾所谓得也。

唯独杨朱和墨翟，才开始踮起脚跟站立，自以为晓悟，却不是我所说的晓悟。

夫得者困，可以为得乎？则鸠鸮之在于笼也，亦可以为得矣。

行有所得的人都困窘，可以称作满足吗？以此类推，斑鸠、鸱鸮被关在笼子里，也可以称作满足了。

且夫趣舍声色，以柴其内。

况且取舍与声色，已经像小木散材堵塞了内心。

皮弁鹬冠，（弁读作“变”；古代的帽子。鹬读作“玉”；翠鸟。）搢笏绅修，（搢读作“晋”；插，古人所佩的饰带。笏读作“户”；君臣朝会时，所拿狭长玉制、象牙制或者竹制的记事板。）以约其外。

皮帽和翠鸟羽毛制成的帽顶，插在佩带上的记事板，腰带长长垂下修饰身份。这些东西，已经束缚了外表。

内支盈于柴栅，外重纆缴，（纆，读作“墨”。绳索。）睆睆然在纆缴之中，（睆，读作“缓”。眼睛突出貌。）而自以为得。则是罪人交臂历指，而虎豹在于囊槛，亦可以为得矣。

内心被木栅塞满，外表受重重绳索缠绕，眼睁睁地在绳索缠绕之中，却自以为满足。以此类推，罪人交叉双臂，用绳联小木棍套入手指而收紧（古代的一种刑罚），以及虎豹居于圈槛，也可以当作满足了。

［同游小语］

天地万物静悄悄地变化＼修治。道家认为，人间君主应当效法自然界，无为处事，不言行教。

好君主的标准，是没有贪欲而天下富裕，无形无名地作为而万物改易，深邃宁静而百姓安定。他们成教易俗，使百姓皆灭贼心，提升志向，如同万民本性自然而然地设立。

差劲君主呢，像啮缺一样聪明睿智，凭恃人为而没有自然。像禹一样有赏有罚，民众却不仁爱。从此品德衰微，刑杀设立，动荡开始。

那些行有所得的人，取舍与声色，已经像木栅堵塞了内心。又被衣帽佩戴等修饰身份的东西，重重绳索束缚了外表。这是损失本性，不可当作满足。

笔者读《天地》，有诗曰：

玄古君天下，无为万物易。
成教灭贼心，兆民不自知。
季世刑赏滥，尊智似火驰。
炭乎取舍迫，睆然绳索系。
封人羡鹑居，圃者羞巧机。
忘形销琐务，非誉莫损益。

天道第十三

［天道惟宁静，高端精英都懂得它］

天道运而无所积，故万物成。帝道运而无所积，故天下归。圣道运而无所积，故海内服。

自然规律运行没有停滞，所以万物成就。帝王领导艺术运行没有停滞，所以天下归附。圣人思想体系运行没有停滞，所以海内实行。

明于天，通于圣，六通四辟于帝王之德者，其自为也，昧然无不静者矣。

明白自然，通达圣智，上下四方贯通，四季顺应，聚焦帝王德行，这样自用作为，便爽然无不宁静。

圣人之静也，非曰静也善，故静也。万物无足以铙心者，（铙通“挠”。扰乱，搅动。）故静也。

圣人的宁静，不是说静很好，故意学静。而是万物不足以扰乱心境，所以宁静。

水静则明烛须眉，平中准，大匠取法焉。水静犹明，而况精神！

水宁静，就清楚照见须眉，平坦恰合测平仪器，大匠们都取法它。水宁静尚且明审，何况精神呢！

圣人之心，静乎天地之鉴也，万物之镜也。

圣人的心，比天地这个大盆、万物这面镜子还宁静。

夫虚静恬淡寂漠无为者，天地之平而道德之至，故帝王圣人休焉。

虚静，恬淡，寂漠，跟无形无名\留下空间的作为，使天地达到安舒，道德达到至善。故而帝王和圣人都止息于此。

休则虚，虚则实，实则伦矣。虚则静，静则动，动则得矣。

止息就虚空，虚空将充实，充实便理顺。虚空就宁静，宁静将活动，活动便获得。

静则无为，无为也，则任事者责矣。

宁静，即无形无名\留下空间地作为。无形无名\留下空间的作为，则任职的人按照要求成事。

无为则俞俞，（俞通“愉”。温和，愉悦。）俞俞者忧患不能处，年寿长矣。

无形无名\留下空间地作为，就温和愉悦。温和愉悦的人，不会留下忧患，年寿长久。

夫虚静恬淡寂漠无为者，万物之本也。

虚静，恬淡，寂漠，和无形无名\留下空间的作为，是万物的根本。

明此以南乡，（乡，也作“向”。面向，朝着。）尧之为君也。明此以北面，舜之为臣也。

明白它用来面向南方，是尧做君主。明白它用来面朝北方，是舜做臣子。

以此处上，帝王天子之德也。以此处下，玄圣素王之道也。以此退居，而闲游江海，山林之士服。以此进为而抚世，则功大名显，而天下一也。

用它居处高位，是帝王天子的品德。用它居处卑位，是有道和有帝王品德，而无缘君位的圣人，所秉持的主张。用它后退安居，闲游江海，是山林隐士的践行模式。用它前移作为，治理人世，就功大名显，天下统一。

静而圣，动而王，无为也而尊，朴素而天下莫能与之争美。

宁静能够圣通，变动能够天下归往，无形无名\留下空间的作为能够尊贵。它们质朴无文饰，天下不能跟它们较量长处。

夫明白于天地之德者，此之谓大本大宗，与天和者也。所以均调天下，与人和者也。

明白天地得以生出万物的人，把前述理念称作最根本的主旨——跟自然和谐。以此来均调天下，与他人和睦相处。

与人和者，谓之人乐。与天和者，谓之天乐。

与他人和谐，叫人际喜悦。与自然和谐，叫天然喜悦。

庄子曰："吾师乎！吾师乎！齑万物而不为戾，（齑，读作'机'。碎。）泽及万世而不为仁，长于上古而不为寿，覆载天地刻雕众形而不为巧，此之谓天乐。

庄子说："我的老师啊，我的老师啊！细碎万物而不称作暴戾，泽及万世而不称作仁爱，出生在上古而不称作长久，覆载天地、雕刻众多物象而不称作技巧。这就叫天然喜悦。

故曰：知天乐者，其生也天行，其死也物化。静而与阴同德，动而与阳同波。

所以说：懂得天然喜悦的人，他活着依从自然作为，死去视作事物转化。静止与阴相同属性，动作与阳一起高下。

故知天乐者，无天怨，无人非，无物累，无鬼责。

于是，懂得天然喜悦的人，没有天降怨怒，没有他人非议，没有外物拖累，没有阴鬼责怪。

故曰：其动也天，其静也地，一心定而王天下。其鬼不祟，其魂不疲，一心定而万物服。

所以说：活动跟天空同样，静止跟大地同样，一心安定而兴旺天下。阴鬼不为祸，阳气不疲乏，一心安定而万物服从。

言以虚静推于天地，通于万物，此之谓天乐。天乐者，圣人之心，以畜天下也。"

这就是说，把虚静顺迁到天地，通达到万物，就叫天然喜悦。天然喜悦，是圣人的心，用来养育天下。"

［帝道无形无名＼留下空间的作为，区别于臣道呈现＼获取的作为］

夫帝王之德，以天地为宗，以道德为主，以无为为常。

帝王品德，以天地为尊崇，以道德为守持，以无形无名＼留下空间的作为做常态。

无为也，则用天下而有余。有为也，则为天下用而不足。故古之人贵夫无为也。

无形无名＼留下空间的作为，施行天下而有宽裕。呈现＼获取的作为，被天下使用而不充足。因此，古人崇尚无形无名＼留下空间的作为。

上无为也，下亦无为也，是下与上同德。下与上同德则不臣。

上级无形无名＼留下空间地作为，下级也无形无名＼留下空间地作为，是下级跟上级相同性质。下级跟上级相同性质，就不是统属关系。

下有为也，上亦有为也，是上与下同道，上与下同道则不主。

下级呈现＼获取地作为，上级也呈现＼获取地作为，是上级跟下级相同方法。上级跟下级相同方法，就不是掌管＼主持的关系。

上必无为而用天下，下必有为为天下用，此不易之道也。

上级确保无形无名＼留下空间地作为，而施行天下。下级确保呈现＼获取地作为，被天下任用。这是不可改变的事理。

故古之王天下者，知虽落天地，（落通“络”。包罗，覆盖。）不自虑也。辩虽彫万物，不自说也。能虽穷海内，不自为也。

鉴于此，古代统治天下的人，智慧虽然包罗天地，不自己谋划。巧言虽然文饰万物，不自己讲述。才能虽然根究海内，不自己作为。

天不产而万物化，地不长而万物育，帝王无为而天下功。故曰莫神于天，莫富于地，莫大于帝王。

天空不生产而万物转化，大地不成长而万物养育。帝王无形＼留下空间地作为，而天下成功。所以说，没有比天空更神奇的，没有比大地更完备的，没有比帝王更尊崇的。

故曰：帝王之德配天地。此乘天地，驰万物，而用人群之道也。

所以说，帝王品德匹配天地，就是驾驭天地，驱驰万物，用于人群的领导艺术。

［先明自然，次晓道德；五次转化才谈形名，九次转化才谈赏罚］

本在于上，末在于下。要在于主，详在于臣。

起源＼主体在于上级，次要枝节在于下级。简略纲要在于君主，繁多审议在于臣属。

三军五兵之运，德之末也。

右、中、左军队组织，和戈、殳、戟、矛、弓矢等五种兵器的运用，是德行末端。

赏罚利害，五刑之辟，教之末也。

奖赏＼处罚，利益＼损害，以及墨（刺刻染黑面额）、劓（割鼻）、剕（断足）、宫（阉割）、大辟（死刑）等五种刑法的治理，是教化的末端。

礼法度数，形名比详，治之末也。

礼仪法令的度量计数，实体＼名称的考校审议，是治理的末端。

钟鼓之音，羽旄之容，乐之末也。

钟鼓声音，雉羽和旄牛尾的仪容，是音乐的末端。

哭泣衰绖，（绖，读作“迭”。古代服丧，粗麻布毛边丧服称作衰，头上或腰部的麻带称作绖。）隆杀之服，哀之末也。

声泪俱下，吊唁，以及丧服隆重或减省地穿戴，是悲伤的末端。

此五末者，须精神之运，心术之动，然后从之者也。

这五种末端，需要精神运用和心术活动，然后跟随它们。

末学者，古人有之，而非所以先也。

肤浅次要的学问，古人已有，不宜优先倡导。

君先而臣从，父先而子从，兄先而弟从，长先而少从，男先而女从，夫先而妇从。

君主在前，臣属跟随。父亲在前，孩子跟随。哥哥在前，弟弟跟随。年纪大、辈分高、职位高的人在前，年纪轻、辈分小、职位低的人跟随。男子在前，女子跟随。丈夫在前，妻子跟随。

夫尊卑先后，天地之行也，故圣人取象焉。

凡尊卑先后，都是天地的运行，所以圣人采用效法了。

天尊地卑，神明之位也。

天空高，大地低，是神明的位置。

春夏先，秋冬后，四时之序也。

春夏在前，秋冬在后，是四季的次序。

万物化作，萌区有状，（区通“句（勾）”。弯曲。草木直出叫萌，稻稷之类；屈生叫区，菽豆之类。）盛衰之杀，变化之流也。

万物转化产生，直出\屈出各有形状，盛衰的等差，是变化的择取。

夫天地至神，而有尊卑先后之序，而况人道乎！

天地神奇到极点，犹有尊卑先后的顺序，何况人世的道德伦理呢！

宗庙尚亲，朝廷尚尊，乡党尚齿，行事尚贤，大道之序也。

天子、诸侯祭祀祖先的场所，崇尚血统\婚姻关系。帝王接受朝见和处理政事的地方，崇尚尊奉拥戴。乡亲之间，崇尚年龄\位次。做事情，崇尚德行才能。这些是大道的头绪。

语道而非其序者，非其道也。语道而非其道者，安取道？

谈论道，而反对其中的顺序，就是违背道。谈论道却违背道的人，怎么获得道？

是故古之明大道者，先明天，而道德次之。道德已明，而仁义次之。仁义已明，而分守次之。分守已明，而形名次之。形名已明，而因任次之。因任已明，而原省次之。原省已明，而是非次之。是非已明，而赏罚次之。赏罚已明，而愚知处宜，贵贱履位，仁贤不肖袭情。

于是古代成就大道的人，先明审自然，道德居后。道德已通晓，仁义居后。仁义已清楚，职掌居后。职掌已明了，实体\名称居后。实体\名称已区分，因袭\使用居后。因袭\使用已明晰，推究\审查居后。推究\审查已分辨，事理对与错居后。事理对错已明白，奖赏＼处罚居后。奖赏＼处罚已彰显，所以愚者＼智者安顿合宜，尊贵的人跟卑贱的人各居其位，仁人、贤人跟不成材的人都符合情理。

必分其能，必由其名。以此事上，以此畜下，以此治物，以此修身，知谋不用，必归其天。此之谓大平，治之至也。

必须区别当事人的才能，必须归属当事人的名分。以此事奉上级，以此驯服下级，以此治理事物，以此修养自身——智谋不用，确保回归自然。这就叫太平，是最好的政治。

故书曰："有形有名。"形名者，古人有之，而非所以先也。

古书说："有形有名。"实体＼名称，古人已有，不宜优先倡导。

古之语大道者，五变而形名可举，九变而赏罚可言也。

古代谈论大道的人，（如前文）经过五次转化，实体＼名称才值得开口。经过九次转化，奖赏＼处罚才适合讲一讲。

骤而语形名，不知其本也。骤而语赏罚，不知其始也。倒道而言，迕道而说者，（迕，读作"午"。违背，触犯。）人之所治也，安能治人！

突然谈论实体＼名称，不知道它的根本。突然谈论奖赏＼处罚，不知道它的起始。逆向道而议论，违背道而解释的人，是别人的治理对象，岂能治理别人！

骤而语形名赏罚，此有知治之具，非知治之道。可用于天下，不足以用天下。此之谓辩士，一曲之人也。

频繁谈论实体＼名称和奖赏＼处罚，这种人有治理的才具，不懂治理的道。可以被天下任用，不足以主宰天下。这种人叫辩士，是局部小事的人才。

礼法数度，形名比详，古人有之，此下之所以事上，非上之所以畜下也。

礼仪法令的度量计数，实体＼名称的考校审议，古人已有。仿此，下级可以去事奉上级，不是上级适宜用来容纳下级。

[仁义扰乱本性，巧智称作窃贼]

昔者舜问于尧曰："天王之用心何如？"

从前舜询问尧："天王的用心依照什么？"

尧曰："吾不敖无告，不废穷民。苦死者，嘉孺子而哀妇人。此吾所以用心已。"

尧答："我不傲慢有苦无处申诉的人，不废弃穷人。我悲伤死者，欢娱小孩子，怜悯妇女。这些是我用心的地方。"

舜曰："美则美矣，而未大也。"

舜说："高尚倒是高尚，却不尊崇。"

尧曰："然则何如？"

尧问："那么，应当怎样？"

舜曰："天德而出宁，日月照而四时行，若昼夜之有经，云行而雨施矣。"

舜答："自然界变化代兴，显露出安宁。日月照耀，四季运行，好比昼夜有常规，云气流动，雨露布施。"

尧曰："胶胶扰扰乎！子，天之合也。我，人之合也。"

尧说："纠结烦扰啊！你，是自然融洽。我，是人际融洽。"

夫天地者，古之所大也，而黄帝尧舜之所共美也。故古之王天下者，奚为哉？天地而已矣。

天地，是古代尊崇的概念，黄帝、尧、舜所共同褒赞的道理。所以，往昔统治天下的人，需要做什么呢？效法天地而已。

孔子西藏书于周室。子路谋曰："由闻周之征藏史有老聃者，（征，典，主管。）免而归居，夫子欲藏书，则试往因焉。"

孔子西行藏书于周王室。子路出主意："我听说周王朝主管藏史，有个叫老聃的人，离职回家了。老师想要藏书，试着去依靠吧。"

孔子曰："善。"

孔子说："好的。"

往见老聃，而老聃不许，于是繙十二经以说。(繙，读作"番"。反复。)

到达后进见老聃，老聃不允许。于是孔子反复叨叨十二经做解释。

老聃中其说，曰："大谩，愿闻其要。"

老聃打断他的讲述，说："太冗长了，我想听要点。"

孔子曰："要在仁义。"

孔子说："关键在仁义。"

老聃曰："请问，仁义人之性邪？"

老聃说："请问，仁义是人的本性吗？"

孔子曰："然。君子不仁则不成，不义则不生。仁义，真人之性也，又将奚为矣？"

孔子答："对呀。君子不仁就不成气候，不义就不产生。仁义，正是人阳气趋善的特质，此外再遵奉什么操作呢？"

老聃曰："请问，何谓仁义？"

老聃说："请问，什么叫仁义？"

孔子曰："中心物恺，兼爱无私，此仁义之情也。"

孔子答："衷心希望众物康乐，同样爱一切人，没有私欲。这是仁义的志向。"

老聃曰："意，几乎后言！(后，肛门。后言，屁话。)夫兼爱，不亦迂乎！无私焉，乃私也。

老聃说："嘻，接近放屁哟！同样爱一切人，不是迂腐吗？没有私欲，就是私欲。

夫子若欲使天下无失其牧乎？则天地固有常矣，日月固有明矣，星辰固有列矣，禽兽固有群矣，树木固有立矣。

先生似乎想使天下不失去法度吧？而天地早有常规了，日月早有光明了，星辰早有布列了，禽兽早有聚群了，树木早有竖立了。

夫子亦放德而行，循道而趋，已至矣。又何偈偈乎揭仁义，(偈，读作'节'。勇武。偈偈，用力貌。)若击鼓而求亡子焉？意，夫子乱人之性也。"

先生假如放松心意出动，顺着道行走，已经蛮好了。又为何要费力地高举仁义，好像打着鼓寻找逃跑的人？噫，先生扰乱人的本性了。”

士成绮见老子而问曰：“吾闻夫子圣人也，吾固不辞远道而来愿见，百舍重趼，（趼，读作‘茧’。手足所生硬皮。）而不敢息。今吾观子，非圣人也。鼠壤有余蔬，而弃妹之者，（妹，末。碎屑。）不仁也！生熟不尽于前，而积敛无崖。”

士成绮（人名）进见老子，问道：“我听说先生是圣人，原本不避远道而来请求接见，跋涉三千里，脚底生出重重茧子而不敢停歇。如今细看你，不是圣人。老鼠洞口有残剩蔬菜，遗忘碎屑在那儿，是不仁。生食和熟食在面前吃不完，还累积敛聚没有边际。”

老子漠然不应。

老子默不作声，懒得回应。

士成绮明日复见，曰：“昔者吾有刺于子，今吾心正却矣，何故也？”

士成绮第二天又进见，说：“昨天我对你有指责。今天，我的心显著回调了，什么原因呢？”

老子曰：“夫巧知神圣之人，吾自以为脱焉。

老子说：“巧智神圣的人，我自以为脱离了。

昔者子呼我牛也，而谓之牛。呼我马也，而谓之马。苟有其实，人与之名而弗受，再受其殃。吾服也恒服，吾非以服有服。”

昨天，你称呼我为牛，就叫做牛。称呼我为马，就叫做马。如果存在所说的实际情况，别人给予的名称却不接受，是两次遭受责备。我从事了就恒定实行，不因为承受了什么才有习惯。”

士成绮雁行避影，履行遂进而问：“修身若何？”

士成绮屁颠屁颠避开老子的身影，行走前进，问道：“如何修身呢？”

老子曰：“而容崖然，而目冲然，而颡頯然，（頯，读作‘葵’。高露发美之貌。）而口阚然，（阚，读作‘喊’。口大张貌。）而状义然，（义通‘峨’。高大特立。）似系马而止也。

老子说："你的容貌高傲，你的眼睛直视，你的额头高亢显露漂亮头发，你的嘴巴张大，你的礼貌峨然高大，好比拴住的马停留在那儿。

动而持，发而机，察而审，知巧而睹于泰，凡以为不信。边竟有人焉，其名为窃。"

行动像握持（风都想抓一把），开启像弩箭机关，考察仅限详审（水至清则无鱼），智巧只了解极其美好的一面（顾头不顾尾，无知者无畏）。凡此种种，皆认为不诚信。边境有这样的人，称作窃贼。"

夫子曰：（庄子师老子，故称夫子。）"夫道，于大不终，于小不遗，故万物备。广广乎其无不容也，渊乎其不可测也。

老子说："道，对于大的事物不穷尽，对于小的事物不遗漏，所以万物齐备。它远大开泰无不容纳，渊深聚集不可测量。

形德仁义，神之末也，非至人孰能定之！

形象、德行和仁义，属于精神远端，不是至人，谁能确定它们！

夫至人有世，不亦大乎，而不足以为之累。天下奋棅，（棅同'柄'。威权。）而不与之偕。审乎无假，而不与利迁。极物之真，能守其本。故外天地，遗万物，而神未尝有所困也。

但凡至人存在于人世，不是很尊崇吗，却不足以为了尊崇而受拖累。天下施展威权，不随从掺和。悉知没法假借，不随利益迁动。穷尽事物的精淳，能够守持根本。于是疏远天地，遗忘万物，而精神未曾有所窘迫。

通乎道，合乎德，退仁义，宾礼乐，（宾通'摈'。舍弃。）至人之心，有所定矣。"

通达道，符合德，节制仁义，舍弃礼乐。至人的心，有所审定。"

[书籍是古人留下的糟粕]

世之所贵道者，书也。书不过语，语有贵也。

世人尊重道的原因，是因为书籍。书籍不过语言，语言里有重视的内容。

语之所贵者，意也，意有所随。意之所随者，不可以言传也，而世因贵言传书。

语言重要的原因，是因为意趣。意趣有所顺从。意趣顺从的样子，不可以言传。然而，世人因为重视语言而流传书籍。

世虽贵之，我犹不足贵也，为其贵非其贵也。

世间虽然崇尚它，我可以不足尊重，认为它的重要性，不是我想要的东西。

故视而可见者，形与色也。听而可闻者，名与声也。悲夫，世人以形色名声，为足以得彼之情。（为通“伪”。装作，假装。）

观察就可以显现的事物，是形象和颜色。聆听就可以知闻的事物，是名称和声音。悲哀啊，世人凭形象、颜色、名称和声音，假装足以获得对方的实情。

夫形色名声，果不足以得彼之情。则知者不言，言者不知，而世岂识之哉！

所有形象、颜色、名称跟声音，终究不足以获得事物实情。即：智者不说话，多话的人不聪明——世人是否意识到这个道理呢！

桓公读书于堂上。轮扁斲轮于堂下，（斲，读作“卓”。砍，削；雕饰。）释椎凿而上，问桓公曰：“敢问，公之所读者何言邪？”

齐桓公在堂上读书。制轮工匠阿扁，在堂下砍削车轮。他放下椎凿上前问桓公：“冒昧请教，国君所读的书，谈论什么？”

公曰：“圣人之言也。”

桓公说：“圣人的话。”

曰：“圣人在乎？”

问：“圣人活着吗？”

公曰：“已死矣。”

答：“已经死了。”

曰：“然则君之所读者，古人之糟魄已夫！”

说：“那么国君所读的书，只是古人的糟粕罢了。”

桓公曰："寡人读书，轮人安得议乎！有说则可，无说则死。"

桓公说："寡人读书，制轮匠人怎能妄议！你有说法则许可，没有说法就判死刑。"

轮扁曰："臣也，以臣之事观之。斲轮，徐则甘而不固，疾则苦而不入。不徐不疾，得之于手，而应于心。口不能言，有数存焉于其间。臣不能以喻臣之子，臣之子亦不能受之于臣，是以行年七十而老斲轮。

制轮工匠阿扁说："臣，凭臣的职事观察。我砍削雕饰车轮，缓慢了，就宽松而不坚固。急速了，就紧迫而不契合。不缓不急，自手中得到，在心里应和，嘴巴不能谈论，有技术寄托其间。臣不能用来开导儿子，儿子也不能从臣这儿继承。因此我年满七十了，还总是砍削车轮。

古之人与其不可传也，死矣。然则君之所读者，古人之糟魄已夫！"

古人跟他们不可传的东西，已经消逝。那么国君所读的书，只是古人的糟粕罢了。"

［同游小语］

天道，指自然常态和规律。天空静悄悄，却转化万物。大地静悄悄，却养育万物。天道常常关联人事，指审察自然规律，符合神灵意志，获得美善果报。

由此衍生出帝道：无形无名＼留下空间的作为。衍生出圣道：先明自然，次明道德，次明仁义，第五才谈形名，第九才谈赏罚。

骤然高举仁义旗帜，徒乱人性而已。骤然搬弄形名跟赏罚，仅为局部小事的人才。热衷巧智，则称作窃贼。

道的精髓——原创意趣不可言传。世人读书，不过古人的糟粕罢了。

懂得上述的根本＼末节，纲要＼详悉，至人德行就没有困惑。

笔者读《天道》，有诗曰：

天道静悄悄，万物竞代兴。

圣王明自然，无为驭群生。

九变言赏罚，五化举形名。

巧智类窃贼，仁义乱人性。

古书糟粕多，精微难传承。

本末须详具，真人审至行。

天运第十四

[自然运转，大概长成什么样子]

天其运乎？地其处乎？日月其争于所乎？

天空在运行吗？大地停止了吗？太阳月亮在争夺位置吗？

孰主张是？孰维纲是？孰居无事推而行是？

谁主宰这些事物？谁总维持这些事物？谁闲居无事，在推行这些事物？

意者其有机缄而不得已邪？意者其运转而不能自止邪？（意通“抑”。抑或，还是。）

或许有主管关闭的造化，才不得不如此？抑或它们运转着，不能自己停止？

云者为雨乎？雨者为云乎？孰隆施是？孰居无事淫乐而劝是？

云气变成雨水了吧？雨水变成云气了吧？谁施布云雨？谁闲居无事，沉湎喜好而助力云雨？

风起北方，一西一东，有上彷徨，孰嘘吸是？孰居无事而披拂是？敢问何故？

风从北方吹来，或西或东，在高天徘徊，谁在呼吸风？谁闲居无事，好像分散拂动着风？请问为什么呀？

巫咸祒曰：（祒读作“条”。人名。）“来！吾语女。天有六极五常，帝王顺之则治，逆之则凶。

巫咸（古代神巫）祒说："来，我告诉你。自然界存在上下四方六个边际，金木水火土五种性质。帝王顺循它们就太平，不顺从它们就凶祸。

九洛之事，（清王先谦《庄子集解》谓九洛即《九畴》《洛书》。）治成德备，监照下土，天下戴之。此谓上皇。"

《九畴》《洛书》的事，（传说神龟负文出洛河，禹依此制定出九类治理天下的大法。）政治成就，道德完备，照临大地，天下尊奉。这叫上古君主。"

商大宰荡问仁于庄子。（周建诸侯，立商汤后代于宋，所以"商"即宋国。）庄子曰："虎狼仁也。"

宋国太宰荡（荡，人名），跟庄子探讨仁。庄子说："虎狼有仁爱。"

曰："何谓也？"

问："怎么讲？"

庄子曰："父子相亲，何为不仁？"

庄子说："它们父子相亲，为什么不仁爱？"

曰："请问至仁。"

问："请问最好的仁爱。"

庄子曰："至仁无亲。"

庄子说："最好的仁爱，没有亲密关系。"

大宰曰："荡闻之，无亲则不爱，不爱则不孝。谓至仁不孝，可乎？"

太宰问："我听说，没有亲密关系，就不加惠和爱护。不惠爱就不赡养。使最好的仁爱不赡养，可以吗？"

庄子曰："不然。夫至仁尚矣，孝固不足以言之。此非过孝之言也，不及孝之言也。

庄子说："不是这样的。最好的仁爱超级尊崇，赡养确实不足以谈论它——这不是给予赡养的问题，而是没有达到赡养的问题。

夫南行者至于郢，（郢，读作'颖'。楚国都城。）北面而不见冥山，是何也？则去之远也。（则通'测'。测量，揣测，推想。）

南行的人到了楚都，面向北方不见冥山（北海山名），是什么原因？推想起来，离开冥山太远了。

故曰：以敬孝易，以爱孝难。以爱孝易，以忘亲难。忘亲易，使亲忘我难。使亲忘我易，兼忘天下难。兼忘天下易，使天下兼忘我难。

所以说：用肃敬赡养容易，用惠爱赡养困难。用惠爱赡养容易，用忘记亲密关系来赡养困难。忘记亲密关系容易，使亲密关系忘记我困难。让亲密关系忘记我容易，连同忘记天下困难。连同忘记天下容易，让天下同时忘记我困难。

夫德遗尧舜而不为也，利泽施于万世，天下莫知也，岂直大息而言仁孝乎哉！（直同‘值’。措置，合宜，等到。）

德行脱离尧舜而不谋求，利益恩泽施予万世，天下没有谁知道。怎么会等到出声长叹，而谈论仁爱跟赡养呢！

夫孝悌仁义，忠信贞廉，此皆自勉以役其德者也，不足多也。

所有的孝悌仁义，忠信贞廉，都是自我勉励，用来役使品德的，不值得看重。

故曰：至贵，国爵并焉。至富，国财并焉。至愿，名誉并焉。（并通‘屏’‘摒’。摒除，抛弃。）是以道不渝。”

所以说：最尊贵，是摒除封地和爵位。最富有，是摒除封地跟财货。最佳心愿，是摒除名分与声誉。由此大道不改变。”

［圣人用律吕触碰万物气数，相通成乐曲］

北门成问于黄帝曰：“帝张《咸池》之乐于洞庭之野，吾始闻之惧，复闻之怠，卒闻之而惑。荡荡默默，乃不自得。”

北门成（黄帝臣）向黄帝请示：“您在广阔庭院的天地间，演奏《咸池》乐曲。我初始听见恐惧，再听感觉懈怠，末后听起来觉得迷惑。浩荡摇摆，寂静无形，好像无所得又不开心。”

帝曰：“汝殆其然哉。吾奏之以人，（奏通‘凑’。聚合，会合。）征之以天，行之以礼义，建之以大清。

黄帝说：“你当然会这样。我凭人情事理聚合，依天象气候效验，按礼法道义施行，用自然天道建立。

夫至乐者，先应之以人事，顺之以天理，行之以五德，应之以自然。然后调理四时，太和万物。

最美的音乐，先凭人情事理应和，依天然法则顺循，按温良恭俭让五种品德施行，用自然响应。然后，调理春夏秋冬＼朝昼夕夜，冲和万物。

四时迭起，万物循生。一盛一衰，文武伦经。一清一浊，阴阳调和。流光其声，（其通‘期’。邀约，会合。）蛰虫始作。

春夏秋冬＼朝昼夕夜更迭兴起，万物按次序生出。或盛或衰，文德武功同类划界。或清或浊，阴阳二气配合适当。光阴会合消息，冬眠蛰伏的动物开始振作。

吾惊之以雷霆，其卒无尾，其始无首。一死一生，一偾一起。（偾，读作‘奋’。僵仆，倒下。）所常无穷，（常通‘尚’。尊崇，向慕。）而一不可待。汝故惧也。

我用雷霆震动，乐曲完毕没有末端，初始没有开端。或呆板或鲜活，或倒下或起来。尊崇＼向慕无穷，一概不可等待。你因此恐惧。

吾又奏之以阴阳之和，烛之以日月之明。其声能短能长，能柔能刚。变化齐一，不主故常。在谷满谷，在坑满坑。涂郤守神，（郤，读作‘细’。缝隙，间隙。）以物为量。其声挥绰，其名高明。是故鬼神守其幽，日月星辰行其纪。

我又用阴阳之和聚合，用日月之明洞悉。乐声能短能长，能柔能刚，变化划一，不守原来的常法。处于山谷就充盈山谷，处于沟壑就充盈沟壑。堵塞缝隙，守护精神，以事物为考量。乐声传播广远，乐名高尚明达。因此，鬼神守持幽隐，日月星辰运行所纪的天时。

吾止之于有穷，流之于无止。予欲虑之而不能知也，望之而不能见也，逐之而不能及也。傥然立于四虚之道，倚于槁梧而吟。

我在有限度的节点逗留，在无止境的节点演变。我想要思虑，却不能了解。仰望不能看见，追逐不能到达。惆怅失意，立于四方空旷的大路，用古琴伴奏而歌唱。

目知穷乎所欲见，力屈乎所欲逐，吾既不及已夫！形充空虚，乃至委蛇。汝委蛇，故怠。

眼看智识完结于所想见解的东西，力量屈服于所想驰逐的东西，我已经追不上了呀！形体充满空虚，于是成了顺随曲折的状态。你顺随曲折，所以懈怠。

吾又奏之以无怠之声，调之以自然之命。故若混逐丛生，林乐而无形。布挥而不曳，（曳，读作‘叶’。拖拉，漂浮。）幽昏而无声。

我又用不松懈的乐音聚合，用自然制作来协调。所以，好像混流奔逐，草木聚集在一处生长，成片汇聚成众盛唱奏，而没有形象。布散挥洒而不牵曳，幽深迷糊而没有声音。

动于无方，居于窈冥。或谓之死，或谓之生。或谓之实，或谓之荣。行流散徙，不主常声。

活动在没有极限，停留在深远奥妙。或者称作死，或者称作生，或者称作果实，或者称作花。运行流动，分散迁徙，不守固定乐音。

世疑之，稽于圣人。圣也者，达于情而遂于命也。天机不张，而五官皆备，此之谓天乐，无言而心说。

世人疑惑，向圣人卜问。所谓圣，指通达人意、物性和事理，能够顺育生命。天赋悟性不施展，耳听、目视、口食、鼻嗅、形居都美好。这叫自然乐趣，没有语言而心情愉悦。

故有焱氏为之颂曰：‘听之不闻其声，视之不见其形，充满天地，苞裹六极。’汝欲听之而无接焉，而故惑也。

于是炎帝神农氏创作颂词：‘听它不闻声音，看它不见形象，充满天地，包裹上下四方。’你想要听它却没有交会，所以迷惑。

乐也者，始于惧，惧故祟。吾又次之以怠，怠故遁。卒之于惑，惑故愚。愚故道，（故通‘诂’。用今语解释古语。）道可载而与之俱也。”

音乐，始于恐惧，恐惧于是鬼神为祸。我又用懈怠居后，懈怠于是逃避。终止用迷惑，迷惑于是无所知。无所知诠释道，道可以乘载而跟它在一起。”

［人世运转不崇尚相同，而崇尚治理，顺应时势而变化］

孔子西游于卫。颜渊问师金曰："以夫子之行为奚如？"

孔子西行到卫国游历。颜渊问师金（鲁国太师，名金）："这次老师的行程，将怎么样？"

师金曰："惜乎，而夫子其穷哉！"

师金说："可惜，你的老师也许不得志吧！"

颜渊曰："何也？"

颜渊问："为什么？"

师金曰："夫刍狗之未陈也，（刍狗，古代结草为狗，供祭祀用，祭后弃去。）盛以箧衍，巾以文绣，尸祝齐戒以将之。（齐同'斋'。古人祭祀或举行其他典礼前，整洁身心，以示虔敬。）及其已陈也，行者践其首脊，苏者取而爨之而已。（爨，读作'窜'。烧火做饭。）将复取而盛以箧衍，巾以文绣，游居寝卧其下，彼不得梦，必且数眯焉。（眯，梦魇。因做恶梦而惊叫。）

师金说："祭祀用的草狗，在没有陈列前，拿竹筐盛放，用绣花丝巾佩饰，巫师斋戒后才去取用它。到了完成陈列，行人踩踏它的头跟脊背，割草人捡它烧火做饭。想要再次寻求放进竹筐，佩饰绣花丝巾，遨游、居处和寝卧在它旁边，那么做梦也不投契，一定频频在恶梦中惊叫。

今而夫子，亦取先王已陈刍狗，聚弟子游居寝卧其下。

方今你老师，也是借助先王已经陈列过的祭祀草狗，聚集弟子遨游、居处和寝卧在它旁边。

故伐树于宋，削迹于卫，穷于商周，是非其梦邪？围于陈蔡之间，七日不火食，死生相与邻，是非其眯邪？

于是，在宋国被人砍伐了正在习礼的大树，在卫国减少行迹，在商周辞屈无语，这不是他不投契的梦中事物吗？在陈蔡之间被围困，七天未能生火煮饭，死生相随邻近，这不是他的噩梦吗？

夫水行莫如用舟，而陆行莫如用车。以舟之可行于水也，而求推之于陆，则没世不行寻常。

水域行走不如用船，陆地行走不如用车。因为船可以在水面行走，就要求在陆地推移它，一辈子走不了尺丈距离。

古今非水陆与？周鲁非舟车与？今蕲行周于鲁，（蕲通‘祈’。祈求。）是犹推舟于陆也，劳而无功，身必有殃。彼未知夫无方之传，应物而不穷者也。

古今不是水域跟陆地吗？周朝和鲁国，不是船跟车吗？现在，祈求在鲁国施行周朝制度，这犹如在陆地推船，劳而无功，自身必有祸殃。他不懂：没有固定方向＼处所的运转，才是响应事物而不困厄的样子。

且子独不见夫桔槔者乎？（桔槔，读作‘节高’。井上汲水工具。）引之则俯，舍之则仰。彼，人之所引，非引人也，故俯仰而不得罪于人。

况且，你难道没见过打水工具桔槔吗？牵引它就顶端朝下，放下它就顶端朝上。那玩意儿，人可以牵引，不是它牵引人，故而朝下或朝上，都不得罪人。

故夫三皇五帝之礼义法度，不矜于同，而矜于治。

所以，三皇五帝的礼义法度，不崇尚相同，而崇尚治理。

故譬三皇五帝之礼义法度，其犹柤梨橘柚邪！（柤同‘楂’。山楂。）其味相反而皆可于口。

比如说，三皇五帝的礼义法度，它们同山楂、梨、橘子、柚子一样，滋味互相翻转，却都可口。

故礼义法度者，应时而变者也。

礼义法度，适应时势而变化。

今取猨狙而衣以周公之服，（猨同‘猿’。狙，读作‘居’。猕猴。）彼必龁啮挽裂，（龁，读作‘合’。咬。啮，读作‘聂’。咬，缺口。）尽去而后慊。（慊，读作‘惬’。惬意，满足。）观古今之异，犹猨狙之异乎周公也。

今天，捕捉猿猴穿戴周公的服装，它一定咬缺拉裂，全都去掉而后惬意。观察古今的差异，如同猿猴异于周公。

故西施病心而矉其里，（矉同‘颦’，读作‘贫’。皱眉。）其里之丑人见而美之，归亦捧心而矉其里。其里之富人见之，坚闭门而不出。贫人见之，挈妻子而去之走。（挈，读作‘怯’。携，带领。）

从前，西施心脏患病在故乡皱眉，邻里丑人见了，觉得形貌好看，返回后也捧心在邻里间皱眉。街巷的富人看到她，坚闭门户不出。穷人看到她，携带老婆孩子离开逃走。

彼知矉美，而不知矉之所以美。惜乎，而夫子其穷哉！”

丑人知道皱眉很美，却不知道皱眉之所以美。可惜啊，你的老师也许不得志哦！”

孔子行年五十有一，而不闻道，乃南之沛，见老聃。

孔子经历五十一岁，还不知闻道。方才南行到沛丘，去见老聃。

老聃曰：“子来乎？吾闻子，北方之贤者也，子亦得道乎？”

老聃说：“你来啦？我听说你是北方的贤者，你也晓悟道了吧？”

孔子曰：“未得也。”

孔子说：“没了解呢。”

老子曰：“子恶乎求之哉？”

老子说：“你怎么寻求它的？”

曰：“吾求之于度数，五年而未得也。”

答：“我从法度规则探索，五年未曾获得。”

老子曰：“子又恶乎求之哉？”

老子说：“你又怎么寻求它？”

曰：“吾求之于阴阳，十有二年而未得。”

答：“我从阴阳探索，十二年未曾获得。”

老子曰：“然。使道而可献，则人莫不献之于其君。使道而可进，则人莫不进之于其亲。使道而可以告人，则人莫不告其兄弟。使道而可以与人，则人莫不与其子孙。

老子说：“对呀。假如大道可以奉上，人们无不向君主敬献。假如大道可以增进，人们无不向父母引荐。假如大道可以告诉别人，人们无不喻告兄弟。假如大道可以给予别人，人们无不给予子孙。

然而不可者，无佗也，（佗通‘它、他’。）中无主而不止，外无正而不行。

然而不能这样，没别的，内心没有事物根本的操守，大道就不停留。外界没有确定的规范常法，大道就不施行。

由中出者，不受于外，圣人不出。由外入者，无主于中，圣人不隐。

从内心发出，在外界不接受，圣人不往外拿。从外界进入，在内心未形成事物根本的主张，圣人不依据。

名，公器也，不可多取。

名分，是天下共用的器物，不可多取。

仁义，先王之蘧庐也，（蘧同‘遽’，读作‘巨’；驿马，驿车。蘧庐，传舍，旅舍。）止可以一宿，而不可久处，觏而多责。（觏，读作‘构’。遇见，遭逢。）

仁义，是先王的旅舍。只可以某个夜晚睡觉，不可以久留，遭遇了就多索求（逼迫榨取）。

古之至人，假道于仁，托宿于义，以游逍遥之虚，食于苟简之田，立于不贷之圃。

古代的至人，借用途径于仁，寄托住宿于义，用来遨游逍遥境界。在草率简略的地带吃饭，在不施予不求乞的丛集处立足。

逍遥无为也，苟简易养也，不贷无出也。古者谓是采真之游。

逍遥，是无形无名\留下空间的作为。草率简略容易养活。不施予不求乞，就没有逾越。古人称这是神采真实的遨游。

以富为是者，不能让禄。以显为是者，不能让名。亲权者，不能与人柄。操之则栗，舍之则悲，而一无所鉴，以窥其所不休者，是天之戮民也。

认为富有是正确的人，不能谦让俸禄。认为显荣是正确的人，不能谦让名声。喜爱威势的人，不能给人权柄。掌握权力就战栗，放下权力就悲苦。一丁点没有察照能力，去留心他没完没了的样子。这是自然界受刑辱的人。

怨恩取与，谏教生杀，八者，正之器也，唯循大变无所湮者，（湮通‘垔’，读作‘因’。阻塞，埋没。）为能用之。

怨恨，恩惠，获取，给予，谏诤，教化，存活，杀戮，这八种事物，是确定常法的器具。唯有依循大变化而无所阻塞的人，方能运用它们。

故曰：正者，正也。其心以为不然者，天门弗开矣。”

所以说：正确，就是审定规范常法。内心以为不这样，天赋心窍就没开启。”

孔子见老聃而语仁义。

孔子进见老聃，谈论仁义。

老聃曰：“夫播糠眯目，（播通‘簸’。摇动，簸扬。）则天地四方易位矣。蚊虻噆肤，（噆，读作‘攒’。叮咬。）则通昔不寐矣。

老聃说：“簸扬米糠飘入眼睛，就天地四方转变位置。蚊虻叮咬皮肤，就通宵睡不着。

夫仁义憯然，（憯，读作‘惨’。甚，过分，超过。）乃愤吾心，乱莫大焉。

仁义尤其过分，居然浑乱我的心，没有什么超过这种动荡。

吾子使天下无失其朴，吾子亦放风而动，总德而立矣，又奚傑然若负建鼓，（傑通‘偈’。用力貌。）而求亡子者邪？

老先生使天下不丢失真性，也依据声教\风俗采取行动，总合品德而建树。又何必淘神费力，像怀抱明白布告的皮鼓，去寻找逃跑的人？

夫鹄不日浴而白，（鹄，读作‘胡’。天鹅。）乌不日黔而黑。黑白之朴，不足以为辩。名誉之观，不足以为广。

天鹅不每天洗澡而白，乌鸦不每天染黑而黑。黑白的本质，不足以搞辩论。名誉的炫耀，不足以帮助广远。

泉涸，鱼相与处于陆，相呴以湿，（呴，读作‘许’。嘘气。）相濡以沫，不若相忘于江湖。”

泉水干涸了，鱼群打堆困在陆地上，相互嘘气沾点儿水分，相互吐唾沫湿润，不如在江湖上互相忘记。”

[三皇五帝愈来愈动荡，熟读六经不如研习造化]

孔子见老聃归，三日不谈。弟子问曰："夫子见老聃，亦将何规哉？"

孔子见老聃返回，三天不讲话。弟子问道："先生见老聃，又打算怎么效法呢？"

孔子曰："吾乃今于是乎见龙！龙，合而成体，散而成章，乘云气而养乎阴阳。予口张而不能嗋，（嗋，读作'协'。闭合。）予又何规老聃哉？"

孔子说："我如今可算是看到龙了！龙，聚合而成形体，分散而成彩章，驾乘云气，在阴阳二气中长养。我嘴巴张开不能闭合，又怎么模仿老聃呢？"

子贡曰："然则人固有尸居而龙见，（固通'胡'。何，何以。）雷声而渊默，发动如天地者乎？赐亦可得而观乎？"遂以孔子声见老聃。

子贡说："那么，人何以有神像般安坐，却跟龙一样显露；雷霆般有声势，却跟深潭一样不语；发动如同天地的样子呢？我也可以相遇效法吗？"于是凭借孔子的名声去见老聃。

老聃方将倨堂而应，（倨通"踞"。蹲坐。）微曰："予年运而往矣，子将何以戒我乎？"

老聃正要蹲坐堂屋接见，细声说："我运作的岁月好像过气了，你将要用什么警省我？"

子贡曰："夫三王五帝之治天下不同，其系声名一也。而先生独以为非圣人，如何哉？"

子贡说："三王五帝治理天下不同，他们继承声名是一样的。然而先生独自以为不是圣人，怎么讲啊？"

老聃曰："小子少进！子何以谓不同？"

老聃说："小伙子，稍靠前点儿！你为什么说不同？"

对曰："尧授舜，舜授禹，禹用力而汤用兵，文王顺纣而不敢逆，武王逆纣而不肯顺，故曰不同。"

对曰："唐尧传授虞舜，虞舜传授大禹。大禹用力，而商汤用兵。周文王降服殷纣王，不敢叛乱。周武王背叛殷纣王，不肯顺从。因而说不同。"

老聃曰："小子少进！余语汝三皇五帝之治天下。

老聃说："小伙子稍稍靠前！我告诉你三皇五帝治理天下。

黄帝之治天下，使民心一。民有其亲死不哭，而民不非也。

黄帝治理天下，使民心纯一。别人有父母死了不哭，百姓不责怪。

尧之治天下，使民心亲。民有为其亲杀其杀，而民不非也。

唐尧治理天下，使民心亲近。别人为了给与父母，等差削减这事那事的用度，百姓不责怪。

舜之治天下，使民心竞。民孕妇十月生子，子生五月而能言，不至乎孩而始谁，则人始有夭矣。

虞舜治理天下，使民心竞逐。民间孕妇十个月生儿女，儿女出生五个月就能说话。不到婴儿会笑，便滋生出谁谁的概念，人们开始有夭折了。

禹之治天下，使民心变。人有心而兵有顺，杀盗非杀，人自为种，而天下耳。

大禹治理天下，使民心变革。人存心机，战争有顺天应人的说法，杀死盗窃者不算残害。人们各自谋求族类，才成为天下。

是以天下大骇，儒墨皆起。其作始有伦，而今乎妇女，何言哉！

因此天下大大惊骇，儒家墨家齐刷刷兴起。他们产生初期尚存伦理，而今搞得婆娘兮兮的（谐好容貌以悦人），还说什么啊！

余语汝，三皇五帝之治天下，名曰治之，而乱莫甚焉。

我告诉你，三皇五帝统治天下，名义上治理了，然而没有什么厉害过当时的动荡。

三皇之知，上悖日月之明，下睽山川之精，（睽，读作'葵'。违背，不合，分离。）中堕四时之施。（堕，读作'灰'。毁，废，荒废。）

三皇的智识，在天上违背了太阳月亮的光明，在地下分离了山脉河流的精华，在中间荒废了春夏秋冬\朝昼夕夜的施布。

其知憯于厉虿之尾，（虿，读作'菜一翘舌音'。蝎子一类毒虫。）鲜规之兽，（鲜规，唐成玄英疏：小貌。清王先谦《庄子集释》：噬人之兽。）莫得安其性命之情者，而犹自以为圣人，不可耻乎？其无耻也。"

他们的智识，比猛烈的蝎子尾巴和噬人小兽还狠毒。没得到安宁生命的常情，却已自以为圣人，不可耻吗？太无耻了。”

子贡蹴蹴然立不安。（蹴，读作“促”。不安，恭敬貌。）

子贡恭敬站立，惊悚不安。

孔子谓老聃曰：“丘治《诗》《书》《礼》《乐》《易》《春秋》六经，自以为久矣，孰知其故矣。（孰同‘熟’。仔细，精审，程度深。）以奸者七十二君，（奸，读作‘干’。请求，求取。）论先王之道而明周召之迹，一君无所钩用。（钩，取。）甚矣，夫人之难说也，道之难明邪？”

孔子告诉老聃：“我研究《诗》《书》《礼》《乐》《易》《春秋》六部经典，自以为很久了，熟知其中的事理。用来请求七十二位国君，分析先王之道，修明周公和召公的功绩，没有一位国君采用。太奇葩了，是所有的人都难劝说，还是道理难以明了？”

老子曰：“幸矣，子之不遇治世之君也！

老子说：“幸好哦，你没遇到治世的君主。

夫六经，先王之陈迹也，岂其所以迹哉？今子之所言，犹迹也。

所有六部经典，都是先王的陈旧形迹，难道可以用来追踪么？今天你所说的话，同样是形迹。

夫迹，履之所出，而迹岂履哉！

脚印，是鞋子踏出，脚印难道是鞋子吗！

夫白鶂之相视，（鶂，读作‘义’。水鸟，善高飞，似鸬鹚而色白。）眸子不运而风化。虫，雄鸣于上风，雌应于下风而风化。类自为雌雄，故风化。

白鶂互相观看，眼珠不移动，就雌雄相诱感而成孕。虫，公虫在上风鸣叫，母虫在下风应答，就雌雄相诱感而成孕。相似种类自觉成为雌雄，于是相诱，感而成孕（形成风俗和教化）。

性不可易，命不可变，时不可止，道不可壅。

天生的性质不可改易，禀受的生存分际不可变更。时势不可停留，道不可壅塞。

苟得于道，无自而不可。失焉者，无自而可。”

如果得了道，没有自身不肯定的东西。失之呢，没有自身适合的东西。”

孔子不出三月，复见曰：“丘得之矣。乌鹊孺，（孺通‘乳’。孵化，生子。）鱼傅沫，（傅通‘敷’。涂抹。）细要者化，（要作‘腰’。细腰，土蜂名。）有弟而兄啼。久矣夫，丘不与化为人！不与化为人，安能化人！”

孔子三个月不出门。再次看到老子，说：“我晓得了。乌鹊孵化生子，鱼涂抹津液，土蜂胎孕。有了弟弟，哥哥便啼哭。很久啦，我不亲近造化学习人情事理。不随从造化研究人情事理，怎能教化别人！”

老子曰：“可，丘得之矣。”

老子说：“好，孔丘晓悟了。”

［同游小语］

天运何所指？它首先指自然物体的运转。比如天空大地、日月星辰、云雨风雷、山脉河流和鸟兽虫鱼等，在天为气，在地成形，形气相感，化生万物。

它其次指自然气数。所谓三十年一小变，百年一中变，五百年一大变。内中阴阳不测谓之神，神用无方谓之圣。

注意哦，自然界和人世间唯一不变的是变化，变化是拿来用的——这才叫顶级圣人。至于搞不懂、跟不上变化节奏的人，怎么办？陶渊明有诗曰：“天运苟如此，且进杯中物。”

笔者读《天运》，有诗曰：

天地谁主宰，万象形气推。
圣人倚槁梧，四虚吟幽微。
蘧庐宿前俏，刍狗祭后毁。
应时而变通，正本乎外内。
脚印非鞋子，先王不可追。
六经尽读破，莫如造化随。

刻意第十五

［圣人兼有众家之长］

刻意尚行，离世异俗，高论怨诽，为亢而已矣。此山谷之士，非世之人，枯槁赴渊者之所好也。

刻削意欲使行为高尚，脱离时代殊于习俗，高谈阔论怨恨毁谤，谋求高傲而已。此等边缘知识分子，社会异见人士，憔悴穷困，甚至为了价值观抱石投河而死，是他们的爱好。

语仁义忠信，恭俭推让，为修而已矣。此平世之士，教诲之人，游居学者之所好也。

口言仁义忠信，身行恭俭推让，谋求修道而已。此类清明治世的知识分子，施教诲物的人，是周游讲学者的爱好。

语大功，立大名，礼君臣，正上下，为治而已矣。此朝廷之士，尊主强国之人，致功并兼者之所好也。

谈论大功业，建树大声誉，遵奉君臣礼仪，端正上下尊卑，谋求治理而已。此等在朝官吏，尊崇君主强盛邦国的人，是把精力＼功夫用于兼并敌国的人的爱好。

就薮泽，（薮，读作“叟”。水浅草茂的沼泽地。）处闲旷，钓鱼闲处，无为而已矣。此江海之士，避世之人，闲暇者之所好也。

归向水草茂密的湖泽，暂止安静空阔的地点，享受钓鱼乐趣，无所谋求而已。此类在野智士，避世的人，属于闲暇者的爱好。

吹呴呼吸，（呴，读作“许”。嘘气。）吐故纳新，熊经鸟申，为寿而已矣。此道引之士，养形之人，彭祖寿考者之所好也。

急促吐气，缓缓嘘气，呼吸间吐出浊气，吸纳新鲜空气，像熊攀树那样悬挂，像鸟飞翔那样伸脚，谋求长寿而已。此等导气引体之士，保养形体的人，是希望像彭祖一般高寿的人所爱好的。

若夫不刻意而高，无仁义而修，无功名而治，无江海而闲，不道引而寿。无不忘也，无不有也，澹然无极，而众美从之。此天地之道，圣人之德也。

至于不必苛刻意欲就使行为高尚，无须谈论仁义就能修行，没有功名赏劝亦可治理，未避世江海也享有闲暇，勿用导气引体而致长寿——无不忘记，无不占有，恬静安定没有顶点、边际和终极，而众多完美皆跟随。这，就是天地大道，圣人的德行。

［详释圣人德行］

故曰：夫恬惔寂漠，（惔通“憺”，读作“旦”。安静。）虚无无为，此天地之平，而道德之质也。

所以说：淡泊安定，寂静空廓，无所不在，无形可见，给万物留下生存空间的作为，此乃天地的均平，道德的主体。

故曰：圣人休休焉，则平易矣。平易则恬惔矣。平易恬惔，则忧患不能入，邪气不能袭，故其德全而神不亏。

所以说：圣人安闲宽容，就平安和悦。平安和悦，就淡泊安定。似此平易恬淡，则忧患不能入，邪气不能袭。因而圣人的品德完好，精神不亏损。

故曰：圣人之生也天行，其死也物化。静而与阴同德，动而与阳同波。不为福先，不为祸始。感而后应，迫而后动，不得已而后起。

所以说：圣人活着依从自然作为，死去视作事物转化。静止时与阴同属性，动作时与阳同起伏。不谋求先得福佑，不肇始引发灾祸。心动了才响应，事迫近才动作，不得已才兴起。

去知与故，循天之理。故无天灾，无物累，无人非，无鬼责。

去除聪明和巧诈，依循天然道理。所以没有天灾，没有物累，没有旁人非议，没有鬼神责怪。

其生若浮，其死若休。不思虑，不豫谋。光矣而不耀，信矣而不期。其寝不梦，其觉无忧。其神纯粹，其魂不罢。虚无恬惔，乃合天德。

圣人生存好比漂浮，死亡好比休息。不思虑，不预谋。光明而不闪耀，诚信而不必期。他们睡着了不做梦，醒来后没忧愁。精神纯粹，阳气不疲乏。无所不在，无形可见，淡泊安定，合符自然界万物得以生出的规律。

故曰，悲乐者德之邪，喜怒者道之过，好恶者德之失。

所以说：悲乐是德的不正，喜怒是道的过分，好恶是德的丧失。

故心不忧乐，德之至也。一而不变，静之至也。无所于忤，虚之至也。不与物交，惔之至也。无所于逆，粹之至也。

因而心不忧乐，是最高的道德。专一不变，是最佳的安静。无所抵触，是最好的虚空。不跟外物交错，是极致的恬淡。无所违逆，是极致的纯美。

故曰：形劳而不休则弊，精用而不已则劳，劳则竭。

所以说：形体劳累而不休息则困乏，精神持续不断地使用则耗费，耗费则败坏。

水之性，不杂则清，莫动则平。郁闭而不流，亦不能清，天德之象也。

水的特性，不混杂即清澈，不活动就平静。阻滞闭塞不流通，也不能清澈，这是自然现象。

故曰：纯粹而不杂，静一而不变，惔而无为，动而以天行，此养神之道也。

所以说：纯粹而不混杂，静一而不怪诞，安静而无形无名 \ 留下空间的作为，依从自然规律活动，就是养神之道。

[简介高于圣人的境界：效法纯素做真人]

夫有干越之剑者，柙而藏之，（柙，读作“侠”。匣子。）不敢用也，宝之至也。

凡有吴越二国名剑的人，藏在匣子里，不敢使用，珍爱到极点。

精神四达并流，无所不极，上际于天下蟠于地，化育万物不可为象，其名为同帝。

精神通达无阻相从流动，无所不至。上合缝于天，下周遍于地。化育万物，而不见其形象。它的名目叫会合详审。

纯素之道，唯神是守。守而勿失，与神为一。一之精通，合于天伦。

纯素的方法，唯重守护精神。守持而不失去，跟精神合而为一。再由专一到精通，即合于自然的道理。

野语有之曰："众人重利，廉士重名，贤士尚志，圣人贵精。"

俗话说："普通人看重利益，廉洁的人敬重名誉，贤人崇尚志向，圣人尊重事物的内在本质。"

故素也者，谓其无所与杂也。纯也者，谓其不亏其神也。能体纯素，谓之真人。

所以，素的含义，是说没有掺入杂质。纯的含义，是说不亏损精神。能够效法纯素二字，就叫真人。

［**同游小语**］

《大宗师》篇，充分讨论了真人概念。

按照《黄帝内经·素问·上古天真论》的说法，真人出现在上古。他们的寿命能够达到天地的极限，没有终尽的时候。

到了中古，才出现淳德全道的至人。他们去世离俗，积精全神，游行天地之间，视听八远之外，寿命也颇有增益，近似于真人。

其次才有圣人。

换句话说，本文绝大部分篇幅描述的圣人，在道家语言体系中，属于第三级别的高端悟道者。文尾简介的真人，才算道家最高的修养目标。

笔者读《刻意》，有诗曰：

刻意行所好，世士各一偏。

圣者忘形迹，众美随澹然。

无为天地平，休当福殃先。

去智物鬼没，要在喜怒淡。

宝剑善柙藏，精神守安缓。

纯素弃杂质，真人道德全。

缮性第十六

［偏颇施行礼乐使天下惑乱］

缮性于俗学，以求复其初，滑欲于俗思，以求致其明，谓之蔽蒙之民。

用平庸学说来修补本性，以求返回初始模样；用平庸思想来修治欲望，以求达到光明状态，叫蒙蔽着的人。

古之治道者，以恬养知。知生而无以知为也，谓之以知养恬。知与恬交相养，而和理出其性。

古代研究道的人，用恬静涵养智慧。智慧产生了，却不任智逞能，叫做用智慧养护恬静。智慧跟恬静交相助养，适中的道理就从本性里出现了。

夫德，和也。道，理也。

德是和谐，道是理顺。

德无不容，仁也。道无不理，义也。义明而物亲，忠也。中纯实而反乎情，乐也。信行容体而顺乎文，礼也。

德没有不包容的，叫仁。道没有不理顺的，叫义。义理明白万物亲附，叫忠。内心纯良诚实倾注于情感，叫乐。诚信外化为容貌形体，又顺应世间规律，叫礼。

礼乐徧行，（徧同“偏”。偏激，不正。）则天下乱矣。

礼乐偏颇施行，天下就乱了。

彼正而蒙己德，德则不冒。冒则物必失其性也。（冒，覆盖，干犯。）

对方自认为合乎规范，而蒙受我方对于礼乐的解读，双方的心意互不覆盖。这时，勉强干犯别人，万物必失去本性。

[世人跟道交相忘记了]

古之人，在混芒之中，与一世而得澹漠焉。（与通“豫”。快乐。）

古人在混沌茫昧中，快乐一辈子，得到恬静淡泊。

当是时也，阴阳和静，鬼神不扰，四时得节，万物不伤，群生不夭。人虽有知，无所用之，此之谓至一。当是时也，莫之为而常自然。

那时候，阴阳和谐宁静，鬼神不侵扰，四季合节序，万物不伤害，众生不夭折。人们虽然有智慧，却无处可用。这叫顶级纯一。那时候，没什么作为，常常顺乎自然。

逮德下衰，及燧人伏羲始为天下，是故顺而不一。

等到德行降低衰落，至燧人氏、伏羲氏开始治理天下，便循理顺从黎庶的心，而不能均平纯一。

德又下衰，及神农黄帝始为天下，是故安而不顺。

德行又降低衰落，至神农氏和黄帝开始治理天下，便寻求安全稳定的政治底线，不再奢望顺黎庶之心了。

德又下衰，及唐虞始为天下，兴治化之流，浇淳散朴，离道以善，险德以行，然后去性而从于心。（从通“纵”。广泛，赋予。）

德行又降低衰落，至唐尧、虞舜开始治理天下，兴起治国化民的末流，减损淳厚，分散质朴，离开道以仰慕善，危害德以规定行为。然后，舍弃天性而泛用人心。

心与心识知，而不足以定天下，然后附之以文，益之以博。

心与心有知觉\了解，而不足以定天下，然后依附分理交错的礼法，增加广博通晓。

文灭质，博溺心，然后民始惑乱，无以反其性情而复其初。

华丽礼法掩没禀性，广博通晓沉迷心思，然后民众开始惑乱，无法返回本性所欲，而恢复初始状态。

由是观之，世丧道矣，道丧世矣。世与道交相丧也。

由此看来，人间丢掉道了，道失去时代了，世人跟道交相忘记了。

道之人何由兴乎世，世亦何由兴乎道哉？

修道的人从何处振兴时代，时代用什么途径振兴道呢？

道无以兴乎世，世无以兴乎道，虽圣人不在山林之中，其德隐矣。隐，故不自隐。

道没办法在世间振兴，世间没办法振兴道。纵使圣人不藏在山林中，他的德也不见了——遭逢道隐之世，隐居，不是圣人自己要潜隐的。

［隐士的行为观］

古之所谓隐士者，非伏其身而弗见也，非闭其言而不出也，非藏其知而不发也，时命大谬也。

古代所谓的隐士，不是隐蔽身体不露面，不是停止言论不出声，不是藏匿智慧不阐明，而是时机太差错太束缚了。

当时命而大行乎天下，则反一无迹。

遇到时机而大行天下，则不留痕迹地回复远古的至一状态。

不当时命而大穷乎天下，则深根宁极而待，此存身之道也。

未遇时机而极度困厄于天下，便深植自然之根、保宁至善之极以待时。这是保存自身的方法。

古之行身者，不以辩饰知，不以知穷天下，不以知穷德，危然处其所而反其性已，又何为哉？

古代施展自身的人，不用争辩粉饰智慧，不拿智慧穷尽天下，不因智慧缺陷品德。端正审度适宜节点，而返回其本性，又何必多做什么呢？

［作者的价值观］

道固不小行，德固不小识。小识伤德，小行伤道。故曰：正己而已矣。

道义原本无须细小行径，品德原本无须狭隘意识。低微见解损害品德，短暂行为创伤道义。所以说：中正自己就可以了。

乐全之谓得志。古之所谓得志者，非轩冕之谓也，谓其无以益其乐而已矣。

完好的喜乐才称得上得偿所愿。古代所谓偿其志愿的人，不是指卿大夫级别的轩车冕服，认为它们没法增加喜悦。

今之所谓得志者，轩冕之谓也。轩冕在身，非性命也，物之傥来，（傥，读作“趟”。傥幸，意外。）寄者也。寄之，其来不可圉，（圉，读作“玉”。抵御。）其去不可止。

今天所谓得偿所愿的人，讲求高位爵禄。豪车和官帽子在身，并非天生之质和人所禀受。外物意外忽来，暂时存放而已。权且放置，其来不可抵御，其去不可阻止。

故不为轩冕肆志，不为穷约趋俗，其乐彼与此同，故无忧而已矣。

故而，不为高位爵禄而恣纵心意，不为穷困卑微而追逐庸俗。高官的愉悦跟穷人的愉悦一模一样，没有担忧就好。

今寄去则不乐，由之观之，虽乐，未尝不荒也。

如今寄存的东西离去了就不高兴。由此看来，高官虽然喜悦，未尝不惊慌哦。

故曰：丧己于物，失性于俗者，谓之倒置之民。

所以说：因为外物而丧失自我，因为习俗而迷失本性，叫做本末倒置的人。

［同游小语］

人心很危险，道心很细微。别人自认为合乎规范，而蒙受我方对于仁义礼乐的解读，双方的心意互不覆盖。这时勉强干犯别人，万物必定失去本性。

加上华丽的言辞掩盖之下，常常是三观不同，利益不同，信息不对称，以及争强斗狠的天性作祟。所以，庄子反复感慨“德又下衰”。

于是隐士不得不选择：遇到时机才大行天下，未遇时机便深根宁极以待。

同时认定，完好的喜乐才称得上得偿所愿。它不是指轩车冕服和高位爵禄——外物意外忽来，暂时存放而已。其来不可抵御，其去不可阻止。犯不着因为外物而丧失自我。

笔者读《缮性》，有诗曰：

恬静养智慧，智生莫逞能。
人心难覆盖，德衰乱纷更。
隐逸时命谬，深根待极宁。
行身天下广，返真无踪影。
乐全谓得志，轩冕傥来轻。
外物暂寄放，何须丧神形。

秋水第十七

［重拾《逍遥游》的小大之辨，完美宣示大人德行］

〈引子〉

秋水时至，百川灌河。泾流之大，两涘渚崖之间，（涘，读作“四”。岸边。渚，读作“主”。水涯。）不辨牛马。

秋天的河水按时上涨，众多水流注入黄河。河面波宽浪阔，致使两岸水涯山石之间，无法辨认牛马。

于是焉河伯欣然自喜，以天下之美为尽在己。

于是，黄河水神欣然自喜，以为天下景物佳胜，全在这儿了。

顺流而东行，至于北海，东面而视，不见水端。

他顺流东行，到了北海，面朝东方眺望，不见海的边际。

于是焉河伯始旋其面目，望洋向若而叹曰：（若，传说中的海神名。）“野语有之曰：‘闻道百，以为莫己若者。’我之谓也。

于是河神转变脸色，仰望海神叹息道：“俗话说：‘领会道理稍多，就以为没有谁比得上自己。’是说我啊。

且夫我尝闻少仲尼之闻，而轻伯夷之义者，始吾弗信。今我睹子之难穷也，吾非至于子之门则殆矣，吾长见笑于大方之家。”

我曾听说，有人贬低仲尼的见识，轻视伯夷的义行，当初还不信哩。现在目睹你难以穷尽——我未到入海口就糗大了，会长久被博学有识者讥笑。”

北海若曰："井蛙不可以语于海者，拘于虚也。夏虫不可以语于冰者，笃于时也。曲士不可以语于道者，束于教也。

北海海神说："井底蛤蟆不可以谈论沧海，它局限于空间区域。夏天生的昆虫不可以谈论凝冰，它蔽塞于季节时间。孤陋寡闻者不可以谈论大道，他束缚于奉行的教化。

今尔出于崖涘，观于大海，乃知尔丑，尔将可与语大理矣。

现在你从山崖水岸走出来，观看大海，懂得了惭愧，可以参与交流大道理了。

天下之水，莫大于海，万川归之，不知何时止而不盈。尾闾泄之，（尾闾，传说中海水归宿处，泄海水之所。）不知何时已而不虚。春秋不变，水旱不知。此其过江河之流，不可为量数。

天下的水，没有比海更大的。无数河流归向它，不知何时停止，却不盈满。泄漏海水的尾闾排泄它，不知何时完毕，却不缺损。春秋无变化，水旱没区别。它远超江河流水，不可用数量计算。

而吾未尝以此自多者，自以比形于天地，而受气于阴阳，吾在于天地之间，犹小石小木之在大山也。方存乎见少，又奚以自多！

而我从未因此自负。自知由天地调顺形体，从阴阳禀受元气，我在天地间，好比小石头小树木在大山里。只想着显得欠缺，又凭啥自满呢！

计四海之在天地之间也，不似礨空之在大泽乎？（礨，读作'垒'。礨空，小穴。一说小土堆。）计中国之在海内，不似稊米之在太仓乎？（稊，读作'提'。草名，形似稗，实如小米。）

计算四海在天地之间，不像小孔穴在大湖泽么？计算天子建都的中央王国在四海之内，不像小米粒在大仓库里么？

号物之数谓之万，人处一焉。人卒九州，谷食之所生，舟车之所通，人处一焉。此其比万物也，不似豪末之在于马体乎？

称谓物种的数目上万，人仅居其中之一。总括九州人数，谷食所生养，舟车能通达的，自己仅居其中之一。个人跟万物比起来，不像毫毛末端长在马身上吗？

五帝之所连，（五帝，古代部落联盟首领黄帝、颛顼、帝喾、唐尧、虞舜。）三王之所争，（三王，夏商周的开国君主夏禹、商汤、周文王和周武王。）仁人之所忧，任士之所劳，尽此矣！

黄帝、颛顼、帝喾、唐尧和虞舜所连属的，夏商周三代君王所争竞的，仁人所忧虑的，任事者所勤劳的，全在于此。

伯夷辞之以为名，仲尼语之以为博。此其自多也，不似尔向之自多于水乎？"

伯夷逃避这些理念，获得了名声。仲尼谈论这些理念，被视作通博。他们都自负了，不就像你适才自满于河水么？"

〈第一论眼界〉

河伯曰："然则吾大天地而小豪末，可乎？"

黄河水神说："那么我推崇天地，而轻视毫毛末端，可以不？"

北海若曰："否。夫物，量无穷，时无止，分无常，终始无故。

北海海神说："不可，客观存在的事物，计量无极限，时间不停留，离散不固定，终始无根由。

是故大知观于远近，故小而不寡，大而不多，知量无穷。

因此，大智慧细看远近，小事物不舍弃，大事物不过多重视，才智与器局没有尽头。

证曏今故，（曏，读作'向'。明。）故遥而不闷，掇而不跂，（掇，读作'多'。拾取。跂，读作'其'。多生出的脚趾，引申为分岔。）知时无止。

证明今古，所以漫长而不烦闷，拾取而不分岔，知道岁月从未停止。

察乎盈虚，故得而不喜，失而不忧，知分之无常也。

细究满和空（发展变化），得到不欢乐，失去不忧愁，知道离散永不固定。

明乎坦涂，故生而不说，死而不祸，知终始之不可故也。

明白宽广平坦的大道，活着不喜悦，死时不当成灾难，知道终始不可以寻求根由。

计人之所知，不若其所不知。其生之时，不若未生之时。以其至小，求穷其至大之域，是故迷乱而不能自得也。

合计人所知道的，比不上他不知道的。人活着的时间，比不上他未曾活着的时间。拿极小的智识，要求穷尽极大的境域，所以迷乱而不能自有所得。

由此观之，又何以知毫末之足以定至细之倪，又何以知天地之足以穷至大之域?”

由此看来，又怎么知道毫毛末端足以确定最小的端倪，又怎么知道天地足以穷极最大的范围呢?”

〈第二论行为〉

河伯曰：“世之议者皆曰：‘至精无形，至大不可围。’是信情乎?”

黄河水神说：“世间议论的人都讲：‘最精美的东西没有形体，最大的东西不可环绕。’是实情吗?”

北海若曰：“夫自细视大者不尽，自大视细者不明。

北海海神说：“由小眼界看大事物，达不到极限。由大眼界看小事物，看不清楚。

夫精，小之微也。垺，大之殷也，（垺，读作‘抔’。盛大。）故异便，此势之有也。

精美，是小事物的隐微。盛大，是大事物的鼎盛。它们呈现不同的合宜性，皆形势使然。

夫精粗者，期于有形者也。无形者，数之所不能分也。不可围者，数之所不能穷也。

精美或粗糙，适合有形物体。无形的事物，计数所不能分别。不可环绕的事物，计数所不能穷尽。

可以言论者，物之粗也。可以意致者，物之精也。言之所不能论，意之所不能察致者，不期精粗焉。

可以语言议论，是万物粗疏的部分。可以意趣传达，是万物隐微的部分。语言所不能议论，意趣所不能辨察传达的，就不适合精美＼粗糙这类概念了。

是故大人之行，不出乎害人，不多仁恩。动不为利，不贱门隶。货财弗争，不多辞让。事焉不借人，不多食乎力，不贱贪污。行殊乎俗，不多辟异。为在从众，不贱佞谄。世之爵禄不足以为劝，戮耻不足以为辱。知是非之不可为分，细大之不可为倪。

所以高尚大人物的行为，不发招害人，也不看重仁爱恩惠。行动不谋利益，也不轻视挣小钱的门卫。不争竞货物财物，也不把辞让视作贤良。职事不依赖他人，不推崇靠蛮力吃饭，也不憎恶贪婪卑劣。行为区别于习俗，但是不看好邪僻怪异。做事依从众人意愿，不鄙夷巧言献媚的人。世间的爵禄不足劝勉他，刑杀羞愧不足耻辱他——因为他知道，是非不可酌定份额，小大不可适得界限。

闻曰：‘道人不闻，至德不得，大人无己。’约分之至也。”

传闻说：‘修道的人不谋声誉，最好的德不求获得，高尚渊博的人忘掉自己。’这句话，约束一己的份额到极点了。”

〈第三论贵贱＼小大＼取舍〉

河伯曰：“若物之外，若物之内，恶至而倪贵贱？恶至而倪小大？”

黄河水神说：“选择事物之外，选择事物之内，如何周密才能区分贵贱，如何恰当才能区分小大？”

北海若曰：“以道观之，物无贵贱。以物观之，自贵而相贱。以俗观之，贵贱不在己。

北海海神说：“由道观察，万物皆无贵贱。由具体的人事观察，会自以为宝贵，而交互以为卑下。由习俗观察，贵贱不由己方决定。

以差观之，因其所大而大之，则万物莫不大。因其所小而小之，则万物莫不小。知天地之为稊米也，知毫末之为丘山也，则差数睹矣。

从差别的角度看，依凭事物自夸的一面推崇它，则万物莫不超大。依凭事物低微的一面轻视它，则万物莫不狭隘。知道天地已变成米粒，毫毛末端已变成山丘，差异的考察就看清了。

以功观之，因其所有而有之，则万物莫不有。因其所无而无之，则万物莫不无。知东西之相反而不可以相无，则功分定矣。

从功效的角度看，依凭事物的实体部分去获取它，则万物莫不呈现。依凭事物的空隙部分去亡失它，则万物莫不虚无。知道东方跟西方相反，却不可以相互没有，事功的缘分就确定了。

以趣观之，因其所然而然之，则万物莫不然。因其所非而非之，则万物莫不非。知尧桀之自然而相非，则趣操睹矣。

从趋向的角度看，依凭事物合宜的一面认同它，则万物莫不 ok。依凭事物违背的一面非议它，则万物莫不错误。知道唐尧、夏桀皆自以为合宜，而交互以为奸恶，志趣情操就看清了。

昔者尧舜让而帝，之哙让而绝。汤武争而王，白公争而灭。

昔日尧舜禅让而称帝，燕王哙禅让国相子之，却断送了性命。商汤和周武王因争夺而称王，白公胜因争夺却遭灭亡。

由此观之，争让之礼，尧桀之行，贵贱有时，未可以为常也。

由此看来，争夺或禅让的德行准则，唐尧跟夏桀所做的事，贵贱有时机，不可做常例。

梁丽可以冲城，而不可以窒穴，言殊器也。骐骥骅骝一日而驰千里，捕鼠不如狸狌，言殊技也。鸱鸺夜撮蚤，（鸱鸺，读作‘吃休’。猫头鹰的一种。）察毫末，昼出瞋目而不见丘山，言殊性也。

房屋栋梁可以撞击城门，而不可以堵塞孔隙，是说条件不同。骐骥骅骝一天奔驰千里，捕鼠却不如野猫和黄鼠狼，是说技巧区别。猫头鹰夜间抓取跳蚤，察分毫毛末端。白昼睁大眼睛也看不见山丘，是说本性殊异。

故曰：盖师是而无非，师治而无乱乎？是未明天地之理，万物之情也。是犹师天而无地，师阴而无阳，其不可行明矣！

所以说：为什么只学习正确而不论及错误，只学习治理而不论及动荡呢？是没通晓天地的道理，万物的实情啊。好比只效法天而不效法地，只效法阴而不效法阳，这样操作不可行，很明白啊！

然且语而不舍，非愚则诬也！

然而，有人唠唠叨叨不舍弃，不是笨，就是撒谎。

帝王殊禅，三代殊继。差其时，逆其俗者，谓之篡夫。当其时，顺其俗者，谓之义之徒。

帝王禅让不同，夏商周三代的延续殊异。差错了时势，乖逆了习俗的人，叫非法夺权者。掌管了时势，顺应了习俗的人，叫正义党派。

默默乎河伯，女恶知贵贱之门，小大之家？”

别说了，河神，你怎么懂得贵贱的门径，小大的内里？”

河伯曰：“然则我何为乎？何不为乎？吾辞受趣舍，吾终奈何？”

黄河水神说：“那么我做些什么，不做什么？我在推辞跟接受，拿取跟放弃之间，最终该怎样选择？”

北海若曰：“以道观之，何贵何贱，是谓反衍。无拘而志，与道大蹇。（蹇，读作‘减’。跛脚，比喻停滞，困难。）何少何多，是谓谢施。无一而行，与道参差。

北海海神说：“由道观察，什么贵呀贱呀，叫散漫无边际。不要拘束了你的心意，致使亲近道太困难太凝滞。什么多呀少呀，叫代谢移易。不要划一了你的行为，弄得参与道长短、高低、大小不齐。

严乎若国之有君，其无私德。繇繇乎若祭之有社，（繇通‘由’。由由，怡然自得貌。）其无私福。泛泛乎其若四方之无穷，其无所畛域。

严肃威重如同邦国有君主，没有偏私的恩惠。闲适自得如同祭祀有土地神，没有偏私的福佑。广大无边如同东西南北无尽头，没有界定的范围。

兼怀万物，其孰承翼，是谓无方。万物一齐，孰短孰长？

兼怀万物，谁承载谁辅助，这叫没有固定的方向 \ 处所（四方皆可）。万物整齐划一，哪个短哪个长？

道无终始，物有死生，不恃其成。一虚一满，不位乎其形。

道没有终始，事物有死生，不倚仗事物的成就。或缺损或盈满，不居处它们的形状。

年不可举，时不可止。消息盈虚，终则有始。

年岁不可执持，季节不可停止。消长更替，满与空发展变化，结尾了又开始。

是所以语大义之方，论万物之理也。

这就是用来叙谈正道原则的法度，论说万物的条理。

物之生也，若骤若驰。无动而不变，无时而不移。何为乎，何不为乎？夫固将自化。”

万物生长，像疾步像驱驰。没有动作不变更，没有时辰不转移。不管是做什么还是不做什么，它们常常会自然改变。”

＜第四论道的运用，贵在权变＞

河伯曰：“然则何贵于道邪？”

黄河水神说：“那么，道有什么可贵的呢？”

北海若曰：“知道者必达于理，达于理者必明于权，明于权者不以物害己。

北海海神说：“懂得道的人，必畅通条理。通达条理的人，必明了权变(衡量是非轻重，因事制宜)。明审权变的人，不由外物伤害自己。

至德者，火弗能热，水弗能溺，寒暑弗能害，禽兽弗能贼。非谓其薄之也，言察乎安危，宁于祸福，谨于去就，莫之能害也。

最高道德的人，火不能烧灼，水不能淹没，寒暑不能创损，禽兽不能伤害。不是说他迫近危难，是说审察安危，安宁祸福，谨慎去就，没有东西能够伤害到他。

故曰：‘天在内，人在外，德在乎天。’知天人之行，本乎天，位乎德，蹢躅而屈伸，反要而语极。”(蹢躅，读作‘直竹’。止足，行谨貌。)

所以说：‘天性在内心，人事在外表，德在合乎自然。’了解天性跟人事的运行，以天性为根基，以德为安处，谨行而曲张进退，类推关键节点，而醒悟至高至远的境界。”

[侧面衬托庄子的真人风采]

曰："何谓天？何谓人？"

黄河水神说："什么是天生？什么是人为？"

北海若曰："牛马四足，是谓天。落马首，穿牛鼻，是谓人。

北海海神说："牛马四条腿，叫天生。羁勒马头，贯穿牛鼻，叫人为。"

故曰：无以人灭天，无以故灭命，无以得殉名。谨守而勿失，是谓反其真。"

所以说：不要拿人事毁灭天性，不要用巧诈掩没生命，不要为获得营逐名声。谨守这些理念而不背离，就叫返回真实。"

夔怜蚿，（夔，读作"葵"。传说怪兽。蚿，读作"贤"。马蚿，百足节肢动物，虫科。）蚿怜蛇，蛇怜风，风怜目，目怜心。

夔怜悯马蚿，马蚿怜悯蛇，蛇怜悯风，风怜悯眼睛，眼睛怜悯心。

夔谓蚿曰："吾以一足跉踔而不行，（跉踔，读作'磅戳'。跳跃貌，跛行貌。）予无如矣。今子之使万足，独奈何？"

夔对马蚿说："我用一只脚跳跃，没奈何啰。现在你使用数不清的脚，将怎样操作？"

蚿曰："不然。子不见夫唾者乎？喷则大者如珠，小者如雾，杂而下者不可胜数也。今予动吾天机，而不知其所以然。"

马蚿说："别这样讲。你没见过吐唾沫的人吗？急速涌射而出，则大唾沫像珠子，小唾沫像雾气，混杂而下的口液没法计算数目。现在活动我的天赋机能，不知道为什么会这样。"

蚿谓蛇曰："吾以众足行，而不及子之无足，何也？"

马蚿对蛇说："我用许多脚行走，却比不上你没有脚，为什么呢？"

蛇曰："夫天机之所动，何可易邪？吾安用足哉！"

蛇说："天设地造的动作，怎么可以改变？我岂需用脚！"

蛇谓风曰："予动吾脊胁而行，则有似也。今子蓬蓬然起于北海，蓬蓬然入于南海，而似无有，何也?”

蛇对风说：“我活动背脊和胸胁行走，貌似有脚。现在你蓬蓬发声起于北海，蓬蓬发声入于南海，宛如无形无相，为什么呢?”

风曰：“然，予蓬蓬然起于北海而入于南海也，然而指我则胜我，鰌我亦胜我。（鰌通‘踏’，读作‘秋’。蹴踏。）虽然，夫折大木，蜚大屋者，（蜚通‘飞’。）唯我能也。”

风说：“是啊，我蓬蓬响着，起于北海而入于南海。然而，有人拿手指向着我即胜过我，用脚踢踏我也胜过我。虽然如此，凡折断大树，把大屋吹到空中飘荡，唯有我能做到。”

故以众小不胜为大胜也。为大胜者，唯圣人能之。

所以，用众多的小败谋求大胜利，成为大赢家，唯有圣人能做到。

孔子游于匡，宋人围之数匝，而弦歌不辍。

孔子游说到了匡地，宋人把他重重包围，可是他琴瑟歌诵不停歇。

子路入见，曰：“何夫子之娱也?”

子路入室进见，问：“老师为什么这样欢乐?”

孔子曰：“来，吾语女。我讳穷久矣，而不免，命也。求通久矣，而不得，时也。当尧舜而天下无穷人，非知得也。当桀纣而天下无通人，非知失也。时势适然。

孔子说：“来，我告诉你。我避讳不得志很久啦，却免不了，是命运问题。追求显达很久啦，却得不到，是时机问题。遇到尧舜，天下没有困厄的人，不是智慧适当。遇到桀纣，天下没有通达的人，不是智慧丧失了。是时势调节成这样。

夫水行不避蛟龙者，渔父之勇也。陆行不避兕虎者，（兕，读作‘四’。古代犀牛一类的兽名；一说即雌犀。）猎夫之勇也。白刃交于前，视死若生者，烈士之勇也。知穷之有命，知通之有时，临大难而不惧者，圣人之勇也。

水中行事不避蛟龙，是渔父的勇气。陆地行事不避犀牛老虎，是猎人的勇气。锋利刀剑在眼前碰触，把死亡看做生存，是烈士的勇气。懂得困厄有天命，了解显达有时机，面临大难而不畏惧，是圣人的勇气。

由处矣！吾命有所制矣！”

仲由，你安心呆着吧，我的命运自有裁断！”

无几何，将甲者进，辞曰：“以为阳虎也，故围之。今非也，请辞而退。”

不多时，领兵将官进来，辩解说：“以为你是阳虎（春秋鲁国人），所以围守。现在知道不是了，特来告别退兵。”

［正面描写庄子的真人形象］

公孙龙问于魏牟曰：“龙少学先王之道，长而明仁义之行。合同异，离坚白。然不然，可不可。困百家之知，穷众口之辩。吾自以为至达已。

公孙龙问魏牟：“我自幼学习先王治国的方法，成年后明白了仁义德行。对照同一跟差异（名家著名论题），认为‘坚’与‘白’脱离‘石’而存在（名家著名论题）。同意不合宜的东西，许可不值得的东西。窘迫百家智识，揭穿众口的辩词，自以为通晓到极点了。

今吾闻庄子之言，汒焉异之。（汒，读作‘忙’。模糊，茫然。）不知论之不及与，知之弗若与？今吾无所开吾喙，敢问其方。”

现在我听闻庄子的言论，茫茫然感觉特异。不知议论不如朋友呢，还是智识不像朋友？今天我没法开口了，斗胆问问有好办法没？”

公子牟隐机大息，仰天而笑曰：“子独不闻夫埳井之蛙乎？（埳同‘坎’。埳井，废井。）谓东海之鳖曰：‘吾乐与！出跳梁乎井干之上，入休乎缺甃之崖。（甃，读作‘宙’。井壁。）赴水则接腋持颐，蹶泥则没足灭跗。（蹶，读作‘决’。跌倒；踏，蹈。跗，读作‘夫’。脚背。）还虷蟹与科斗，（还，顾，还视。虷，读作‘含’。蚊子幼虫孑孓。孑孓，读作‘节决’。）莫吾能若也。且夫擅一壑之水，而跨跱埳井之乐，此亦至矣。夫子奚不时来入观乎？’

公子牟（魏牟）倚靠小桌子出声长叹，仰天大笑说：“你难道没听过废井里的蛤蟆么？它对东海甲鱼说：‘我快乐啊！出外跳跃在井栏上，入内休息于破井壁的边缘。跳水则承接腋窝，扶持面腮。踏泥则埋没下肢，掩盖脚背。看孑孓、螃蟹和蝌蚪，没有像我这种状态的。况且独据一坑水，而跨越踌立废井的快乐，也达到极致了。先生何不适时进来瞧瞧？’

东海之鳖左足未入，而右膝已絷矣。（絷，读作‘直’。拴，捆。）于是逡巡而却，告之海曰：‘夫千里之远，不足以举其大。千仞之高，不足以极其深。禹之时，十年九潦，而水弗为加益。汤之时，八年七旱，而崖不为加损。夫不为顷久推移，不以多少进退者，此亦东海之大乐也。’

东海甲鱼左脚没踏入井内，右膝已被拘执住了。于是迟疑徘徊而退却，把海说给蛤蟆听：‘千里之远，不足以总括它的大。千仞之高，不足以穷尽它的深。夏禹的时候，十年九涝，海水不因此而增加溢出。商汤的时候，八年七旱，海岸不因此而外加毁坏。它不为时间短长而变迁转易，不以数量多少而前进后退，这也是东海的大喜乐啊。’

于是埳井之蛙闻之，适适然惊，规规然自失也。

于是，废井蛤蟆听完这番话，惊怖莫名，失落到无法自持。

且夫知不知是非之竟，而犹欲观于庄子之言，是犹使蚊负山，商蚷驰河也，（蚷，读作‘巨’。商蚷，虫名。）必不胜任矣。

再说，智识不了解是非的终竟，却想观察庄子的言论，就像用蚊子背载山丘，让商蚷疾行河流，必定不胜任。

且夫知不知论极妙之言，而自适一时之利者，是非埳井之蛙与？

况且智识不匹配讲极妙的见解，而自我适意于一时的爽利，这不是废井蛤蟆么？

且彼方跐黄泉而登大皇，（跐，读作‘此’。践踏。）无南无北，奭然四解，（奭，读作‘是’。盛貌。）沦于不测。无东无西，始于玄冥，反于大通。

庄子正踩踏地下深处而登临天宇，无南无北，赫赫然四方消散，转化到不可测度的境界。无东无西，始于幽远迷糊的恍惚，返回万物的安宁通达。

子乃规规然而求之以察，索之以辩，是直用管窥天，用锥指地也，不亦小乎？子往矣！

你仅琐碎地凭细究寻找，凭辩论索取——这只是用管子观看天空，用锥子指示大地，不是太微小了吗？你请回吧！

且子独不闻夫寿陵余子之学行于邯郸与？未得国能，又失其故行矣，直匍匐而归耳。今子不去，将忘子之故，失子之业。”

而且，你不曾听说寿陵（燕邑）未服役的少年，去邯郸（赵都）学习步趋的故事吗？他没有学得赵国人行走的技能，又丧失了原来的走法，竟然伏地爬着回家。现在你不离开，将忘记你的旧法，失去你的基业。”

公孙龙口呿而不合，（呿，读作“区”。口张开。）舌举而不下，乃逸而走。

公孙龙嘴巴张开合不拢，舌头翘起放不下，只好遁逃而去。

庄子钓于濮水。楚王使大夫二人往先焉，曰：“愿以境内累矣！”

庄子在濮水边钓鱼。楚王派两个大夫去事先联系，说：“愿拿楚国全境委托给先生。”

庄子持竿不顾，曰：“吾闻楚有神龟，死已三千岁矣。王巾笥而藏之庙堂之上。（笥，读作‘四’。盛东西的方形竹器。）此龟者，宁其死为留骨而贵乎？宁其生而曳尾于涂中乎？”

庄子手持钓竿不回头，说：“我听说楚国有神龟，死去三千年了，楚王把它装入内衬丝帛的竹箱，藏在庙堂上。这只龟，宁愿死掉遗留甲骨而尊贵呢，还是宁愿活着，拖曳尾巴在泥涂中呢？”

二大夫曰：“宁生而曳尾涂中。”

两位大夫说：“宁愿活着而拖曳尾巴在泥涂中。”

庄子曰：“往矣！吾将曳尾于涂中。”

庄子说：“请回吧！我将拖曳尾巴在泥涂中。”

惠子相梁，庄子往见之。或谓惠子曰：“庄子来，欲代子相。”于是惠子恐，搜于国中三日三夜。

惠子做梁国国相，庄子去见他。有人对惠子说：“庄子来此，想取代你的国相职位。”于是惠子害怕了，在国中搜查了三天三夜。

庄子往见之，曰：“南方有鸟，其名为鹓鶵，（鶵同‘雏’。鹓鶵也作‘鹓雏’，读作‘渊除’。传说中与凤凰同类的鸟。）子知之乎？夫鹓雏发于南海，而飞于北海，非梧桐不止，非练实不食，非醴泉不饮。

庄子前往见惠子，说："南方有鸟，名叫鹓雏，你知道不？鹓雏从南海出发，飞向北海，非梧桐树不停留，非竹子果实不吃，非甘美泉水不饮。

于是鸱得腐鼠，（鸱，读作'痴'。鹞鹰。）鹓雏过之，仰而视之曰：'吓！'今子欲以子之梁国而吓我邪？"

于是鹞鹰得到了腐烂老鼠，适逢鹓雏飞过，鹞鹰仰望鹓雏大叫：'吓！'今天你想拿梁国来吓我吗？"

庄子与惠子游于濠梁之上。庄子曰："儵鱼出游从容，（儵同'鯈'，读作'条'。鱼名。）是鱼之乐也。"

庄子跟惠子在濠水石桥上游玩。庄子说："鯈鱼从容地显露潜游，是鱼的快乐啊。"

惠子曰："子非鱼，安知鱼之乐？"

惠子说："你不是鱼，怎么知道鱼的快乐？"

庄子曰："子非我，安知我不知鱼之乐？"

庄子说："你不是我，岂可识别我不懂鱼的喜乐？"

惠子曰："我非子，固不知子矣。子固非鱼也，子之不知鱼之乐，全矣。"

惠子说："我不是你，确实不了解你。你原本不是鱼，不知道鱼的快乐，没毛病吧。"

庄子曰："请循其本。子曰'汝安知鱼乐'云者，既已知吾知之而问我。我知之濠上也。"

庄子说："请追述起始的话头。你说'你怎么感觉鱼的愉悦'云云，已然了解我知觉了什么，才来问我——我在濠水石桥上有所感知啊。"

［同游小语］

《逍遥游》描写鲲鹏的至大神韵，嘲笑蝉、鸠和斥鴳的小气言行。没有明说"大"的具体内涵指什么。

《齐物论》论述人言犹如弩上发箭的扳机，立即主导着是非，是谓小。提及瞿鹊子和长梧子讲圣人之道，是谓大。可是，“大”的具体内涵指什么？同样没明说。

《大宗师》提出真人概念——先做真实的人，然后才谈得上觉悟真知。论圣人时，侧重于宁静＼虚空，看透疾病、死亡、礼仪、仁义和贫穷等。部分诠释了“大”，惜乎不够完备。

直到《秋水》篇，才集中笔力一气呵成，借海神之口，完整阐述了庄子心目中的“大”。再用六个小故事，多侧面描写出庄子的真人丰采。

笔者读《秋水》，有诗曰：

望洋兴长叹，河伯变颜色。
井蛙语海虚，夏虫谈冰塞。
中华处天地，小丘在大泽。
个人比万物，纤毫附马革。
泥涂宁曳尾，清妙钓一壑。
兄台不是鱼，安知鱼快乐。

至乐第十八

［**身前事：无形无名＼留下空间地作为，真实快乐地享受生命**］

天下有至乐，无有哉？有可以活身者，无有哉？

天下有极致的快乐，没有吧？有可以存身的方法，没有吧？

今奚为奚据？奚避奚处？奚就奚去？奚乐奚恶？

现在怎么作为，怎么凭倚？怎么回避，怎么暂止？怎么趋向，怎么离开？怎么憎恶，怎么喜好？

夫天下之所尊者，富贵寿善也。所乐者，身安，厚味，美服，好色，音声也。所下者，贫贱夭恶也。所苦者，身不得安逸，口不得厚味，形不得美服，目不得好色，耳不得音声。

天下所尊重的，是富有、高贵、长寿、吉祥。所爱好的，是身体安逸、浓厚鲜味、华美衣服、好看容貌、乐音鼓吹。所低下的，是贫穷、卑贱、早死、罪过。所患苦的，是身上享不到安闲舒适、嘴里吃不到美味佳肴、形体穿不到锦衣华服、眼睛看不到姣好容颜、耳朵听不到乐音鼓吹。

若不得者，则大忧以惧，其为形也亦愚哉。

假如得不到，就高度忧惧，成为这副尊容，确实愚昧了。

夫富者，苦身疾作，多积财而不得尽用，其为形也亦外矣。夫贵者，夜以继日，思虑善否，其为形也亦疏矣。

富有的人，辛苦身躯终生劳作，多多积蓄财物，却做不到悉数处置。他变成这个样子，确实背离了。尊贵的人，夜以继日，思虑吉祥或者闭塞。他变成这个样子，确实疏阔了。

人之生也，与忧俱生，寿者惛惛，（惛通“闷”。烦闷。）久忧不死，何之苦也！其为形也亦远矣。

人活一辈子，跟忧愁一起生长。长寿者郁闷，久久忧思不死的方法，何苦哩！他变成这个样子，确实漫长了。

烈士为天下见善矣，未足以活身。吾未知善之诚善邪，诚不善邪？若以为善矣，不足活身。以为不善矣，足以活人。

烈士向天下展示善行，不足以存活自身。我不了解该善行真正美好呢，还是真正不妥当？如果以为美好，却不足存活自己。如果以为不妥当，却足以救活他人。

故曰：“忠谏不听，蹲循勿争。”故夫子胥争之以残其形，不争，名亦不成。诚有善无有哉？

所以说：“忠诚的劝谏不听从，就退却，不必再争辩。”伍子胥因争辩而毁灭了身体，不争，又不能成就名声。他的做法真正有美好，还是没有呢？

今俗之所为，与其所乐，吾又未知乐之果乐邪，果不乐邪？吾观夫俗之所乐，举群趣者，誙誙然如将不得已，（誙，读作“坑”。誙誙，奔竞貌；一说以是为非，以非为是。）而皆曰乐者，吾未之乐也，亦未之不乐也。

现在习俗所作为，流行所喜乐的，我不知道那些娱乐果真愉快呢，还是不愉快？我看庸俗的娱乐，世人争相追从，是非不分地奔竞，大家都说开心。我没有啥愉快，也没啥不愉快。

果有乐无有哉？吾以无为诚乐矣，又俗之所大苦也。

究竟有喜乐没有呢？我因为无形无名＼留下空间地作为，而真实地快乐着。这又属于平庸者的大痛苦了。

故曰：“至乐无乐，至誉无誉。”天下是非果未可定也。

所以说：“极致的喜悦没有娱乐，最高的称颂没有美名。”天下的是非，到底未可确定啊。

虽然，无为可以定是非。至乐活身，唯无为几存。

尽管这样，无形无名＼留下空间地作为，可以止息是非。极致的欢乐跟存身，唯有无形无名＼留下空间地作为，也许存在机会。

请尝试言之：天无为以之清，地无为以之宁。故两无为相合，万物皆化生。

我愿尝试着说说：天空无形无名＼留下空间地作为，而生出清朗。大地无形无名＼留下空间地作为，而滋长安宁。这两种无形无名＼留下空间的作为相结合，万物便普遍化育生长。

芒乎芴乎，（芒，读作“恍”。芴通“忽”。芒芴也作“恍惚”。模糊不清。）而无从出乎！芴乎芒乎，而无有象乎！万物职职，皆从无为殖。故曰：“天地无为也，而无不为也。”人也孰能得无为哉？

恍兮惚兮，无迹可寻啊！惚兮恍兮，没有形象啊！万物繁多，都由无形无名＼留下空间的作为而树立。所以说：“天地无形无名＼留下空间地作为，没有不可施与的对象。”人啊，谁能晓悟无形无名＼留下空间的作为呢？

［身前身后的过渡：死亡宛如四季运行，疾病是造化关连到自己］

庄子妻死，惠子吊之，庄子则方箕踞鼓盆而歌。

庄子的妻子死了，惠子去追悼。庄子正伸足坐地，叩击瓦器唱歌。

惠子曰：“与人居长子，老身死，不哭亦足矣。又鼓盆而歌，不亦甚乎！”

惠子说：“跟妻子厮守养儿育女，她年老身死，你不哭已属过分，又敲打瓦盆唱歌，不嫌安乐得异常了吗？”

庄子曰：“不然。是其始死也，我独何能无概然！（概通‘慨’。感慨；此为哀乱貌。）

庄子说：“不是这样的。内人刚过世，我孤孤单单一个人怎能不悲伤！

察其始而本无生。非徒无生也，而本无形。非徒无形也，而本无气。杂乎芒芴之间，变而有气，气变而有形，形变而有生，今又变而之死，是相与为春秋冬夏四时行也。

然而细究起来，内人当初本来没有生命。不但没有生命，而且本来没有形体。不但没有形体，而且本来没有气体。她混合在恍恍惚惚之间变得有气体，气体变得有形体，形体变得有生命，现在又变化到死亡——这是彼往此来如同春夏秋冬四季运行呀。

人且偃然寝于巨室，而我噭噭然随而哭之，自以为不通乎命，故止也。”

人将要安眠在天地这栋巨屋里，而我噭噭随声哭丧，自以为不通天道运转，所以停止哭泣了。”

支离叔与滑介叔观于冥伯之丘，昆仑之虚，黄帝之所休。俄而柳生其左肘，（柳通“瘤”。瘤子。）其意蹶蹶然恶之。（蹶，读作“贵”。蹶蹶，惊动貌。）

支离叔同滑介叔，到冥伯山和昆仑山游玩，那是黄帝休息过的地方。俄而，有瘤子从左肘长出来，他们感到吃惊和不适。

支离叔曰：“子恶之乎？”

支离叔问：“你憎恶肿瘤不？”

滑介叔曰：“亡，予何恶！生者假借也，假之而生。生者尘垢也，死生为昼夜。且吾与子观化而化及我，我又何恶焉！”

滑介叔答：“不，我岂会憎恶！生存宛如假借，暂时享受生命而活着。生命，像尘垢一般卑微。死生，像昼夜一般回转。我跟你观察造化，而造化关连到我了，我又怎么会讨厌它呢。”

［身后事：死后自有极乐境界，重生亦有转化机会］

庄子之楚，见空髑髅，髐然有形。（髐，读作“消”。白骨无润泽。）撽以马捶，（撽，读作“窍”。旁击。捶，读作“垂”。鞭，杖。）因而问之，曰：“夫子贪生失理，而为此乎？将子有亡国之事，斧钺之诛，而为此乎？将子有不善之行，愧遗父母妻子之丑，而为此乎？将子有冻馁之患，而为此乎？将子之春秋故及此乎？”

庄子到楚国去，看见空骷髅白骨森森。他拿马鞭敲打，随即问道：“先生吝惜生命违背事理，才变成这样的吗？抑或你有亡国的变故，斧钺的杀戮，才变成这样的吗？抑或你有不善的行为，惭愧地遗留耻辱给父母妻子，才变成这样的吗？抑或你有挨冻受饿的灾难，才变成这样的吗？抑或你到了寿限而身故，才至于这样的吗？”

于是语卒，援髑髅，枕而卧。夜半，髑髅见梦曰：“子之谈者似辩士。视子所言，皆生人之累也，死则无此矣。子欲闻死之说乎？”庄子曰：“然。”

说完话，他拉过骷髅当枕头，躺下睡觉。夜半时分，骷髅出现在梦里说：“你的谈吐像能言善辩的人。比照你说过的话，全是活人的负累，死后就没有牵挂了。你想听听关于死的见解吗？”庄子说：“想啊。”

髑髅曰：“死，无君于上，无臣于下，亦无四时之事，从然以天地为春秋，虽南面王乐，不能过也。”

骷髅说：“死后，没有君主在上，没有臣子在下，也没有四季忙乎的职事。宽缓地以天地为年龄，纵然南面称王很愉快，不能超过它啊。”

庄子不信，曰：“吾使司命复生子形，为子骨肉肌肤，反子父母妻子，闾里知识，子欲之乎？”

庄子不相信，说：“我让主管寿命的星辰，复活你的形体，给与你骨肉肌肤，返还你的父母妻子和乡里旧识，你想这样不？”

髑髅深矉蹙頞曰：（矉同“颦”，读作“贫”：皱眉。蹙，读作“促”：聚拢。頞同“额”：额头。）“吾安能弃南面王乐，而复为人间之劳乎！”

骷髅愁眉深锁，额头紧皱，说：“我怎能放弃南面称王的乐趣，而再次担负人间的辛劳呢！”

［身前事补充：适合的才是最好的］

颜渊东之齐，孔子有忧色。子贡下席而问曰：“小子敢问，回东之齐，夫子有忧色，何邪？”

颜渊到东方的齐国去，孔子有忧色。子贡离开座位，问道：“晚生冒昧请教，颜回往东去齐国，老师露出忧虑的神色，为什么啊？”

孔子曰：“善哉汝问！昔者管子有言，丘甚善之，曰：‘褚小者不可以怀大，绠短者不可以汲深。’（褚，读作‘主’。囊，袋。绠，读作‘耿’。汲水器上的绳索。）夫若是者，以为命有所成而形有所适也，夫不可损益。

孔子说：“好呀你的提问。昔日管子有句话，我很赞同。他说：‘小口袋不可以怀藏大物件，短绳子不可以汲取深井水。’他这样讲，以为生命有所既定，而身体有所适宜，不可增减改动。

吾恐回与齐侯言尧舜黄帝之道，而重以燧人神农之言。彼将内求于己而不得，不得则惑，人惑则死。

我担心颜回向齐侯讲述尧、舜、黄帝的治国方法，再增加燧人氏、神农氏的见解。齐侯将内审自身而不能达标，不能达标则疑怪，疑怪就萌生出杀害颜回的念头。

且女独不闻邪？昔者海鸟止于鲁郊，鲁侯御而觞之于庙，（御通‘迓’。迎接。）奏《九韶》以为乐，具太牢以为膳。鸟乃眩视忧悲，不敢食一脔，（脔，读作‘峦’。肉块。）不敢饮一杯，三日而死。此以己养养鸟也，非以鸟养养鸟也。

你难道没听说过吗？从前海鸟逗留在鲁国郊外，鲁侯把它迎接到宗庙里敬酒，演奏《九韶》音乐，备办牛羊猪三牲并用的盛宴当膳食。海鸟却目光摇晃，忧愁悲哀，不敢吃一块肉，不敢喝一杯酒，三天就死了。这是拿自己的供养来养鸟，不是拿鸟的供养来养鸟。

夫以鸟养养鸟者，宜栖之深林，游之坛陆，（坛通‘坦’。平。）浮之江湖，食之鳍鲦，（鳍同‘鳅’。泥鳅。鲦，读作‘条’。鱼名，柳叶小鱼。）随行列而止，委蛇而处。彼唯人言之恶闻，奚以夫譊譊为乎！（譊，读作‘挠’。譊譊，争辩声，喧噪声。）

凡是用鸟的供养来养鸟，应当在茂密的树林停歇，在平坦的陆地嬉戏，在江湖的上空飞翔。让它啄食泥鳅小鱼，跟随行列聚集，从容自得地休息。鸟儿唯独讨厌听闻人言，为什么还要吵吵闹闹地搞事情呢！

《咸池》《九韶》之乐，张之洞庭之野，鸟闻之而飞，兽闻之而走，鱼闻之而下入，人卒闻之，相与还而观之。

《咸池》《九韶》乐曲，演奏在广庭旷野，鸟听见了即飞翔，兽听见了即逃跑，鱼听见了即下潜。人突然听到，相互打堆围观。

鱼处水而生，人处水而死。彼必相与异，其好恶故异也。

鱼在水里会活着，人留水中会死去。彼此互不相同，其好恶因而也不同。

故先圣不一其能，不同其事。名止于实，义设于适，是之谓条达而福持。”

所以古时的圣人不均平才能，不齐一职事。名称依据实际内容截止，准则按照适宜限度制订，这就叫条理通达而福祐加持。”

［**身后事补充：人们化作微生物之后有机会重生**］

列子行食于道，从见百岁髑髅，（《列子·天瑞》“从者见百岁髑髅。”）攓蓬而指之曰：（攓，读作“千”。拔取。蓬，草名。）“唯予与汝知，而未尝死，未尝生也。若果养乎？（养通‘恙’。忧愁。）予果欢乎？

列子在路边吃饭，随行的人看见百年骷髅。列子拔掉蓬草，指着它说：“唯有我和你了解，你未曾死，未曾生。你果真忧愁么？我果真欢乐么？

种有几，得水则为㡭，（㡭同‘继’。接续，使延续。）得水土之际，则为蛙蠙之衣。（蠙读作‘贫’，蚌名。蛙蠙之衣，水苔名。）生于陵屯则为陵舄，（舄读作‘细’。陵舄，车前草。）陵舄得郁栖则为乌足。（郁栖，粪壤。乌足，草名。）乌足之根为蛴螬，（蛴螬读作‘齐曹’，金龟子幼虫。）其叶为胡蝶。

物种有微生物\细胞，得水即佑助它延续。遇到水土交会的环境，便成为苔藓。苔衣生在高洁处变成车前草，车前草遇到腐殖土就长成乌足草。乌足草的根须变成金龟子幼虫，草叶变成蝴蝶。

胡蝶胥也化而为虫，生于灶下，其状若脱，（脱也作‘蜕’。虫脱去皮壳，新出好皮。）其名为鸲掇。（鸲掇读作‘渠多’，虫名。）鸲掇千日为鸟，其名为乾馀骨。（乾馀骨，鸟名。）乾馀骨之沫为斯弥，（斯弥，虫名。）斯弥为食醯。（醯读作‘西’。食醯，蠛蠓，一种小飞虫。）

蝴蝶须臾间转化成虫子，生长在厨房旁边，貌似脱掉旧皮长出新皮，名叫鸲掇。鸲掇经过一千天变成鸟，名叫千余骨。千余骨的唾液变为斯弥虫，斯弥虫变为小飞虫蠛蠓。

颐辂生乎食醯，（颐辂读作‘宜录’。虫名。）黄軦生乎九猷，（軦读作‘况’。黄軦，虫名。猷读作‘由’，九猷，虫名。）瞀芮生乎腐蠸，（瞀芮读作‘冒锐’。似蚊而小。

蠸读作‘全’。腐蠸，萤火虫。）羊奚比乎不箰久竹，（羊奚，草名。箰同‘笋’，竹子嫩茎芽。）生青宁，（青宁，草虫名。）青宁生程，（程，豹子。）程生马，马生人，人又反入于机。（机通‘几’。下同。）

颐辂虫从飞蠓里生长出来，黄軦虫从九猷虫里生长出来，瞀芮虫从萤火虫里生长出来。羊奚草托庇在不长竹笋的老竹丛下，长出青宁虫。青宁虫生出豹子，豹子生出马，马生出人。人又返回加入微生物\细胞。

万物皆出于机，皆入于机。”

万物都诞生于微生物\细胞，都参与到微生物\细胞里。”

［同游小语］

唐袁郊《甘泽谣·圆观》记录了两句《竹枝词》：“身前身后事茫茫，欲话因缘恐断肠。”是说人们生老病死，都难免一丝丝迷茫甚或恐惧。

本篇分外通透地讨论了身前身后事。

庄子说：做富人，辛苦躯体终生劳作，多多积蓄财物，却做不到悉数处置。做贵人，夜以继日，忧惧顺利或者倒霉。长寿者，久久思虑不死的方法。做名人，因争辩而毁灭身心。何苦哩！

我因为无形无名\留下空间地作为，而真实地快乐着。

疾病加身，那是造化关连到自己。死亡来临，宛如四季运行而已。何况，死后自有极乐境界，重生亦有转化的机会。

笔者读《至乐》，有诗曰：

天下有至乐，无为万物欣。
享年当假借，幸福视微尘。
偶然染恶病，造化正来临。
一朝死翘翘，四时相转运。
骷髅南面王，人间辞苦辛。
生命变细胞，遇水又更新。

达生第十九

［通达生命情理的总纲］

达生之情者，不务生之所无以为。达命之情者，不务知之所无奈何。

通达生长常理的人，不谋求生命不可作为的事物。通达命运实情的人，不忙活智慧无可奈何的事务。

养形必先之以物，物有余而形不养者有之矣。

保养形体，必先使用物品。物品有余而形体不保养，有这种人。

有生必先无离形，形不离而生亡者有之矣。

有生命，必先不失形体。形体不失而生命灭亡，有这种人。

生之来不能却，其去不能止。

生长期到来，不能节制。它离开，不能停止。

悲夫！世之人以为养形足以存生。而养形果不足以存生，则世奚足为哉！

悲哀啊！世上的人以为，保养形体足以保存生命。然而，保养形体如果不足以保存生命，世间还有什么值得做呢？

虽不足为而不可不为者，其为不免矣！

即使不值得做，还不能不做的原因，是因为这个那个事不可逃避啊！

夫欲免为形者，（免作“勉”。勉力。）莫如弃世。弃世则无累，无累则正平，正平则与彼更生，更生则几矣！

凡是想勉力治理形体的人，莫如摒绝俗务。舍弃尘世就没有牵累，没有牵累就心正气平，心正气平就跟俗世更迭再生，更迭再生就可以了。

事奚足弃，而生奚足遗？（足，难。）

职事为什么难抛开，财物为什么难遗忘？

弃事则形不劳，遗生则精不亏。夫形全精复，与天为一。

抛开职事则形体不辛劳，遗忘财物就精神不亏损。形体完好，精神安宁，即跟自然成为一体。

天地者，万物之父母也。合则成体，散则成始。

天地，是万物的父母。同天地融洽，即成就本性。同天地分离，就变成初始模样（天地是天地，某人是某人）。

形精不亏，是谓能移。精而又精，反以相天。

形体和精神不亏损，这叫能够变易。它完美又虔诚，掉转头去辅助自然。

［达生操作一：守持笃厚诚信的元气，专注于精神］

子列子问关尹曰："至人潜行不窒，蹈火不热，行乎万物之上而不栗。（栗通'慄'。战慄，发抖。）请问何以至于此？"

子列子问关尹："至人潜水行走不窒息，踩踏火焰不烧灼，施行在万物之上不战慄。请问，凭什么达到这种境界？"

关尹曰："是纯气之守也，非知巧果敢之列。

关尹说："是守持笃厚诚信的气息，不是智巧果敢之类。

居，予语女。凡有貌象声色者，皆物也。

坐下，我告诉你。凡有容貌、形象、声音和颜色的东西，都是物。

物与物何以相远？夫奚足以至乎先？是色而已。

物与物凭什么差距大？谁足以达到时间\次序在前？确定种类就行了。

则物之造乎不形，而止乎无所化。夫得是而穷之者，物焉得而止焉！

事物从不是形象的时候创造，到没法转化的时候停止。凡晓悟这个理念还寻根究源，事物怎能尽绝呢！

彼将处乎不淫之度，而藏乎无端之纪，游乎万物之所终始。

它们将按照不侵淫\不沉溺的尺度享有，根据没有征兆\没有边际的规律收藏，在万物的终始里遨游。

壹其性，养其气，合其德，以通乎物之所造。

专一自己的本性，畜养自己的元气，和睦自己的品德，去通达万物的创造。

夫若是者，其天守全，其神无郤，（郤通‘隙’。空隙，间隙。）物奚自入焉？（物通‘殁’；读作‘末’。死亡，终，尽。）

像这样，自己的天性护卫完好，精神没有缝隙，死亡因素从哪里进入？

夫醉者之坠车，虽疾不死。骨节与人同，而犯害与人异，其神全也。

醉酒的人掉下车子，虽然残废，不会死亡。他的骨节跟别人相同，发生的伤害跟别人不一样，是因为精神完好。

乘亦不知也，坠亦不知也。死生惊惧，不入乎其胸中，是故遻物而不慴。（遻读作‘厄’；意外相遇。慴读作‘设’；恐惧。）

他乘坐也不知道，掉落也不知道，死生惊惧不进入胸中。因此遭遇意外事物而不恐惧。

彼得全于酒而犹若是，而况得全于天乎。圣人藏于天，故莫之能伤也。

他在酒里获得保全尚且如此，何况在自然界得到保全啰——圣人藏匿在自然里，所以没有谁能够伤损。

复仇者不折镆干，虽有忮心者不怨飘瓦，（忮，读作‘至’。违逆，嫉妒，固执。）是以天下平均。

复仇的人不屈从莫邪（利剑）干将（利剑），虽存有违逆心思，也不怨恨飘落的瓦片（瓦片无心伤人）。由此天下平均。

故无攻战之乱，无杀戮之刑者，由此道也。

所以，没有攻战的动荡，没有杀戮的惩治，践行的是这个道理。

不开人之天，而开天之天。

不张开人的天性，而开发自然界的自然形质。

开天者德生，开人者贼生。

开发自然形质的人，品德充沛。张扬个人天性的人，生出害人念头。

不厌其天，不忽于人，民几乎以其真。”

不压制自己的天性，不轻视他人，人们就接近做到了真实。”

仲尼适楚，出于林中，见痀偻者承蜩，（痀读作“居”；脊背弯曲。痀偻，驼背。蜩读作“条”；一种蝉。承，受也。受，取也。取，捕捉。）犹掇之也。（掇，读作“多”。拾取。）

仲尼到楚国去，从树林中走出来，看见一个驼背，捕蝉如同拾取一样。

仲尼曰：“子巧乎，有道邪？”

仲尼说：“您好灵巧哦，有技术吗？”

曰：“我有道也。五六月，累丸二而不坠，则失者锱铢。累三而不坠，则失者十一。累五而不坠，犹掇之也。

答：“我有技术。五六月，重叠两颗弹丸不掉落，控制不好的时候微乎其微。重叠三颗弹丸不掉落，控制不好占十分之一。重叠五颗弹丸不掉落，捕蝉就跟拾取一样了。

吾处身也，若厥株拘。（厥同‘橛’；读作‘绝’。树桩。）吾执臂也，若槁木之枝。

我安顿身躯，像树桩一样拘守。保持手臂，像枯树的枝丫。

虽天地之大，万物之多，而唯蜩翼之知。

虽然天地很大，万物很多，然而在我眼里只有蝉翼。

吾不反不侧，不以万物易蜩之翼，何为而不得！”

我不翻转，不倾斜，不用万物，只关注蝉翼，为什么不获得！”

孔子顾谓弟子曰：“用志不分，乃凝于神，其痀偻丈人之谓乎！”

孔子回头告诉弟子：“施用意念不分散，只专注于精神，这是驼背老人的意思呀！”

颜渊问仲尼曰："吾尝济乎觞深之渊，（觞，读作'伤'。酒杯。清郭庆藩《庄子集释》：觞深，渊名也。其状似杯，因以为名，在宋国。）津人操舟若神。

颜渊问仲尼："我曾经渡过觞深之渊，船夫撑船宛若神人。

吾问焉曰：操舟可学邪？

我问他们：撑船可以学吗？

曰可。善游者数能。若乃夫没人，则未尝见舟而便操之也。

说可以。擅长游泳的人，频频驾驶就有技能。若是潜水者，未曾见过船即顺利操作。

吾问焉而不吾告，敢问何谓也？"

我问怎么回事，却不告诉我。冒昧请教，是什么意思？"

仲尼曰："善游者数能，忘水也。若乃夫没人之未尝见舟而便操之也，彼视渊若陵，视舟之覆，犹其车却也。（却，仰。与'覆'相对。）

仲尼说："会游泳的人，频频驾驭就掌握技能，是忘记了水。如果是潜水者，未曾见过船就顺利操作——他看待渊水如同山头，看待船体翻转，如同车身朝上。

覆却万方陈乎前，而不得入其舍，（舍，虚拟宅舍。清郭庆藩《庄子集释》：舍，犹心中也。）恶往而不暇！

翻转颠覆和仰面朝天，万种方式呈现在面前，不能进入心房，到哪里而不从容！

以瓦注者巧，（注，投掷。）以钩注者惮，以黄金注者殙。（殙，读作'昏'。昏乱，神志不清。）

用瓦片投掷的人灵巧，用曲钩投掷的人畏难，用黄金投掷的人昏乱。

其巧一也，而有所矜，则重外也。凡外重者内拙。"

他们所用的技巧相同，然而有所惋惜，就重视外物了。凡重视外界的人，内心笨拙。"

［达生操作二：养生像牧羊，应该鞭打落后部分——包括放下心病］

田开之见周威公。威公曰："吾闻祝肾学生，吾子与祝肾游，亦何闻焉？"

田开之（人名）见周威公。威公说："我听说祝肾（人名）在学养生，您跟祝肾交游，也见识过什么吧？"

田开之曰："开之操拔篲，（篲，读作'会'。竹扫帚。）以侍门庭，亦何闻于夫子！"

田开之说："我拿扫帚侍奉在门口和庭院，从老师那儿，又能见识什么！"

威公曰："田子无让，寡人愿闻之。"

威公说："田先生不要谦虚，寡人希望听听。"

开之曰："闻之夫子曰，善养生者，若牧羊然，视其后者而鞭之。"

开之说："听老师讲，擅长养生的人，像牧羊一样，看见落在后面的羊，就鞭打它。"

威公曰："何谓也？"

威公问："什么意思？"

田开之曰："鲁有单豹者，岩居而水饮，不与民共利，行年七十而犹有婴儿之色。不幸遇饿虎，饿虎杀而食之。

田开之说："鲁国有个叫单豹的人，住岩洞，饮雨水，不跟别人共有利益。经历过七十年仍有婴儿神色。不幸碰到饿虎，饿虎咬死他，吃掉了。

有张毅者，高门悬薄，无不走也，行年四十，而有内热之病以死。

有个叫张毅的人，富贵人家朱户垂帘，无不到访。经历过四十年，得内热病也死翘翘了。

豹养其内，而虎食其外。毅养其外，而病攻其内。此二子者，皆不鞭其后者也。"

阿豹修养内里，老虎吃掉他的外表。阿毅修养外围，疾病攻击他的内里。这两个人，都是不鞭打落后部分（补短板）啊。"

仲尼曰："无入而藏，无出而阳，柴立其中央。三者若得，其名必极。

仲尼说："不要进入隐藏模式，不要生出显露模式，像木柴一样站立中央。如果满足这三种状态，名声必定达到顶点。

夫畏涂者，（涂，道路。后作‘途’。）十杀一人，则父子兄弟相戒也，必盛卒徒而后敢出焉，不亦知乎？

艰险可怕的道路，十人被杀一人。父子兄弟便互相警省，必定要多些徒众，而后才敢外出，不也是很聪明吗？

人之所取畏者，衽席之上，（衽，读作‘认’。卧席。）饮食之间。而不知为之戒者，过也。”

人所选择的畏惧，在卧席之上，在饮食之间。却不知道对它们警省，过分哟。”

祝宗人玄端以临牢筴，（玄端，黑色礼服。筴通“栅”；栅栏。）说彘曰：（彘，读作“至”。猪。）“汝奚恶死？吾将三月犙汝，（犙同‘豢’。喂养。）十日戒，三日齐，（齐同‘斋’。古人祭祀或举行其他典礼前整洁身心，以示虔敬。韩康伯注：洗心曰斋，防患曰戒。）藉白茅，加汝肩尻乎雕俎之上，（尻读作‘考一阴平’；屁股。俎读作‘祖’；古代祭祀或宴会用来盛牲的礼器。）则汝为之乎？”（则通“测”。揣测，推想。）

掌管祭祀的史官，身穿黑色礼服，面对猪圈告诉猪说：“你为什么怕死？我打算三个月喂你，十天防患，三天洗心。铺垫白色茅草，在彩画礼器上放你的肩胛和屁股。你愿意这样做吗？”

为彘谋曰，不如食以糠糟，而错之牢筴之中。

为猪考虑，不如用糠糟喂养，停留在猪圈里。

自为谋，则苟生有轩冕之尊，死得于腞楯之上，（腞楯，读作“赚春”。有画饰的运柩车。）聚偻之中，（聚偻，棺椁。）则为之。

为自己考虑，如果活着拥有轩车冕服的尊贵，死了能在有画饰的运柩车上，在棺椁之中，就做吧。

为彘谋则去之，自为谋则取之，所异彘者何也！

为猪考虑就逃避，为自己考虑就接受。人们不同于猪，是什么呀！

桓公田于泽，管仲御，见鬼焉。公抚管仲之手曰：“仲父何见？”

齐桓公在水草丛杂的地方打猎，管仲驾驭车马，看见了鬼。桓公按着管仲的手说："仲父看到什么？"

对曰："臣无所见。"

回答说："臣没看见。"

公反，诶诒为病，（诶诒，读作"西仪"。疲惫委顿貌。）数日不出。

桓公返回，疲惫委顿成为病患，好多天不出门。

齐士有皇子告敖者曰："公则自伤，鬼恶能伤公！

齐国有个士人，名叫皇子告敖，他说："主公自己损害自己，鬼怎能伤害主公！

夫忿滀之气，（滀，读作'触'。郁结。）散而不反，则为不足。上而不下，则使人善怒。下而不上，则使人善忘。不上不下，中身当心，则为病。"

凡忧愤郁结的阳气，浮散而不返回，就叫不足。上升而不下降，就使人易怒。下降而不上升，就使人善忘。不上升不下降，在身体中间对着心脏，就生病了。"

桓公曰："然则有鬼乎？"

桓公问："那么有鬼吗？"

曰："有。沈有履，灶有髻。户内之烦壤，雷霆处之。东北方之下者，倍阿鲑蠪跃之。（蠪读作'龙'。鲑蠪，传说中的神名。）西北方之下者，则泆阳处之。（泆，读作'义'。水激荡而溢出。）水有罔象，丘有峷，（峷，读作'申'。神名。）山有夔，（夔，读作'葵'。山怪。）野有彷徨，泽有委蛇。"（委蛇，蛇，泥鳅别名。此为寓言中的怪物。）

答："有呀。水下污泥中有履（鬼名），炉灶有髻（灶神），户内垃圾里住着雷霆（鬼名）。东北方墙角下，倍阿（神名）和鲑蠪（神名）在跳跃。西北方墙角下，住着泆阳（神名）。水里有罔象（水神），丘墟有峷（神名），山中有夔（山怪），郊外有彷徨（五彩交错的两头蛇），水草丛杂处有委蛇。"

公曰："请问委蛇之状何如？"

桓公问："请问，委蛇的形状如何？"

皇子曰："委蛇，其大如毂，其长如辕，紫衣而朱冠。其为物也，恶闻雷车之声，则捧其首而立。见之者殆乎霸。”

皇子答：“委蛇大如车毂，长如车辕，红蓝外衣，大红头顶。这个玩意儿，害怕听到雷声车声（隆隆巨响），听到了就捧头站立。看见它的人，必定称霸。”

桓公辴然而笑曰：（辴，读作“枕”。大笑貌，喜笑貌。）“此寡人之所见者也。”

桓公开颜大笑，说：“这是寡人看见的东西。”

于是正衣冠与之坐，不终日而不知病之去也。

于是，端正衣冠跟他同坐。不到一天，不知不觉病已除去。

［**达生操作三：从原有根由出发，长进本性，成就命运**］

纪渻子为王养斗鸡。（渻，读作“省”。姓。）十日而问：“鸡已乎？”

纪渻子（人名）为王（《列子·黄帝》作周宣王）养斗鸡。十天即问：“鸡能斗了吗？”

曰：“未也，方虚㤭而恃气。”（㤭，读作“骄”。高仰着头。）

答：“不行，正胆怯地仰着头，倚仗气势。”

十日又问，曰：“未也，犹应嚮景。”（嚮通“响”；声音，回声。景后作“影”；阴影。）

十天又问，答：“不行，仍然接受声音和阴影。”

十日又问，曰：“未也，犹疾视而盛气。”

十天又问，答：“不行，仍然强狠瞪眼，旺盛气势。”

十日又问，曰：“几矣，鸡虽有鸣者，已无变矣。望之似木鸡矣，其德全矣。异鸡无敢应者，反走矣。”

十天又问，答：“差不多了，别的鸡虽有鸣叫，它已无变更。看上去像木鸡，始生的至精完整。其他鸡没有敢迎击的，返身逃跑了。”

孔子观于吕梁，县水三十仞，流沫四十里，鼋鼍鱼鳖之所不能游也。（鼋读作“元”；大鳖。鼍读作“砣”；扬子鳄。）

孔子在吕梁游玩，有瀑布悬挂三十仞，流沫飞溅四十里，大鳖、扬子鳄、鱼和甲鱼，到了里面不能浮行。

见一丈夫游之，以为有苦而欲死也。使弟子并流而拯之。（并通“傍”。近，依。）数百步而出，被发行歌而游于塘下。（被，后作“披”。覆盖。）

看见一个大男人游泳，以为他有苦衷，想寻死哩。孔子派弟子傍近河流拯救他。那人数百步开外出水，披散头发漫步高歌，在堤岸下游玩。

孔子从而问焉，曰：“吾以子为鬼，察子则人也。请问，蹈水有道乎？”

孔子随行问道：“我以为你是鬼哩，细看你倒是人。请问，投入水中有技术吗？”

曰：“亡，吾无道。吾始乎故，长乎性，成乎命。与齐俱入，（齐，旋涡。）与汩偕出，（汩，读作‘古’。涌出的泉水。）从水之道而不为私焉。此吾所以蹈之也。”

答：“不，我没有技术。我从原有的根由开始，长进本性，成就命运。跟旋涡一起卷入水底，跟涌泉一同冒出水面，随从水的导引，不谋求一己偏爱。这，就是我用来投入水中的方法。”

孔子曰：“何谓始乎故，长乎性，成乎命？”

孔子问：“什么叫从原有的根由开始，长进本性，成就命运？”

曰：“吾生于陵而安于陵，故也。长于水而安于水，性也。不知吾所以然而然，命也。”

答：“我出生在大山，就安于大山，是从原有的根由开始。在水里有长进，就安于水，即是本性。不知道我适宜去这样，就形成了，是命运。”

梓庆削木为鐻，（鐻，读作“具”。乐器。）鐻成，见者惊犹鬼神。鲁侯见而问焉，曰：“子何术以为焉？”

梓庆（鲁国大匠）削刮木头，制作一种叫鐻的乐器。鐻做成了，见到的人吃惊，像鬼神所为。鲁侯遇见，问道：“你用什么技艺制作？”

对曰：“臣工人，何术之有！虽然，有一焉。臣将为鐻，未尝敢以耗气也，必齐以静心。（齐同‘斋’；斋戒，洗心。见前文‘三日齐’。）

回答说：“臣工人一枚，有啥技艺！假定如此，却有个方法：臣将要做鐻，未曾敢损耗阳气，一定斋戒静心。

齐三日，而不敢怀庆赏爵禄。

斋戒三天，不敢想念庆赏爵禄。

齐五日，不敢怀非誉巧拙。

斋戒五天，不敢想念非誉巧拙。

齐七日，辄然忘吾有四枝形体也。

斋戒七天，纹丝不动，忘了我有四肢形体。

当是时也，无公朝。其巧专而外骨消。然后入山林，观天性，形躯至矣。然后成见鐻，然后加手焉，不然则已。

在这时，没有朝廷公事。灵巧专一，外心消失。然后进入山林，观察树木特性——形状和区位都达到极点。然后成为呈现的鐻，然后施加手艺。不如此就停止。

则以天合天，器之所以疑神者，其是与！”

用自然去符合自然——器具之所以像鬼神所为，是因为这个吧！”

[达生操作四：忘掉责求\是非，心意生出舒适]

东野稷以御见庄公，进退中绳，左右旋中规。庄公以为文弗过也，使之钩百而反。

东野稷（人名）凭驾驶技术进见鲁庄公。前进后退，正对墨斗取正的直线。左右旋转，恰合圆规画出的圆形。庄公认为，刺画花纹也不能超过，派他绕行一百圈再返回。

颜阖遇之，入见曰：“稷之马将败。”公密而不应。

颜阖遇到他，入门见庄公说：“东野稷的马，怕要受损。”庄公沉默不回应。

少焉，果败而反。公曰：“子何以知之？”

不久，果真损坏了马回来。庄公问：“您凭什么知道的？”

曰：“其马力竭矣，而犹求焉，故曰败。”

颜阖答：“马的气力竭尽了，仍然太责求，所以说要损失。”

工倕旋而盖规矩，（倕，读作“垂”。古代巧匠名。）指与物化，而不以心稽，故其灵台一而不桎。

工匠阿倕，画圆圈胜过校正方圆的器具。指头随着事物转化，不依心思稽留。所以，心智专一而不窒碍。

忘足，履之适也。忘要，带之适也。知忘是非，心之适也。

忘了脚，鞋子生出舒适。忘了腰，皮带生出舒适。智识忘掉是非，心意生出舒适。

不内变，不外从，事会之适也。始乎适而未尝不适者，忘适之适也。

不在内心变更，不在外界追逐，职事会生出恰当。从恰当开始，未曾不舒适。忘记恰当而生出舒适啊。

有孙休者，踵门而诧子扁庆子曰：“休居乡不见谓不修，临难不见谓不勇。然而田原不遇岁，事君不遇世，宾于乡里，（宾通‘摈’。舍弃。）逐于州部，则胡罪乎天哉？休恶遇此命也？”

有个叫孙休的人跟随到门外，告诉子扁庆子（人名）说：“我居住乡里，找不着人评论不修养。面临危难，找不着人评论不勇武。然而，耕种田地不遇农事收成，事奉君主不遇时代。被妻子＼同乡抛弃，被低级小吏＼地方政府驱逐。倒是对老天爷犯了什么罪？我为什么遭遇这样的命运啊？”

扁子曰：“子独不闻夫至人之自行邪？

扁子说：“您难道没听过至人的本身德行吗？

忘其肝胆，遗其耳目，芒然彷徨乎尘垢之外，（芒，后作‘茫’。昏暗，模糊不清。引申为昏昧无知。）逍遥乎无事之业，是谓为而不恃，长而不宰。

忘记肝胆，遗失耳目，茫然彷徨在尘垢之外，逍遥在无事的职业。这叫作为时不仗恃，生长时不当主宰者。

今汝饰知以惊愚，修身以明汙，昭昭乎若揭日月而行也。

如今，你刷新智识去惊动愚俗，修养身心去明辨卑污，光明显扬，像高举着太阳月亮在行走。

汝得全而形躯，具而九窍，无中道夭于聋盲跛蹇，（蹇，读作‘简’。跛脚。）而比于人数，亦幸矣。又何暇乎天之怨哉？子往矣。”

你能保全形象身躯，完备眼耳鼻口、大小便处等九个孔窍，没有半路在耳聋、目盲、腿瘸和跛脚中摧残，还类似于其他人的命运，确实侥幸了。又有什么闲工夫对上天抱怨呢？你走吧。”

孙子出，扁子入。坐有间，仰天而叹。弟子问曰：“先生何为叹乎？”

孙休离开，扁子进门。坐了片刻，仰天而叹。弟子问：“老师为什么叹息？”

扁子曰：“向者休来，吾告之以至人之德，吾恐其惊而遂至于惑也。”

扁子说：“刚才阿休到来，我用至人德行告诫他。我担心他吃惊，乃至达到迷惑的程度。”

弟子曰：“不然。孙子之所言是邪？先生之所言非邪？非固不能惑是。孙子所言非邪？先生所言是邪？彼固惑而来矣，又奚罪焉！”

弟子说：“不会吧。孙先生说的话正确吗？老师说的话错误吗？错误一定不能迷惑正确。孙先生说的话错误吗？老师说的话正确吗？对方原本迷惑而来，我们又哪有过失了！”

扁子曰：“不然。昔者有鸟止于鲁郊，鲁君说之，为具太牢以飨之，奏《九韶》以乐之。

扁子说：“不要这样讲哦。从前，有鸟在鲁国郊外停留，鲁君很高兴。制作配备牛羊猪的食盒，去款待它。演奏《九韶》乐曲，去愉悦它。

鸟乃始忧悲眩视，不敢饮食。此之谓以己养养鸟也。

鸟却开始忧愁悲伤，迷惑观看，不敢饮食。这叫用自己的供养来养鸟。

若夫以鸟养养鸟者，宜栖之深林，浮之江湖，食之以委蛇，则平陆而已矣。（则通‘测’。推想，揣测。）

至于那些用鸟的供养来养鸟，应该栖息到深林里，飞行在江湖上空，用泥鳅喂养它——似此推想于平坦陆地罢了。

今休，款启寡闻之民也。吾告以至人之德，譬之若载鼷以车马，（鼷，读作‘西’。最小的鼠类。）乐鴳以钟鼓也。（鴳，读作‘艳’。小鸟名。）彼又恶能无惊乎哉！”

此刻的孙休，是见识狭小、缺少听闻的庶民。我拿至人德行告诫他，好比用车马乘坐小老鼠，用钟鼓愉悦鴳雀。对方又怎能不吃惊呢！”

［同游小语］

达生，指通达生命的情理。俗话叫活明白了。

它刚入门，就抛出试金石：“弃事则形不劳，遗生则精不亏。”大意是，抛开职事则形体不劳累，遗忘生命＼财物就精神不亏损。很好懂，可是做得到吗？

如果暂时没法完全做到，可以学学养气凝神，弥补一两块短板，放下一两桩心病，忘掉一部分生命里次要的东西。

在寓言“孔子观于吕梁”里，两次重复“始乎故，长乎性，成乎命”，意思是：从原有根由开始，长进本性，成就命运。这可是相当实用的生存方法哦。

笔者读《达生》，有诗曰：

此生早想通，潇洒弃世务。
壹性养纯气，和德洞造物。
捕蝉犹芥拾，操舟比神助。
成鐻鲁襄惊，谈鬼齐桓悟。
衽席饮食间，在在戒畏途。
莫做怨天者，寡陋招讪辱。

山木第二十

［泛论人心惟危，初探解决办法］

庄子行于山中，见大木，枝叶盛茂，伐木者止其旁而不取也。问其故，曰："无所可用。"庄子曰："此木以不材得终其天年。"

庄子在山中行走，看见大树枝繁叶茂，伐木者逗留树下不砍伐。询问原因，答曰："没有可用之处。"庄子说："这棵树因为无用，得以尽享自然寿命。"

夫子出于山，舍于故人之家。故人喜，命竖子杀雁而烹之。竖子请曰："其一能鸣，其一不能鸣，请奚杀？"主人曰："杀不能鸣者。"

庄老师走出山区，借宿在老朋友家。老友很高兴，安排童仆杀鹅烹煮。童仆请示："一只鹅能叫唤，一只鹅不叫唤，杀哪只啊？"主人说："杀不出声的那只。"

明日，弟子问于庄子曰："昨日山中之木，以不材得终其天年；今主人之雁，以不材死。先生将何处？"

第二天，学生问庄子："昨天山中的树，因为无用而全享寿命。现在主人的鹅，因为无用而丢命。老师将按哪种模式自处？"

庄子笑曰："周将处乎材与不材之间。材与不材之间，似之而非也，故未免乎累。

庄子笑道："我将处于有用和无用之间。有用和无用的之间，近似善处却存在瑕疵，因而未能免于牵累。

若夫乘道德而浮游则不然。无誉无訾，（訾，读作‘子’。诋毁。）一龙一蛇，与时俱化，而无肯专为。一上一下，以和为量，浮游乎万物之祖。物物而不物于物，则胡可得而累邪！此神农、黄帝之法则也。

至于驾驭道德漫游，就不是这样了。没有称颂，没有诋毁。或者成龙，或者成蛇。跟随时机一起变化，不肯专擅作为。或者升登，或者降落，以和谐为考量，漫游于万物的初始。选择万物，而不被具体的某一事物致死，怎么会受牵累呢！这就是神农和黄帝的法则。

若夫万物之情，人伦之传，则不然。合则离，成则毁，廉则挫，尊则议，有为则亏，贤则谋，不肖则欺。胡可得而必乎哉！悲夫！弟子志之，其唯道德之乡乎！”

至于万物的本性，人际关系的延续，就不是这样了。聚合便离散，成就便亏缺，廉直便摧折，高尚便非议，有为便减损，有才德便晦昧，无才行便欺诈——岂可获得定准哦。伤心呀，同学们记住，唯有道德值得向往！”

市南宜僚（楚国人，姓熊，名宜僚。家住市南，号称市南宜僚）见鲁侯，鲁侯有忧色。市南子曰：“君有忧色，何也？”

市南宜僚进见鲁侯，鲁侯有忧色。市南子问：“您愁容满面，怎么啦？”

鲁侯曰：“吾学先王之道，修先君之业；吾敬鬼尊贤，亲而行之，无须臾离居。然不免于患，吾是以忧。”

鲁侯说：“我学习古代帝王的治国方法，修治先辈国君的功业，敬奉鬼神，尊重贤人，亲自参与推行，没有片刻偏离跟停留。然而还是不能免于祸患，我因此忧虑。”

市南子曰：“君之除患之术浅矣。夫丰狐文豹，栖于山林，伏于岩穴，静也。夜行昼居，戒也。虽饥渴隐约，犹旦胥疏于江湖之上而求食焉，定也。然且不免于罔罗机辟（捕捉鸟兽的工具）之患。是何罪之有哉？其皮为之灾也。今鲁国独非君之皮邪？吾愿君刳形去皮，（刳，读作‘枯’。剖开，挖空，剔净，消除。）洒心去欲，而游于无人之野。

市南子说："您去除忧患的方法稍狭隘了哦。大狐狸、花斑豹歇息山林，伏藏岩穴，算无声了。它们夜晚行走，白天蹲坐，算警惕了。即使暗藏饥渴，仍然清晨即远窜到江湖上去捕食，算镇静了。然而，几乎无法避免网罗机辟的灾祸。它们有什么罪过啊？都是皮毛惹的祸。现在，鲁国难道不是您的皮毛吗？我宁愿您淡化形象，跟邦国保持距离，洗涤内心，放弃贪欲，遨游在无人的领域。

南越有邑焉，名为建德之国。其民愚而朴，少私而寡欲，知作而不知藏，与而不求其报；不知义之所适，不知礼之所将；猖狂妄行，乃蹈乎大方。其生可乐，其死可葬。吾愿君去国捐俗，与道相辅而行。"

南越有个城镇，叫建德。那里的人民愚钝质朴，轻视私念而减少贪欲，知道劳作而不知储藏，给予而不求回报。不懂准则如何顺适，不懂礼仪如何遵循。放荡不羁，随意行动，这才踏入无拘束和不俗气。他们生时值得欢乐，死后能够安葬。我希望您隔离邦国捐弃习俗，跟道相互辅助，共同前行。"

君曰："彼其道远而险，又有江山，我无舟车，奈何？"

鲁君说："那条路遥远，危险，有江山阻隔。我没有舟车，怎么前行？"

市南子曰："君无形倨，无留居，以为君车。"

市南子说："您不要形体傲慢，不要停留和壅蔽，让它们做您的车子。"

君曰："彼其道幽远而无人，吾谁与为邻？吾无粮，我无食，安得而至焉？"

鲁君说："那条路幽远无人，我跟谁亲近？我没有行道的干粮，没有止居的饭食，如何到达目的地呢？"

市南子曰："少君之费，寡君之欲，虽无粮而乃足。君其涉于江而浮于海，望之而不见其崖，愈往而不知其所穷。送君者皆自崖而反，君自此远矣！

市南子说："减少您的耗费，稀疏您的欲望，虽然没有干粮亦可行走。您渡过江河，漂浮大海，远望茫茫不见水岸，愈外出愈不知道所到达的极点。送您的人都从岸边回去了，您自此已经高远了。

故有人者累，见有于人者忧。故尧非有人，非见有于人也。吾愿去君之累，除君之忧，而独与道游于大莫之国。

所以，专注自身的人会疲累，跟他人较量的人会忧虑。故而唐尧不做专注自身的人，也不做跟他人较量的人。我希望去掉您的疲累，解除您的忧愁，而独自跟道在一起，遨游在荡然无有的国度。

方舟而济于河，有虚船来触舟，虽有惼心之人不怒。（惼，读作‘贬’。急躁，心胸狭隘。）有一人在其上，则呼张歙之。一呼而不闻，再呼而不闻，于是三呼邪，则必以恶声随之。向也不怒而今也怒，向也虚而今也实。人能虚己以游世，其孰能害之！”

正在行船渡河时，有只空船来碰撞，即使急躁的人也不会生气。假如发现有人在空船上，就会大叫：把船撑开，靠边啰！第一次呼喊对方没听见，再次呼喊对方不接受，于是连连大叫，必用粗鲁怨恨的噪音相伴随——之前不生气，现在生气了，是因为此前面对虚空，而现在面对实实在在的人了。人们能够虚空自己以遨游世间，谁能伤害他呀！”

北宫奢为卫灵公赋敛以为钟，为坛乎郭门之外，三月而成上下之县。

北宫奢为卫灵公征收财税制作乐钟，筑土台于城门之外，三个月做成了上下两层乐器架子。

王子庆忌见而问焉，曰：“子何术之设？”

王子庆忌看见了，问：“你用什么方法，使这个项目达到周到完备？”

奢曰：“一之间，无敢设也。奢闻之：‘既雕既琢，复归于朴。’侗乎其无识，（侗，读作‘同’。幼稚，无知。）傥乎其怠疑。（傥，读作‘倘’。精神恍惚，自失貌。）萃乎芒乎，其送往而迎来。来者勿禁，往者勿止。从其强梁，随其曲傅，因其自穷。故朝夕赋敛而毫毛不挫，而况有大涂者乎！”

北宫奢说：“专一在工作里，不敢讲周到完备。我听说：‘全都雕刻了，全都琢磨了，又返回质朴。’幼稚到无知，自失到痴呆。荟萃细小税源，期望送往迎来——来者没有禁忌，去者没有逗留。劝奖其中强悍果决的人，听任其中顺从依附的人，迁就他们自然而然到达极点。所以时时征税，毫毛都不折损。更何况纳税人里，还存在一部分遵循大道的人!”

[孔子困厄的故事]

孔子围于陈蔡之间，七日不火食。大公任往吊之，曰：“子几死乎?”

孔子被围困在陈蔡两国的边境，七天未能生火煮饭。大公任去慰问他，说：“你快饿死了吧?”

曰：“然。”

答：“是啊。”

“子恶死乎?”

“你怕死吗?”

曰：“然。”

答：“是啊。”

任曰：“予尝言不死之道。东海有鸟焉，其名曰意怠。其为鸟也，翂翂翐翐，（翂，读作‘分’。飞的样子。翐，读作‘至’。舒迟，飞不高。）而似无能；引援而飞，迫胁而栖；进不敢为前，退不敢为后；食不敢先尝，必取其绪。是故其行列不斥，而外人卒不得害，是以免于患。

大公任说：“我试讲一下不死的方法。东海有鸟，名叫意怠。这只鸟慢半拍，飞不高，貌似无能。它引类呼朋才飞翔，贴近鸟群才栖宿。行进不敢靠前，退却不敢殿后。饮食不敢先尝，尽吃剩余食物。因此它排位不被疏远，外人终究不能伤害，所以免于忧患。

直木先伐，甘井先竭。子其意者饰知以惊愚，修身以明污，昭昭乎如揭日月而行，故不免也。

挺直的树先砍伐，甘甜的井先干涸。你的意向，是刷新智识以惊动愚俗，修养身心以明辨卑污，光明显扬，像高举着太阳月亮在行走，故而免不了祸患。

昔吾闻之大成之人曰：‘自伐者无功，功成者堕，名成者亏。’孰能去功与名，而还与众人?

从前，我听大学问家讲过：‘自夸积功的人没啥成效，成就功业的人容易招毁破，成就名声的人会受缺损。’谁能放弃功业和名声，而做回普通人？

道流而不明居，得行而不名处。纯纯常常，乃比于狂。削迹捐势，不为功名。是故无责于人，人亦无责焉。至人不闻，子何喜哉？”

道，流传而不彰显地位。德，施行而不称作定律。纯一平常，类似于放荡纵情。削减行迹，舍弃权势，不追逐功名。因而无求于人，别人也不索取。至人不听外来的讯息，你怎么会喜好呢？”

孔子曰：“善哉！”

孔子说：“对啊！”

辞其交游，去其弟子，逃于大泽，衣裘褐，（褐，读作“荷”。粗衣。）食杼栗，（杼，读作“术”。橡树。）入兽不乱群，入鸟不乱行。鸟兽不恶，而况人乎！

于是告别朋友圈，离开学生，躲到大沼泽里，穿兽皮粗衣，吃橡实。他参与兽群不乱群体，加入鸟群不乱行列——鸟兽尚且不厌恶他，何况人呢！

孔子问子桑雽曰：（雽，读作“户”。人名。）“吾再逐于鲁，伐树于宋，削迹于卫，穷于商周，围于陈蔡之间。吾犯此数患，亲交益疏，徒友益散，何与？”

孔子问子桑雽：“我两次被鲁国放逐，在宋国被人砍伐了正在习礼的大树，在卫国减少行迹，在商周辞屈无语，在陈蔡之间被围困。我遇到这么多忧患，亲戚交往逐渐稀疏，门徒朋友逐渐离散，怎么对待啊？”

子桑雽曰：“子独不闻假人之亡与？林回弃千金之璧，负赤子而趋。

子桑雽说：“你难道没听说过假国人逃亡吗？有个叫林回的人，放弃价值千金的玉器，怀抱婴儿疾走。

或曰：‘为其布与？赤子之布寡矣。为其累与？赤子之累多矣。弃千金之璧，负赤子而趋，何也？’

有人问：‘你谋求财货吗？婴儿的财帛很少哦。你考虑拖累吗？婴儿的拖累很多哦。舍弃千金美玉，抱着婴儿疾走，为什么呢？’

林回曰：‘彼以利合，此以天属也。’

林回说：‘选择美玉是拿利益折算，怀抱婴儿是用天性面对。’

夫以利合者，迫穷祸患害相弃也。以天属者，迫穷祸患害相收也。夫相收之与相弃亦远矣。

计算利益的人，迫于困厄、灾难、忧患和伤害，会互相抛弃。面对天性的人，窘于困厄、灾难、忧患和伤害，会互相收容。收容跟抛弃差距甚远哩。

且君子之交淡若水，小人之交甘若醴。（醴，读作‘礼’。甜酒。）君子淡以亲，小人甘以绝。彼无故以合者，则无故以离。”

君子交往像水一样无味，小人交往像甜酒一样甘美。君子淡泊，能够深情可靠。小人甘甜，可以瞬间断绝。那些无故爱打堆的人，将无故分离。”

孔子曰：“敬闻命矣！”

孔子说：“恭听教诲了！”

徐行翔佯而归，绝学捐书，弟子无挹于前，（挹通“揖”，读作“一”。拜揖。）其爱益加进。

孔子慢行徘徊返回家中。从此谢绝讲学，捐弃书籍。弟子无须在面前拜揖，彼此的爱心更加增进。

异日，桑雽又曰：“舜之将死，真泠禹曰：（真，司马本作‘直’。泠通‘令’。命令，晓谕。）‘汝戒之哉！形莫若缘，情莫若率。缘则不离，率则不劳；不离不劳，则不求文以待形；不求文以待形，固不待物。’”

隔些天，子桑雽又说：“舜临死前嘱咐禹：‘你警省啊！形体没有比得上顺物而行的，感情没有比得上坦率劝勉的。顺物而行则不违背，坦率劝勉则不耗费。不违背不耗费，就不用礼仪法令来防御形体。不用礼仪法令防范形体，当然不依靠其他的人和事了。’”

[高端智者的困顿观]

庄子衣大布而补之，正緳系履而过魏王。（緳，读作“协”。带子。）魏王曰：“何先生之惫邪？”

庄子穿着补丁粗衣，拿带子拴着鞋，去拜访魏王。魏王问：“为什么先生这般困顿？”

庄子曰："贫也，非惫也。士有道德不能行，惫也；衣弊履穿，贫也，非惫也。此所谓非遭时也。

庄子说："贫穷，不是困顿。士人有道德不能施行，才是困顿。破衣烂衫，鞋子穿孔，是贫穷，不是困顿。这叫生不逢时。

王独不见夫腾猿乎？其得枏梓豫章也，（枏同'楠'。楠木。豫章，樟类大木。）揽蔓其枝而王长其间，虽羿、蓬蒙不能眄睨也。（眄睨，读作'免逆'。斜视，表示轻慢。）

您难道没见过腾跃的猿么？它遇到楠木梓木和大樟木，便采摘藤蔓，把持枝丫，像君王一样自得其间，即使神射手后羿、蓬蒙来了，也不斜眼瞧瞧。

及其得柘棘枳枸之间也，危行侧视，振动悼栗。此筋骨非有加急而不柔也，处势不便，未足以逞其能也。

等它落入柘树、酸枣、臭橘、枸木这类荆棘丛中，便危惧行走，侧目观望，震撼惊恐，阵阵颤栗。此刻的筋骨，并非因为增加紧迫状态而不柔软了，而是处在不适宜的形势，不足以施展它的才能啊。

今处昏上乱相之间，而欲无惫，奚可得邪？此比干之见剖心征也夫！"

现在满世界昏君乱臣，想要不困顿，怎可满足？这是比干显露出剖心征兆的时候啊！"

孔子穷于陈蔡之间，七日不火食。左据槁木，右击槁枝，而歌猋氏之风，（猋读作"标"。犬奔貌。猋氏即神农。）有其具而无其数，有其声而无宫角。木声与人声，犁然有当于人之心。（犁然犹栗然。栗，威严，谨敬。）

孔子困厄在陈蔡两国之间，七天没有生火煮饭。他左手按着枯树，右手敲击枯枝，歌唱神农时代的民谣。可是有器具没节奏，有歌声没音律。木声伴随人声，流露出威严谨敬的韵味，有如歌者的心情。

颜回端拱还目而窥之。仲尼恐其广己而造大也，爱己而造哀也，曰："回，无受天损易，无受人益难。无始而非卒也，人与天一也。夫今之歌者其谁乎？"

颜回端直身姿，两手相合，回眸注视，接近于老师的境界。仲尼担心他传播自己而趋向崇拜，爱惜自己而趋向怜悯，就说："阿回，不受自然损伤容易，不受人的助益很难。没有初始不是终结，人和自然都一样。今天唱歌的人是谁呀？"

回曰："敢问无受天损易。"

颜回说："请问不受自然损伤容易。"

仲尼曰："饥渴寒暑，穷桎不行，天地之行也，运物之泄也，言与之偕逝之谓也。为人臣者，不敢去之。执臣之道犹若是，而况乎所以待天乎！"

仲尼答："饥饿干渴，寒冷暑热，贫困窒碍，以及不成功，属于天地运行，移动着的万物的牵引——我们常说，跟它们共同交往的意思。做别人的臣子，不敢相违。守持臣子道义尚且如此，何况是对待自然呢！"

"何谓无受人益难？"

"什么叫不受人的助益很难？"

仲尼曰："始用四达，爵禄并至而不穷。物之所利，乃非己也，吾命其在外者也。君子不为盗，贤人不为窃。吾若取之，何哉？

仲尼答："初次受重用时通达无阻，爵位俸禄同时来到，没有穷尽。外物所利益的，好像不是自身，而是我的生命取决于外界的部分。君子不做盗贼，贤人不当小偷。我若贪叨爵禄，像什么啊？

故曰：鸟莫知于鷾鸸，（鷾鸸，读作'意儿'。燕子。）目之所不宜处，不给视，虽落其实，弃之而走。其畏人也，而袭诸人间，社稷存焉尔。"

所以说：鸟儿没有比燕子更聪明的。眼睛所不宜辨察的，就不多看。纵使口衔的种子掉落地上，也舍弃而飞走。它害怕人，却融洽于人间，依傍社稷场所生存。"

"何谓无始而非卒？"

"什么叫没有初始不是终结？"

仲尼曰："化其万物而不知其禅之者，焉知其所终？焉知其所始？正而待之而已耳。"

仲尼答："变易万物而不知它们的替代者，怎么识别终结？怎么识别初始？认识事物的本来样貌，等候它们的变化而已啊。”

“何谓人与天一邪？”

“什么叫人和自然都一样？”

仲尼曰：“有人，天也。有天，亦天也。人之不能有天，性也。圣人晏然体逝而终矣！”

仲尼答：“有人情事理，属于自然。有万物天性，也属于自然。人的品行不能专有自然，是与生俱生的性质。圣人安然包容逝去的过程，而达到极限。”

[总结：万物常常互相伤害。不显摆才德，可以受人喜爱]

庄周游于雕陵之樊，睹一异鹊自南方来者，翼广七尺，目大运寸，感周之颡，（颡，读作“桑”。额头。）而集于栗林。

庄周在雕陵的篱笆边游玩，看见奇怪的喜鹊从南方飞来。它翅膀七尺宽，眼睛睁大有一寸，擦着庄周的额头掠过，栖息在板栗树林里。

庄周曰：“此何鸟哉？翼殷不逝，目大不睹。”

庄周说：“这是什么鸟啊？翅膀大不懂得咋个飞，眼睛大不懂得观察事物。”

蹇裳躩步，（蹇通“褰”，读作“千”。抠，提起。躩，读作“决”。疾行。）执弹而留之。睹一蝉，方得美荫而忘其身；螳螂执翳而搏之，（翳，读作“义”。隐藏，阴影。）见得而忘其形；异鹊从而利之，见利而忘其真。

他提起下衣疾行几步，手拿弹弓窥伺瞄打的时机。这时，看见一只蝉，刚获得美丽的树荫而忘了躯体。一只螳螂，依靠枝叶阴影去捕捉蝉，见有所得就忘了形象。那只怪喜鹊，跟随着捕获螳螂，看见利益便忘了自我。

庄周怵然曰：（怵，读作“触”。害怕，警惕。）“噫！物固相累，二类相召也！”捐弹而反走，虞人逐而谇之。（谇，读作“岁”。责问。）

庄周惊惧警惕地说：“噫！万物常常互相伤害，相比拼的偏颇\瑕疵互相招惹呀！”舍弃弹弓转身离开，栗园管理人追赶着责问他。

庄周反入，三月不庭。蔺且（庄子弟子）从而问之：“夫子何为顷间甚不庭乎?”

庄周返家，三个月不开心。弟子蔺且随行问他：“老师为什么近来心气特别不顺啊?”

庄周曰：“吾守形而忘身，观于浊水而迷于清渊。且吾闻诸夫子曰：‘入其俗，从其俗。’今吾游于雕陵而忘吾身，异鹊感吾颡，游于栗林而忘真，栗林虞人以吾为戮，吾所以不庭也。”

庄周说：“我守住形象却忘了躯体，细看浊水却迷惑于清渊。我听师尊讲过：‘进入某种习俗，就跟随那种习俗。’现在，我在雕陵游玩忘了身体。怪喜鹊触碰我的额头，游戏在栗林而忘了它的自我。栗园管理人又认为我有过失。我由此而不开心。”

阳子之宋，宿于逆旅。逆旅人有妾二人，其一人美，其一人恶，恶者贵而美者贱。

阳子到宋国去，住进客店。客店老板有两个妾，一人美丽，一人丑陋。丑妾受重视，美妾地位低。

阳子问其故，逆旅小子对曰：“其美者自美，吾不知其美也；其恶者自恶，吾不知其恶也。”

阳子询问其中的原因。客店老板回答：“美妾自以为美，我没感觉到她美。丑妾自以为丑，我没感觉到她丑。”

阳子曰：“弟子记之！行贤而去自贤之行，安往而不爱哉!”

阳子说：“同学们记住啊！使用才德，而去掉自恃才德的行为，到什么地方会不受喜爱呢!”

［**同游小语**］

本篇讨论忧患话题。

孔子遭遇的忧患可算特例了。他 31—37 岁东漂齐国，其间去东周问礼，被老子训诲得辞屈无语。47—54 岁在鲁国任中都宰、司空、司寇和代理鲁相，却因为齐国赠送女乐一件小事，又远离祖国去列国应聘。从 55 岁到 68

岁，周游11国未获一官半职。在生命的最后5年，才重回鲁国著书立说。

细心的读者会发现，庄子生活在战国，比孔子所在的春秋末期更加严酷：如像螳螂捕蝉寓言所描写的，万物互相伤害，已经显露出比干剖心的征兆了！

笔者读《山木》，有诗曰：

山中生大木，无用终天年。
狐豹患机辟，皮毛惹祸端。
虚船江湖游，触碰未愊惼。
淡水君子交，补丁过王官。
见得休忘形，螳螂阴捕蝉。
行贤去自贤，何人不喜欢。

田子方第二十一

[真人\至人的人格魅力]

田子方侍坐于魏文侯，数称谿工。

田子方陪坐在魏文侯旁边，屡次赞扬谿工（人名）。

文侯曰："谿工，子之师邪？"

文侯问："谿工，是您的老师吗？"

子方曰："非也，无择之里人也。称道数当，故无择称之。"（田子方名无择，字子方。）

子方说："不是，是我的邻居。他述说道最恰当，所以我称赞他。"

文侯曰："然则子无师邪？"

文侯问："这样啊，您就没有老师吗？"

子方曰："有。"

子方说："有。"

曰："子之师谁邪？"

问："您的老师是谁？"

子方曰："东郭顺子。"

子方答："东郭顺子。"

文侯曰："然则夫子何故未尝称之？"

文侯问："那么，老先生是什么原因，未曾称扬过他？"

子方曰："其为人也真。人貌而天虚，缘而葆真，清而容物。物无道，正容以悟之，使人之意也消。无择何足以称之！"

子方说："他为人真实。常人外貌，自然心态。顺循着保全本性，清廉却容纳事物。别人无道，他端正仪容去启发，使当事人消除邪念。我哪里可以谈论他！"

子方出，文侯傥然，终日不言。

子方离开，文侯怅然若失，整天不说话。

召前立臣而语之曰："远矣，全德之君子！始吾以圣知之言，仁义之行，为至矣。吾闻子方之师，吾形解而不欲动，口钳而不欲言。吾所学者，直土梗耳！夫魏真为我累耳！"

他召唤面前站立的臣子交谈："差距大呀，跟全德君子相比！当初以为，圣智学说和仁义行为是最好的。听到子方的老师之后，我形体涣散不想活动，嘴巴闭上不想说话。我所学的东西，只是泥塑偶像。魏国，真是我的牵累啊！"

温伯雪子适齐，舍于鲁，鲁人有请见之者。

温伯雪子（楚人）前往齐国，在鲁国居住，鲁国有请求见他的人。

温伯雪子曰："不可。吾闻中国之君子，明乎礼义，而陋于知人心。吾不欲见也。"

温伯雪子说："不可以。我听说中原地区各诸侯国的君子，明审礼义，却对了解人心见闻不广。我不想见。"

至于齐，反舍于鲁，是人也又请见。

到达齐国，返程居住鲁国，此人又请见。

温伯雪子曰："往也蕲见我，（蕲通'祈'。祈求。）今也又蕲见我，是必有以振我也。"

温伯雪子说："往日祈求见我，今天又祈求见我，如此一定有用来感动我的东西。"

出而见客，入而叹。明日见客，又入而叹。其仆曰："每见之客也，必入而叹，何耶？”

外出见了客人，入门就叹气。次日见客，进门又叹气。仆人问：“每回见客，入门必定叹息，为什么呢？”

曰：“吾固告子矣，中国之民，明乎礼义，而陋乎知人心。昔之见我者，进退一成规，一成矩，从容一若龙，一若虎。其谏我也似子，其道我也似父，是以叹也。”

说：“我早就告诉你了，中原各国的人，明白礼义，却对了解人心见闻不广。昨天见我的人，进退忽而固定圆形，忽而固定方形。举动忽而像龙，忽而像虎。他匡谏我像儿子侍奉父亲，训导我像父亲教育儿子，因此叹气。”

仲尼见之而不言。子路曰：“吾子欲见温伯雪子久矣。见之而不言，何邪？”

仲尼见到他不说话。子路问：“您希望见温伯雪子很久了，见面却不说话，为什么呀？”

仲尼曰：“若夫人者，目击而道存矣，亦不可以容声矣。”

仲尼说：“像他的品行，亲眼看到，道就留存，已经不可以容纳声音了。”

[真人＼至人的精神境界]

颜渊问于仲尼曰：“夫子步亦步，夫子趋亦趋，夫子驰亦驰。夫子奔逸绝尘，而回瞠若乎后矣！”

颜渊跟仲尼探讨：“老师徐行我也徐行，老师快走我也快走，老师奔跑我也奔跑。老师快跑脚不沾地，我干瞪眼，好像落在后面了。”

夫子曰：“回，何谓邪？”

仲尼说：“颜回，你是什么意思？”

曰：“夫子步，亦步也。夫子言，亦言也。夫子趋，亦趋也。夫子辩，亦辩也。夫子驰，亦驰也。夫子言道，回亦言道也。

说：“老师徐行，我也徐行了。老师说话，我也说话了。老师快走，我也快走了。老师辩论，我也辩论了。老师奔跑，我也奔跑了。老师陈述道，我也陈述过道。

及奔逸绝尘，而回瞠若乎后者，夫子不言而信，不比而周，无器而民滔乎前，而不知所以然而已矣。”

等到快跑脚不沾地，而我瞪大眼睛落在后面，是因为老师不讲话就诚信，不结党就亲密，没有名位爵号人们即涌聚在身前，却不懂为何这样罢了。”

仲尼曰：“恶，可不察与？夫哀莫大于心死，而人死亦次之。

仲尼说：“啊，可以不区分吗？悲哀莫大于内心失去知觉，人死只是其次。

日出东方而入于西极，万物莫不比方。有目有趾者，待是而后成功。

日出东方，入于西方极远之处，万物没有谁不和顺这个常法。有名目有踪迹的人和事物，依靠此法则而后成功。

是出则存，是入则亡。万物亦然，有待也而死，有待也而生。（有，相当于“或”。）

该法则往外拿出就生存，收进内里就消亡。万物也是这样，或等待它死亡，或依仗它生存。

吾一受其成形，而不化以待尽。效物而动，日夜无隙，而不知其所终。

我一旦禀受它成为形体，便不改变，如此等候死期。摹仿万物活动，日夜没有间隙，不知道终极。

薰然其成形，知命不能规乎其前。丘以是日徂。（徂，读作“促—阳平”。往，到，存在。）

温和自动地成为形象，懂得命运不能提前谋划。我由此一天天存在。

吾终身与汝交一臂而失之，可不哀与？

我终身跟你接触一条胳膊而错过，能不悲哀吗？

女殆著乎吾所以著也，彼已尽矣。而女求之以为有，是求马于唐肆也。（唐，空，虚空。）

你大概遇见了我显露的东西，那些已经终止了。而你寻求它，以为普遍存在，是在空荡荡的集市上寻找马呀。

吾服女也甚忘，女服吾也亦甚忘。虽然，女奚患焉！虽忘乎故吾，吾有不忘者存。”

我信服你，真忘记了。你佩服我，也正好忘了。即使如此，你担心什么呢？虽然忘记旧时的我，我有不遗忘的东西存在。”

孔子见老聃，老聃新沐，方将被发而干，（被，覆盖。后作“披”。）慹然似非人。（慹，读作“哲”。不动貌。）

孔子拜见老聃，老聃刚洗了头，正打算披发自干，寂寥不动，像不真实的人。

孔子便而待之，少焉见，曰：“丘也眩与，其信然与？向者先生形体，掘若槁木，（掘通‘兀’，读作‘务’。直立不动貌。）似遗物离人，而立于独也。”

孔子安适地等候，不久会见，说：“我眼花了呢，还是确实如此？刚才先生的形体，直立不动像棵枯树，好似死者留下的物品离开了人，在孤单站立。”

老聃曰：“吾游心于物之初。”

老聃说：“我遐想在万物的初始。”

孔子曰：“何谓邪？”

孔子问：“什么意思？”

曰：“心困焉而不能知，口辟焉而不能言。尝为汝议乎其将。

答：“我心思疲倦，像似不能知觉。嘴巴张开，像似不能说话。尝试着为你谈谈，万物初始的表达方式。

至阴肃肃，至阳赫赫。肃肃出乎天，赫赫发乎地。两者交通成和，而物生焉。或为之纪，而莫见其形。

极点的阴，疾速萧瑟。极点的阳，明亮燥热。疾速萧瑟在天空出现，明亮燥热在大地发生。两者交错通达，成为和谐，万物就生育了。常常滋生又相遇相合，没有谁见过它们的形象。

消息满虚，一晦一明。日改月化，日有所为，而莫见其功。

两者一消一长，互为更替。或满或空，发展变化。忽而昏暗，忽而光明。每天更改，每月转化。一天天地有所作为，没有谁看见它们的功效。

生有所乎萌，死有所乎归，始终相反乎无端，而莫知乎其所穷。

生出，有方位萌发。死亡，有处所返回。从开始到最后，相互翻转于没有缘由\没有边际，没有谁知道它们的穷尽。

非是也，且孰为之宗！”

不是如此，将要谁做生长的根本！”

孔子曰：“请问游是。”

孔子说：“请问遨游的法则。”

老聃曰：“夫得是，至美至乐也。得至美而游乎至乐，谓之至人。”

老聃说：“晓悟万物初始，是最美和最大快乐。获得最美，在最大快乐里遨游，叫做至人。”

孔子曰：“愿闻其方。”

孔子说：“希望听听其中的辨别。”

曰：“草食之兽，不疾易薮。（薮，读作‘叟’。湖泽。）水生之虫，不疾易水。行小变而不失其大常也。喜怒哀乐，不入于胸次。

说：“草食的鸟兽，不担忧转变湖泽。水生的昆虫，不担忧转变水域。经历小变更，不失去大常规。喜怒哀乐，不进入胸中。

夫天下也者，万物之所一也。得其所一而同焉，则四肢百体将为尘垢，而死生终始将为昼夜，而莫之能滑，而况得丧祸福之所介乎！（介通‘芥’。芥子；喻微小。）

天下这玩意儿，是万物的统一。了解其中适宜的均平与聚合，则四肢百体将成为尘垢，死生终始将成为昼夜，没有谁能够扰乱。更何况得失祸福这些纤芥小事呢！

弃隶者若弃泥涂，知身贵于隶也。贵在于我而不失于变。

放弃臣仆的人，像抛弃泥土，懂得自身比臣仆位尊。尊贵在于我，变更中不会失掉什么。

且万化而未始有极也，夫孰足以患心？已为道者解乎此。”

而且，无穷尽的变化未曾有尽头，谁足以忧患内心？已经学道的人，理解这一点。”

孔子曰：“夫子德配天地，而犹假至言以修心。古之君子，孰能脱焉！”

孔子说：“老师德配天地，仍然凭借至理真言修养内心。古代的君子，谁会有疏略呢！”

老聃曰：“不然。夫水之于汋也，（汋，读作‘灼’。水涌流。）无为而才自然矣。至人之于德也，不修而物不能离焉。若天之自高，地之自厚，日月之自明。夫何修焉！”

老聃说：“不要这样讲。水对于涌流，无形无名＼留下空间地作为，而才性天然。至人对于德行，不修养，人事不能离开。好比天空自然地高，大地自然地厚，日月自然地明。修养什么呢！”

孔子出，以告颜回曰：“丘之于道也，其犹醯鸡与。（醯读作‘西’。醯鸡，瓮中的蠛蠓。）微夫子之发吾覆也，吾不知天地之大全也。”

孔子离开后，只告诉颜回：“我对于道，就像陶器里的小蠓虫。不是夫子开启了我的遮蔽，我不懂天地的终极完备。”

［真人＼至人的形神气韵］

庄子见鲁哀公。哀公曰：“鲁多儒士，少为先生方者。”

庄子进见鲁哀公。哀公说：“鲁国多儒士，研究先生学术的人很少。”

庄子曰：“鲁少儒。”

庄子说：“鲁国少儒士。”

哀公曰：“举鲁国而儒服，何谓少乎？”

哀公说：“整个鲁国都穿儒服，怎么说少呢？”

庄子曰：“周闻之，儒者冠圜冠者，（圜冠，古代儒生戴的圆形帽子。）知天时。履句屦者，（屦，读作‘具’。麻葛制成的鞋。句屦，鞋名。）知地形。缓佩玦者，事至而断。君子有其道者，未必为其服也。为其服者，未必知其道也。

庄子说：“我听说，儒者戴圆形帽，知道天时。穿句屦鞋，知道地形。

宽缓系在衣带上的玉玦，事情来了能够决断。君子有这些本事，未必穿着上述服饰。穿着上述服饰的人，未必懂得这些事理。

公固以为不然，何不号于国中曰：无此道而为此服者，其罪死！”

您必然以为不这样，何不在国中发令说：没有上述本事，却穿着上述服饰的人，判死罪！”

于是哀公号之五日，而鲁国无敢儒服者。独有一丈夫，儒服而立乎公门。公即召而问以国事，千转万变而不穷。

于是哀公号令五天，鲁国没有敢穿儒服的人。独有一个成年男子，身穿儒服站立哀公门前。哀公即刻召请他询问国事，千转万变而不辞屈。

庄子曰：“以鲁国而儒者一人耳，可谓多乎？”

庄子说：“在鲁国才儒者一人，可以叫做多吗？”

百里奚爵禄不入于心，故饭牛而牛肥。使秦穆公忘其贱，与之政也。

百里奚爵禄不进入内心，所以喂牛就牛肥。致使秦穆公忘记他卑贱，授予政事。

有虞氏死生不入于心，故足以动人。

有虞氏死生不进入内心，所以足以感动他人。

宋元君将画图，众史皆至，受揖而立，（受，付给，授予。后作“授”。）舐笔和墨，在外者半。

宋元君将要画图，众多画师都来了，行拱手礼而后站立，舐笔和墨，半数在门外。

有一史后至者，儃儃然不趋，（儃，读作“坦”。悠闲貌。）受揖不立，因之舍。

有位画师迟到，悠闲宽舒不疾走，行过拱手礼后不站立，随着往画室走。

公使人视之，则解衣般礴，（般礴，读作“盘驳”。伸开两腿，席地而坐。）裸。

元君派人观察他，只脱下衣服，伸腿席地而坐，赤身露体。

君曰：“可矣，是真画者也。”

元君说："行了，是真正画图的人。"

文王观于臧，见一丈夫钓，而其钓莫钓。非持其钓，（持通"恃"。依仗，凭借。）有钓者也，常钓也。

周文王在臧地游玩，看见一个成年男子钓鱼，钓钩上没有鱼饵。他不依仗手段谋取，只呈现钓鱼的样子，常常这样钓。

文王欲举而授之政，而恐大臣父兄之弗安也。欲终而释之，而不忍百姓之无天也。

文王希望选拔此人，委任政事，唯独担心大臣父兄们滋生不安。想要终止放下他，却不忍心百姓没有人伦尊者。

于是旦而属之大夫曰："昔者寡人梦见良人，黑色而髯，（髯，读作'然'。两颊长的胡子。）乘驳马而偏朱蹄，号曰：寓而政于臧丈人，庶几乎民有瘳乎！"（瘳，读作"抽"。痊愈，治，益。）

于是，早晨会集大夫说："昨晚，寡人梦见善良的人，黑脸长须，乘杂色马，有一只大红马蹄。他命令说：托付政事给臧地老人，也许百姓可以有治。"

诸大夫蹴然曰：（蹴，读作"促"。不安。）"先君王也。"

众位大夫局促不安地说："是先君王啊。"

文王曰："然则卜之。"

文王说："如此就占卜吧。"

诸大夫曰："先君之命，王其无它，又何卜焉。"

众位大夫说："先君的命令，大王别无选择，又占什么卜哟。"

遂迎臧丈人而授之政。典法无更，偏令无出。

于是，迎接臧地老人委任政事。典章法规无更改，偏私政令不出现。

三年，文王观于国，则列士坏植散群，长官者不成德，斔斛不敢入于四竟。（斔读作"宇"；量器，六斛四斗。斛读作"胡"；量器，十斗。）

三年后，文王视察邦国，有名望的人破坏组织，解散群体。执掌官职的人，不自成恩德（不权力寻租）。斔斛之类的量器，不敢从四境进入（国内统一了计量标准）。

列士坏植散群，则尚同也。长官者不成德，则同务也。斔斛不敢入于四竟，则诸侯无二心也。

有名望的人破坏组织和解散群体，将崇尚相同。执掌官职的人不自成恩德，将偕同做事。斔斛之类的量器，不敢从四境进入，诸侯无二心。

文王于是焉以为大师，北面而问曰："政可以及天下乎？"

文王于是用他做太师，面朝北方行弟子礼，问："政事可以到达天下吗？"

臧丈人昧然而不应，泛然而辞，朝令而夜循，终身无闻。

臧地老人隐忍着不回应，随意解说几句。早晨发出命令，夜间就逃匿，终身没有消息。

颜渊问于仲尼曰："文王其犹未邪？（犹，欺诈。未，相当于'否'。闭塞，低劣。）又何以梦为乎？"

颜渊跟仲尼探讨："文王欺诈低劣者吧？又凭借梦境做什么？"

仲尼曰："默，汝无言！夫文王尽之也，而又何论刺焉！彼直以循斯须也。"

仲尼说："静一静，别说话！文王达到极致了，你又喳哇挑刺什么！他特地用来安抚片刻啊。"

列御寇为伯昏无人射，引之盈贯，措杯水其肘上，发之，适矢复沓，方矢复寓。当是时，犹象人也。

列御寇给伯昏无人（人名）演练射箭。开弓满弦，安放一杯水在胳膊上才发射，假如前一支箭再次在箭靶重叠，正当后一支箭重新扣上弓弦。值此时刻，像个稻草人。

伯昏无人曰："是射之射，非不射之射也。尝与汝登高山，履危石，临百仞之渊，若能射乎？"

伯昏无人说："是开弓射箭的技能训练，并非不放箭的技能训练。试着同你登高山，踏危石，面对百仞深渊，你能够射箭吗？"

于是无人遂登高山，履危石，临百仞之渊，背逡巡，足二分垂在外，揖御寇而进之。御寇伏地，汗流至踵。

于是，伯昏无人登上高山，脚踏危石，到达百仞深渊，背对着欲行又止，两脚一半悬空在外，逊让御寇向前。御寇趴在地上，汗水流到脚后跟。

伯昏无人曰："夫至人者，上窥青天，下潜黄泉，挥斥八极，神气不变。今汝怵然有恂目之志，尔于中也殆矣夫！"

伯昏无人说："凡至人，高处窥视青天，低处探测黄泉，奔放八方极远之地，神气不变。现在你悚惧，有眨巴眼睛的神志——你要射中还差点儿火候啊！"

[真人＼至人的洒脱处世态度]

肩吾问于孙叔敖曰："子三为令尹而不荣华，三去之而无忧色。吾始也疑子，今视子之鼻间栩栩然。子之用心独奈何？"

肩吾跟孙叔敖探讨："您三次当令尹却不荣华，三次离职没有忧色。我当初怀疑您，如今看你鼻息间生动欢畅。您的用心将怎么样？"

孙叔敖曰："吾何以过人哉！吾以其来不可却也，其去不可止也。吾以为得失之非我也，而无忧色而已矣。

孙叔敖说："我凭什么超过别人啰！我认为，荣华到来不可推却，离开不可停留。我以为，得失已经不是我，所以没有忧色而已。

我何以过人哉！且不知其在彼乎，其在我乎？其在彼邪，亡乎我。在我邪，亡乎彼。方将踌躇，方将四顾，何暇至乎人贵人贱哉！"（至通"志"。心情，意念。）

我拿什么超过别人！况且，不知道荣华取决于别人呢，还是取决于我？取决于别人吧，没我什么事。取决于我吧，没别人什么事。正想要从容自得，正想要四周打望，哪有闲心在人贵人贱呢？"

仲尼闻之曰："古之真人，知者不得说，美人不得滥，盗人不得劫，伏戏黄帝不得友。

仲尼听到上述对话，说："古代的真人，智者不能劝诱，美人不能淫乱，盗贼不能强取，伏羲氏和黄帝不能结交。

死生亦大矣，而无变乎己，况爵禄乎！

死生已经很重大，仍然没法惊扰自己，何况爵禄呢！

若然者，其神经乎大山而无介，入乎渊泉而不濡，（濡，读作‘如’。沾湿，淹没。）处卑细而不惫。充满天地，既以与人，己愈有。”

像这样的人，他的精神，经过大山没阻碍，进入渊泉不淹没，位处卑细不困顿。充满天地，已经给予别人，自己更加拥有。”

楚王与凡君坐，少焉，楚王左右，曰凡亡者三。

楚王跟凡国国君同坐，不一会儿，楚王的近臣，三次说凡国灭亡了。

凡君曰：“凡之亡也，不足以丧吾存。夫凡之亡不足以丧吾存，则楚之存不足以存存。由是观之，则凡未始亡，而楚未始存也。”

凡君说：“凡国灭亡，不足以丢失我的存在。凡国灭亡不足以丢失我的存在，意即楚国的存在，不足以长期保全存续。由此观之，倒是凡国不曾灭亡，楚国不曾存在。”

［同游小语］

《黄帝内经·素问·上古天真论》，把真人列为上古最懂道的人。把至人列为中古最懂道的人（归属于真人）。其次才有圣人，其次才有贤人。

《庄子·天下》篇说，“不离于真，谓之至人”，把二者视为同一级别。什么叫做真呢？本原于天地，本性于自身，精淳于道，真实正派地做人做事。抛弃一切虚假伪装的成分。

本文多侧面勾画出真人\至人的形象气韵。我辈欲做真实的人，不妨从其间体味一二。

笔者读《田子方》，有诗曰：

做人葆天真，正容消邪意。
阴阳游物初，万化未有极。

鲁儒解冠珮，臧叟虚钓食。

御寇射术殆，叔敖忧色离。

哀莫大心死，得丧何堪议。

生萌逝可归，始终无端倪。

知北游第二十二

[世界观：万物养育而无知觉，至人细看了天地的意义]

知北游于玄水之上，登隐弅之丘，(弅，读作“粉”。山丘高起貌。)而适遭无为谓焉。

知(虚拟人名)游历北方，在赤黑河流上，登临幽隐高隆的土山，偶遇无为谓(虚拟人名)。

知谓无为谓曰：“予欲有问乎若：何思何虑则知道？何处何服则安道？何从何道则得道？”

知告诉无为谓：“我想跟你探讨：怎样思考，怎样谋划，就了解道？怎样审度，怎样实行，就习惯道？怎样跟随，怎样疏通，就契合道？”

三问而无为谓不答也。非不答，不知答也。

问三次，无为谓不回答。不是不回答，是不懂得应对。

知不得问，反于白水之南，登狐阕之上，而睹狂屈焉。

知没得到回音，便返回白色河流的南岸，登上狐阕土山，看见狂屈(虚拟人名)。

知以之言也问乎狂屈。狂屈曰：“唉！予知之，将语若。”中欲言而忘其所欲言。

知用同样的话问狂屈。狂屈说：“唉！我知道，将要告诉你。”他内心愿意说，却忘了想说的话。

知不得问，反于帝宫，见黄帝而问焉。

知没有得到回音。他返回帝宫，进见黄帝继续询问。

黄帝曰："无思无虑始知道，无处无服始安道，无从无道始得道。"

黄帝说："没有思考，没有谋划，方才了解道。不要审度，无形无名地实行，方才习惯道。不论跟随，不论疏通，方才契合道。"

知问黄帝曰："我与若知之，彼与彼不知也，其孰是邪？"

知询问黄帝："我和你懂了，无为谓跟狂屈不懂，谁正确？"

黄帝曰："彼无为谓真是也，狂屈似之，我与汝终不近也。

黄帝说："那位无为谓真实地正确，狂屈貌似正确，我与你终究未能接近大道。

夫知者不言，言者不知，故圣人行不言之教。

了解的人不说话，说话的人不了解。于是圣人施行潜移默化的教化。

道不可致，德不可至。仁可为也，义可亏也，礼相伪也。

道不能送去，德不能来到。仁能够作为，义能够缺损，礼相互虚假。

故曰：'失道而后德，失德而后仁，失仁而后义，失义而后礼。礼者，道之华而乱之首也。'

所以说：'丧失道之后讲德，丧失德之后讲仁，丧失仁之后讲义，丧失义之后讲礼。礼，是道的虚华，和动荡的开端。'

故曰：'为道者日损，损之又损之，以至于无为。无为而无不为也。'

所以说：'悟道的人一天天减损，减损又减损，以至于无形无名\留下空间地作为。无形无名\留下空间地作为，没有不治理的事物。'

今已为物也，欲复归根，不亦难乎！其易也，其唯大人乎！

现在已然设立万物，想要复返根源，不是太难了吗！如果说容易，也许只有跟天地合德的人了。

生也死之徒，死也生之始，孰知其纪！

生存，是死亡的同类；死亡，是生出的开始。谁知道头绪！

人之生，气之聚也。聚则为生，散则为死。若死生为徒，吾又何患？

人出生，是元气聚合。气聚就成生命，气散就成死亡。如果死生同类，我又担心什么？

故万物一也。是其所美者为神奇，其所恶者为臭腐。臭腐复化为神奇，神奇复化为臭腐。故曰：‘通天下一气耳。’圣人故贵一。”

因此万物相同。人们认定自己喜欢的事物为神奇，认定自己憎恶的事物为臭腐。臭腐再变化为神奇，神奇复转化为臭腐。所以说：‘通达天下，是一样的气体。’圣人必定重视纯一。”

知谓黄帝曰：“吾问无为谓，无为谓不应我，非不我应，不知应我也。吾问狂屈，狂屈中欲告我而不我告，非不我告，中欲告而忘之也。今予问乎若，若知之，奚故不近？”

知告诉黄帝：“我问无为谓，无为谓不回答我；不是不应答，是不懂适应我。我问狂屈，狂屈心想告诉我，却没告诉。他不是不跟我谈，是内心愿意说，却忘了想说的话。如今我问你，你了解情况，为什么仍然不靠谱？”

黄帝曰：“彼其真是也，以其不知也。此其似之也，以其忘之也。予与若终不近也，以其知之也。”

黄帝说：“无为谓真实地正确，因为他不懂。狂屈貌似正确，因为他忘记了。我和你终究不靠谱，因为自己知道要说的话。”

狂屈闻之，以黄帝为知言。

狂屈听罢，认为黄帝是懂得说话的人。

天地有大美而不言，四时有明法而不议，万物有成理而不说。

天地有超级佳景而不说话，四季有显著规律而不评议，万物有现成条理而不解释。

圣人者，原天地之美而达万物之理。是故至人无为，大圣不作，观于天地之谓也。

圣人推究天地佳景，通达万物条理。因此，至人无形无名\留下空间地作为，大圣不初始兴起——他们细看了天地的意义。

今彼神明至精，与彼百化。物已死生方圆，莫知其根也。扁然而万物自古以固存。（扁通“遍”。普遍。）

如今那神明极其精微，随着那些百物变化。事物已然死生＼方圆，没有谁知道其中的根由。万物普遍如此，自古认为早就存在。

六合为巨，未离其内。秋豪为小，待之成体。

天地四方称作巨大，不离神明精微＼百物变化的内里。秋兽新生细毛称作纤小，等待神明精微＼百物变化成全形体。

天下莫不沈浮，终身不故。阴阳四时运行，各得其序。

天下莫不沉沉浮浮，终生不陈旧。阴阳四时运行，各各得其次序。

惛然若亡而存，（惛同“惽”，读作“昏”。不明白，糊涂。）油然不形而神，（油，宽舒和顺貌。）万物畜而不知。此之谓本根，可以观于天矣！

稀里糊涂好像失去却存在，宽舒和顺不见形象却神奇，万物养育而无知觉——这就叫本根，藉此可以观察自然了。

［详释什么叫做道］

啮缺问道乎被衣，被衣曰：“若正汝形，一汝视，天和将至。摄汝知，一汝度，神将来舍。德将为汝美，道将为汝居。汝瞳焉如新生之犊而无求其故。”（瞳，读作“童”。无知直视之貌。）

啮缺向被衣问道，被衣说：“你正定形体，纯一视野，自然和谐就会到来。收摄智慧，均平法度，鬼神必来安居。德，将要为你完美。道，将要被你占据。你懵懵懂懂地瞪着眼睛，好比初生牛犊，不要探求其中的根由。”

言未卒，啮缺睡寐。被衣大说，行歌而去之，曰：“形若槁骸，心若死灰，真其实知，不以故自持。媒媒晦晦，（媒媒，昏惑愚昧貌。）无心而不可与谋。彼何人哉！”

话没说完，啮缺已经睡着了。被衣很高兴，咏唱着离开，说：“形象如同枯骨，心思好像死灰，精淳他的真知，不因为事故而自我矜持。昏惑愚昧，晦暗隐藏，没心没肺，不可参与谋虑。他是什么人哦！”

舜问乎丞：“道可得而有乎？”

舜询问丞："道可以获得和拥有吗？"

曰："汝身非汝有也，汝何得有夫道！"

答："你的身躯不是你拥有，怎能拥有道！"

舜曰："吾身非吾有也，孰有之哉？"

舜说："我的身躯不是我拥有，谁拥有它？"

曰："是天地之委形也。

答："是天地托付的形象。

生非汝有，是天地之委和也。性命非汝有，是天地之委顺也。子孙非汝有，是天地之委蜕也。（蜕，读作'退'。蝉、蛇脱下的皮。清王先谦《庄子集解》："形形相禅，故曰蜕。"）

生出不是你专有，是天地委托的和谐。性命不是你专有，是天地委托的陈列。子孙不是你专有，是天地委托的蜕皮。

故行不知所往，处不知所持，食不知所味。天地之强阳气也，（强阳，运动貌。）又胡可得而有邪！"

因而行走不知道去处，留下不知道握持，吃东西不知道滋味。天地间运动着的是气体，又岂可获得跟拥有哩。"

孔子问于老聃曰："今日晏闲，敢问至道。"

孔子与老聃探讨："今天安闲，冒昧问问至道。"

老聃曰："汝齐戒，（齐同'斋'。古人祭祀或举行其他典礼前整洁身心，以示虔敬。）疏瀹而心，（瀹，读作'月'。疏通，疏导。）澡雪而精神，掊击而知。夫道，窅然难言哉！（窅，读作'杳'。深远，茫然。）将为汝言其崖略。

老聃说："你斋戒，疏通你的心思，洗净你的精神，打破你的聪明。道，深远茫然难以陈述，我只给你说说大略。

夫昭昭生于冥冥，有伦生于无形，精神生于道，形本生于精，（精，真气，古人认为宇宙间的一种能变的灵气。）而万物以形相生。故九窍者胎生，八窍者卵生。

光明显著，从昏暗迷糊生出。有条有理，从没有形象生出，精神从道生出，形体根本从真气生出。继而，万物凭形体交互生出。于是九窍动物胎生，八窍动物卵生。

其来无迹，其往无崖，无门无房，四达之皇皇也。

它们来无印迹，去无边际，没有出入口，没有房舍，四方通达，滋长出光大美盛。

邀于此者，四肢强，思虑恂达，（恂，读作‘旬’。信心，畅通。）耳聪目明。其用心不劳，其应物无方。

符合上述概略的人，四肢健壮，思虑畅达，耳目聪明。他们用心不辛苦，待人接物没有违逆。

天不得不高，地不得不广，日月不得不行，万物不得不昌，此其道与！

天不得不高，地不得不广，日月不得不运行，万物不得不昌盛。这就是道啊！

且夫博之不必知，辩之不必慧，圣人以断之矣！

况且，通博不必了解，巧言不必智慧，圣人已然裁定。

若夫益之而不加益，损之而不加损者，圣人之所保也。

至于增益而不加多，减损而不加毁，则是圣人保有的理念。

渊渊乎其若海，魏魏乎其终则复始也。运量万物而不匮。则君子之道，彼其外与！万物皆往资焉而不匮，此其道与！

深邃啊，好比大海，高大独立，终止了即返回初始——它移动测定万物而不竭尽。依照君子之道，那还是皮毛。万物都来往供给而不匮乏，这才是道啊！

中国有人焉，非阴非阳，处于天地之间，直且为人，将反于宗。

中国有些人，避开阴避开阳，处于天地之间，暂且成为人，打算返回根本。

自本观之，生者喑醷物也。（喑醷，读作‘音爱’。聚气貌。）虽有寿夭，相去几何？须臾之说也，奚足以为尧桀之是非！

从根源看，生命是聚气物体。虽有长寿或早死，二者相距多少？片刻欢乐而已，哪里够得上研究唐尧夏桀的是非！

果蓏有理，（蓏，读作‘裸’。植物果实，瓜类。）人伦虽难，所以相齿。

瓜果有纹理，人际关系虽然困难，尚可相互序列位次。

圣人遭之而不违，过之而不守。调而应之，德也。偶而应之，道也。帝之所兴，王之所起也。

圣人遭遇了不避开，过去了不执守。和谐接受，是德。匹配应对，是道。帝施行它可以兴盛，王施行它可以崛起。

人生天地之间，若白驹之过郤，（郤通‘隙’，读作‘细’。空隙，间隙。）忽然而已。

人生天地间，宛如白马跑过空隙，倏忽而已。

注然勃然，莫不出焉。油然漻然，（漻，读作‘流’。变化貌。）莫不入焉。已化而生，又化而死。生物哀之，人类悲之。

灌注聚集，排挤旋转，莫不产生。兴盛和顺，寂静变化，莫不接纳。已然改变生出，又翻跟头到穷尽。有生命的物体，都悲伤这些转化无常，人类也怅望莫名。

解其天弢，（弢，读作‘涛’。弓袋，套子。）堕其天袠。（袠，读作‘至’。口袋；捆扎，缠裹。）纷乎宛乎，魂魄将往，乃身从之，乃大归乎！

解脱天生的套子，毁坏天生的束缚。纷乱宛转，魂魄将离去，然后身躯跟随，就是最后归宿。

不形之形，形之不形，是人之所同知也，非将至之所务也，此众人之所同论也。

不是形象生出形象，形象达到不是形象，乃人类共识，并非将要到来的事。这是众人的定评。

彼至则不论，论则不至。明见无值，辩不若默。

最好的善不议论。议论了，就未达到极致。显明见解没有价值，巧言不如静默。

道不可闻，闻不若塞。此之谓大得。”

道不可以听闻，听闻不如闭塞。这叫大彻大悟。”

［多侧面论述认识论］

东郭子问于庄子曰：“所谓道，恶乎在？”

东郭子跟庄子探讨："所谓道，在什么地方？"

庄子曰："无所不在。"

庄子说："无所不在。"

东郭子曰："期而后可。"

东郭子说："希望你随后肯定回答。"

庄子曰："在蝼蚁。"

庄子说："在蝼蛄和蚂蚁。"

曰："何其下邪？"

问："为何这样低下？"

曰："在稊稗。"（稗读作"败"；草名，叶似稻，杂生于稻田中。稊读作"提"；草名，形似稗。）

答："在稊草稗草。"

曰："何其愈下邪？"

问："怎么越发低下了？"

曰："在瓦甓。"（甓，读作"辟"。砖。）

答："在瓦片砖头。"

曰："何其愈甚邪？"

问："咋个愈益卑下呢？"

曰："在屎溺。"

答："在屎尿。"

东郭子不应。

东郭子不应对。

庄子曰："夫子之问也，固不及质。

庄子说："先生询问，原本无关道的实质。

正获之问于监市履狶也，（狶，读作'希'。大猪。）每下愈况。

官长获（获，人名）向屠夫询问，脚踏肥猪，逐次降低踩踏部位，越发推测到猪的膘情。

汝唯莫必，无乎逃物。至道若是，大言亦然。周遍咸三者，异名同实，其指一也。

你不要必须什么，没有哪个逃离万物。至道如此，重大言论也如此。周悉普遍感知多多，它们殊异的名称，相同的实际内容，其意旨是一样的。

尝相与游乎无何有之宫，同合而论，无所终穷乎！

曾经相随遨游在啥都没有的场所，齐一符合地议论，没有终止，没有穷极。

尝相与无为乎！澹而静乎！漠而清乎！调而閒乎！（閒，读作‘闲’。安静，空闲。）

曾经相随无形无名＼留下空间地作为，恬淡安静，淡泊清虚，调和而空闲。

寥已吾志，无往焉，而不知其所至。去而来，而不知其所止。吾已往来焉，而不知其所终。彷徨乎冯闳，（冯，马蹄著地坚实之貌，引申为盛，大，满。闳通‘宏’，宏大，广博。）大知入焉，而不知其所穷。

空寂高远啊，我的意念。没有离去，就不知到达。去而复来呢，就不知停留。我已往往来来，却不知结局。徘徊在盛大广博的境域，大智慧契合了，却不知极点。

物物者，与物无际。而物有际者，所谓物际者也。不际之际，际之不际者也。

观察＼选择万物的人，跟万物没有分界。而事物存在交界处——所谓事物合缝的地方。不是边界生出边界，边界达到不是边界。

谓盈虚衰杀，彼为盈虚非盈虚，彼为衰杀非衰杀，彼为本末非本末，彼为积散非积散也。”

评论盈虚衰杀，道认为盈虚不是有余和不足，衰杀不是衰落跟残害。认为本末不是根本同末节，积散不是积聚与分散。”

婀荷甘与神农，（婀，读作“婀”。姓婀，字荷甘。）同学于老龙吉。神农隐几，阖户昼瞑。婀荷甘日中奓户而入，（奓，读作“扎”。开。）曰：“老龙死矣！”

婀荷甘和神农，同学于老龙吉（人名）。神农靠着小桌子，闭门做白日梦。婀荷甘正午开门进来，说："老龙死了！"

神农隐几拥杖而起，嚗然放杖而笑，（嚗，读作"勃"。象声词。）曰："天知予僻陋慢訑，（訑同'诞'。放纵。）故弃予而死。已矣，夫子，无所发予之狂言，而死矣夫！"

神农依据小桌持杖而起，"嚗"地一声，放下手杖而笑，说："尊师知道我偏僻粗劣，怠惰放纵，所以弃我而死。完了，老师，没有启发我的狂言，你就过世了啊！"

弇堈吊闻之，（弇堈吊，读作"南冈吊"，人名。）曰："夫体道者，天下之君子所系焉。（体通'履'。履行。）

弇堈吊听闻这件事，说："凡履行道的人，天下君子所继承。

今于道，秋豪之端，万分未得处一焉，而犹知藏其狂言而死，又况夫体道者乎！

方今对于道，秋兽新生细毛的头绪，万分未能审度一分，尚且懂得藏匿狂言而死，又何况践行道的人呢！

视之无形，听之无声，于人之论者，谓之冥冥。所以论道，而非道也。"

看上去没有形象，听起来没有声音，根据人们的学说，叫幽暗深远。所连及议论的道，不是道。"

于是泰清问乎无穷，曰："子知道乎？"

于是泰清（虚拟人名）跟无穷（虚拟人名）探讨："你懂道吗？"

无穷曰："吾不知。"

无穷答："我不懂。"

又问乎无为。无为曰："吾知道。"

又跟无为（虚拟人名）探讨。无为说："我懂得道。"

曰："子之知道，亦有数乎？"

问："你所懂的道，也有辨察吗？"

曰："有。"

答："有。"

曰："其数若何？"

问："其中的辨察怎么样？"

无为曰："吾知道之可以贵，可以贱，可以约，可以散，此吾所以知道之数也。"

无为说："我了解的道，它可以尊贵，可以卑贱，可以约束，可以分散。这是我用来了解道的辨察。"

泰清以之言也，问乎无始。曰："若是，则无穷之弗知，与无为之知，孰是而孰非乎？"

泰清拿这番话，跟无始（虚拟人名）探讨说："像这样，依照无穷（虚拟人名）的不懂，和无为（虚拟人名）的懂得，谁对谁错呢？"

无始曰："不知深矣，知之浅矣。弗知内矣，知之外矣。"

无始说："不懂是精微，懂得是肤浅。不懂是内里，懂得是外表。"

于是泰清中而叹曰："弗知乃知乎，知乃不知乎！孰知不知之知？"

于是泰清不偏不倚，叹息道："不懂好像懂，懂好像不懂，谁了解不懂生出的懂得？"

无始曰："道不可闻，闻而非也。道不可见，见而非也。道不可言，言而非也。知形形之不形乎！道不当名。"

无始说："道不可听闻，听闻如像不真实。道不可看见，看见如像不真实。道不可言说，言说如像不真实。懂得描写形象不显露出来——道不相当于形成。"

无始曰："有问道而应之者，不知道也。虽问道者，亦未闻道。

无始说："有问道就应答的人，不懂得道。即使问道的人，也没听闻道。

道无问，问无应。无问问之，是问穷也。无应应之，是无内也。

道不要询问，问了没法应答。没有哪个告诉却询问，是论辩缺陷。没有哪个响应却回答，是未入内心。

以无内待问穷，若是者，外不观乎宇宙，内不知乎大初。是以不过乎昆仑，不游乎太虚。"

用未入内心对待论辩缺陷，像这个样子，外部不细看宇宙，内里不了解道源。因此，没有到达昆仑山的高远，没有遨游无欲无思、意无所制的内心境界。”

光曜问乎无有曰：（曜，读作“耀”。日光，明亮。）“夫子有乎？其无有乎？”

光曜（虚拟人名）跟无有（虚拟人名）探讨：“老师是有呢，还是没有？”

[无有弗应也。]（清王先谦《庄子集解》：此有“无有弗应也”五字。）

[无有不回答。]

光曜不得问，而孰视其状貌，窅然空然，（窅，读作“咬”。深远，茫然。）终日视之而不见，听之而不闻，搏之而不得也。

光曜得不到信息，就熟视无有的形态：深远茫然，空空如也，整天看他看不见，听他听不到，拍他够不着。

光曜曰：“至矣，其孰能至此乎！予能有无矣，而未能无无也。及为无有矣，何从至此哉！”

光曜说：“到极点了，谁能达到这种境界呢！我擅长实物存在跟无形无名，不能不要无形无名。又研究没有实物存在，从哪儿达到此等境界呢！”

大马之捶钩者，（大马，官号，楚国的大司马。）年八十矣，而不失豪芒。

大司马府锻打带钩的人，年届八十，工作起来不错失毫末。

大马曰：“子巧与？有道与？”

大司马问：“你有技巧呢，还是有道？”

曰：“臣有守也。臣之年二十，而好捶钩，于物无视也，非钩无察也。

答：“臣有职业操守。臣年满二十，即爱好锻打带钩，对其他事物没法比较——不是带钩，就不细究。

是用之者，假不用者也，以长得其用，而况乎无不用者乎！物孰不资焉！”

我确定主打带钩，凭借不用心他物，因而长期得到锻打带钩的功用。更何况无不施行的人，万物谁不资助呢。”

冉求问于仲尼曰："未有天地可知邪？"

冉求跟仲尼探讨："没有天地之前的情况，可以了解吗？"

仲尼曰："可。古犹今也。"

仲尼说："可以。古代犹如今世。"

冉求失问而退。明日复见，曰："昔者吾问'未有天地可知乎？'夫子曰：'可。古犹今也。'昔日吾昭然，今日吾昧然，敢问何谓也？"

冉求不满足这个回音，就退下了。次日又见，说："昨日我问'没有天地的情况，可以了解不？'老师答：'可以。古代犹如今世。'昨天我清楚明白，今天却昏乱糊涂，冒昧请问是几个意思？"

仲尼曰："昔之昭然也，神者先受之。今之昧然也，且又为不神者求邪？

仲尼说："昨天明白，是精神先接受了。今天昏昧，是又为不神妙的东西而寻求吧？

无古无今，无始无终。未有子孙而有子孙，可乎？"

无古无今，无始无终。没有子孙能够有子孙，可以不？"

冉求未对。仲尼曰："已矣，未应矣！不以生生死，不以死死生。死生有待邪？皆有所一体。

冉求不答。仲尼说："算了，没反应！不因为生出生命而死亡，不因为消除死亡而生出。死生有等待吗？二者各为一种体现。

有先天地生者物邪？物物者非物。物出不得先物也，犹其有物也。犹其有物也，无已！

有在天地之前生出的物吗？标识物的不是物。物产生，不能在物之前——像似本身存在物。像似本身存在物，没有止境。

圣人之爱人也，终无已者，亦乃取于是者也。"

圣人惠爱众人，久久没有止境，就是取向于此。"

[行为观：不迎不送，不伤损事物]

颜渊问乎仲尼曰："回尝闻诸夫子曰：'无有所将，无有所迎。'回敢问其游。"

颜渊跟仲尼探讨："我常听老师讲：'不要有所送，不要有所迎。'冒昧问一下其中的旨趣。"

仲尼曰："古之人，外化而内不化。今之人，内化而外不化。

仲尼说："古代的人，外界变化而内心不改易。今天的人，内心翻跟头而外表不变形。

与物化者，一不化者也。安化安不化，安与之相靡，必与之莫多。

随从事物变化的人，是专一不翻跟头的人。既习惯造化，又习惯不变化——安宁地随着互相亲顺\摩擦，确定亲近事物，又没超出。

狶韦氏之囿，黄帝之圃，有虞氏之宫，汤武之室。君子之人，若儒墨者师，故以是非相齑也，（齑，读作'机'。细的或碎的。）而况今之人乎！

狶韦氏（远古帝王）有园林，黄帝有菜圃，有虞氏有房屋，汤武有内室。君子类型的人，如像儒家墨家诸位先生，仍要关连是非，互相碾为齑粉，何况今人呢！

圣人处物不伤物。不伤物者，物亦不能伤也。唯无所伤者，为能与人相将迎。

圣人暂止于事物，不伤损事物。不伤损事物的人，事物也不能伤害他。因为无所伤损者，将能与众人互相送迎。

山林与，皋壤与，（皋读作'高'；岸，水边地。壤，柔土。）使我欣欣然而乐与！乐未毕也，哀又继之。哀乐之来，吾不能御，其去弗能止。悲夫，世人直为物逆旅耳！

山林呀，水岸呀，使我欣欣然而喜悦！欢乐没结束，悲哀又接续。哀乐到来，我不能抗拒；它们离去，不能停止。可悲呀，世人直接成为事物的旅馆了！

夫知遇而不知所不遇，知能能而不能所不能。无知无能者，固人之所不免也。

了解偶遇的事物，而不了解未相逢的事物。懂得才能擅长实行，而不兼备经受不住的东西。无知和无能，人们常常免不了。

夫务免乎人之所不免者，岂不亦悲哉！

专力从事人类免不了的事务的人，难道不是很悲哀吗！

至言去言，至为去为。齐知之所知，则浅矣。”

至理真言去掉谈论。非常人所及的作为，去掉谋取。一刀切知识所了解的内容，就浅薄了。”

［同游小语］

道的本根，源自天地神明极其精微，百物变化其间，生死＼方圆而无知觉。圣人据此倡导处无为之事，行不言之教。

道无处不在，无迹无涯。人们谈论的道，如同秋兽新生的细毛，万分未能审度一分。要懂得描写形象不显露——道不相当于形成。

人生短暂如白驹过隙。要安宁地随着转化无常，互相亲顺甚或摩擦。圣人处物不伤物，不伤损事物的人，事物也不能伤害他。

笔者读《知北游》，有诗曰：

神明妙万物，方圆谁留意？
道根无不在，屎溺至蝼蚁。
人生气聚散，飞马过间隙。
秋兽毫毛多，万分未审一。
山林皋壤空，圣者欣然喜。
处物莫伤物，安化与相靡。

卷三 杂篇

杂篇说明

杂篇，同样属于主旨之外有所发挥的文章。《史记·老子韩非列传》「正义」说，杂篇《庚桑楚》以下，皆空设言语，无有实事。唐成玄英《庄子序》说，杂篇杂明于事理。

杂篇11篇，合计23362字，占全书文字量的36%。其中《庚桑楚》《则阳》，充分讨论了道的主要概念。《让王》《盗跖》《列御寇》，凸显道的精华在完身养生。《徐无鬼》《外物》进一步解说《大宗师》的真人风范。《说剑》《渔父》几乎相当于精彩的短篇小说。《寓言》《天下》，详尽介绍了庄子的写作方法跟著书要旨。

读完杂篇11篇，可以完美地为庄氏书做一个总结。

庚桑楚第二十三

[道的功效：日计不足，岁计有余]

老聃之役有庚桑楚者，（役，弟子。）偏得老聃之道，（偏，特别，最。）以北居畏垒之山。

老聃弟子，有个叫庚桑楚的人，最得老聃的道，在北方畏垒山居住。

其臣之画然知者去之，其妾之挈然仁者远之。（挈，读作“窃”。悬持，提起。）拥肿之与居，（拥，聚集。肿，肥大，向外突出。）鞅掌之为使。（鞅掌，职事忙碌，不暇为仪容。）

他去掉自作聪明的奴仆，疏远做作爱心的婢女。跟大咧咧合群的人同住，让没空打扮的人忙碌职事。

居三年，畏垒大壤。（壤通“穰”。年丰。）

安居三年，畏垒山区大丰收。

畏垒之民相与言曰：“庚桑子之始来，吾洒然异之。（洒，肃恭貌。）今吾日计之而不足，岁计之而有余。庶几其圣人乎！子胡不相与尸而祝之，（尸，主持，执掌。祝，用言语向鬼神祈求福佑。）社而稷之乎？”（社，祭祀土地神。稷，祭祀谷神。）

畏垒百姓相互议论：“庚桑老师刚来的时候，我肃然惊异。现在，一天天计算他的功效不充足，一年年计算已经有剩余。或许他是圣人吧！大家何不扶持他执掌祈福，祭祀土地和谷神啊？”

庚桑子闻之，南面而不释然。弟子异之。

庚桑子听说了这件事，面朝南方疑虑重重。弟子们觉得很奇怪。

庚桑子曰："弟子何异于予？夫春气发而百草生，正得秋而万宝成。夫春与秋，岂无得而然哉？天道已行矣。

庚桑子说："同学们干吗为我怪异？春天气息发端，百草就生长。正遇秋天，众多珍贵果实便成熟。春秋两季，是否没有谁驾驭便这样了？是天道已然运行啊。

吾闻至人，尸居环堵之室，而百姓猖狂，不知所如往。

我听说至人，闲居在四围土墙的陋室，而百姓肆意妄行，不知从随到何处。

今以畏垒之细民，而窃窃焉欲俎豆予于贤人之间，（俎读作'祖'；祭祀宴饮用的礼器。俎豆，两种礼器；崇奉。）我其杓之人邪？（杓，读作'笛'。事物的标准，准则。）吾是以不释于老聃之言。"

今有畏垒山区的小民，窃窃私语，想要崇奉我在贤人之间。我是充当事物标准的人吗？我在这儿，不废弃老聃说过的话。"

弟子曰："不然。夫寻常之沟，巨鱼无所还其体，而鲵鳅为之制。步仞之丘陵，巨兽无所隐其躯，而孽狐为之祥。（孽读作'聂'。禽兽虫蝗之怪。）

弟子说："不必如此吧。寻常水沟，巨鱼没法回旋形体，而小鱼泥鳅凭它返转弯曲。低矮土丘，巨兽无处隐藏身躯，而虫怪狐狸认为它幸福美好。

且夫尊贤授能，先善与利，自古尧舜以然，而况畏垒之民乎！夫子亦听矣！"

况且尊重贤者委任能人，倡导善行给予利益，自古尧舜都这样做，更何况畏垒山区的百姓哩。老师还是听从了吧！"

庚桑子曰："小子来！夫函车之兽，介而离山，则不免于网罟之患。吞舟之鱼，砀而失水，（砀，读作'荡'。荡溢，振荡。）则蚁能苦之。故鸟兽不厌高，鱼鳖不厌深。

庚桑子说："年轻人，过来！嘴巴含车的巨兽，单身离开高山，就不免于网罟祸患。肚子吞船的大鱼，振荡错过河流，就蚂蚁能够困辱它。所以，鸟兽不嫌弃高，鱼鳖不嫌弃深。

夫全其形生之人，藏其身也，不厌深眇而已矣！（眇，读作‘秒’。小，低微。）

凡保全形体生命的人，隐匿他的身躯，不嫌弃深藏低微罢了！

且夫二子者，又何足以称扬哉！是其于辩也，（是通‘视’。审视。《广雅·释诂二》：‘于，居也。’居，守持，占据。）将妄凿垣墙，而殖蓬蒿也。简发而栉，（简通‘拣’；挑选，选择。栉读作‘至’；梳篦用具，梳头。）数米而炊，窃窃乎又何足以济世哉！

再说尧舜二人，又哪里值得称扬哩。审视他们守持的巧言，将要胡乱改造院墙，来种植蓬蒿。他们挑选头发梳理，数着米粒煮饭——如此琐细，又怎么能够拿来拯救世人呢！

举贤则民相轧，任知则民相盗。之数物者，不足以厚民。

选拔贤能，则庶民互相倾轧。委任智谋，则庶民互相诈取。这几种制度，不足以忠厚百姓。

民之于利甚勤，（之通‘志’；向慕，期望。《广雅·释诂二》：‘于，居也。’居，占据，囤积。）子有杀父，臣有杀君。正昼为盗，日中穴阫。（阫，读作‘陪’。屋的后墙。）

百姓向慕利益，特别尽心尽力。儿子有杀父亲的，臣子有弑君主的。公然白天做盗贼，中午挖凿房屋的后墙。

吾语女：大乱之本，必生于尧舜之间，其末存乎千世之后。千世之后，其必有人与人相食者也。”（食，伪，背弃诺言，消灭。）

我告诉你：大乱根源，一定产生在尧舜之间。它的遗传，存在于千年之后。千年之后，必有人与人互相诈伪、背弃和消灭。”

[道的升堂功夫：懂得护卫生命的法则]

南荣趎蹴然正坐曰：（趎读作“除”；人名用字。蹴读作“促”；恭敬貌。）“若趎之年者已长矣，将恶乎托业以及此言邪？”

南荣趎（庚桑楚弟子）恭敬端坐，问道：“像我的年纪已经大了，该怎样寄托学业，来达到老师的高论？”

庚桑子曰：“全汝形，抱汝生，无使汝思虑营营。若此三年，则可以及此言矣！”

庚桑子回答：“完好你的形体，保养你的生命，别让你的思虑往来盘旋。像这样三年，就可以达到我所说的话了。”

南荣趎曰：“目之与形，（与，相比。）吾不知其异也，而盲者不能自见。耳之与形，吾不知其异也，而聋者不能自闻。心之与形，吾不知其异也，而狂者不能自得。

南荣趎说：“眼睛相比形状，我不知道差异，而瞎子不能自己看见。耳朵相比形状，我不知道差异，而聋子不能自己听见。心相比形状，我不知道差异，而疯子不能自己控制。

形之与形亦辟矣，（亦通‘易’；容易。辟通‘譬’；知晓。）而物或间之邪，欲相求而不能相得。

形状相比形状，容易知晓。而事物常常隔阂的吧，想要互相寻找，而不能够获得。

今谓趎曰：‘全汝形，抱汝生，无使汝思虑营营。’趎勉闻道达耳矣！”

此刻告诉我说：‘完好你的形体，保养你的生命，不要使思虑往来盘旋。’我勉强领会大道，畅通听闻了。”

庚桑子曰：“辞尽矣。曰奔蜂不能化藿蠋，（藿，读作‘获’。豆叶。蠋，读作‘竹’。蛾蝶幼虫。藿蠋，豆中青虫。）越鸡不能伏鹄卵，（鹄同‘鹤’，鸟名。）鲁鸡固能矣！

庚桑子说：“话讲完了。细腰土蜂，不能变成豆叶青虫。越地小种鸡不能孵化鹤蛋，鲁地大种鸡必定胜任。

鸡之与鸡，其德非不同也。有能与不能者，其才固有巨小也。

鸡相比鸡，属性没啥不同，它们存在能与不能，是因为才质本来有大小啊。

今吾才小，不足以化子。子胡不南见老子！”

目前我的才能小，不足以教化你。你何不去南方拜见老子！”

南荣趎赢粮，七日七夜至老子之所。老子曰："子自楚之所来乎？"

南荣趎背着粮食，七天七夜到了老子住处。老子问："你从庚桑楚那儿来的吧？"

南荣趎曰："唯。"

南荣趎答："是的。"

老子曰："子何与人偕来之众也？"南荣趎惧然顾其后。

老子问："你为啥跟许多人一起来呢？"南荣趎慌忙回顾身后。

老子曰："子不知吾所谓乎？"

老子问："你不懂我说的话吗？"

南荣趎俯而惭，仰而叹，曰："今者吾忘吾答，因失吾问。"

南荣趎低头惭愧，抬头叹息，说："此刻我忘了应对，也丢失了我的问题。"

老子曰："何谓也？"

老子问："怎么讲？"

南荣趎曰："不知乎，人谓我朱愚。（朱愚，愚钝。）知乎，反愁我躯。不仁则害人，仁则反愁我身。不义则伤彼，义则反愁我己。我安逃此而可？此三言者，趎之所患也。愿因楚而问之。"

南荣趎答："不聪明吧，别人说我愚钝。聪明吧，掉转头愁苦我的躯体。不仁将妨害他人，仁爱则掉转头愁苦我的生命。不义将伤损别人，讲义气便掉转头愁苦我自己——我怎么逃离这些屁事才适合？这三个问题，是我的忧虑。希望趁着桑楚老师的机缘，能探讨它们。"

老子曰："向吾见若眉睫之间，吾因以得汝矣，今汝又言而信之。若规规然若丧父母，揭竿而求诸海也。女亡人哉，惘惘乎。汝欲反汝情性而无由入，可怜哉！"

老子说："刚才我看你眉睫之间，已了解你，现在你又说话证实了。你惘然如同失去父母，手持竹竿在大海里寻找。你是不在状态的人呀，惆怅迷茫。想要返回本性，却没法进入，可怜啊！"

南荣趎请入就舍，召其所好，去其所恶。十日自愁，复见老子。

南荣趎请求入住客舍。他感召美善理念，去除罪过理念，十天苦思以后，再去见老子。

老子曰：“汝自洒濯，（洒作‘洗’。濯，读作‘卓’。清洗，祛除邪恶。）熟哉郁郁乎！然而其中津津乎犹有恶也。

老子说：“你虽已清除邪念，成熟有如热气蒸腾。然而，其中充盈溢出的样子，仍然存在丑恶。

夫外韄者不可繁而捉，（韄，读作‘户’。束缚。捉，促，迫促。）将内揵。（揵通‘楗’。门闩，闭塞。）内韄者不可缪而捉，（缪，读作‘纠’。交错，绞。）将外揵。外内韄者，道德不能持，而况放道而行者乎！”

凡是外表束缚的人，不可繁杂迫促，他会内心闭塞。内里束缚的人，不可纠结迫促，他会外表闭塞。外内都束缚的人，道德不能持守，何况散失大道而做事的人呢！”

南荣趎曰：“里人有病，里人问之，病者能言其病；然其病病者犹未病也。若趎之闻大道，譬犹饮药以加病也。趎愿闻卫生之经而已矣。”

南荣趎说：“老乡生病，老乡去探望，患者能够说出病情；其中担心疾病的人并没有生病。按照我听闻的大道，好像服药反而加重了病情。我情愿只接受护卫生命的法则，就可以了。”

老子曰：“卫生之经，能抱一乎？能勿失乎？能无卜筮而知吉凶乎？能止乎？能已乎？能舍诸人而求诸己乎？能翛然乎？（翛，读作‘消’。翛然，自在超脱貌。）能侗然乎？（侗，读作‘统’。侗然，通达无挂碍貌。）能儿子乎？

老子说：“护卫生命的法则，能固守一种信仰吗？能不遗失吗？能够不用龟甲蓍草占卜，就知道吉凶吗？能到达吗？能停止吗？能放弃相依他人，而向自己寻求吗？能自在超脱吗？能通达无挂碍吗？能弱小如同婴儿吗？

儿子终日嗥而嗌不嗄，（嗥通‘号’；大声哭叫。嗌读作‘义’；咽喉。嗄读作‘厦’；声音嘶哑。）和之至也。终日握而手不掜，（掜，读作‘匿’。拳曲。）共其德也。终日视而目不瞚，（瞚同‘瞬’。眨眼，目动。）偏不在外也。行不知所之，居不知所为，与物委蛇而同其波。是卫生之经已。”

婴儿整天大哭，而喉咙不嘶哑，是和谐到极点。整天握指成拳，而手不屈曲，是共通心意。整天观察不眨眼，是偏颇不在外部。行为不知到哪儿去，停止不懂做什么。顺随事物，同其摇动——这就是护卫生命的法则。”

南荣趎曰：“然则是至人之德已乎？”

南荣趎问：“那么，这是至人的德行吗？”

曰：“非也。是乃所谓冰解冻释者能乎。

答：“不，这些是所谓凝冰化解、冻凌消溶的人擅长的吧。

夫至人者，相与交食乎地，而交乐乎天。不以人物利害相撄，不相与为怪，不相与为谋，不相与为事，翛然而往，侗然而来。是谓卫生之经已。”

凡是至人，彼此往来，一同供养在万物陈列的处所，一同愉悦在自然形质里。不因人事利害而相互触犯，不交互成怪异，不交互使计谋，不交互搞事情。自在超脱而去，通达无碍而来。这就叫护卫生命的法则。”

曰：“然则是至乎？”

问：“那么，这是极点了吗？”

曰：“未也。吾固告汝曰：‘能儿子乎？’儿子动不知所为，行不知所之，身若槁木之枝，而心若死灰。若是者，祸亦不至，福亦不来。祸福无有，恶有人灾也！”

答：“没有呢。我一再告诉你：‘能像婴儿吗？’婴儿动作不知做什么，行为不知到哪儿去。身体如同枯树枝，心思如同熄灭的灰烬。像这样祸也不到，福也不来。没有祸福，怎么会有人灾呢！”

[道的入室功夫：修养器宇和心术]

宇泰定者，发乎天光。发乎天光者，人见其人，物见其物。

器宇康宁安静的人，散发自然光采。呈现自然光采的人，在人情事理中显露品行行为，在事物环境里预见种类形色。

人有修者，乃今有恒。有恒者，人舍之，（舍通“予”。赞许，给予。）天助之。

人获得泰定修养，就是今天的有恒心。有恒心的人，众人赞许他，老天帮助他。

人之所舍，谓之天民。天之所助，谓之天子。

众人赞许，称为天民。老天帮助，称为天子。

学者，学其所不能学也。行者，行其所不能行也。辩者，辩其所不能辩也。

觉悟学问的人，学习他所不能知晓的知识。践行规律的人，经历他所不能施行的事务。清晰巧言的人，辩论他所不能周遍的治理。

知止乎其所不能知，至矣。若有不即是者，天钧败之。

知道停止在自己所不能识别的节点，就恰当了。若有不靠谱的人，造化运转会毁损他。

备物以将形，藏不虞以生心，敬中以达彼。

齐备人事物类，可以扶养形体。藏匿意料不到的事，可以养育神思。敬慎内心，可以到达外境。

若是而万恶至者，皆天也，而非人也。不足以滑成，不可内于灵台。

倘若做到了这些，众多灾祸仍然来临，那是客观必然性，不是自我招致。它们不足以扰乱成就，不可放在心上。

灵台者有持，而不知其所持，而不可持者也。

心灵有主张，却不知道自身的持守，因而不可掌控。

不见其诚己而发，每发而不当，业入而不舍，每更为失。

不见它真诚自身而发动，每次发端必不恰当。端绪进入内心而不舍去，虽然改易也成错失。

为不善乎显明之中者，人得而诛之。为不善乎幽间之中者，鬼得而诛之。

在光天化日之下做坏事，人人得而诛之。在阴暗角落里做坏事，鬼神得而诛之。

明乎人，明乎鬼者，然后能独行。

对人光明，对鬼神光明，然后能够独立行走。

券内者，（券，读作“劝”。分量，原则。）行乎无名。券外者，志乎期费。

原则存在于内心的人，行为在尚未形成的领域。原则侧重于外表的人，心意在期望费用。

行乎无名者，唯庸有光。志乎期费者，唯贾人也。人见其跂，（跂，读作“企”。踮起脚后跟。）犹之魁然。

行为在尚未形成的领域，希望使用光明模式。心意在期望费用，只是生意人罢了。别人看见他踮起脚后跟，他好像生出伟岸的感觉。

与物穷者，物入焉。

跟万物始终的人，万物由外到内。

与物且者，（且，取。）其身之不能容，焉能容人！

向万物索取的人，他自己已经不能宽容，怎么能够容纳他人！

不能容人者无亲，无亲者尽人。

不能容纳他人的人，没有亲近关系。没有亲近关系的人，灭失人情事理。

兵莫憯于志，（憯，读作“惨”。锋利。）镆铘为下。（镆铘，读作“莫爷”。古代宝剑名。）寇莫大于阴阳，无所逃于天地之间。非阴阳贼之，心则使之也。

兵器没有比意志更锋利的，镆铘剑为下品。贼寇没有比阴阳更大的，在天地间没有可逃避的地方。不是阴阳伤害人，心思就将役使人。

[道的要素]

道通，其分也，其成也，毁也。

道要通达。它分割了，终结了，都是毁缺。

所恶乎分者，其分也以备。

之所以忌讳分割，是因为它为了更加齐备而分割。

所以恶乎备者，其有以备。

之所以忌讳齐备，是因为它已有做事的储备。

故出而不反，见其鬼。出而得，是谓得死。

因此，一味出招而不回头，见他的鬼哟。出招而获得，这叫找死。

灭而有实，鬼之一也。以有形者象无形者而定矣！

灭绝了却有实物，是鬼的一种——以有形体的东西，相似没有形体的东西，然后停息。

出无本，入无窍。

道，由内到外没有根源，由外到内没有空穴。

有实而无乎处，有长而无乎本剽，（剽，读作“表”。末梢。）有所出而无窍者有实。

它有实物而不停止，有生长而无本末。它有生出而无空穴的状态，存在实物。

有实而无乎处者，宇也。有长而无本剽者，宙也。

它有实物没有停止的样子，是四方上下没有穷尽的宇。有生长没有本末的样子，是古往今来没有极点的宙。

有乎生，有乎死，有乎出，有乎入。入出而无见其形，是谓天门。

有生，有死，有出，有入。入跟出，好像看不见形状，这叫自然门径。

天门者，无有也。（无，相当于“未”。未，不曾，将来。）万物出乎无有。

自然门径，就是不曾有\将来有。万物都产生于不曾有\将来有。

有不能以有为有，（有，存在，呈现，产生，拥有。）必出乎无有，而无有一无有。圣人藏乎是。

有，不能凭“存在\呈现”成为有，它必定出于“不曾有\将来有”。而不曾有\将来有，一概地不曾有\将来有——圣人深藏在这个辨察里。

古之人，其知有所至矣。恶乎至？有以为未始有物者，至矣，尽矣，弗可以加矣。

古代的人，智慧有所擅长。怎么擅长？“有”，作为未曾存在物体的样子。到极致了，到极限了，不可以增加了。

其次以为有物矣，将以生为丧也，以死为反也，是以分已。

其次认为存在物体。应该以活着为丢失，以死去为回家。这已经分割了。

其次曰，始无有，既而有生，生俄而死。以无有为首，以生为体，以死为尻。孰知有无死生之一守者，吾与之为友。

其次说，开始处于不曾有\将来有的状态，既而有了生命，活一阵子就死翘翘了。把不曾有\将来有当头部，把活着当身体，把死亡当屁股。谁懂得有、无、死、生相同看待，我跟他做朋友。

是三者虽异，公族也。（公族，诸侯曾孙以下支系旁生，各自成族，总称公族。）昭景也，著戴也，甲氏也，著封也，非一也。

上述三种说法虽存差异，却好比同一位曾祖繁衍的公族。例如楚国的昭氏、景氏受到尊奉；还有甲氏，显著地赐给土地爵位。他们不尽相同。

[哪些东西偏离了道]

有生黬也，（黬同“黶”，读作“衍”。黑痣，黑痕。）披然曰移是。

初生生命长了黑痕，把它分散开来说事儿，就偏离了当时的正确。

尝言移是，非所言也。虽然，不可知者也。

试着谈谈偏离当时的正确，它不是适宜的议论。虽然议论了，也不可知。

腊者之有膍胲，（腊，冬至后第三个戍日祭百神。膍读作“皮”；牛肚。胲读作“该”；牛蹄。）可散而不可散也。观室者周于寝庙，（供奉先祖排位的前殿称庙，收藏先祖衣冠的后殿称寝，合称寝庙。又寻常寝处，亦泛言寝庙。）又适其偃焉，（偃，厕所。）为是举移是。

腊月祭祀百神，有牛肚牛蹄。它们祭祀完毕可以离散，祭事未了不可离散。观看房屋的人，环行坐卧的处所，又上卫生间——这个举动称作偏离当时的正确。

请尝言移是。是以生为本，以知为师，因以乘是非。

愿尝试着解说偏离当时的正确：它以生存为根本，以认知为老师，顺随着用来驾驭是非。

果有名实，因以己为质，使人以为己节，因以死偿节。

果真有了名称跟实际，便顺着以自己为主，使他人只操作自己的准则，随之用死亡来实现节操。

若然者，以用为知，以不用为愚，以彻为名，以穷为辱。移是，今之人也，是蜩与学鸠同于同也。

像这种人，以可以施行当智慧，以不可施行当愚蠢，以通达为声誉，以穷尽为耻辱。偏离当时的正确，当今的人们，是《逍遥游》篇蝉和学鸠起哄，嘲笑鲲鹏的那副德行。

蹍市人之足，（蹍，读作“碾”。踩，踏。）则辞以放骜，兄则以妪，（妪，读作“与”。和悦之色。）大亲则已矣。

集市上踩了别人的脚，用开玩笑来解说。踩了哥哥的脚，则和颜悦色地解说。踩了父母的脚，就算了。

故曰：至礼有不人，至义不物，至知不谋，至仁无亲，至信辟金。

所以说：极致的礼有不人为，极致的义不分种类形色，极致的智慧不谋划，极致的仁没有密切关系，极致的诚信排除金钱。

彻志之勃，（勃通“悖”。乖戾。）解心之缪，去德之累，达道之塞。

撤除意念里的乖戾，解脱思想上的束缚，去掉品德中的牵累，畅通大道的壅塞。

贵富显严名利六者，勃志也。

尊贵、富有、显荣、威严、名声、利益六项，是乖戾意念。

容动色理气意六者，谬心也。

容仪、动作、脸色、态度、气势、意向六项，是束缚人的思想。

恶欲喜怒哀乐六者，累德也。

憎恶、贪欲、快乐、愤怒、哀痛、喜好六项，是牵累人的品德。

去就取与知能六者，塞道也。

离去、趋向、获取、给予、智识、技能六项，是壅塞大道的东西。

此四六者，不荡胸中则正。正则静，静则明，明则虚，虚则无为而无不为也。

上述四种理念各有六项，不摇动胸中，即算平正。平正就安静，安静就通晓，通晓就虚空，虚空就无为而无不为了。

道者，德之钦也。

道，是德的陈列。

生者，德之光也。

生出，是德的光采。

性者，生之质也。性之动，谓之为。为之伪，谓之失。

特性，是生命本体。本性的活动，叫作为。作为的伪诈，叫过失。

知者，接也。知者，谟也。知者之所不知，犹睨也。（睨，读作“逆”。斜视。）

知识，在于交接\掌握。智慧，在于谋划\诈伪。智者有所不知，好比斜着眼睛看事物。

动以不得已之谓德，动无非我之谓治，名相反而实相顺也。

动作由于不得已（不能不如此），叫做品德。采取行动没有己方的不真实\邪恶，叫社会安定。名义看上去相背，而实际上互相依顺。

［**总结：有作为，又想要事理合宜，就顺循不得已法则**］

羿工乎中微，（羿，读作“义”。唐尧时射师。）而拙乎使人无己誉。

羿善于射中微小目标，而在使别人不称赞自己方面，显得笨拙。

圣人工乎天，而拙乎人。夫工乎天而俍乎人者，（俍，读作“良”。善，完满。）唯全人能之。

圣人擅长自然形质，拙于人为事端。擅长自然形质，还完善人为事端，唯独全人能够做到。

唯虫能虫，（唯，助词，无实义。虫，鸟兽通名。能通“耐”；经受得住。）唯虫能天。（能，兼备。）全人恶天，（恶通“亚”。次于，挨着，匹配。）恶人之天，而况吾天乎人乎。（而同“能”；能够。况，比拟，推及。）

鸟兽经受得住鸟兽，鸟兽兼备自然形质。全人匹配自然形质，匹配人类的自然形质——能推及我讲的自然形质和人为事端。

一雀适羿，羿必得之，威也。以天下为之笼，则雀无所逃。

一只小鸟面对羿，羿一定获得它，这是震慑法则。用天下做笼子，小鸟就无处可逃。

是故汤以胞人笼伊尹，（胞通“庖”。掌宰割牲畜的人。后泛指厨师。）秦穆公以五羊之皮笼百里奚。是故非以其所好笼之而可得者，无有也。

于是商汤拿厨师笼罗伊尹，秦穆公用五张羊皮笼罗百里奚。所以，不是依当事人所喜好来笼罗他们而可以驾驭，未曾有啊。

介者拸画，（介，断足。拸，读作“持”。舍弃。画，文饰。）外非誉也。胥靡登高而不惧，（胥靡，服劳役的刑徒。）遗死生也。

断足的人舍弃文饰，他疏远非议和称誉了。服役的刑徒登高而不害怕，他抛弃死亡和生存了。

夫复謵不馈而忘人，（謵，读作“习”。用言辞使惧怕。）忘人，因以为天人矣。

别人再三语言威慑，我不反馈，像似不记得他。忘记别人，因此可做不违背事物起始根源的人。

故敬之而不喜，侮之而不怒者，唯同乎天和者为然。

所以，尊敬不喜悦，侮辱不生气，只有同于自然祥和的人变成这样。

出怒不怒，（怒，愤怒，谴责。）则怒出于不怒矣。出为无为，则为出于无为矣。

产生愤怒，不谴责，则愤怒处在不谴责的状态。产生作为，不谋取，则作为处在不谋取的状态。

欲静则平气，欲神则顺心。有为也，欲当则缘于不得已。不得已之类，圣人之道。

想要宁静，就安舒气息。想要阴阳不测，就顺应心思。有作为，又想要事理合宜，就顺循不得已（不能不如此）。不得已法则，是圣人之道。

[同游小语]

庚桑楚在畏垒山区践行老聃的道，其功效一天天计算貌似不充足，一年年计算已然有剩余。后世道家啧啧称赞，把“日计不足，岁计有余”八个字，当作不言之教的标配评语。

所以庄子开篇即明言：庚桑楚最得老聃的道。此语还可解读为，《庚桑楚》这篇文章，最得老聃的道。

它介绍卫生之经，强调器宇和心术修养。还集中笔墨——在《庄子》33篇中，也许花费了最多笔力——正反论述道的要素。最后把“无为”跟“有为”的分际，定位在顺循不得已法则。

笔者读《庚桑楚》，有诗曰：

日计不充足，岁计有剩余。
安居成教化，全形隐身躯。
婴儿小哭闹，随物同养育。
至人大器宇，乐天发光裕。
神静心气顺，悖谬牵累去。
动缘非得已，万事自姁姁。

徐无鬼第二十四

［人为成就美名，是丑陋工具］

徐无鬼因女商见魏武侯。武侯劳之曰："先生病矣，苦于山林之劳，故乃肯见于寡人。"

徐无鬼（隐士）依靠女商（魏国宰臣），拜见魏武侯（魏君）。武侯慰劳说："先生受累了，苦于山林的辛劳，所以才肯见寡人。"

徐无鬼曰："我则劳于君，君有何劳于我！君将盈耆欲，（耆读作'是'。特别爱好。后作'嗜'。）长好恶，则性命之情病矣。君将黜耆欲，掔好恶，（掔，读作'干'。除去。）则耳目病矣。我将劳君，君有何劳于我！"

徐无鬼说："我将劝勉君侯，君侯对我慰劳什么！君侯想要满足嗜欲，强盛好恶，性命实情就患病。君侯想要减少嗜欲，去除好恶，耳目便为难。我将劝勉君侯，君侯对我有什么慰劳！"

武侯超然不对。

武侯回避不应答。

少焉，徐无鬼曰："尝语君，吾相狗也。下之质，执饱而止，是狸德也。中之质，若视日。上之质，若亡其一。

一会儿，徐无鬼说："试着告诉君侯，我察看狗的方法。下等资质的狗，吃饱就静止，是狸猫品性。中等资质的狗，像在看太阳。上等资质的狗，像失去了本形。

吾相狗，又不若吾相马也。吾相马，直者中绳，曲者中钩，方者中矩，圆者中规。是国马也，而未若天下马也。

我察看狗，又比不上察看马。我察看马，前齿恰合直绳，脖子恰合曲钩，头颅恰合方形，眼睛恰合圆形。这是邦国罕见的马，却不如天下罕见的马。

天下马有成材，若卹若失，（卹，读作‘序’。忧虑，惊恐。）若丧其一。若是者，超轶绝尘，不知其所。”

天下罕见的马有自然材质，貌似忧虑惊恐，貌似悠闲隐遁，貌似忘了自身。像这样的马，飞驰超群不着尘埃，不知道它停止的位置。”

武侯大悦而笑。

武侯非常高兴地欢笑。

徐无鬼出，女商曰：“先生独何以说吾君乎？吾所以说吾君者，横说之则以《诗》《书》《礼》《乐》，（成玄英疏：横，远也；从，近也。）从说之则以《金板》《六弢》。（弢同‘韬’。用兵谋略。《六弢》又作《六韬》。）奉事而大有功者不可为数，而吾君未尝启齿。今先生何以说吾君，使吾君说若此乎？”

徐无鬼出来，女商说：“先生特意用什么劝说君上？我所用来劝告君上，远讲凭《诗》《书》《礼》《乐》，近说凭《金板》《六韬》。我受职做事大有功劳的时间，不可计数；而君上未曾开口一笑。今天，先生用什么劝说君上，使君上如此高兴？”

徐无鬼曰：“吾直告之吾相狗马耳。”

徐无鬼说：“我直接告诉他察看狗马。”

女商曰：“若是乎？”

女商问：“像这样啊？”

曰：“子不闻夫越之流人乎？去国数日，见其所知而喜。去国旬月，见所尝见于国中者喜。及期年也，见似人者而喜矣。不亦去人滋久，思人滋深乎？

答：“你没听过越国被流放的人吗？离开邦国几天，看到所了解的人就快乐。离开邦国满一月，遇到曾经在国内接触过的人就快乐。等到一年，看见长得相像的人就快乐。不就是离开人愈久，思念人愈深吗？

夫逃虚空者，藜藋柱乎鼪鼬之径，（藜藋，读作‘厘钓’，草名；初生可食，茎老可作杖。鼪鼬，读作‘生右’；黄鼠狼。）踉位其空，（踉，读作‘良’。跳跃。）闻人足音跫然而喜矣，（跫，读作‘穷’。人行声，足音重浊。一说喜貌。）又况乎昆弟亲戚之謦欬其侧者乎！（謦欬，读作‘请忾’。咳嗽；比喻谈笑。）久矣夫，莫以真人之言謦欬吾君之侧乎！”

逃往虚空的人，拄持藜杖在黄鼠狼经过的小路，踉跄空谷间，听到足音和重浊的人行声即是喜悦。又何况兄弟亲戚在他旁边谈笑哦！太久了，没有谁用真实的人话，谈笑在君侯身边。”

徐无鬼见武侯，武侯曰：“先生居山林，食芧栗，（芧，读作‘序’。橡树，也指橡实。）厌葱韭，以宾寡人久矣夫！（宾通‘摈’。舍弃。）今老邪？其欲干酒肉之味邪？其寡人亦有社稷之福邪？”

徐无鬼拜见魏武侯。武侯说：“先生栖居山林，吃橡实和板栗，尝葱花韭菜，舍弃寡人很久了。现在老了吧？想换换酒肉味道了吧？难道寡人已有社稷福气了（获得隐士的善言嘉谋，来造福社稷。）？”

徐无鬼曰：“无鬼生于贫贱，未尝敢饮食君之酒肉，将来劳君也。”

徐无鬼说：“我生于贫贱，不敢吃君侯的酒肉，只打算来劝勉君侯。”

君曰：“何哉？奚劳寡人？”

武侯问：“为什么？怎么劝寡人？”

曰：“劳君之神与形。”

答：“劝一劝君侯的精神和形体。”

武侯曰：“何谓邪？”

武侯问：“什么意思呀？”

徐无鬼曰：“天地之养也一，登高不可以为长，居下不可以为短。君独为万乘之主，以苦一国之民，以养耳目鼻口，夫神者不自许也。

徐无鬼说：“天地的供养均平，登高不可以认为长，居下不可以认为短。

君侯一人担任万辆兵车大国的领袖，连及困苦一国人民，用来快乐耳目鼻口。所有的神鬼，不这样自我认可。

夫神者，好和而恶奸。夫奸病也，故劳之。唯君所病之何也。”（之通“志”。期望，向慕。）

神鬼喜爱和谐，憎恶奸邪。奸邪是疾病，所以要劝勉。只是君侯患病，在向慕什么东西。”

武侯曰：“欲见先生久矣。吾欲爱民而为义偃兵，其可乎？”

武侯说：“希望见先生很久了。我想要爱民，为了正义而止息兵争，可以吗？”

徐无鬼曰：“不可。爱民，害民之始也。为义偃兵，造兵之本也。君自此为之，则殆不成。

徐无鬼说：“不可以。爱民，是害民的起始。为了正义而止息兵争，是造成兵争的根源。君侯在这里搞事情，必定不成功。

凡成美，恶器也。君虽为仁义，几且伪哉。

但凡成就美名，都是丑陋工具。君侯虽然谋求仁义，也许将要人为。

形固造形，成固有伐，变固外战。

形象一定造成显露，成功一定产生损伤，变更一定外叛战斗。

君亦必无盛鹤列于丽谯之间，无徒骥于锱坛之宫，无藏逆于得，无以巧胜人，无以谋胜人，无以战胜人。

君侯确保不要陈兵在丽谯（楼名）高楼之间，不要步骑在锱坛（宫名）宫苑。不要在获得感里面藏匿悖逆，不要凭虚浮不实胜过别人，不要用设计陷害胜过别人，不要使用战争胜过别人。

夫杀人之士民，兼人之土地，以养吾私与吾神者，其战不知孰善？胜之恶乎在？

凡杀死他人的士民，兼并他人土地，用来供养自己和己方的鬼神，这战争不知有什么吉祥？胜利在哪里？

君若勿已矣，修胸中之诚，以应天地之情而勿撄。夫民死已脱矣，君将恶乎用夫偃兵哉！”

君侯如果没法停止，就修炼胸中的诚实，以应和天地的本性，不要违戾。百姓已脱离死亡，君侯还需要什么止息兵争！”

［治天下跟牧马同理，都是除去祸害马群的东西］

黄帝将见大隗乎具茨之山，方明为御，昌宇骖乘，张若、謵朋前马，（謵，读作“彻”。姓。）昆阍、滑稽后车。至于襄城之野，七圣皆迷，无所问涂。

黄帝打算前往具茨山拜见大隗（至人）。方明驾驭车马，昌宇陪乘，张若和謵朋马前当向导，昆阍和滑稽车后做随从。来到襄城郊野，七位圣人都辨不清方向，没有地方问路。

适遇牧马童子，问涂焉，曰：“若知具茨之山乎？”

偶遇牧马童子，就问路：“你知道具茨山吗？”

曰：“然。”

答：“是的。”

“若知大隗之所存乎？”

“你知道大隗止息的位置吗？”

曰：“然。”

答：“是的。”

黄帝曰：“异哉，小童！非徒知具茨之山，又知大隗之所存。请问为天下。”

黄帝说：“这孩子真是与众不同啊！不仅了解具茨山，又了解大隗安顿的处所。请问治理天下。”

小童曰：“夫为天下者，亦若此而已矣，又奚事焉？予少而自游于六合之内，予适有瞀病，（瞀，读作‘冒’。目眩，眼睛昏花。）有长者教予曰：‘若乘日之车而游于襄城之野。’今予病少痊，予又且复游于六合之外。夫为天下，亦若此而已，予又奚事焉？”

小童说：“治理天下，也像这样罢了，又役使什么呢？我幼时自游在天地四方之内，恰有目眩眼花的毛病。有位长者教导我：‘你乘坐太阳车，到襄城郊外游览。’如今我的病稍稍痊愈了，又要继续遨游天地四方之外。凡是治理天下，也像这样罢了，我又勤劳什么呢？”

黄帝曰：“夫为天下者，则诚非吾子之事。虽然，请问为天下。”

黄帝说：“治理天下，确实不是您的事。姑且如此，冒昧问问治理天下。”

小童辞。黄帝又问，小童曰：“夫为天下者，亦奚以异乎牧马者哉？亦去其害马者而已矣。”

小童推辞，黄帝又问。小童说：“治理天下的人，哪个比牧马人不同？也是除去祸害马群的东西罢了。”

黄帝再拜稽首，称天师而退。

黄帝两次行跪拜礼，尊称天师，而后退下。

知士无思虑之变则不乐，辩士无谈说之序则不乐，察士无凌谇之事则不乐，（凌，侵犯，欺侮。谇，读作‘岁’。责骂，嚷嚷。）皆囿于物者也。

有智谋的人，没有思虑变更就不快乐。有口才的人，没有谈说舒展就不快乐。吹毛求疵的人，没有凌辱责骂\碎碎念就不快乐。都是局限于一事一物的人。

招世之士兴朝，中民之士荣官，筋力之士矜难，勇敢之士奋患，兵革之士乐战，枯槁之士宿名，（宿通“缩”。取。）法律之士广治，礼教之士敬容，仁义之士贵际。

招举的世人兴盛朝廷，一般的官吏荣显职位，筋力人士劳苦灾难，勇敢人士振奋忧患，兵革人士乐于打仗，贫困人士索取名声，法律人士增强治理，礼教人士肃敬仪容，仁义人士重视交往。

农夫无草莱之事则不比，商贾无市井之事则不比。庶人有旦暮之业则劝，百工有器械之巧则壮。

农夫无草茅的事就不亲密，商贾无市井的事就不亲密。平民有从早到晚的职业就努力，各业工匠有器械技巧就疾速。

钱财不积则贪者忧，权势不尤则夸者悲。势物之徒乐变，遭时有所用，不能无为也。

钱财不积聚，贪欲的人就忧愁。权势不特异，自大的人就悲哀。盛力滋事之徒，喜好变更。遇到时机有所施行，不能无作为啊。

此皆顺比于岁，不物于易者也。

这些，都是沿着同一方向年年月月较量，不选择替代方案的人。

驰其形性，潜之万物，终身不反，悲夫！

疾驰自己的形体和性情，沉溺到万物里，终身不返回，悲哀呀！

［智者辩论好比调瑟，一弦一音互相感应］

庄子曰："射者非前期而中，谓之善射，天下皆羿也，可乎？"

庄子说："射箭的人，没有预先约定而射中目标，称作善射。那么天下都是羿（传说中的神射手），可以不？"

惠子曰："可。"

惠子说："可以。"

庄子曰："天下非有公是也，而各是其所是，天下皆尧也，可乎？"

庄子说："天下没有共同的正确。如果各自肯定自己的正确，那么天下都是尧，可以不？"

惠子曰："可。"

惠子说："可以。"

庄子曰："然则儒墨杨秉四，与夫子为五，果孰是邪？

庄子说："如此就儒家、墨家、杨朱、公孙龙（字子秉），加上老师为五家，果真谁正确呀？

或者若鲁遽者邪？其弟子曰：'我得夫子之道矣，吾能冬爨鼎，（爨，读作'窜'。烧，烧煮。）而夏造冰矣。'

或者像鲁遽（人名）的样子吗？他的弟子说：'我获得了老师的道，能够冬天烧煮鼎器，夏天制造冰冻。'

鲁遽曰：'是直以阳召阳，以阴召阴，非吾所谓道也。吾示子乎吾道。'

鲁遽说：'这只是用阳气召引阳气，用阴气召引阴气，不是我所说的道。我让你了解我的道。'

于是为之调瑟，废一于堂，废一于室，鼓宫宫动，鼓角角动，音律同矣。

于是为弟子演奏瑟。在前堂放一瑟，内室放一瑟。弹奏一张瑟的宫音，另一张瑟的宫音感应。弹奏一张瑟的角音，另一张瑟的角音感应。音律相同啊。

夫或改调一弦，于五音无当也，鼓之，二十五弦皆动。未始异于声，而音之君已！且若是者邪？”

谁改拨一根弦，对于五声音阶不恰当，弹奏它，二十五根弦都感应。不曾特异发声，而乐曲生出主调了。几乎像这样吧？”

惠子曰：“今乎儒墨杨秉，且方与我以辩，相拂以辞，相镇以声，而未始吾非也，则奚若矣？”

惠子说：“现在，儒家、墨家、杨朱和公孙子秉，将要一并跟我辩论，用言词互相掠击，用声音互相压制。不只我有错，为什么这样啊？”

庄子曰：“齐人蹢子于宋者，（蹢，读作‘直’。投；赠送，逗留。）其命阍也，（阍，读作‘昏’。守门人。）不以完。其求钘钟也，（钘，读作‘行’。酒器。）以束缚。其求唐子也，（唐子，丢失之子。）而未始出域，有遗类矣夫！

庄子说：“齐人赠送儿子到宋国。他任命守门人，不用剪去须发的犯人。选择长颈酒壶，用捆绑。他感应丢失的儿子，未曾离开疆界，就呈现出遗失的形貌了。

楚人寄而蹢阍者，（蹢，止足。阍，门。）夜半于无人之时，而与舟人斗。未始离于岑，（岑，崖岸。）而足以造于怨也。”

楚人客居，驻足门边。夜半无人时跟船夫打架。他不曾离开河岸，就足以制造怨恨了。”

庄子送葬，过惠子之墓，顾谓从者曰：“郢人垩慢其鼻端，若蝇翼，（垩读作‘厄’；白土。慢通‘墁’；涂抹。）使匠石斲之。（斲，读作‘卓’。砍，削。）匠石运斤成风，听而斲之，尽垩而鼻不伤，郢人立不失容。

庄子送葬，经过惠子墓地，回头对随从的人说：“郢地有个人，白土涂抹鼻端，如同苍蝇翅膀一样薄，让木工阿石砍削。阿石运行斧子成风，听一听即砍过去，削尽白土而鼻尖不受伤。郢人站立着，不损失仪容。

宋元君闻之，召匠石曰：‘尝试为寡人为之。’

宋元君听说此事，召见木工阿石说：‘尝试为寡人做一遍。’

匠石曰：‘臣则尝能斲之。虽然，臣之质死久矣。’

木工阿石说：‘臣尝试着能够砍削，虽然如此，跟我对路对味儿的人，消失很久了。’

自夫子之死也，吾无以为质矣，吾无与言之矣！”（与，同类。之通“志”；意念，心情。）

自先生（惠子）去世，我没有认可的对象，没有同类谈论的心情了。”

［无为、不自恃和不倡导的三个事例］

管仲有病，桓公问之，曰：“仲父之病病矣，可不谓云，（《列子·立命》篇作‘可不讳云’。）至于大病，则寡人恶乎属国而可？”

管仲有病，齐桓公问他：“仲父的病很重，可以不隐讳地说说，到了大病不起时，寡人向谁托付邦国才合适？”

管仲曰：“公谁欲与？”

管仲说：“主公想要给予谁？”

公曰：“鲍叔牙。”

桓公答：“鲍叔牙。”

曰：“不可。其为人絜廉善士也，（絜，读作‘节’。干净，廉洁。）其于不己若者不比之。又一闻人之过，终身不忘。使之治国，上且钩乎君，下且逆乎民。其得罪于君也，将弗久矣！”

管仲说：“不可以。他做人，是廉洁的好人。对于比不上自己的人不亲近。又，一听说他人的过错，就终身不忘。让他治国，上面要约束国君，下面要乖逆百姓。他得罪君主，将不久哩。”

公曰：“然则孰可？”

桓公问：“那么谁适合？”

对曰："勿已，则隰朋可。（隰，读作'习'。姓。）其为人也，上忘而下畔，（畔通'般'。乐。）愧不若黄帝，而哀不己若者。

回答说："不得已，仅隰朋可以。他做人，上级忘记，下级快乐，惭愧不如黄帝，怜悯比不上自己的人。

以德分人谓之圣，以财分人谓之贤。

把德行分享给别人，称作圣人。把钱财分享给别人，称作贤人。

以贤临人，未有得人者也。以贤下人，未有不得人者也。其于国有不闻也，其于家有不见也。勿已，则隰朋可。"

凭多才莅临他人，不曾有投契人情事理的人。用多才谦让他人，不曾有不投契人情事理的人。他对于邦国有不著称，对于家庭有不显露。不得已，只有隰朋适合。"

吴王浮于江，登乎狙之山。（狙，读作"居"。猕猴。）众狙见之，恂然弃而走，（恂，读作"旬"。恐惧貌。）逃于深蓁。（蓁，读作"贞"。丛生的荆棘。）

吴王泛舟长江，登上猴山。众猴看见，恐惧战栗，背离疾走，逃到茂密的荆棘丛中。

有一狙焉，委蛇攫搔，（攫，读作"抉"。抓取。搔，读作"骚—去声"。攫取，刮挠。）见巧乎王。

有一只猕猴曲折而进，抓取刮挠，向王显示灵巧。

王射之，敏给搏捷矢。王命相者趋射之，狙执死。（执通"慹"。惧怕，慑服。）

王射它，它敏捷拍击射到的箭。王命令跟随的人快速射它，猴子慑服而死。

王顾谓其友颜不疑曰："之狙也，伐其巧恃其便以敖予，以至此殛也。（殛，读作'及'。诛杀。）戒之哉！嗟乎，无以汝色骄人哉。"

王回头告诉朋友颜不疑："这只猴子，夸耀它的灵巧，仗恃它的敏速，来戏弄我，由此导致了这般诛杀。警省哪！唉唉，不要用你的脸色骄矜别人。"

颜不疑归而师董梧，以助其色，（以通“已”；已经。助同“锄”；松土锄草的农具。引申为除去。）去乐辞显，三年而国人称之。

颜不疑返回，师从董梧，已然除去眉间气色。他离开喜好，推辞显荣，三年后，国人都颂扬他。

南伯子綦隐几而坐，仰天而嘘。颜成子入见曰：“夫子，物之尤也。形固可使若槁骸，心固可使若死灰乎？”

南伯子綦倚靠小桌坐着，仰天嘘气。颜成子进门谒见，说：“老师是优异人物。形体诚然可以役使如枯骨，精神可以顺从像死灰么？”

曰：“吾尝居山穴之中矣。当是时也，田禾一睹我，而齐国之众三贺之。

答：“我曾经安居山洞。那时，田禾（齐君）一见我，齐国普通人就多次庆贺。

我必先之，彼故知之。我必卖之，彼故鬻之。（鬻，读作‘玉’。卖；卖弄，夸耀。）若我而不有之，彼恶得而知之？若我而不卖之，彼恶得而鬻之？

我必定倡导了，他因而知道。我必定出卖了，他因而夸耀。如果我不呈现，他怎么遇到知交？如果我不出卖，他怎么满足夸耀？

嗟乎！我悲人之自丧者，吾又悲夫悲人者，吾又悲夫悲人之悲者，其后而日远矣。”

唉！我怜悯自身有所丧失的人，我又怜悯所有伤悲他人的人，我又怜悯所有悲痛他人的伤心事——这之后一天天地深远。”

[大人\真人不言之言，不凭人为进入自然]

仲尼之楚，楚王觞之。（觞，读作“商”。盛满酒的酒杯；向人敬酒。）孙叔敖执爵而立，市南宜僚受酒而祭曰：（《广韵. 祭韵》：“祭，享也。”享，献，宴请。清王先谦《庄子集解》：古人饮必先祭。）“古之人乎，于此言已。”

仲尼到了楚国，楚王向他敬酒。孙叔敖（楚相）手执舀酒器（竹筒制，有长柄）站立，市南宜僚（人名）接受了酒，进献说：“不同凡俗的人啊，在此畅所欲言。”

曰："丘也闻不言之言矣，未之尝言，于此乎言之。市南宜僚弄丸，而两家之难解。

仲尼说："我知道不说话的见解，之前不曾谈论，在这儿聊聊吧。市南宜僚玩弄弹丸，两家的灾难解除。（清郭庆藩《庄子集释》：宜僚，楚勇士。楚白公胜想作乱，杀死令尹子西，遣使邀请他。宜僚正在玩弄弹丸，不跟使者说话。使者仗剑进攻，宜僚不惊惧，既不从命，也不讲其他的话。白公得不到他，叛乱不成，所以两家灾难解除。）

孙叔敖甘寝秉羽，而郢人投兵。

孙叔敖安睡，手拿羽扇，楚国人就放下兵器。（清王先谦《庄子集解》：叔敖养德于庙堂之上，折冲于千里之外，敌国不敢犯，郢人投兵，无所攻伐。）

丘愿有喙三尺。"（喙，读作"会"。嘴。）

我愿有三尺宽的嘴巴（能言善辩）。"

彼之谓不道之道，此之谓不言之辩。故德总乎道之所一，而言休乎知之所不知，至矣。

上述二人，叫做不说话的道。今天在这儿，叫做不说话的辩论。所以，品德总合在道的纯一中，言论停止在智识所不了解的地方，就到极点了。

道之所一者，德不能同也。知之所不能知者，辩不能举也。名若儒墨而凶矣。

道的纯一，品德不能齐全。智识所不了解的事物，巧言不能张口。名声像儒家墨家，就是凶祸。

故海不辞东流，大之至也。圣人并包天地，泽及天下，而不知其谁氏。

于是，海域不推却东流的河水，是大的极点。圣人兼容包函天地，德泽遍及天下，却不知道他是谁。

是故生无爵，死无谥，实不聚，名不立，此之谓大人。

于是，常常活着没有爵位，死后没有谥号，财富不聚积，名声不建立。这就叫大人。

狗不以善吠为良，人不以善言为贤，而况为大乎。

狗不因为擅长叫唤，就认为优良。人不因为擅长说话，就认为贤能。更何况做大人物呢。

夫为大不足以为大，而况为德乎。

当大人物，不足以变得高尚，更何况治理品德哦。

夫大备矣，莫若天地。然奚求焉，（然，明白。求，感应。）而大备矣。（而同“能”。能够。）

最大的完备，没有谁比得上天地。明白怎么感应，能够最大限度地完备。

知大备者，无求，无失，无弃，不以物易己也。

懂得最大完备的人，没有索求，没有迷失，没有离弃，不因为事物转变自己。

反己而不穷，循古而不摩，大人之诚。

回归自己就不会止息，顺行古法而不摹仿，是大人的真诚。

子綦有八子，陈诸前，召九方歅曰：（歅，读作“因”。人名。）“为我相吾子，孰为祥。”

子綦有八个儿子，排列在面前，召请九方歅说：“为我占视儿子，谁有福气。”

九方歅曰：“梱也为祥。”（梱，读作“捆”。一子名“梱”。）

九方歅说：“梱有福气。”

子綦瞿然喜曰：“奚若?”（瞿，读作“巨”。惊视貌。）

子綦惊视喜悦，说：“什么情况?”

曰：“梱也，将与国君同食以终其身。”

答：“阿梱，要跟国君一起吃饭，终了一辈子。”

子綦索然出涕曰：“吾子何为以至于是极也?”

子綦涕泪连连流出，说：“我儿子做了什么，以至于这种结局?”

九方歅曰：“夫与国君同食，泽及三族，而况父母乎！今夫子闻之而泣，是御福也。子则祥矣，父则不祥。”

九方歅说：“跟国君一起吃饭，恩泽惠及三族，何况父母呢。今天老先生听了就哭泣，是抵御幸福。儿子倒是吉利，父亲却不吉利。”

子綦曰："歅，汝何足以识之，而梱祥邪？尽于酒肉，入于鼻口矣，而何足以知其所自来！

子綦说："阿歅，你何足以感知阿梱的吉利？尝尽酒肉，进入鼻口，你何足以了解它们本来的处所！

吾未尝为牧，而牂生于奥。（牂读作'赃'；母羊。奥，猪圈。）未尝好田，而鹑生于宎，（宎，读作'耀'。房屋的东南角。）若勿怪，何邪？

我未曾做过放牧牲畜的人，而母羊在猪圈养育。未曾完毕打猎，而鹌鹑在房屋东南角生出。你不要奇怪，为什么？

吾所与吾子游者，（与，等待，支持，赞许。）游于天地。吾与之邀乐于天，吾与之邀食于地。吾不与之为事，不与之为谋，不与之为怪。吾与之乘天地之诚，而不以物与之相撄。吾与之一委蛇，而不与之为事所宜。

我所期待儿子遨游的事物，是遨游天地。我支持他向天空迎接快乐，赞许他在大地遇到食物。我不支持他忙碌职事，不支持他玩弄谋略，不支持他搞什么怪异。我期待他驾驭天地的真诚，不让人事环境互相扰乱。我赞许他一概顺应曲折，而不必选择适宜的事来做。

今也然有世俗之偿焉。凡有怪征者，必有怪行。殆乎，非我与吾子之罪，几天与之也。吾是以泣也。"

如今竟然存在世俗的报酬。凡有怪异求取，必有怪异行为。疑惑啊，不是我和儿子的错，或许是老天爷给他的安排。我因此哭泣呀。"

无几何，而使梱之于燕。盗得之于道，全而鬻之则难，（鬻，读作"玉"。卖。）不若刖之则易。（刖，读作"月"。砍掉双脚或脚趾。）于是乎刖而鬻之于齐，适当渠公之街，然身，食肉而终。

没多久，派遣阿梱到燕国去。盗贼在旅途中控制了他，完整卖出比较困难，不如砍掉脚容易些。于是砍断双脚，卖到齐国。偶遇渠地封君逛街，他看上阿梱的身体，便买回家当守门人（古代多以受过刑的人充当）。阿梱于是终身有肉吃。

啮缺遇许由，曰："子将奚之？"

啮缺遇到许由，问："你想要去哪里？"

曰："将逃尧。"

答："打算逃避唐尧。"

曰："奚谓邪？"

问："什么意思？"

曰："夫尧，畜畜然仁，吾恐其为天下笑。后世其人与人相食与！（食，作假，背弃诺言。）

答："唐尧，养育培植地仁爱，我担心他为天下笑。后世也许人与人互相作假。

夫民，不难聚也。爱之则亲，利之则至，誉之则劝，致其所恶则散。

民众不难团结。爱护他们就亲近，利益他们就到来，称赞他们就努力，导致他们憎恶就离散。

爱利出乎仁义，捐仁义者寡，利仁义者众。

爱护和利益，出于仁义。舍弃仁义的人少，喜爱仁义的人多。

夫仁义之行，唯且无诚，且假乎禽贪者器。

凡仁义行为，假如没有诚信，将要把工具给予禽兽一样贪婪的人。

是以一人之断制利天下，譬之犹一觋也。（觋同'瞥'。看一眼。）

是用一个人的裁定利益天下，譬如拿眼睛暂时看一看。

夫尧知贤人之利天下也，而不知其贼天下也。夫唯外乎贤者知之矣。"

唐尧知道贤人利益天下，却不知道他们祸害天下。只有疏远贤能的人，懂得这层道理。"

有暖姝者，有濡需者，有卷娄者。

有沾沾自喜的人，有苟安一时的人，有背项俯曲（弓腰驼背，操劳过度）的人。

所谓暖姝者，学一先生之言，则暖暖姝姝而私自说也，自以为足矣，而未知未始有物也。是以谓暖姝者也。

所谓沾沾自喜的人，学了少许老师的学说，就自满自许，私自评议，自以为完备了，却不知未曾呈现实际内容。这可叫沾沾自喜的人。

濡需者，豕虱是也，择疏鬣，（鬣，读作“列”。动物头颈上的毛。）自以为广宫大囿。奎蹄曲隈，（奎，胯。隈，读作“威”。曲深之处。）乳间股脚，自以为安室利处。

偷安一时的人，好比猪身上的虱子。挑选头颈毛稀疏的地方，自以为广阔的宫殿，安泰的园林。在猪的胯蹄曲深处，乳房之间，大腿小腿，自以为安宁的房间，美好的住处。

不知屠者之一旦鼓臂布草，操烟火，而己与豕俱焦也。此以域进，此以域退，此其所谓濡需者也。

不知道屠夫一旦挥动手臂，铺开柴草，操作烟火，就自己跟猪一起烧焦。如此凭借局限的范围前移，凭借局限的范围后退，这大概叫苟安一时的人吧。

卷娄者，舜也。羊肉不慕蚁，蚁慕羊肉，羊肉羶也。（羶，读作“山”。羊的气味。）

弓腰驼背\操劳过度的人，是虞舜。羊肉不羡慕蚂蚁，蚂蚁却贪慕羊肉，是因为羊肉羶臭。

舜有羶行，百姓悦之，故三徙成都，至邓之虚，而十有万家。

虞舜有令人爱慕的德行，百姓悦服。因而三度迁徙，所至之处皆成为都邑。来到邓邑的山丘，已有十万家。

尧闻舜之贤，举之童土之地，曰冀得其来之泽。

唐尧听说虞舜贤能，选拔到没有草木的地方，说：希望得到他招致的影响力。

舜举乎童土之地，年齿长矣，聪明衰矣，而不得休归，所谓卷娄者也。

虞舜兴起在草木不生的地方，年龄大了，聪明衰退了，却不能退休回家。所谓弓腰驼背\操劳过度的人呀。

是以神人恶众至，众至则不比，不比则不利也。

因此神人忌讳许多人到来。许多人到来，就不亲合。不亲合，就不顺利。

故无所甚亲，无所甚疏，抱德炀和以顺天下，（炀，读作“阳”。向，向火取暖。）此谓真人。

所以，不宜密集亲近，不可特别疏远。怀藏品德，取向和谐，来顺应天下。这叫真人。

于蚁弃知，于鱼得计，于羊弃意。

对于蚂蚁，放弃了智识（贪慕羊羶臭）。对于鱼，满足了计划（相忘于江湖）。对于羊，放弃了意愿（本身不慕蚂蚁，却被蚂蚁趋赴）。

以目视目，以耳听耳，以心复心。若然者，其平也绳，其变也循。

用眼睛观察眼界，用耳朵考察听闻，用内心往来思想。像这样，其中的均等又直又正，其中的变更按次序顺行。

古之真人，以天待之，不以人入天。

古代的真人，能够自然等候生出\滋长，不凭人为进入自然。

古之真人，得之也生，（也，斯。作连词“则”“而”。）失之也死。得之也死，失之也生。

古代的真人，获得了就活着，丧失了就死亡。获得了却死亡，丧失了却活着。

药也，其实堇也。（堇，读作“晋”。乌头，一种有毒植物，可入药。）桔梗也，鸡壅也，豕零也，是时为帝者也。（是通“视”。审视。为，佑助，帮助。）何可胜言！

用药治病，其中的实际疗效是乌头。桔梗（药草名）呀，鸡壅（药草名）呀，豕零（药草名）呀，审视时宜帮助主药，怎能尽数说出！

［总结：离开所长就悲哀，多才即危险，解决之道在七大理念］

句践也，以甲楯三千栖于会稽。（楯同“盾”。盾牌。）唯种也，能知亡之所以存。唯种也，不知其身之所以愁。

越王句践，凭铠甲和盾牌（指兵士）三千，栖息会稽山。只有大夫文种，能知灭亡之所以图存。只有大夫文种，不懂自己的生命之所以悲哀。

故曰，鸱目有所适，（鸱，读作“蚩”。猫头鹰一类的鸟。）鹤胫有所节，解之也悲。

所以说，猫头鹰的眼睛有所适合，鹤腿有所节制，离开所长就悲哀。

故曰，风之过河也有损焉，日之过河也有损焉。请只风与日，相与守河，而河以为未始其撄也，恃源而往者也。

所以说，风吹过，河水有减损。太阳照过，河水有减损。请这风和太阳，相随守视河水，而河水认为未曾特别触犯，是仗恃水源来到了。

故水之守土也审，影之守人也审，物之守物也审。

因此，水依傍土壤即安定，阴影依傍人即安定，事物依傍事物即安定。

故目之于明也殆，耳之于聪也殆，心之于殉也殆。

因此，眼睛达到明亮的程度，就疲困。耳朵达到灵敏的程度，就疲困。心思达到营营逐逐的程度，就疲困。

凡能其于府也殆，殆之成也不给改。

凡腑脏（九窍五脏六腑）多才能，都危险。危害滋长固定了，就来不及改正。

祸之长也兹萃，其反也缘功，其果也待久。而人以为己宝，不亦悲乎！

祸患滋长愈益萃聚，想回调，即牵连到事功，实现也需等待很久。然而，人们以为九窍脏腑多才能，是自己的宝贝，不是很悲哀吗？

故有亡国戮民无已，不知问是也。

于是有亡国受刑辱的人，没完没了——他们不懂得探讨这些啊。

故足之于地也践，虽践，恃其所不蹍，（蹍，读作“撵”。绊倒。）而后善博也。

因而，脚达到地面即踩踏，虽然踩踏，依赖自己不绊倒，而后擅长广博。

人之于知也少，虽少，恃其所不知，而后知天之所谓也。

人达到智慧程度的很少。虽然少，抱持自己的不懂，而后了解自然界告知的信息。

知大一，知大阴，知大目，知大均，知大方，知大信，知大定，至矣！

懂得形成天地万物的元气，懂得极盛的阴气，懂得大眼界（大事件大人物纠结不顺的节点），懂得大道理，懂得普遍公平，懂得大诚信大信仰，懂得全部安定。就到极点了！

大一通之，大阴解之，大目视之，大均缘之，大方体之，大信稽之，大定持之。

形成天地万物的元气通达了，极盛阴气理解了，大眼界观察了，普遍的公平顺循了，大道理履行了，大诚信大信仰稽考了，全局就安定掌握了。

尽有天，循有照，冥有枢，始有彼。

最大限度地拥有自然，顺循着产生比照＼知晓，幽冥中保存枢要，方才获得上述七大理念。

则其解之也，似不解之者。其知之也，似不知之也，不知而后知之。

如果其中的理解，好似不通达。其中的知道，好似不区别。不懂得而后懂得。

其问之也，不可以有崖，而不可以无崖。

其中的探讨不可以有边际，不可以无范围。

颉滑有实，（颉滑，读作“协滑”。错乱，难料理。）古今不代，而不可以亏，则可不谓有大扬搉乎！（谓，尽心竭力。搉读作“确”，引。扬搉，论述大略，导引意趣。）

错乱里面有真实。古今不替代，且不可以缺损。能不尽心竭力地呈现大略谈论跟导引吗！

阖不亦问是已，（阖通“盍”。何故，何不。）奚惑然为！以不惑解惑，复于不惑，是尚大不惑。

何不实锤考察正确法则的完成，为什么变成惑乱不解的样子？用不迷乱解除疑惑，恢复不迷惑，是尊崇大的不迷惑。

［**同游小语**］

网络语言“说人话好吗”，是指风格简明扼要，善于通俗易懂地交流。

可是在某些高大上场合，常见拆开来每个字都认识，组合到一起，却是又臭又长又拗口。完全没办法搞懂，他们一天到晚叨叨些什么车轱辘话。

徐无鬼说：太久了，没有谁用真实的人话，谈笑在魏武侯身边。是啊，太久了，在常识断断乎没有歧义的地方，居然有人不说底线性质的人话。

本文总结：最大限度地拥有自然，顺循着比照＼知晓，冥冥中保存枢要，尽心竭力地谈论引导。这就是说人话的实锤内容。

笔者读《徐无鬼》，有诗曰：

隐叟聊狗马，魏侯跫然喜。
牧童鞭指处，黄帝拜天师。
调瑟弦音和，挥斤郢质逝。
弄丸家难解，秉羽邦兵释。
百物离所长，多才祸患滋。
要当尽自然，不惑排众疑。

则阳第二十五

［圣人的处世方式和内心境界］

则阳游于楚，（则阳，姓彭，名阳，字则阳。鲁人。）夷节言之于王，王未之见，夷节归。

则阳到楚国游历，夷节（楚臣）向楚文王谈起，文王不接见，夷节就返回了。

彭阳见王果曰："夫子何不谭我于王？"（谭通"谈"。称说，谈论。）

则阳往见王果（楚贤人），说："先生何不对楚王称说我？"

王果曰："我不若公阅休。"

王果说："我不如公阅休（隐士）。"

彭阳曰："公阅休奚为者邪？"

则阳问："公阅休做事怎样啊？"

曰："冬则擉鳖于江，（擉，读作'绰'。刺，戳。）夏则休乎山樊。有过而问者，曰：此予宅也。

答："冬天在长江里刺取甲鱼，夏天在山崖边休息。有人经过询问他，就说：这是我的寄托。

夫夷节已不能，而况我乎！吾又不若夷节。

夷节已不能帮忙，何况我哟！我又不如夷节。

夫夷节之为人也，无德而有知，不自许，以之神其交，固颠冥乎富贵之地。非相助以德，（助，帮助。）相助消也。（助同‘锄’。除去。）

夷节为人没有节操，却有智慧。他不自我称许，以此谨慎交往，常常迷惑于富贵地位——没有互相帮到德行，反而互相消除德行。

夫冻者假衣于春，暍者反冬乎冷风。（暍，读作‘椰’。中暑。）

受冻的人，到了春天才权充衣服暖身。中暑的人，遇到冷风才有返回冬季的感觉。（比喻向楚王称说的时机不合适。）

夫楚王之为人也，形尊而严。其于罪也，无赦如虎。非夫佞人正德，其孰能挠焉。

楚王的为人，形象尊严。他对于罪过，不赦免像老虎一样。不是卑谄辩给的人，或者自正德行的人，谁能阻止呢。

故圣人其穷也，使家人忘其贫；其达也，使王公忘爵禄而化卑；其于物也，与之为娱矣；其于人也，乐物之通而保己焉。

于是，圣人如果困厄，就使家人忘记贫穷。如果显达，就使王公忘记爵禄而产生谦恭。他对于事物＼环境，跟它们搞得很愉快。对于人群，喜欢物资流通，而保全自身。

故或不言而饮人以和，与人并立而使人化。父子之宜，彼其乎归居，而一閒其所施。（閒，读作‘闲’。安静，安闲。）其于人心者，若是其远也。故曰，待公阅休。”

因此常常不说话，就用和睦浸润他人。跟别人一同站立，就使人感化。犹如父子合宜，对方倘若回家居住，一概安静自己的施展。他对于人心，像这样谋虑高远。所以说，等候公阅休吧。”

圣人达绸缪，周尽一体矣，而不知其然，性也。

圣人通达深奥，普遍极尽相同的主体，却不知道它们的形成。这是与生俱来的禀赋。

复命摇作，而以天为师，人则从而命之也。

恢复生命的摇动兴起，以自然为老师，人类仅仅随行制作。

忧乎知，（《说文》：“忧，心动也。”）而所行恒无几时，其有止也，若之何？

心动啊知识，你所说的道理，永无终尽之时，自己却有停止，怎么选择？

生而美者，人与之鉴，不告则不知其美于人也。

出生就美丽的人，别人给他镜子，不觉察便不知自己比别人好看。

若知之，若不知之。若闻之，若不闻之。其可喜也终无已，人之好之亦无已，性也。

好像了解，好像不了解。好像听说过，好像没听说。自己值得喜乐，终究无止境。他人喜爱他，也无止境。这是与生俱生的禀赋。

圣人之爱人也，人与之名，不告则不知其爱人也。

圣人慈爱众生，别人给他名声，不表明便不知自己加惠了他人。

若知之，若不知之。若闻之，若不闻之。其爱人也终无已，人之安之亦无已，性也。

好像了解，好像不了解。好像听说过，好像没听说过。自己惠爱他人，终究无止境。他人乐意这样，也无止境。这是与生俱生的禀赋。

旧国旧都，望之畅然。虽使丘陵草木之缗，（缗，读作“魂”。盛。）入之者十九，犹之畅然。

昔日的邦国和昔日的都邑，望上去舒展喜悦。纵使丘陵草木茂盛，掩蔽它十分之九，仍然舒展喜悦。

况见见闻闻者也，以十仞之台，县众閒者也。（县，出示。閒读作“间”；中间。）

何况看到显露的事物，听到闻名的事物，凭借十仞高台，出示在众人中间哦。

冉相氏得其环中以随成，与物无终无始，无几无时。

冉相氏（远古圣王）获得了圆环中心（是非反覆的居中位置），用来顺随着成事。跟万物没有终了，没有起始，没有萌兆，没有等待。

日与物化者，一不化者也，阖尝舍之！（阖通“盍”。何，怎么。）

一天天地同事物转化，纯一不改变的样子，何曾舍弃过！

夫师天而不得师天，与物皆殉。其以为事也，若之何？

凡是学习自然，却不晓得效法自然，与人事环境一同营营逐逐。他们这般做事，怎么对付？

夫圣人未始有天，未始有人，未始有始，未始有物，与世偕行而不替，所行之备而不洫，（洫，读作“序”。败坏。）其合之也，若之何？

圣人未曾有自然，未曾有人为，未曾有初始，未曾有人事环境，跟世界共同行走而不替代。所施行皆生出完备，而不败坏。他和洽它们，怎样处置？

汤得其司御门尹、登恒，为之傅之。从师而不囿，得其随成，为之司其名。（司后作“嗣”。延续。）之名赢法，（之，滋长。赢读作“迎”。增益，有余。）得其两见。

成汤得到主管治理的大臣门尹（人名）和登恒（人名），做他的师傅。随行老师而不拘泥，了解随物成事，为他们延续名声。滋长了声誉，增益了法度，获得两个方面的实现。

仲尼之尽虑，为之傅之。容成氏曰：“除日无岁，无内无外。”

仲尼有终极思考，既践行，又教导。容成氏（黄帝臣子）说：“去掉一昼夜，就没有一年。没有内里，就没有外表。”

［几个小故事，嘲弄、劝谏和揭露当代政治］

魏莹（魏惠王）与田侯牟（齐威王）约，田侯牟背之。魏莹怒，将使人刺之。

魏惠王跟齐威王约盟，齐威王违约。魏惠王生气了，打算派人刺杀他。

犀首公孙衍闻而耻之，（犀首，古官名。类似后代的虎牙将军。）曰：“君为万乘之君也，而以匹夫从仇。衍请受甲二十万，为君攻之，虏其人民，系其牛马，使其君内热发于背，然后拔其国。忌也出走，然后抶其背，（抶，读作‘翅’。用鞭、杖或竹板打。）折其脊。”

虎牙将军公孙衍听了，感到羞愧，说：“您是万辆兵车的国君，却像单个的平民处理仇怨。我请求接受甲兵二十万，为您攻打齐国。俘获它的人民，拴系它的牛马，使齐君内心燥热，脊背发作毒疮，然后攻取他的邦国。田忌（齐国名将）也出走了，然后笞击他的后背，折断他的脊梁。”

季子闻而耻之，曰：“筑十仞之城，城者既十仞矣，则又坏之，此胥靡之所苦也。今兵不起七年矣，此王之基也。衍，乱人也，不可听也。”

季子（魏臣）听了感到羞耻，说：“修建十仞城墙，筑城的人造到十仞高了，如果又拆毁它，这是服劳役的刑徒所痛苦的事。现在，战端不起七年了，这是大王的基业啊。阿衍是作乱的人，不可听信。”

华子闻而丑之，曰：“善言伐齐者，乱人也。善言勿伐者，亦乱人也；谓伐之与不伐乱人也者，又乱人也。”

华子（魏臣）听了感到厌恶，说：“巧言征伐齐国，是作乱的人。巧言不要征伐，也是作乱的人。以为征伐跟不征伐都是作乱，此人又是作乱的人。”

君曰：“然则若何？”

魏君问：“那么，怎样选择？”

曰：“君求其道而已矣。”

答：“您寻求其中的道，就可以了。”

惠子闻之，而见戴晋人。戴晋人曰：“有所谓蜗者，君知之乎？”

惠子听到后，推荐了戴晋人（至人）。戴晋人说：“有所说的蜗牛，君上知道不？”

曰：“然。”

魏君答：“知道。”

“有国于蜗之左角者，曰触氏；有国于蜗之右角者，曰蛮氏。时相与争地而战，伏尸数万，逐北旬有五日而后反。”

“有个邦国在蜗牛壳的左角，叫触氏。有个邦国在蜗牛壳的右角，叫蛮氏。它们经常相互争地作战，伏尸数万。追逐败走的敌兵，十五天后才返回。”

君曰：“噫！其虚言与？”

魏君说：“噫！是虚构的话吧？”

曰："臣请为君实之。君以意在四方上下有穷乎？"

晋人说："臣愿为君上讲实话。您猜测，四方上下有穷尽么？"

君曰："无穷。"

魏君说："没有穷尽。"

曰："知游心于无穷，而反在通达之国，若存若亡乎？"

晋人说："智识游心于无穷无尽，返回处于通达领域，若有若无吧？"

君曰："然。"

魏君说："是的。"

曰："通达之中有魏，于魏中有梁，于梁中有王，王与蛮氏有辩乎？"（辩通"辨"。分别。）

晋人说："通达之中有魏国，魏国中有大梁（魏都），大梁城中有王，王跟蛮氏有分别吗？"

君曰："无辩。"

魏君说："没有分别。"

客出而君惝然若有亡也。（惝，读作"厂"。怅惘，失意。）

客人离开，魏君怅惘若有所失。

客出，惠子见。君曰："客，大人也，圣人不足以当之。"

客人出外，惠子进见。魏君说："这位宾客，是德行高尚的人，圣人不足以对等他。"

惠子曰："夫吹筦也，（筦同'管'。管乐器。）犹有嗃也。（嗃，读作'消'。吹管声。）吹剑首者，吷而已矣。（吷，读作'血'。以口吹物发出的细小声音。）尧舜，人之所誉也。道尧舜于戴晋人之前，譬犹一吷也。"

惠子说："吹奏管乐器，犹有器乐声。吹剑头呢，只有微风掠过的细小声音而已。尧舜，人人所称誉。在戴晋人面前讲述尧舜，好比倏忽的细小声音。"

孔子之楚，舍于蚁丘之浆。其邻有夫妻臣妾登极者，子路曰："是稯稯何为者邪？"（稯，读作"总"。聚合，聚束。稯稯，群聚的样子。）

孔子到楚国去，留宿蚁丘（地名）卖酿制饮料的店家。店家的邻居，有夫妻奴仆登上屋脊。子路问："那些人围观，做什么呀？"

仲尼曰："是圣人仆也。是自埋于民，自藏于畔。其声销，其志无穷，其口虽言，其心未尝言。方且与世违，而心不屑与之俱。是陆沉者也，（陆沉，陆地无水而沉没。喻隐居。）是其市南宜僚邪？"

仲尼说："那是圣人的仆人。圣人自埋于民间，自藏于边缘。他名誉销散，志向无穷。口里虽然说话，内心未曾言论。正要跟世人相离，心性不屑与世俗相同。这位隐居者，大概是市南宜僚吧？"

子路请往召之。

子路愿意前往召请。

孔子曰："已矣！彼知丘之著于己也，知丘之适楚也，以丘为必使楚王之召己也。彼且以丘为佞人也。

孔子说："算了吧！对方知道我明了他，知道我到了楚国，按我的作为，必使楚王征召他。对方几乎把我当成阿谀奉承的人了。

夫若然者，其于佞人也，羞闻其言，而况亲见其身乎！而何以为存？"

像这样，他对卑谄辩给的人，羞于听到说话，何况亲眼看见身躯哦！你怎么以为他还在？"

子路往视之，其室虚矣。

子路前往观察，房屋空荡荡了。

长梧封人问子牢曰：（问通"闻"。告诉。）"君为政焉勿卤莽，治民焉勿灭裂。

长梧地方的封疆官员告诉子牢："您处置政事不要粗鲁马虎（不尽其分），治理百姓不要草率毁坏（轻率败事）。

昔予为禾，耕而卤莽之，则其实亦卤莽而报予。芸而灭裂之，（芸通'耘'。除草。）其实亦灭裂而报予。

从前我种稻谷，耕地粗鲁马虎，结的果实也粗鲁马虎回报我。除草轻率毁坏，结的果实也轻率毁坏回报我。

予来年变齐，深其耕而熟耰之，（耰，读作‘优’。形如榔头的农具；播种后用耰平土覆盖种子。泛指耕种。）其禾蘩以滋，（蘩，读作‘凡’。白蒿，春天始生，及秋香美，嫩苗可食。）予终年厌飧。”（厌，饱，满足。飧，读作“孙”。吃，熟食。）

第二年，我变更到正常状态。深深翻土，精细种植。禾苗和白蒿蕃育生长，我一年到头有饱饭吃。”

庄子闻之曰：“今人之治其形，理其心，多有似封人之所谓。遁其天，离其性，灭其情，亡其神，以众为。

庄子听了，说：“如今人们修养身体，条理内心，大都如同封疆官员所说。欺蒙自然，违背本性，埋没常情，亡失精神，从事大众行为。

故卤莽其性者，欲恶之孽，（孽通‘蘖’。树木再生的枝芽。）为性萑苇蒹葭。（萑苇，读作‘环伟’。像芦苇的荻类植物。蒹葭，读作‘兼加’。初生未出穗的芦苇。）始萌以扶吾形，寻擢吾性。（擢，读作‘卓’。拔取，抽出。）并溃漏发，不择所出。漂疽疥痈，（漂通‘瘭’。瘭疽，读作‘标居’。皮肤急性化脓性感染。疥读作‘介’。疥疮。痈，读作‘拥’。肿疡。）内热溲膏是也。”（溲，读作“搜”。便溺。溲膏，排泄小便如膏脂的疾病。）

于是，天性粗鲁马虎的人，贪欲和憎恶滋生枝芽，成为性情里的芦苇杂丛。它们初始萌发来扶助形体，不久将拔取本性。然后一起溃败，体液穿孔而出，不挑选流出的位置。皮肤化脓感染成疥疮肿疡。这是内心燥热，屙尿如同膏脂（溺精）的疾病。”

柏矩学于老聃，曰：“请之天下游。”

柏矩（人名）受教于老聃，说：“请求到天下游历。”

老聃曰：“已矣，天下犹是也。”

老聃说：“算了吧，天下如同这里。”

又请之，老聃曰：“汝将何始？”

又请求，老聃说：“你打算哪里开始？”

曰：“始于齐。”

答：“从齐国开始。”

至齐，见辜人焉。推而强之，解朝服而幕之，号天而哭之，曰："子乎，子乎！天下有大灾，子独先离之。（离通'罹'。遭受。）曰'莫为盗，莫为杀人'。

到了齐国，看见车裂弃市的人。柏矩推移分裂的肢体勉强凑拢，解下朝会时穿的礼服覆盖住，呼天大哭，说："人啊，人啊！天下有大灾，你独自先遭受它。叫做'莫当盗贼，莫去杀人'。

荣辱立然后睹所病，货财聚然后睹所争。今立人之所病，聚人之所争，穷困人之身，使无休时。欲无至此得乎？

荣辱设立，然后了解所指责。货财聚积，然后看见所争竞。现在，设置人人所指责的东西，汇聚人人所争竞的东西，穷困人的躯体，使其没有休止的时候。想要不导致车裂，可能吗？

古之君人者，以得为在民，以失为在己。以正为在民，以枉为在己。

古代做人君，认为获得取决于百姓，丧失由于自己。认为正直治理取决于百姓，邪曲悖乱由于自己。

故一形有失其形者，退而自责。

故而，一旦形势有失容色，便反躬自责。

今则不然。匿为物而愚不识，大为难而罪不敢，重为任而罚不胜，远其涂而诛不至。（涂也作'途'。道路。）

今世则不这样。藏匿所作为的事物，愚弄不懂的人。超过一般地设置艰难，惩罚不敢的人。分量较大地给与责任，处罚不能承担的人。高远自己的道路，诛杀达不到的人。

民知力竭，则以伪继之。日出多伪，士民安取不伪。

百姓智力竭尽了，就用虚假接续。一天天产生大量的诈伪，士子和庶民怎么选择不虚假？

夫力不足则伪，知不足则欺，财不足则盗。盗窃之行，于谁责而可乎？"

凡是力量不足就假装，智识不足就欺诈，财货不足就偷窃\劫掠。盗窃行为，对谁责罚才合适呀？"

[认识论：常无，欲以观其妙]

蘧伯玉行年六十，（蘧，读作“渠”。姓。）而六十化，未尝不始于是之，而卒诎之以非也。（诎，读作“曲”。屈服，折服。）未知今之所谓是之，非五十九非也。

蘧伯玉（卫国大夫）经历六十岁，能够六十次转化。未尝不从正确开始，而末后折服为错误。不知现在所说的正确，没犯之前的五十九次错误。

万物有乎生，而莫见其根，有乎出，而莫见其门。

万物有生出，没有谁见过它们的根本。有显露，没有谁见过它们的出入口。

人皆尊其知之所知，而莫知恃其知之所不知而后知，可不谓大疑乎！

人人都重视自己智识了解的地方。却不懂得，凭借智识不了解的情态，而后了解。岂不称做大迷惑吗！

已乎！已乎！且无所逃。此所谓然与然乎。

罢了，罢了！几乎没有逃避的办法。这就是所说的（主观上）认为什么什么对，跟（客观上）如此形成了。

仲尼问于大史大弢、伯常骞、狶韦曰：（弢，读作“涛”。骞，读作“千”。狶，读作‘希’。大弢、伯常骞和狶韦，皆史官名。）“夫卫灵公饮酒湛乐，（湛，读作‘丹’。沉醉，迷恋。）不听国家之政。田猎毕弋，（毕，用网捕取禽兽。弋，读作‘义’；用带绳子的箭射猎。）不应诸侯之际。其所以为灵公者何邪？”

仲尼跟太史大弢、伯常骞和狶韦探讨：“卫灵公饮酒，沉迷安乐，不听取国家政事。猎取禽兽，网捕箭射，不响应诸侯交往。他称作卫灵公的原因，是什么呀？”

大弢曰：“是因是也。”

大弢说：“是因为这些啊。”

伯常骞曰：“夫灵公有妻三人，同滥而浴。史鳝奉御而进所，搏币而扶翼。

伯常骞说："灵公有配偶三人，同一个浴缸洗澡。史鳍（卫国大夫）进献御用物件，进入处所。灵公握持财币，搀扶护送史鳍。

其慢若彼之甚也，见贤人若此其肃也，是其所以为灵公也。"

他怠慢，像三女同浴那般异常安乐。看到贤人，又如此肃敬。这是他称作灵公的原因吧。"

狶韦曰："夫灵公也死，卜葬于故墓不吉，卜葬于沙丘而吉。掘之数仞，得石椁焉，（椁，读作'裹'。外棺。）洗而视之，有铭焉，曰'不冯其子，灵公夺而里之。'夫灵公之为灵也久矣，之二人何足以识之。"

狶韦说："灵公死后，占卜埋葬在祖先墓地不吉利，埋葬在沙丘才吉利。挖掘沙丘数仞深，得到石材外棺，洗净一看，有铭文说：'不装子孙，灵公夺取即居住。'灵公称作灵，很久了。之前两人，何足以体会这个呢。"

[乡里语言，奠定了道的初级模式]

少知问于大公调曰："何谓丘里之言？"

少知（虚拟人名）跟大公调（虚拟人名）探讨："什么叫乡里语言？"

大公调曰："丘里者，合十姓百名，而以为风俗也。合异以为同，散同以为异。

大公调说："乡里，合拢十个姓氏，百个人名，可以做一个地区的风尚习惯。聚合特异能成为相同，分散相同能成为特异。

今指马之百体而不得马，而马系于前者，立其百体而谓之马也。

此刻，指着马身各个部分，还不了解马，而马就拴在面前。是因为确定马身的各个部分，即称作马。

是故丘山积卑而为高，江河合水而为大，大人合并而为公。

因此，丘山积聚低下，才成为崇高。江河合拢河流，才成为大水。德行高尚的人，聚合并行才成为公正。

是以自外入者，有主而不执。由中出者，有正而不距。

于是认为，从外界纳入的事物，有主张而不固执。从内心发出的理念，有决定而不违距。

四时殊气，天不赐，故岁成。

春夏秋冬\朝昼夕夜不同云气，自然界不空尽，所以一年农事有收成。

五官殊职，君不私，故国治。

司徒、宗伯、司马、司寇、司空等五种官员（泛指百官）不同职务，君主不偏爱，于是邦国治理。

文武，大人不赐，故德备。

文德武功，高尚的大人物不竭尽，因而品德完备。

万物殊理，道不私，故无名。

万物不同纹理，道不偏爱，因此没有名目种类。

无名故无为，无为而无不为。

没有名目种类，于是无形无名\留下空间地作为。无形无名\留下空间地作为，就没有不治理的。

时有终始，世有变化，祸福淳淳，至有所拂者而有所宜。

时光有终始，世界有变化，祸福配对流动，达到有所掠击时，才能有所适宜。

自殉殊面，有所正者有所差。（正通'证'。证明，征验，判断。）

如若追逐不同的方面，有所判断时，就有所差错。

比于大泽，百材皆度。观于大山，木石同坛。此之谓丘里之言。"

亲近大片水草地，各种木材都得到测量。观赏大山，树木石头在同一座土台。这就叫乡里语言。"

[详释道的主要概念]

少知曰："然则谓之道，足乎？"

少知说："那么叫做道，可以不？"

大公调曰："不然，今计物之数，不止于万，而期曰万物者，以数之多者，号而读之也。

大公调说："不可以。方今计算事物的数量不止一万，而限称万物，是因为数目有多，约略标识地说出来。

是故天地者，形之大者也。阴阳者，气之大者也。

因此，天地，是形象的极大。阴阳，是气体的极大。

道者为之公，因其大以号而读之，则可也。

道，作为天地阴阳的最大公约数，沿袭它们的极大，能够约略标识地说出来，就可以了。

已有之矣，乃将得比哉！则若以斯辩，譬犹狗马，其不及远矣。”

已经存在道了，你的乡里语言岂能相比啊！倘若凭它来辩论，譬如狗马囿于一物，比不上道很远啊。”

少知曰：“四方之内，六合之里，万物之所生恶起？”

少知问：“东南西北之内，天地四方之中，万物的生出怎么引发？”

大公调曰：“阴阳相照，相盖相治。（盖通‘害’。割裂，妨碍。）四时相代，相生相杀。

大公调说：“阴阳交互对照，互相妨碍，互相修治。春夏秋冬\朝昼夕夜交互替代，互相生出，互相灭除。

欲恶去就，于是桥起。（桥通‘矫’。矫正，虚假。）雌雄片合，于是庸有。

贪欲\憎恶离去或因袭，于是兴起矫正与虚伪。雌雄两半相合（交配），于是发生常态的替代。

安危相易，祸福相生，缓急相摩，聚散以成。此名实之可纪，（纪通‘记’。记载，记录。）精微之可志也。（志通‘识\誌’。记住，讲述。）

安危互相转变，祸福互相长出，缓急互相摩擦，聚散由此确定。这就是名称跟实际可以记录，精细和隐微可以讲述。

随序之相理，桥运之相使，穷则反，终则始。此物之所有。

跟随\代替互相治理，矫正\运行互相驱使。穷尽了就返回，终结了即开始。这是万物呈现的方式。

言之所尽，知之所至，极物而已。睹道之人，不随其所废，不原其所起，此议之所止。”

言语达到极限，智识达到最善，穷尽事物而已。观察道的人，不追逐道所废弃的东西，不推究道所引动的东西。这是言论停止的位置。”

［道的疑惑：有为，还是无为］

少知曰：“季真之莫为，（莫同‘没’。无，没有。）接子之或使。（或，有。使，用，做。）二家之议，孰正于其情，孰偏于其理？”

知说：“季真（齐国稷下贤人）的无为，接子（齐国稷下贤人）的有用＼有为，两家的言论，谁正中常情，谁偏离了道理？”

大公调曰：“鸡鸣狗吠，是人之所知。虽有大知，不能以言读其所自化，又不能以意其所将为。

大公调说：“鸡鸣狗吠，是人人知道的事。虽有大智慧，不能用言语说出它们的自然变化，又不能猜测鸡狗将要做什么。

斯而析之，精至于无伦，大至于不可围。或之使，莫之为，未免于物而终以为过。

分开来辨析，精微至于没有同类，粗大至于不可环绕，有用＼有为，跟无为，皆不免于人事环境，终究认为有过失。

或使则实，莫为则虚。有名有实，是物之居。无名无实，在物之虚。可言可意，言而愈疏。

有用＼有为，仅只实际内容。无为，仅只抽象内容。有名称有实际，是人事环境的辨别。无名称无实际，存在人事环境的虚空——它能够谈论，也值得怀疑，越谈论越疏远于事理。

未生不可忌，已死不可徂。（徂通‘阻’。阻止。）死生非远也，理不可睹。

尚未生出不值得畏惧，已经死去不可以阻止。死生不远，其间的操作不能看见。

或之使，莫之为，疑之所假。

有用＼有为，和无为，是疑惑的依恃。（清郭庆藩《庄子集释》：此二者，世所至疑也。）

吾观之本，其往无穷。吾求之末，其来无止。无穷无止，言之无也，与物同理。

我观察根源，它们由此到彼无穷尽。我探求末尾，它们由彼至此不停止。无穷尽和不停止，是说无，它跟万物同样的条理。

或使莫为，言之本也，与物终始。

有用\有为，无为，是言论的根源与主体，同万物自始至终周而复始。

道不可有，有不可无。道之为名，所假而行。

道，不可用“有”描述。有，不可用“无”描述。道作为名称，适宜假借才流行。

或使莫为，在物一曲，夫胡为于大方！

有用\有为，跟无为，在万事万物里，仅居一隅。对于大道理\广博见识，何足一语！

言而足，则终日言而尽道。言而不足，则终日言而尽物。

见解完备，终日说话全都是道。见解不完备，终日说话全是器物。

道物之极，言默不足以载。非言非默，议有所极。”

在道和万物的穷尽处，言语跟静默不足以承载。不说话，不静默，议论才获得顶点位置。”

［同游小语］

《则阳》讨论了“道”的主要概念。

天地是形象的极大，阴阳是气体的极大。道，作为它们的共通包容，沿袭它们的极大，标识性质地说出来，就可以了。

清郭庆藩《庄子集释》说，有为和无为，世所至疑也。2300 多年来，一直有人贴标签，带节奏，可是许多人对于这两个概念，至今仍然是满头雾水。

有为和无为，在万物里仅居一隅。对于大道理\广博见识，它们其实又何足一语！

由此做结论：见解完备，终日说话全都是道。见解不充实，终日说话全是片面事物。

笔者读《则阳》，有诗曰：

夏休山林荫，冬刺江河鳖。
陆沉藏边缘，违世意不屑。
蜗战万万古，剑吹一微吷。
治身防卤莽，理心戒灭裂。
耳顺六十化，日日新品德。
天地阴阳大，惟道语简则。

外物第二十六

［做不到疏远事物，负面遭遇便在在难免］

外物不可必，故龙逢诛，比干戮，箕子狂，恶来死，桀纣亡。

疏远人事、社会和朝夕所需的物品，人们不能确保做到。因此龙逢被诛除，比干被杀戮，箕子装癫狂，恶来被处死，夏桀和殷纣被灭亡。

人主莫不欲其臣之忠，而忠未必信，故伍员流于江，苌弘死于蜀，藏其血三年而化为碧。

君主无不希望臣子忠诚，可是竭诚未必换得信任。所以伍员漂尸江上，苌弘死于蜀地，蜀人收藏了他的血，三年后化为碧玉。

人亲莫不欲其子之孝，而孝未必爱，故孝己忧而曾参悲。

父母无不希望子女孝顺，可是尽孝未必获得慈爱。所以孝己受后母虐待，忧苦而死。曾参遭父母毒打，常常悲泣。

木与木相摩则然，金与火相守则流。阴阳错行，则天地大絯，（絯通“骇”，惊骇。）于是乎有雷有霆，水中有火，乃焚大槐。

木头跟木头摩擦将燃烧，金属跟火依傍将熔化。阴阳错乱运行，天地间便极度惊骇，于是有雷声，有闪电，雨水中有光焰，焚烧了大槐树。

有甚忧两陷而无所逃，螴蜳不得成，（螴蜳，读作“陈敦”。不安定貌。）心若县于天地之间，慰暋沉屯，（暋，读作“昏”。闷。）利害相摩，生火甚多，众人焚和，月固不胜火，于是乎有僓然而道尽。（有通“囿”。拘谨，局限。僓，读作

"颓"。崩坏。)

有异常安乐和忧愁困厄，双双陷入无法逃避，恐惧难安不得确定。小心脏悬在天地中间，抑郁烦闷，低沉堵塞，利害互摩，产生诸多病态亢进。许多人僵毙了和谐——纵使当初心境像明月般清静，也禁不住内火燃烧——于是乎局限于颓败崩坏，而天道丧尽。

庄周家贫，故往贷粟于监河侯。

庄周家里贫穷，去向监河侯借粮。

监河侯曰："诺。我将得邑金，将贷子三百金，可乎？"

监河侯说："没问题呀。我快要收到封地的租赋了，必定借给你三百金，可以不？"

庄周忿然作色曰："周昨来，有中道而呼者。周顾视车辙中，有鲋鱼焉。周问之曰：'鲋鱼来！子何为者邪？'

庄周怨愤形于颜色，说："我昨天来时，半路上听到喊叫。我探视车轮压过的路面凹痕里，有条鲋鱼。我问它：'鲋鱼呀，你在干什么呢？'

对曰：'我东海之波臣也。君岂有斗升之水而活我哉？'

鲋鱼答：'我是东海水族。你是否有半斗一升的水救活我？'

周曰：'诺。我且南游吴越之王，激西江之水而迎子，可乎？'

我说：'没问题。我将要去南方游说吴王和越王，请他们阻挡西江的水来迎接你，可以不？'

鲋鱼忿然作色曰：'吾失我常与，(与通"豫"，安乐。)我无所处。吾得斗升之水然活耳，君乃言此，曾不如早索我于枯鱼之肆！'"

鲋鱼又气又怨变了脸色，说：'我失去常态的安乐，没了栖息环境，获得半斗一升的水就可以存活。可是你却说这番话，不如径直早点儿到干鱼店寻找我呢！'"

[行为范式，须知小大之辨]

任公子为大钩巨缁，(缁，读作"资"。黑绳。)五十犗以为饵，(犗，读作"介"。

犍牛。）蹲乎会稽，投竿东海，旦旦而钓，期年不得鱼。

任公子制作了大钓钩和巨型黑绳，用五十头犍牛做钓饵，蹲在会稽山上垂钓东海。他天天钓鱼，一整年没钓到。

已而大鱼食之，牵巨钩錎没而下，（錎，古作“陷”。）骛扬而奋鬐，（骛，读作“务”。乱跑，迅疾。鬐，读作“齐”。鱼脊鳍。）白波若山，海水震荡，声侔鬼神，惮赫千里。

不久，有大鱼咬饵，牵动巨钩沉没而下，迅疾乱窜，飞高掀动，摇晃脊鳍。雪浪像山峰一样涌起，海水震荡，涛声如同鬼神发作，震惊千里。

任公子得若鱼，离而腊之，自制河以东，（一说“制”同“淛”。“淛”同“浙”，浙江。）苍梧已北，莫不厌若鱼者。

任公子捕得大鱼，分割它做成肉干。从浙江以东到苍梧以北的人，莫不饱饱吃到了鱼肉。

已而后世辁才讽说之徒，（辁，读作“全”。小，浅薄。）皆惊而相告也。

继而，后世才小嘴碎的人，都惊异地相互传颂这个故事。

夫揭竿累，（累也作“缧”。细绳。）趣灌渎，守鲵鲋，其于得大鱼难矣。（其通“期”。期望，要求。）

但凡拿着瘦竿细线，奔赴水渠边守候泥鳅鲫鱼，期望捕获大鱼就难了。

饰小说以干县令，（县，读作“悬”。悬挂，凭空。令，美好，怡悦。）其于大达亦远矣。

修饰浅薄琐屑的言论，用来谋求空悬的美善，要求通晓显达也不靠谱。

是以未尝闻任氏之风俗，其不可与经于世亦远矣。

所以，未曾懂得任公子的风范，不可以操持治理世事，因为差距实在太大。

儒以诗礼发冢，（冢，读作“种”。高大的坟墓。）大儒胪传曰：（胪，读作“卢”。传，宣布。）“东方作矣，事之何若？”

儒生引用诗礼盗墓。大儒传话说：“东方发白了，事情干得怎么样了？”

小儒曰：“未解裙襦，（襦，读作‘如’。短衣。）口中有珠。”

小儒说：“还没解开衣裙，口中有颗珠子。”

“诗固有之曰：‘青青之麦，生于陵陂。生不布施，死何含珠为！’接其鬓，压其顪，（顪，读作‘会’。下巴毛须。）儒以金椎控其颐，（儒通‘濡’。缓慢。）徐别其颊，无伤口中珠。”

大儒叮嘱：“逸诗早就有言：‘青青的麦苗，长满山坡。活着不布施，死后含珠干什么！’你抓取死尸的鬓发，压住下巴胡须，缓缓拿铁锤敲打牙床，慢慢分剖面颊，不要损伤嘴里的珠子。”

老莱子之弟子出薪，遇仲尼，反以告，曰：“有人于彼，修上而趋下，（趋通‘促’。短。）末偻而后耳，视若营四海，不知其谁氏之子。”

老莱子的学生出门捡柴，遇见仲尼，返家报告说：“半路上有个人，上身长，下身短，脊背弯曲，双耳靠后。顾盼间像在经营四海，不知他是哪个氏族的后代。”

老莱子曰：“是丘也。召而来。”

老莱子说：“是孔丘。去请他来吧。”

仲尼至。曰：“丘！去汝躬矜与汝容知，斯为君子矣。”

仲尼到了。老莱子说：“阿丘，去掉你满身的矜持和容貌里的聪明，就成为君子了。”

仲尼揖而退，蹙然改容而问曰：（蹙，读作“促”。局促不安。）“业可得进乎？”

仲尼拱手谦让，局促不安变了脸色，问道：“功业可以获得长进么？”

老莱子曰：“夫不忍一世之伤而骜万世之患，（骜通‘傲’。狂妄，轻视。）抑固窭邪，（窭，读作‘巨’。浅薄，鄙陋。）亡其略弗及邪？

老莱子说：“忍耐不了一个时代的忧思，而轻视万世的祸患，或许已经浅陋了。不是你的智略达不到相应层级吧？

惠以欢为骜，终身之丑，中民之行进焉耳。相引以名，相结以隐。

仁惠，以博人欢心为骄傲，是终身丑事，中产阶级的行径而已。互相招引名声，互相结交私恩。

与其誉尧而非桀，不如两忘而闭其所誉。

与其赞美唐尧而责怪夏桀，不如两者都忘记，而闭塞声誉话题。

反无非伤也，动无非邪也。圣人踌躇以兴事，以每成功。奈何哉，其载焉终矜尔！”

折腾没有不损伤的，摇动没有不歪斜的。圣人从容自得地兴办事业，可以每次成功。咋办哦，你已带着极度的骄矜了！”

宋元君夜半而梦人被发窥阿门，曰：“予自宰路之渊，予为清江使河伯之所，渔者余且得予。”

宋元君夜半梦见有人披头散发，偷看曲簷的门，说：“我来自宰路的深潭，替清江水神出使黄河水神的住所，有个叫余且的渔夫捕捉了我。”

元君觉，使人占之，曰：“此神龟也。”

元君醒来，叫人占梦，卜者说：“这是神龟。”

君曰：“渔者有余且乎？”

元君问：“渔夫里有余且吗？”

左右曰：“有。”

左右说：“有。”

君曰：“令余且会朝。”

元君说：“命令余且来见我。”

明日，余且朝。君曰：“渔何得？”

明天，余且进见。元君说：“捕鱼得到什么？”

对曰：“且之网得白龟焉，其圆五尺。”

对答：“我撒网捕了只白龟，它周长有五尺。”

君曰：“献若之龟。”

元君说：“献上你的龟。”

龟至，君再欲杀之，再欲活之。心疑，卜之，曰：“杀龟以卜，吉。”

龟到了。元君一会儿想杀它，一会儿又想养活它。内心疑虑，便叫人占卜。卜者说：“杀龟，用龟甲来占卜，吉利。”

乃刳龟，（刳，读作“枯”。剖开，挖空。）七十二钻而无遗筴。（筴同“策”，占卜用的蓍草。）

于是，宋元君吩咐人剖开\挖空白龟，七十二次钻龟甲卜吉凶，都没有失算。

仲尼曰：“神龟能见梦于元君，而不能避余且之网。知能七十二钻而无遗筴，不能避刳肠之患。如是，则知有所困，神有所不及也。

仲尼说：“神龟能够托梦给元君，却不能逃避余且的渔网。它的智慧，能够七十二次占卜皆不失算，却不能避开刳肠的灾祸。这样看来，智慧有所困窘，神鬼有所不及啊。

虽有至知，万人谋之。鱼不畏网而畏鹈鹕。（鹈鹕，读作‘提胡’。水鸟，大如苍鹅，好沉水食鱼。）去小知而大知明，去善而自善矣。婴儿生无石师而能言，（石通‘硕’。大。）与能言者处也。”

即使拥有最高智慧，怎奈万人谋虑他。鱼不怕渔网而怕鹈鹕。去掉小聪明，大智慧就显著了。放弃美善，自然而然就吉祥了。婴儿出生后，没有大师而能说话，那是因为跟会说话的人相处啊。”

[思想方法，须知虚空境界]

惠子谓庄子曰：“子言无用。”

惠子对庄子说：“你的学说无用。”

庄子曰：“知无用而始可与言用矣。夫地非不广且大也，人之所用容足耳。然则厕足而垫之致黄泉，（厕通‘侧’。倾斜。）人尚有用乎？”

庄子说：“知道无用，方才可以谈论有用。大地并非不广大，人所使用的仅立足而已。既然如此，那么倾斜脚面挖掘到黄泉，人还用得上吗？”

惠子曰：“无用。”

惠子说：“无用。”

庄子曰：“然则无用之为用也亦明矣。”

庄子说：“既然如此，那么无用具备了可施行的功用，也很清楚啊。”

庄子曰：“人有能游，且得不游乎？人而不能游，且得游乎？

庄子说："人有能遨游的，将要选择不游览么？人不能够遨游，将要满足游览愿望么？

夫流遁之志，决绝之行，噫，其非至知厚德之任与！

凡是漂泊隐遁的意向，断绝永别的行为，噫，它们不是最高智慧和深厚品德的体现吗！

覆坠而不反，火驰而不顾，虽相与为君臣，时也，易世而无以相贱。故曰至人不留行焉。

这种人，颠覆坠落不掉头，火焰疾追不回顾。纵然相互做过君臣，恰遇时机罢了。换到另一个时代，没有谁比谁更低贱。所以说，至人不留行迹。

夫尊古而卑今，学者之流也。且以狶韦氏之流观今之世，夫孰能不波？

推崇古代而鄙薄现代，是学者的流言。以狶韦氏（远古帝王）的同辈观察当今之世，谁能不波动？

唯至人乃能游于世而不僻，顺人而不失己。彼教不学，（彼，那，对方。指前文'尊古'。）承意不彼。"（彼通"匪"。非，违背。）

唯有至人能够遨游世间而不邪僻，顺从他人而不丢失自己。古代的政教不必模仿，传承其意向不违背，就可以了。"

目彻为明，耳彻为聪，鼻彻为颤，口彻为甘，心彻为知，知彻为德。

眼睛清澈叫做明亮，耳朵通达叫做聪察，鼻子通透叫能辨气味，嘴巴通透叫做甘美，心神通透叫做知识，智慧通达叫做品德。

凡道不欲壅，（壅，读作"庸"。阻隔，障蔽。）壅则哽，（哽，读作"耿"。阻塞，堵住。）哽而不止则跈，（跈同"践"。践踏。）跈则众害生。

一切的道，都不要壅蔽。壅蔽了就会堵塞，堵塞不停止就相互践踏，践踏就百害丛生。

物之有知者恃息，其不殷，非天之罪。天之穿之，日夜无降，人则顾塞其窦。

万物有感知，依赖气息。气息不调，不是自然的过错。自然界贯通往来，日夜不停。某些人却反而堵塞了孔穴。

胞有重阆，（胞通“庖”。厨房。）心有天游。室无空虚，则妇姑勃谿。（勃谿，读作“伯西”。争斗。）心无天游，则六凿相攘。

厨房有多余的空间，人心有天生的不羁＼诗和远方。厨房里没了空间，就会婆媳争斗。心中没了天生不羁＼诗和远方，就喜怒哀乐爱恶互相侵扰。

大林丘山之善于人也，亦神者不胜。（胜通“伸”。舒展开。）

大片竹木山丘让人喜爱，也是因为精神没舒展开。

德溢乎名，名溢乎暴。谋稽乎誸，（誸，读作“弦”。急迫。）知出乎争。柴生乎守，官事果乎众宜。

德行根据名声充盈，名气根据曝光率旺盛。计谋为了急务考虑，机智为了竞争产生。营垒为了守卫建造，官事按照公众合宜性决断。

春雨日时，（日，节度。）草木怒生，铫鎒于是乎始修，（铫，读作“姚”。大锄。鎒同“耨”。锄草农具。）草木之到植者过半，而不知其然。

春雨合于时节，草木蓬勃生长。于是大锄薅锄开始修整。草木倒下去又生长过半数，不知为何如此。

静然可以补病，眦搣可以休老，（眦搣，读作“自灭”。按摩眼眶。）宁可以止遽。（遽，读作“巨”。匆忙，恐惧，剧劳。）

入静可以裨益疾病，按摩眼眶可以休养高龄，安宁可以止息剧劳＼恐惧。

虽然，若是劳者之务也，非佚者之所未尝过而问焉。

虽然如此，这些都是劳动者的追求，不是安闲人士所未曾经历过，却询问探讨的东西。

圣人之所以駴天下，（駴同“骇”，读作“害”。惊骇。）神人未尝过而问焉。贤人所以駴世，圣人未尝过而问焉。君子所以駴国，贤人未尝过而问焉。小人所以合时，君子未尝过而问焉。

圣人用什么举动惊骇天下，神人未曾过问。贤人用什么举动惊骇时代，圣人未曾过问。君子用什么举动惊骇邦国，贤人未曾过问。小人用什么举动合乎时宜，君子未曾过问。

［古今从众者多，怎能遇到得意忘言的人啊］

演门有亲死者，以善毁，爵为官师，其党人毁而死者半。

演门（宋国城门）有人死了父母，为办好丧事，悲哀过度而损害了健康。宋君旌表其孝行，授爵为官师。事后他同乡的人，居丧哀毁死了一半。

尧与许由天下，许由逃之。汤与务光，务光怒之。纪他闻之，帅弟子而踆于窾水，（踆同“蹲”；蹲着。窾，读作“款”。水名。）诸侯吊之。三年，申徒狄因以踣河。（踣，读作“伯”。向前仆倒，倒毙。）

唐尧给予许由天下，许由逃避了。成汤给予务光，务光生气了。纪他听说了这件事，率领学生们闲待在窾水旁，诸侯纷纷去慰问他。三年后，申徒狄因为慕名而投河溺死。

荃者所以在鱼，得鱼而忘荃。蹄者所以在兔，得兔而忘蹄。言者所以在意，得意而忘言。吾安得夫忘言之人而与之言哉！

鱼笼用来留存鱼，得到鱼就忘了鱼笼。兔网用来留存兔，得到兔就忘了兔网。语言用来留存意向，得到意向就忘了语言。我怎么做，才能遇到无需语言表达的人，来同他交谈啊！

［同游小语］

本篇承接《大宗师》笃守宁静的升堂功夫：“外天下”之后的“外物”。

把天下大事通通放下，相对容易些。至于物嘛，小而言之，指朝夕所需的资身物品；大而言之，指权势、财富、声望、美色等社会资源，岂易疏离？庄子断言：许多人不可能必然做到。

于是，有人死翘翘，有人遭受虐待毒打。而更多的芸芸众生，小心行走在天地之间，利害相攻，忧惧难安，产生诸多病态亢进。

鉴于此，庄子开出两剂良方：行为范式，须知小大之辨。思想方法，须知预留虚空。

笔者读《外物》，有诗曰：

外物不可必，庄周窘贷粟。
涸鲋思滴水，西江万里路。
小丑盗墓儒，逸诗解口珠。
巨缁钓鳌客，沧海惊风俗。
至人游虚空，火驰无回顾。
鱼兔遗筌蹄，忘言得意图。

寓言第二十七

［总述《庄子》一书的体例］

寓言十九，重言十七，卮言日出，（卮，读作“支”。酒器，器满即倾空，随物而变。）和以天倪。

庄子著书，寄托于他人\自然物的叙述，占十分之九。其中世人推重者所讲的话，占十分之七。随人意而变的零散言论每天呈现，融洽于天然分际。

寓言十九，藉外论之。

寄托他人或自然物的叙述占十分之九，是借助外物发表议论。

亲父不为其子媒。亲父誉之，不若非其父者也。

父亲不为儿子做媒。父亲称赞儿子，不如不是他父亲的人称赞。

非吾罪也，人之罪也。与己同则应，不与己同则反；同于己为是之，异于己为非之。

这不是我的过错，而是一般人的缺失：跟自己相同就接受，不与自己相同就反对。同于己，便给予肯定。异于己，便给予否定。

重言十七，所以已言也，是为耆艾。

世人推重者所讲的话占十分之七，适宜用来止息争论。这些人物叫前辈。

年先矣，而无经纬本末以期年耆者，是非先也。人而无以先人，无人道也。人而无人道，是之谓陈人。

年纪在先，而不懂规画治理和始终原委，仅以年限显老的人，不算前辈。做人没有引导别人的优胜处，即无道德规范。老年人没有道德规范，称作老朽。

卮言日出，和以天倪，因以曼衍，所以穷年。

倾仰随人的零散言论每天出现，融洽于自然分际，依从于众物演化，可以用来安度天年。

［专论卮言的理论依据］

不言则齐，齐与言不齐，言与齐不齐也，故曰无言。

不说话则等同。等同了随着发言，就产生了不一致。由议论来操持齐整，无法齐整，所以倡导不说话。

言无言，终身言，未尝言。终身不言，未尝不言。

讲话没见解，即使终身话唠，也未曾主张过什么。终身闭嘴，也未必不争讼。

有自也而可，有自也而不可；有自也而然，有自也而不然。

有本身的许可，有本身的不许可。有本身的应允，有本身的不应允。

恶乎然？然于然。恶乎不然？不然于不然。恶乎可？可于可。恶乎不可？不可于不可。

怎么应允？依据合宜性来同意。怎么不应允？依据不合宜来不同意。怎么许可？按照值得来肯定。怎么不许可？按照不值得来否定。

物固有所然，物固有所可。无物不然，无物不可。非卮言日出，和以天倪，孰得其久！

事物原本有所合宜，事物原本有所值得。没有一物不具备合宜性，没有一物不值得。若非倾仰随人的零散言论每天出现，融洽于天然分际，怎能流传久远？

万物皆种也，以不同形相禅，始卒若环，莫得其伦，是谓天均。天均者，天倪也。

万物都有种类，用不同的形式替代继承。从开始到终了好比圆环，没有谁获得过它们的顺序，这叫天然均平。天然均平，又称天然分际。

庄子谓惠子曰："孔子行年六十而六十化，始时所是，卒而非之，未知今之所谓是之非五十九非也。"

庄子对惠子说："孔子年届六十，转化了六十次。开始时所肯定的，末尾却反对。不知现在的所谓正确，不是他五十九岁视作错误的啊。"

惠子曰："孔子勤志服知也?"

惠子说："孔子勤励意志，躬行知识吧?"

庄子曰："孔子谢之矣，而其未之尝言。

庄子说："孔子已脱离这个层次了，只是未曾形诸言辞。

孔子云：'夫受才乎大本，复灵以生。鸣而当律，言而当法。利义陈乎前，而好恶是非，直服人之口而已矣。使人乃以心服，而不敢蘁立，（蘁，读作'务'。违逆。）定天下之定。'

孔子说：'从天地\万世的根本处禀受才质，再通晓事理和美善，用来生长制造。发声匹配音律，说话符应常法。当利益跟正当性陈列在面前时，分辨好恶是非，仅让他人口头服从而已。要使人人衷心信服，不敢违逆存在，才算订正了天下的安定。'

已乎已乎！吾且不得及彼乎!"

算了，打住吧！我还一直比不上他呢。"

[后言的内涵：通透看待穷达、修为、使命和鬼神]

曾子再仕而心再化，曰："吾及亲仕，三釜而心乐。（6斗4升为釜，10斗为斛，10斛为钟。）后仕，三千钟而不洎，（洎，读作'计'。及，至。）吾心悲。"

曾子第二次做官，心境起了变化。他说："我当年任职时父亲在世，虽月薪19.2斗粮食但内心欢喜。后来任职，月薪30万斗粮食而不及之前快乐，我心怀悲悯。"

弟子问于仲尼曰："若参者，可谓无所县其罪乎?"

弟子请教仲尼："像曾参这样的人，可称作没地方联系他的过错了吗？"

曰："既已县矣。夫无所县者，可以有哀乎？彼视三釜、三千钟，如观雀蚊虻相过乎前也。"

答："已经停止联系了——没有地方联系的人，可以有哀悯吗？现在，他看待 19.2 斗粮食和 30 万斗粮食，如同观看鸟雀蚊虻从眼前飞过。"

颜成子游谓东郭子綦曰："自吾闻子之言，一年而野，二年而从，三年而通，四年而物，五年而来，六年而鬼入，七年而天成，八年而不知死不知生，九年而大妙。

颜成子游对东郭子綦说："自从我听了你的学说，一年能够质朴，两年能够随行，三年能够通达，四年能够选择，五年能够勤勉，六年能够神会隐秘绝远的物理，七年能够不假人工而天然成就，八年能够不觉死生差异，九年能够超卓精微。

生有为死也。劝公，以其死也，有自也。而生阳也，无自也。

活人有找死的做法。奉劝诸公：致使自己死亡，有初始因由。而鲜活的阳气，没有初始因由。

而果然乎？恶乎其所适？恶乎其所不适？

你平时做事，跟上述状况相符么？什么地方是自己的归从？什么地方对自己不适合？

天有历数，地有人据，吾恶乎求之？

天有日月行道所历和气朔早晚之数，地有人类社会的安定依据，我怎么探索它们？

莫知其所终，若之何其无命也？莫知其所始，若之何其有命也？

不知道它们的穷尽，怎么说它们没有使命？不知道它们的初始，怎么说它们有使命？

有以相应也，若之何其无鬼邪？无以相应也，若之何其有鬼邪？"

存在互相应和，怎么说它们没鬼神呢？不能互相适应，怎么说它们有鬼神呢？"

[卮言的外形：无心而动，无须深问，去除自矜，不拘形迹]

众罔两（阴影外的重阴）问于景（阴影）曰："若向也俯而今也仰，向也括而今也被发，向也坐而今也起，向也行而今也止，何也？"

许多阴影外的重阴，向阴影提问："你刚才低头，现在抬头。刚才束发，现在散发。刚才坐着，现在站立。刚才行走，现在停止。为什么啊？"

景曰："搜搜也，（搜搜，无心运动的样子。）奚稍问也！予有而不知其所以。予，蜩甲也？（蜩，读作'条'。蝉的一种。）蛇蜕也？似之而非也。

阴影答："无心而动，哪个深问哦！我连续举止，却不懂实在情由。我是蝉蜕下的壳吗？是蛇蜕下的皮吗？像是它们，实际上却不是。

火与日，吾屯也。阴与夜，吾代也。彼吾所以有待邪？而况乎以有待者乎！

遇到光焰和白天，我就聚集显形。遇到昏暗和黑夜，我就被替代。光焰＼白天和我，其适宜举动要等待吗？更何况专事等待的事物呢！

彼来则我与之来，彼往则我与之往，彼强阳则我与之强阳。强阳者，又何以有问乎！"

光焰＼白天来了，我就随之而来。光焰＼白天离去，我就随之离去。光焰＼白天运动，我就随之运动——运动着的东西，又为何要深问呢？"

阳子居南之沛，老聃西游于秦，邀于郊，至于梁而遇老子。

阳子居南行到沛地去，适逢老聃西游秦地。阳子居去郊邑迎候，到达梁邑时遇见了老子。

老子中道仰天而叹曰："始以汝为可教，今不可也。"

老子在半路上仰天而叹，说："当初以为你可以教诲，现在才知道不行啊。"

阳子居不答。至舍，进盥漱巾栉，（盥，读作"贯"。洗手。泛指洗涤。）脱屦户外，（屦，读作"巨"。泛指鞋。）膝行而前，曰："向者弟子欲请夫子，夫子行不闲，是以不敢。今闲矣，请问其过。"

阳子居不回应。到了客舍，他送上洗漱用具，把鞋脱在门外，跪行到老子跟前，说："刚才弟子想请教先生，先生行路没有空闲，所以不敢开口。现在清闲了，请问我的过错。"

老子曰："而睢睢盱盱，（睢盱，读作'灰须'。仰视貌。）而谁与居？大白若辱，盛德若不足。"

老子说："你飞扬跋扈的样子，谁跟你安坐？超级白净好像污浊，极点德行好像不足。"

阳子居蹴然变容曰：（蹴，读作"促"。不安，恭敬貌。）"敬闻命矣！"

阳子居惊惭不安地变了脸色，恭敬地说："敬听教诲了！"

其往也，舍者迎将，其家公执席，妻执巾栉，舍者避席，炀者避灶。其反也，舍者与之争席矣。

阳子居去迎候老子之前，客舍伙计逢迎着他，老板安置坐席，老板娘拿着手巾梳篦，旅客们离开座位，煮饭的人远离灶台。他面晤老子返回后，旅客们随意同他争席位了。

［同游小语］

《齐物论》论说至纷至累的人言，给出处置方法：和谐于天然的均平分际，依从众物的牵扯演化，享受个体生命的完满。

本篇起笔即明示《庄子》一书的体例：90%用寓言，其中70%用古今名人讲话的重言。然后，隆重推出最为得意的卮言。

所谓卮，类似于餐饮场所的分酒器。它仰头注满酒了，随之零星倒入酒杯——空满任物，倾仰随人，比喻随文意而变的零散言论。

这类零散言论，遵循《齐物论》的要旨：没有一物不具备合宜性，没有一物不值得。依据合宜性来同意，依据不合宜来不同意。按照值得来肯定，按照不值得来否定。

《庄子》神韵，多在卮言里。

笔者读《寓言》，有诗曰：

寓言虫鸟寄，重言耆艾断。
卮言和天倪，随机因曼衍。
丈夫禀根本，晓事定美善。
君子淡穷通，蚊虻飞眼前。
无心莫深问，幻影从光焰。
盛德谷神虚，大白污浊伴。

让王第二十八

［尧舜禅让的另类记载］

尧以天下让许由，许由不受。

唐尧把天下让给许由，许由不接受。

又让于子州支父，子州之父曰："以我为天子，犹之可也。虽然，我适有幽忧之病，方且治之，未暇治天下也。"

又让给子州支父，子州之父说："由我当天子，好像蛮适合哈。即便这样，我恰有深度忧虑的疾病，正要治疗，没空治理天下。"

夫天下至重也，而不以害其生，又况他物乎！

天下是最高权势，不因此伤损生命，又何况其他事物呢！

唯无以天下为者，可以托天下也。

唯有不用天下搞事情的人，可以托付天下。

舜让天下于子州支伯。子州支伯曰："予适有幽忧之病，方且治之，未暇治天下也。"

虞舜让天下给子州支伯。子州支伯说："我恰有深度忧虑的疾病，正要治疗，没空治理天下。"

故天下大器也，而不以易生。此有道者之所以异乎俗者也。

天下是超大器物，不因此交换生命。这是有道的人，之所以跟俗人不同的地方。

舜以天下让善卷。善卷曰："余立于宇宙之中，冬日衣皮毛，夏日衣葛絺。（絺，读作'吃'。细葛布。）春耕种，形足以劳动。秋收敛，身足以休食。日出而作，日入而息，逍遥于天地之间，而心意自得。吾何以天下为哉！悲夫，子之不知余也。"遂不受。

虞舜把天下让给善卷。善卷说："我存身宇宙之中，冬天穿皮毛，夏天穿细葛。春季耕种，形体足以劳动。秋季收敛，身躯足以休息。日出而作，日落而息，逍遥在天地间，心意自有所得。我拿天下做什么！悲哀啊，你不了解我。"竟然不接受。

于是去而入深山，莫知其处。

于是离开，进入深山，没有谁知道栖息地。

舜以天下让其友石户之农。石户之农曰："捲捲乎后之为人，葆力之士也。"（后，继承政体的君主。）

虞舜把天下让给朋友石户之农。石户之农说："君主做人实实在在，真是个勤苦劳累的人。"

以舜之德为未至也。于是夫负妻戴，携子以入于海，终身不反也。

认为虞舜的德行，尚有不到位的地方。于是夫妻二人肩挑背扛，带着孩子进入海上的荒岛，终身不返回。

[活着不容易，忍让有苦涩，太多的打掉牙齿往肚里咽]

大王亶父居邠，（邠，读作"宾"。古国名。）狄人攻之。事之以皮帛而不受，事之以犬马而不受，事之以珠玉而不受。狄人之所求者，土地也。

大王亶父住在邠地，狄人来攻打。他奉献皮帛不接受，奉献犬马不接受，奉献珠玉不接受。狄人贪图的，是土地。

大王亶父曰："与人之兄居而杀其弟，与人之父居而杀其子，吾不忍也。子皆勉居矣！为吾臣与为狄人臣，奚以异。且吾闻之，不以所用养害所养。"

大王亶父说："同别人的哥哥居住却杀死弟弟，同别人的爸爸居住却杀死儿子，我不忍心。大家都勉强安居吧！做我的臣民，跟做狄人的臣民，有什么不同？况且我听说，不因为效力供养的土地，伤害到所养育的百姓。”

因杖筴而去之。（筴同“策”。拐杖。）民相连而从之，遂成国于岐山之下。

于是扶持拐杖离去。民众互相联合跟从他，逃到岐山下成为邦国。

夫大王亶父，可谓能尊生矣。能尊生者，虽贵富不以养伤身，虽贫贱不以利累形。

大王亶父，可以说能够尊重生命。能够尊重生命的人，即使贵富，不因为奉养伤损生命。即使贫贱，不因为利益伤害形体。

今世之人，居高官尊爵者，皆重失之。见利轻亡其身，岂不惑哉！

今世的人，占据高官尊爵，都不轻易放过。遇到利益，不惜丢失生命，岂不惑乱！

越人三世弑其君，王子搜患之，逃乎丹穴。而越国无君，求王子搜不得，从之丹穴。

越国人杀了三代君主，王子搜憎恶这样，逃到丹穴山。越国无国君，找不到王子搜，便追逐到了丹穴山。

王子搜不肯出，越人熏之以艾，乘以王舆。

王子搜不肯出来，越人用艾草熏他，用王者用车搭乘他。

王子搜援绥登车，仰天而呼曰：“君乎，君乎，独不可以舍我乎？”

王子搜牵引车上的绳子登车，仰天呼叫：“君主啊，君主啊，难道不可以放过我吗？”

王子搜非恶为君也，恶为君之患也。

王子搜不是讨厌做君主，而是害怕当君主的祸患。

若王子搜者，可谓不以国伤生矣。此固越人之所欲得为君也。

像王子搜，可以说不因为邦国伤害生命。这才是越人想得到他当君主的原因。

韩魏相与争侵地。子华子见昭僖侯，昭僖侯有忧色。

韩国和魏国，相互争夺侵占的土地。子华子（魏人）拜见昭僖侯（韩国国君)，看到昭僖侯有忧色。

子华子曰："今使天下书铭于君之前，书之言曰：'左手攫之则右手废，右手攫之则左手废，然而攫之者必有天下。'君能攫之乎?"(攫，读作"决"。夺取。)

子华子说："今天，假如天下人在您面前书写铭文，书写的语言说：'左手夺取铭文就断绝右手，右手夺取铭文就断绝左手，然而夺取铭文的人，必有天下。'您会夺取吗?"

昭僖侯曰："寡人不攫也。"

昭僖侯说："寡人不夺取。"

子华子曰："甚善！自是观之，两臂重于天下也，身亦重于两臂。

子华子说："很好！由此看来，两条胳膊比天下重要，生命又比两条胳膊重要。

韩之轻于天下亦远矣。今之所争者，其轻于韩又远。君固愁身伤生，(固通"胡"。何，何以。)以忧戚不得也?"

韩国位低权小，比天下差远了。今天所争夺的侵地，它分量轻，比韩国又差远了。您为何要愁坏身体，伤损生命，去忧戚得不到的东西呢?"

僖侯曰："善哉！教寡人者众矣，未尝得闻此言也。"

僖侯说："好啊！教诲我的人很多，没有听到这样的话。"

子华子可谓知轻重矣。

子华子可以说知道轻重。

[道的精华，在完身养生；帝王功业，只是圣人的零散事务]

鲁君闻颜阖得道之人也，使人以币先焉。

鲁国国君听说颜阖是得道的人，就派人手持财礼去联系。

颜阖守陋闾，(闾，读作"驴"。里巷大门。)苴布之衣，(苴，读作"居"。结子的大麻；取其粗。)而自饭牛。(饭，喂牲口。)鲁君之使者至，颜阖自对之。

颜阖依傍陋巷的大门，身穿粗麻衣服，正在喂牛。鲁君的使者到了，颜阖自然地面对。

使者曰："此颜阖之家与？"

使者问："这是颜阖的家吗？"

颜阖对曰："此阖之家也。"

颜阖回答："是我的家。"

使者致币。颜阖曰："恐听者谬，而遗使者罪，不若审之。"

使者送上财礼。颜阖说："担心听闻的人出差错，遗留给使者过失，不如审查一下。"

使者还反审之，复来求之，则不得已。

使者返回汇报，审核此事，再次来寻找，找不到人了。

故若颜阖者，真恶富贵也。

像颜阖，是真的厌恶富贵。

故曰：道之真以治身，其绪余以为国家，其土苴以治天下。（苴，读作"乍一上声"。土苴，粪草，糟粕。）

所以说：道的精华，用来修养身体。它的残余，用来治理国家。它的像粪草一样的糟粕，用来统治天下。

由此观之，帝王之功，圣人之余事也，非所以完身养生也。

由此看来，帝王功业，是圣人剩余\零散的事务，不适宜用来完全身体，保养生命。

今世俗之君子，多危身弃生以殉物，岂不悲哉！

如今世俗的君子，大都危害身体，抛弃生命，去营逐外界的人事物品，岂不悲哀！

凡圣人之动作也，必察其所以之，与其所以为。

凡是圣人的动作，一定要审查它适宜到哪儿，和可以用来做什么。

今且有人于此，以随侯之珠，弹千仞之雀，世必笑之。

目前有人在这儿，用随侯的宝珠，弹射千仞之高的鸟，世人必定嘲笑他。

是何也？则其所用者重，而所要者轻也。夫生者，岂特随侯之重哉？

这是为何？按等级划分，他所使用的物品很贵重，所求取的物品很轻贱。大家的生命，难道仅相当于随侯宝珠的贵重？

子列子穷，容貌有饥色。

子列子贫穷，容貌有饥色。

客有言之于郑子阳者曰："列御寇，盖有道之士也，居君之国而穷，君无乃为不好士乎？"

客人告诉郑子阳（郑国国相）："列御寇是有道之士，居住在您的邦国而贫穷，您难道没被称作不亲和士人？"

郑子阳即令官遗之粟。

郑子阳即刻命令官员去馈赠粮食。

子列子见使者，再拜而辞。

子列子看见使者，两次行礼而推辞。

使者去，子列子入，其妻望之而拊心曰：（拊，读作"抚"。拍打，抚摩。）"妾闻为有道者之妻子，皆得佚乐，今有饥色。君过而遗先生食，先生不受，岂不命邪？"

使者离开，子列子进家门。妻子责怪他，拍打着胸口说："我听说，做有道者的老婆孩子，全都获得悠闲安乐，今天你却面现饥色。当官的来探望，馈赠先生食物，先生却不接受，岂不是命苦？"

子列子笑谓之曰："君非自知我也。以人之言而遗我粟，至其罪我也，又且以人之言，此吾所以不受也。"

子列子笑笑，对妻子说："国相不是自己了解我。因为他人的话就馈赠我粮食，到了惩罚我，又只因为他人的话。这就是我不接受的原因。"

其卒，民果作难而杀子阳。

后来，国人果真发生叛乱，杀了子阳。

楚昭王失国，（失同"佚"。奔逃。）屠羊说走而从于昭王。昭王反国，将赏从者，及屠羊说。

楚昭王逃离楚国，屠羊说（屠羊人，名说）跟随昭王疾走。昭王返国，打算赏赐随行的人，轮到了屠羊说。

屠羊说曰："大王失国，说失屠羊。大王反国，说亦反屠羊。臣之爵禄已复矣，又何赏之有。"

屠羊说说："大王丧失楚国，我丢失屠羊职业。大王返回楚国，我也返回屠羊的工作。我的爵禄已经恢复，又存在什么赏赐？"

王曰："强之。"

昭王说："勉为其难吧。"

屠羊说曰："大王失国，非臣之罪，故不敢伏其诛。大王反国，非臣之功，故不敢当其赏。"

屠羊说说："大王丧失楚国，不是我的罪过，因而不敢服从失国的惩罚。大王返回楚国，不是我的功劳，因而不敢接受复国的赏赐。"

王曰："见之。"

昭王说："推荐他。"

屠羊说曰："楚国之法，必有重赏大功而后得见。今臣之知不足以存国，而勇不足以死寇。吴军入郢，说畏难而避寇，非故随大王也。今大王欲废法毁约而见说，此非臣之所以闻于天下也。"

屠羊说说："楚国的法规，必须有重赏大功，然后得到推荐。现在，我的智谋不足以保存邦国，勇气不足以拼死仇敌。吴军攻入郢都，我害怕兵难才逃避贼寇，不是存心追随大王。今天，大王想要废法毁约来推荐我，这不是我适宜传闻天下的事。"

王谓司马子綦曰："屠羊说居处卑贱而陈义甚高，子綦为我延之以三旌之位。"

昭王对司马子綦说："屠羊说居处卑贱，然而陈述的原则很高尚。你为我聘请，做三卿职位。"

屠羊说曰："夫三旌之位，吾知其贵于屠羊之肆也。万钟之禄，吾知其富于屠羊之利也。然岂可以贪爵禄，而使吾君有妄施之名乎？说不敢当，愿复反吾屠羊之肆。"

屠羊说说："三卿官爵，我知道比屠羊作坊更尊贵。万钟俸禄，我知道比屠羊的赢利更富有。但是，怎么可以贪图爵禄，就使我们君主有随意施予的名声？我不敢承受，希望重返屠羊作坊。”

遂不受也。

终了，不接受三卿职位。

[困厄或通达，好比寒暑风雨的依次更替]

原宪居鲁，环堵之室，茨以生草。（茨，读作“词”。铺盖屋顶。）蓬户不完，桑以为枢。而瓮牖二室，（牖，读作“有”。窗子。）褐以为塞。（褐，读作“赫”。粗布衣。）上漏下湿，匡坐而弦。

原宪（孔子七十二弟子之一）居住鲁国，四围土墙的家，生草铺盖屋顶。蓬蒿编的门扉不完整，桑树枝当门轴。用破瓮口做窗户，两个房间拿粗布遮一遮。房顶漏雨，地下潮湿。他正身端坐弹奏琴瑟。

子贡乘大马，中绀而表素，（绀，读作“干—去声”。天青色，深青色。）轩车不容巷，往见原宪。

子贡（孔子七十二弟子之一）驾驭大马，身穿天青色内衣，素白外套，坐着大夫级别有屏障的车子，曲巷里容纳不下，去见原宪。

原宪华冠縰履，（华后作“桦”。木名。縰，清王先谦《庄子集解》和郭庆藩《庄子集释》，引《三苍解诂》作“躧”；读作“洗”。趿拉着鞋。）杖藜而应门。（藜，读作“厘”。草名，茎老可作拐杖。）

原宪头戴桦皮帽，趿拉着鞋，拄着藜茎拐杖，去应对开门。

子贡曰：“嘻！先生何病？”

子贡说：“嘻！老同学为何这样失败？”

原宪应之曰：“宪闻之，无财谓之贫，学而不能行谓之病。今宪贫也，非病也。”

原宪回答：“我听说，没有财货叫做贫穷。学习了不能践行，叫做失败。如今我是贫穷，不是失败。”

子贡逡巡而有愧色。（逡，读作“群—阴平”。退让。逡巡，迟疑徘徊，欲行又止貌。）

子贡逡巡徘徊，欲行又止，面带愧色。

原宪笑曰："夫希世而行，比周而友，学以为人，教以为己，仁义之慝，(慝读作"特"；邪恶。又读作"匿"；隐瞒实情掩盖过错。)舆马之饰，宪不忍为也。"

原宪笑着说："迎合世俗做事，结伙营私交友，学习用来谋取他人，教诲用来为了自己，仁义生出隐瞒实情跟掩盖过错，车马生出粉饰和扮演，我不忍心做啊。"

曾子居卫，缊袍无表，(缊，读作"运"。旧絮，乱麻。)颜色肿哙，(哙，读作"扩"。肿哙，病甚，盈虚不常貌。)手足胼胝。(胼胝，读作"蹁之"。手掌脚掌生的茧子。)三日不举火，十年不制衣。正冠而缨绝，捉襟而肘见，纳屦而踵决。(屦读作"具"；鞋。决通"缺"；裂开。)

曾子居住卫国，穿着旧絮乱麻拼凑的袍子，没有外套。脸色浮肿呈病态，手脚长满茧子。三天不生火做饭，十年没添置新衣服。端正帽子，帽带就断绝。握持衣领，胳膊肘就露出来。穿鞋，后跟就裂开。

曳縰而歌《商颂》，(縰，读作"洗"。古代束发的布帛。)声满天地，若出金石。天子不得臣，诸侯不得友。

他拖曳着束发布帛，咏唱《商颂》(《诗经》三颂之一)，声满天地，好像出自钟磬。天子得不到他做臣属，诸侯得不到他当朋友。

故养志者忘形，养形者忘利，致道者忘心矣。

所以，养志的人忘记形骸，养形的人忘记利益，得道的人忘记心思。

孔子谓颜回曰："回，来！家贫居卑，胡不仕乎？"

孔子对颜回说："颜回，过来！你家贫，处于卑位，为何不出任官职？"

颜回对曰："不愿仕。回有郭外之田五十亩，足以给飦粥。(飦同'饘'，读作'沾'。稠粥。)郭内之田十亩，足以为丝麻。鼓琴足以自娱，所学夫子之道者，足以自乐也。回不愿仕。"

颜回应答："不愿做官。我有城外耕地五十亩，足以吃饱稀饭。城内耕地十亩，足以营作丝麻。鼓琴足以自娱，所学老师的道，足以自乐。我不愿意做官。”

孔子愀然变容，(愀，读作“巧”。容色变得忧惧或严肃。) 曰：“善哉，回之意！丘闻之：‘知足者不以利自累也。审自得者，失之而不惧。(惧通‘瞿’。惊慌失措貌。) 行修于内者，无位而不怍。’

孔子容色严肃起来，说：“好啊，颜回的见解！我听说：‘知足的人，不因为利益伤害自己。悉知自有所得的人，丧失了不惊慌失措。德行在内心学习和锻炼的人，没有禄位也不羞愧。’

丘诵之久矣，今于回而后见之，是丘之得也。”

我讲这些话很久了，今天却在颜回身上再现——是我的收获啊。”

中山公子牟谓瞻子曰：“身在江海之上，心居乎魏阙之下，奈何？”(魏阙，王宫门外悬布法令的地方，后代称朝廷。)

中山公子牟 (魏国公子，封于中山) 对瞻子 (魏人) 说：“身在江海之上，心居朝廷之内，怎么操作？”

瞻子曰：“重生。重生则利轻。”

瞻子说：“尊重生命。尊重生命，就轻视利益。”

中山公子牟曰：“虽知之，未能自胜也。”

中山公子牟说：“虽然懂得，不能战胜自己。”

瞻子曰：“不能自胜则从，神无恶乎！不能自胜而强不从者，此之谓重伤。重伤之人，无寿类矣！”

瞻子说：“不能战胜自己，就随大流，精神没有厌恶感。不能胜过自己，还倔强不随大流，这叫重复受伤。双重受伤的人，没有长寿模样。”

魏牟，万乘之公子也，其隐岩穴也，难为于布衣之士。虽未至乎道，可谓有其意矣。

魏牟，是万辆兵车大国的公子。他想隐藏山洞，(古时隐士多山居，称岩穴之士，简称岩穴。) 比布衣人士难做。虽没达到道的水准，也可以说有意向了。

孔子穷于陈蔡之间，七日不火食，藜羹不糁，(藜读作“厘”；草名，初生可食。糁读作“伞”；以米和羹。）颜色甚惫，而弦歌于室。

孔子困厄在陈国蔡国之间，七天不能生火做饭，用嫩藜熬羹，没有米粒掺和。颜色极度疲乏，还在房间里用琴瑟伴奏着唱歌。

颜回择菜，子路、子贡相与言曰：“夫子再逐于鲁，削迹于卫，伐树于宋，穷于商周，围于陈蔡。杀夫子者无罪，藉夫子者无禁。弦歌鼓琴，未尝绝音，君子之无耻也若此乎？”

颜回挑拣蔬菜，子路和子贡闲聊：“老师两次被鲁国放逐，在卫国减少行迹，在宋国被人砍伐了正在习礼的大树，在商周辞屈无语，在陈蔡之间被围困。杀老师的人无罪，欺凌老师的人无禁忌。他弦歌鼓琴，未曾绝音——君子的无耻，也像这个样子吗？”

颜回无以应，入告孔子。孔子推琴，喟然而叹曰：（喟，读作“愧”。叹息声。）“由与赐，细人也。召而来，吾语之。”

颜回无话应答，入室报告孔子。孔子推开琴身，喟然长叹：“子路和子贡，是见识短浅的人啊。喊来面前，我告诉他们。”

子路、子贡入。子路曰：“如此者，可谓穷矣！”

子路和子贡进门。子路说：“弄成这样，可说是困厄了！”

孔子曰：“是何言也！君子通于道之谓通，穷于道之谓穷。

孔子说：“是什么话！君子对道通达，叫顺畅。对道缺欠，叫困厄。

今丘抱仁义之道，以遭乱世之患，其何穷之为。

现在，我怀抱仁义之道，遭逢乱世祸患，还当作什么困厄哟。

故内省而不穷于道，临难而不失其德。天寒既至，霜雪既降，吾是以知松柏之茂也。陈蔡之隘，于丘其幸乎。”

内心省视不缺陷道，面临危难不丧失德。天寒已经到了，霜雪已经降落，我由此知道松柏的盛美。陈国跟蔡国的窘迫，对于我将吉而免凶吧。”

孔子削然反琴而弦歌，（削通“操”。握持，拿着；急迫。）子路扢然执干而舞。（扢，读作“气”。兴奋貌，喜悦貌。）子贡曰：“吾不知天之高也，地之下也。”

孔子急切地拿回琴，伴奏着唱歌。子路兴奋地手执盾牌舞蹈。子贡说：“我不知道天空的崇高、大地的低下啊。”

古之得道者，穷亦乐，通亦乐。所乐非穷通也，道德于此，则穷通为寒暑风雨之序矣。

古代得道的人，穷困也快乐，显达也快乐。所喜乐的东西，不是穷困或显达——道德在这儿，穷困或显达，权且充当寒暑风雨的依次更替。

故许由娱于颖阳，而共伯得乎共首。

所以，许由在颖水北岸娱乐，共伯在共山头上满足。

［**汤武革命顺天应人，在历史车轮碾压下，个别冤魂千古扼腕**］

舜以天下让其友北人无择，北人无择曰："异哉，后之为人也，居于畎亩之中，而游尧之门。不若是而已，又欲以其辱行漫我。吾羞见之。"

虞舜把天下让给朋友北人无择。北人无择说："奇怪啊，君主的为人，居住田坎地角，却求官帝尧门第。不像这样停下，又要用他的耻辱行径污染我。我不愿见到他。"

因自投清泠之渊。（泠，读作"灵"。清凉。清郭庆藩《庄子集释》：清泠渊，在南阳西崿县界。）

于是自己投入清泠渊。

汤将伐桀，因卞随而谋，卞随曰："非吾事也。"

成汤将要攻打夏桀，依靠卞随谋划。卞随说："不是我的事情。"

汤曰："孰可？"

成汤问："谁适合？"

曰："吾不知也。"

答："我不知道。"

汤又因瞀光而谋，（瞀，读作"冒"。姓。）瞀光曰："非吾事也。"

成汤又依靠瞀光谋划。瞀光说："不是我的事情。"

汤曰："孰可？"

成汤问："谁适合？"

曰："吾不知也。"

答："我不知道。"

汤曰："伊尹何如？"

成汤问："伊尹怎么样？"

曰："强力忍垢，吾不知其他也。"

答："壮盛力量，忍耐耻辱，我不知道别的什么。"

汤遂与伊尹谋伐桀，克之。

成汤就同伊尹谋划，攻伐夏桀，战胜了。

以让卞随，卞随辞曰："后之伐桀也，谋乎我，必以我为贼也。胜桀而让我，必以我为贪也。吾生乎乱世，而无道之人再来漫我以其辱行，吾不忍数闻也！"

成汤把胜利成果让给卞随，卞随推辞说："君主攻打夏桀，跟我谋划，一定认为我是叛乱的人。灭亡夏桀而让给我，一定认为我是多欲的人。我生在乱世，无道的人凭他的耻辱行为，再来污染我，我不容忍屡屡听闻！"

乃自投椆水而死。（椆，读作"稠"。椆水，古水名。在今河南省。）

然后自己投入椆水而死。

汤又让瞀光，曰："知者谋之，武者遂之，仁者居之，古之道也。吾子胡不立乎？"

成汤又让给瞀光，说："智慧的人谋划，武勇的人成功，仁爱的人守持，是古代的道理。我的老师为什么不即位呢？"

瞀光辞曰："废上，非义也。杀民，非仁也。人犯其难，我享其利，非廉也。

瞀光推辞道："废黜上级领导，不义。杀死平头百姓，不仁。别人冒着忧患，我享受利益，不正直。

吾闻之曰：非其义者，不受其禄。无道之世，不践其土。况尊我乎！吾不忍久见也。"

我听说：违背合宜性时，不接受那份俸禄。无道的朝代，不踩踏它的国土——何况愈加拥戴我呢！我不忍心久久看见。"

乃负石而自沈于庐水。（沈，沉没。）

就背负石头，自沉在庐水里。

昔周之兴，有士二人处于孤竹，曰伯夷叔齐。二人相谓曰："吾闻西方有人，似有道者，试往观焉。"

从前周国兴起，位于孤竹国有两位大夫，叫伯夷和叔齐。二人相告："我听说西方有人，像有道者，试着去围观一下。"

至于岐阳，武王闻之，使叔旦往见之。与盟曰："加富二等，就官一列。"血牲而埋之。

到了岐阳（周都），周武王知道了，派遣弟弟叔旦去见面。给予誓约说："增加两个等级的财富，担任第一位次的官职。"杀牲取血订立盟书，埋在会盟的土台下。

二人相视而笑，曰："嘻，异哉！此非吾所谓道也。

二人相视而笑，说："嘻，奇怪！这不是我说的道。

昔者神农之有天下也，时祀尽敬而不祈喜。其于人也，忠信尽治而无求焉。乐与政为政，乐与治为治。不以人之坏自成也，不以人之卑自高也，不以遭时自利也。

往日神农氏取得天下，四时祭祀，极限肃敬，而不祈求吉庆。他对别人忠厚诚信，持续治理，而无索求。乐于随从取正就成为政事，乐于随从修治就成为法制。不凭借别人毁坏而自己成功，不认为别人卑下而自己高贵，不因为遇到时机而自己图利。

今周见殷之乱而遽为政，上谋而下行货，（清郭庆藩《庄子集释》：王念孙曰，上谋而下行货，下字后人所加也。上与尚同。）阻兵而保威，割牲而盟以为信，扬行以说众，杀伐以要利。是推乱以易暴也。

现在，周国看到殷王朝动荡，就疾速谋取政权。崇尚谋略和贿赂，仗恃军队占据威力。割裂全牛盟誓，用来充当诚信。传扬德行以取悦大众，杀戮征战以求得利益。这是推行叛乱，去替代凶暴呀。

吾闻古之士，遭治世不避其任，遇乱世不为苟存。

我听说古代的士人，遭逢治世不回避任用，遇到乱世不谋求苟且生存。

今天下闇，（闇通“暗”。日无光，比喻社会政治黑暗。）周德衰，其并乎周以涂吾身也，（并通“傍”。靠近，依傍。）不如避之以洁吾行。”

方今天下黑暗，周国的德行衰微。如果依傍周国，如此污染我的生命，不如回避它，以清白我的行为。”

二子北至于首阳之山，遂饿而死焉。

二人往北到了首阳山，最后竟然饿死了。

若伯夷、叔齐者，其于富贵也，苟可得已，则必不赖。高节戾行，独乐其志，不事于世，此二士之节也。

像伯夷和叔齐，他们对于富贵，如果可以获得，就一定不仗恃。高尚的节操，善良的行为，独自安乐自己的志向，不被世人役使。这是两位士大夫的气节。

［同游小语］

尧舜禅让，指唐尧把帝位让给虞舜，虞舜把帝位让给夏禹。孔夫子由衷赞美，这种揖让庙堂之上的政治文明。本篇搜罗 5 则尧舜推让天下的花絮，但庄叟寓言未足深信。

孔颜之乐，指《论语》中孔子自述：吃粗茶淡饭，有口水喝，弯起手臂当枕头，快乐就在其中。又称赞颜回：一个盒饭，一瓢水，在陋巷，别人不堪其忧，阿回不改其乐。本篇叙述原宪、曾子、颜回和孔子处贫论穷，丰富了孔颜之乐的资料。

汤武革命，顺天应人。可是，卞随投入椆水，瞀光背负石头自沉庐水，伯夷叔齐饿死首阳山。这说明：道心惟微，每个人都守持着一己既定的观念。为了独立志向，不惜牺牲生命，则是万古长存的士人气节。

笔者读《让王》，有诗曰：

尧舜让帝位，庙堂算另类。
四海权虽高，伤生吃大亏。
孔颜穷快乐，陋巷弦歌美。

真道全身心，富贵粪草堆。

汤武闹革命，顺天应人瑞。

可怜夷齐倔，首阳添饿鬼。

盗跖第二十九

［史上首例大盗形象］

孔子与柳下季为友，柳下季之弟，名曰盗跖。

孔子跟柳下季做朋友，柳下季的弟弟名叫盗跖。

盗跖从卒九千人，横行天下，侵暴诸侯。穴室枢户，驱人牛马，取人妇女，贪得忘亲，不顾父母兄弟，不祭先祖。所过之邑，大国守城，小国入保，万民苦之。

盗跖率领士兵九千人，横行天下，侵暴诸侯。挖凿房屋，毁枢破门，驱人牛马，取人妇女。贪得忘亲，不顾父母兄弟，不祭先祖。所经过的居民区，大国守城，小国入堡，万民痛苦。

孔子谓柳下季曰："夫为人父者，必能诏其子。为人兄者，必能教其弟。若父不能诏其子，兄不能教其弟，则无贵父子兄弟之亲矣。

孔子对柳下季说："做人的爸爸，必能教导儿子。做人的哥哥，必能训诲弟弟。假如爸爸不能教导儿子，哥哥不能训诲弟弟，就没有谁重视父子兄弟的亲情了。

今先生，世之才士也，弟为盗跖，为天下害，而不能教也，丘窃为先生羞之。丘请为先生往说之。"

现在，先生是当世才士，弟弟称作盗跖，成为天下祸害，却不能教诲。我私下为先生羞愧，愿意帮助先生去劝劝他。"

柳下季曰："先生言，为人父者必能诏其子，为人兄者必能教其弟。若子不听父之诏，弟不受兄之教，虽今先生之辩，将奈之何哉？

柳下季说："先生告知，做人爸爸必能教导儿子，做人哥哥必能训诲弟弟。倘若儿子不听父亲的教导，弟弟不受兄长的训诲，纵使如今先生去巧言，要怎样对付他呢？

且跖之为人也，心如涌泉，意如飘风，强足以拒敌，辩足以饰非，顺其心则喜，逆其心则怒，易辱人以言，先生必无往。"

况且，盗跖为人，心思如涌泉，意念如飘风。强壮足以抗拒敌手，巧言足以掩饰错误。随从他的性情就高兴，忤逆他的性情就生气，容易用言语侮辱人。先生一定不要前去。"

孔子不听，颜回为御，子贡为右，往见盗跖。

孔子不听。颜回当驾车人，子贡做陪乘，去见盗跖。

盗跖乃方休卒徒太山之阳，脍人肝而餔之。（餔，读作"晡"。午后3点至5点吃晚饭。）

盗跖正在泰山南坡修整兵卒，切碎人肝当晚饭吃。

孔子下车而前，见谒者曰："鲁人孔丘，闻将军高义，敬再拜谒者。"

孔子下车向前，看见接待人员，说："鲁人孔丘，久闻将军义行高尚，也敬拜接待大哥。"

谒者入通。盗跖闻之大怒，目如明星，发上指冠，曰："此夫鲁国之巧伪人孔丘，非邪？

接待人员入内禀报。盗跖听了大怒，目光像明亮的星星，头发直竖顶起帽子，说："这是鲁国的巧伪人孔丘，对不？

为我告之：尔作言造语，妄称文武，冠枝木之冠，带死牛之胁，多辞缪说。

替我告诉他：你兴起学说，制造议论，妄称周文王和周武王。头戴树枝一样华饰的帽子，腰束死牛肋巴一样的皮带，大肆宣扬荒谬理论。

不耕而食，不织而衣，摇唇鼓舌，擅生是非，以迷天下之主。使天下学士，不反其本，妄作孝弟，而侥幸于封侯富贵者也。

不耕田就吃饭，不织布就穿衣。摇唇鼓舌，擅生是非，用来迷惑天下君主，使天下的学者不反省根本。胡乱兴起孝顺父母，敬爱兄长，企求非分封侯和富贵。

子之罪大极重，（极通‘殛’。罪大而诛。）疾走归！不然，我将以子肝益昼餔之膳！”

你罪大诛重，疾速逃回！不然，我会拿你的肝，增加明天的饭食。”

孔子复通曰：“丘得幸于季，愿望履幕下。”

孔子再次陈述：“我跟柳下季相遇投契，希望步行到帐幕下远望。”

谒者复通，盗跖曰：“使来前！”

接待人员又通报。盗跖说：“让他前来！”

孔子趋而进，避席反走，再拜盗跖。

孔子疾走向前，避开坐席略微退步，两次跪拜盗跖。

盗跖大怒，两展其足，案剑瞋目，（瞋，读作“琛”。瞪大眼睛。）声如乳虎，曰：“丘来前！若所言顺吾意则生，逆吾心则死！”

盗跖大怒，两足张开，手摁长剑，瞪大眼睛，声音像育子的老虎，说：“孔丘，到面前来！你说话，依顺我的意向就活着，忤逆我的心思即死亡。”

［由盗跖主讲，孔子做衬托，凸显庄子的历史观和人生观］

孔子曰：“丘闻之，凡天下有三德：

孔子说：“我听闻，天下有三种德行：

生而长大，美好无双，少长贵贱见而皆说之，此上德也。

生来就高高大大，形貌好看无双。年轻人和老年人，高贵者和卑贱者，看见了都喜欢。这是上等德行。

知维天地，能辩诸物，此中德也。

智识纲纪天地，技能治理各种事物。这是中等德行。

勇悍果敢，聚众率兵，此下德也。

勇悍果敢，聚众率兵，这是下等德行。

凡人有此一德者，足以南面称孤矣。

平常人具有上面的一种德行，足以面朝南方称为杰出。

今将军兼此三者，身长八尺二寸，面目有光，唇如激丹，齿如齐贝，音中黄钟，而名曰盗跖，丘窃为将军耻不取焉。

如今，将军兼备这三种德行。身长八尺二寸，面目有光，嘴唇像鲜明的朱砂，牙齿像整齐的贝壳，声音恰合黄钟，而名声叫盗跖。我私下为将军羞愧，不选择于此。

将军有意听臣，臣请南使吴越，北使齐鲁，东使宋卫，西使晋楚，使为将军造大城数百里，立数十万户之邑，尊将军为诸侯，与天下更始。罢兵休卒，收养昆弟，共祭先祖。此圣人才士之行，而天下之愿也。”

将军有意听信我，我愿南方出使吴国和越国，北方出使齐国和鲁国，东方出使宋国和卫国，西方出使晋国和楚国。让他们为将军建造大城数百里，确立数十万户的封地，尊将军为诸侯，与天下重新开始。罢兵休卒，收养兄弟，共祭先祖。这是圣人才士的行为、天下的愿望啊。”

盗跖大怒曰：“丘来前！夫可规以利，而可谏以言者，皆愚陋恒民之谓耳。

盗跖大怒说：“孔丘，上前来！但凡可以用利益规劝，用言语谏正，都是愚笨浅陋的平常人的意思。

今长大美好，人见而悦之者，此吾父母之遗德也。丘虽不吾誉，吾独不自知邪？且吾闻之，好面誉人者，亦好背而毁之。

方今我身材高大，形貌好看，人人见到就喜欢，这是父母遗留的德泽。即使你不称誉，我难道不自知吗？况且我听说，喜欢当面赞美别人，也容易背后诽谤别人。

今丘告我以大城众民，是欲规我以利，而恒民畜我也，安可久长也！

现在，你拿大城邑和众多人民告知我，是想用利益规劝我，拿平常人畜养我，怎么能长久！

城之大者，莫大乎天下矣。尧舜有天下，子孙无置锥之地。汤武立为天子，后世绝灭。非以其利大故邪？

城郭大，没有比天下更大的了。唐尧和虞舜拥有天下，子孙无立锥之地。成汤和周武王立为天子，后代却绝灭了。不是因为其中利益重大的缘故吗？

且吾闻之，古者禽兽多而人少，于是民皆巢居以避之。昼拾橡栗，暮栖木上，故命之曰有巢氏之民。

而且我听说，远古禽兽多，人口少，于是百姓全栖息树上，以躲避禽兽。白天拾取橡子，傍晚歇宿树上。因此叫有巢氏的人民。

古者民不知衣服，夏多积薪，冬则炀之，（炀，读作‘阳’。烘烤。）故命之曰知生之民。

远古的人不懂衣服，夏季多多积聚木柴，冬季向火取暖。因此叫懂得生存的人民。

神农之世，卧则居居，起则于于，民知其母，不知其父，与麋鹿共处，耕而食，织而衣，无有相害之心，此至德之隆也。

神农氏的时代，卧倒安安静静，起身悠然自得。人们知道母亲是谁，不知父亲是谁，跟麋鹿一起生活。耕地就够吃饭，纺织就够穿衣，没有互相伤害的心思。这是最高道德的兴盛期。

然而黄帝不能致德，与蚩尤战于涿鹿之野，流血百里。

然而，黄帝不能施行道德。在涿鹿郊外同蚩尤打仗，流血百里。

尧舜作立群臣，汤放其主，武王杀纣。自是之后，以强陵弱，以众暴寡。汤武以来，皆乱人之徒也。

唐尧和虞舜，开始确立群臣即帝位。成汤放逐君主，周武王杀死殷纣王。自此之后，以强凌弱，以众暴寡。成汤和周武王以来，都是乱人的同类货色。

今子修文武之道，掌天下之辩，以教后世，缝衣浅带，矫言伪行，以迷惑天下之主，而欲求富贵焉。

当前，你遵循周文王和周武王的道义，主持天下的辩论，用来教诲后世。宽袖大带（儒者标配），匡正的言论，假装的行为，用来迷惑天下君主，想要求取富贵。

盗莫大于子。天下何故不谓子为盗丘，而乃谓我为盗跖？

盗贼，没有比你更大的了。天下为什么不叫你盗丘，却称我为盗跖？

子以甘辞说子路，而使从之。使子路去其危冠，解其长剑，而受教于子。天下皆曰，孔丘能止暴禁非。

你凭甜美说词取悦子路，使他跟从。让子路去掉高帽子，解下长剑，受教于你。天下人都说，孔丘能够阻止暴力，禁绝邪恶。

其卒之也，子路欲杀卫君而事不成，身菹于卫东门之上。（菹，读作‘租’。把人剁为肉酱。）是子教之不至也。

后来呢，子路想杀卫君，事情没成功。身体在卫国东门之上，被剁为肉酱。这是你教育不当。

子自谓才士圣人邪？则再逐于鲁，削迹于卫，穷于齐，围于陈蔡，不容身于天下。

你自称才士圣人吧？却两次被鲁国放逐，在卫国减少行迹，在齐国憋屈无语，在陈蔡之间被围困，在天下不能容身。

子教子路菹此患，上无以为身，下无以为人。子之道岂足贵邪？

你教诲子路，祸害他剁成肉酱。在上不可营作自身，在下不可佑助他人。你的思想体系，怎么值得重视呢？

世之所高，莫若黄帝。黄帝尚不能全德，而战涿鹿之野，流血百里。

世人所敬重，没有谁比得上黄帝。黄帝尚且不能德行无亏，而在涿鹿之野打仗，流血百里。

尧不慈，舜不孝，禹偏枯，汤放其主，武王伐纣，文王拘羑里。

唐尧不慈爱，虞舜不孝顺，大禹半身不遂，（清郭庆藩《庄子集释》：治水勤劳，风栉雨沐，致偏枯之疾。）成汤放逐君主，周武王征伐殷纣王，周文王拘禁在羑里。

此六子者，世之所高也。孰论之，皆以利惑其真，而强反其情性。其行乃甚可羞也。

这六个人，世人所尊崇。仔细分析，都是利益迷惑本真，强制违背自己的情性。他们的行为，确实值得羞愧。

世之所谓贤士，伯夷叔齐。伯夷叔齐辞孤竹之君，而饿死于首阳之山，骨肉不葬。

世人所说的贤士，伯夷叔齐。伯夷叔齐不接受孤竹国的君位，饿死在首阳山，遗体不埋葬。

鲍焦饰行非世，抱木而死。

鲍焦谨敬行为，责怪当世，抱着树木死去。

申徒狄谏而不听，负石自投于河，为鱼鳖所食。

申徒狄直言规劝，未获听取，怀抱石头自投河水，被鱼鳖吃掉。

介子推至忠也，自割其股，以食文公，文公后背之，子推怒而去，抱木而燔死。

介子推最为忠诚，自割大腿肉给晋文公吃。文公后来抛弃他，子推生气而去，抱着树木被烧死。

尾生与女子期于梁下。女子不来，水至不去，抱梁柱而死。

尾生跟女子在桥下约会。女子不来，河水淹到不离开，抱着桥柱而死。

此六子者，无异于磔犬流豕，操瓢而乞者。皆离名轻死，不念本养寿命者也。

这六个人，无异于割裂的狗、流浪的猪和手拿匙勺的乞丐。都是附丽名声、轻率死亡、不考虑自养寿命的人。

世之所谓忠臣者，莫若王子比干，伍子胥。子胥沈江，比干剖心。此二子者，世谓忠臣也，然卒为天下笑。

世人所说的忠臣，没有谁比得上王子比干和伍子胥。子胥沉尸江中，比干被人剖心。这两个人，世间称作忠臣，然而末后被天下嘲笑。

自上观之，至于子胥比干，皆不足贵也。

从上述例证看，直到子胥和比干，都不值得敬重。

丘之所以说我者，若告我以鬼事，则我不能知也。若告我以人事者，不过此矣，皆吾所闻知也。

你之所以劝说我，假如拿万物精灵的事告知我，我就不能了解。假如用人间的事告知我，不过如此吧，全是我听过和懂得的。

今吾告子以人之情，目欲视色，耳欲听声，口欲察味，志气欲盈。

现在，我告诉你人的本性：眼睛想要看到美色，耳朵想要听到乐音，嘴巴想要品尝滋味，志气想要饱满旺盛。

人上寿百岁，中寿八十，下寿六十。除病瘦死丧忧患，其中开口而笑者，一月之中，不过四五日而已矣。

人的上等寿命一百岁，中等寿命八十岁，下等寿命六十岁。除去疾病减损、人死灭亡、忧愁和祸患，其中开口欢笑的时间，一月之中不过四五天而已。

天与地无穷，人死者有时。操有时之具，而托于无穷之间，忽然无异骐骥之驰过隙也。

天空和大地没有穷尽，人死却有定时。驾驭有时间的器物，寄托于无穷之间，它忽然消逝，跟千里马驰过空隙没有分别。

不能说其志意，养其寿命者，皆非通道者也。

不能愉悦自己的意志，供养自己的寿命，都不是通达道的人。

丘之所言，皆吾之所弃也。亟去走归，无复言之！

你所说的那一套，全是我放弃的。赶快离开逃回，不要再说话了！

子之道，狂狂汲汲，诈巧虚伪事也，非可以全真也，奚足论哉！”

你的主张狂悖欺骗，急切追求，诈巧虚伪做事，不可以保全本性，哪里值得讨论！”

孔子再拜趋走，出门上车，执辔三失，目芒然无见，色若死灰，据轼低头，不能出气。

孔子两次跪拜，疾走离开。出门上车，手持马缰多次控制不住。目光茫然没有显示，脸色像死灰，按着车厢前面的横木，低头不能出气。

归到鲁东门外，适遇柳下季。柳下季曰："今者阙然，（阙，过，去。）数日不见，车马有行色，得微往见跖邪？"

回到鲁国东门外，偶遇柳下季。柳下季说："这段时间过去，几天没见。你的车马呈现旅行模样，难道偷偷去见盗跖了？"

孔子仰天而叹曰："然。"

孔子仰天长叹说："是啊！"

柳下季曰："跖得无逆女意若前乎？"

柳下季说："盗跖可能没有接受你的意向，像之前我说的吧？"

孔子曰："然。丘所谓无病而自灸也。疾走料虎头，编虎须，几不免虎口哉！"

孔子说："是呀。我就是所说的没有毛病，却自己拿艾条熏灼穴位。疾走捋顺虎头，编结虎须，几乎不免于虎口啊！"

［由满苟得主讲，子张陪衬，讨论行为观和价值观］

子张问于满苟得曰："盍不为行？无行则不信，无信则不任，不任则不利。

子张（孔门弟子）跟满苟得（虚拟人名）探讨："何不建立德行？没有德行就不信重，不信重就不任用，不任用就无利禄。

故观之名，计之利，而义真是也。若弃名利，反之于心，则夫士之为行，不可一日不为乎。"

所以观察名声，计算利益，此中的合宜性真切实在。如果抛弃名利，返回内心，倒是那些士人建立德行，不可一天不作为啊。"

满苟得曰："无耻者富，多信者显。夫名利之大者，几在无耻而信。

满苟得说："无羞耻的人富有，多张扬的人显露。但凡名声跟利益超过一般的人，差不多取决于无耻和张扬。

故观之名，计之利，而信真是也。若弃名利，反之于心，则夫士之为行，抱其天乎！"

所以观察名声，计算利益，此中的张扬发声真切实在。如果抛弃名利，返回内心，倒是那些士人建立德行，抱守一己的自然吧。”

子张曰：“昔者桀纣贵为天子，富有天下。今谓臧聚曰，汝行如桀纣，则有怍色，有不服之心者，小人所贱也。

子张说：“昔日夏桀殷纣贵为天子，富有天下。今天告诉奴婢团伙，你的德行像桀纣，就有愧色。有不服之心的样子，小人所轻视。

仲尼墨翟，穷为匹夫。今谓宰相曰，子行如仲尼墨翟，则变容易色，称不足者，士诚贵也。

仲尼墨翟，穷为匹夫。今天告诉宰相，您的德行像仲尼墨翟，就变容易色，声言自己不够完备。士人们确实崇尚啊。

故势为天子，未必贵也。穷为匹夫，未必贱也。贵贱之分，在行之美恶。”

故而权势为天子，未必尊贵。穷困为匹夫，未必卑贱。贵贱之分，取决于德行的淳良或丑恶。”

满苟得曰：“小盗者拘，大盗者为诸侯。诸侯之门，义士存焉。

满苟得说：“小盗贼被拘禁，大盗贼做诸侯。诸侯门第，有节操的人留存。

昔者桓公小白杀兄入嫂，而管仲为臣。田成子常杀君窃国，而孔子受币。

从前，齐桓公小白杀死哥哥，接纳嫂嫂，而管仲做臣子。田成子常杀死君主，窃据邦国，而孔子接受财礼。

论则贱之，行则下之，则是言行之情悖，战于胸中也，不亦拂乎！

议论的时候就憎恶，做事的时候却谦恭，是语言跟行为的实情相抵触，在胸中交战，不也是违逆吗？

故《书》曰，孰恶孰美，成者为首，不成者为尾。”

所以古书说，谁丑陋？谁完美？成功了当领头人，不成功做小跟班。”

子张曰："子不为行，即将疏戚无伦，贵贱无义，长幼无序。五纪六位，将何以为别乎？"

子张说："您不建立德行，即将疏远跟亲近没有伦理，高贵与卑贱没有法度，辈分高低＼年纪大小没有次序。君臣、父子、兄弟、夫妇、朋友等五种关系，诸父、兄弟、族人、诸舅、师长、朋友等六种伦常，打算拿什么做区分？"

满苟得曰："尧杀长子，舜流母弟，疏戚有伦乎？

满苟得说："唐尧伤害长子，虞舜流放母弟，疏远和亲近有伦理吗？

汤放桀，武王杀纣，贵贱有义乎？

成汤驱逐夏桀，周武王杀死殷纣王，高贵和卑贱有法度吗？

王季为适，周公杀兄，长幼有序乎？

王季（周太王少子）立为适嗣（君位继承人），周公杀死哥哥，年长和年幼有次序吗？

儒者伪辞，墨子兼爱，五纪六位，将有别乎？

儒者虚假言辞，墨者爱无差等。君臣、父子、兄弟、夫妇、朋友等五种关系，诸父、兄弟、族人、诸舅、师长、朋友等六种伦常，还有区别吗？

且子正为名，我正为利。名利之实，不顺于理，不监于道。

而且，你只求名，我只谋利。名利的实际内容，不依顺条理，不明白道。

吾日与子讼于无约，曰：小人殉财，君子殉名，其所以变其情，易其性，则异矣。乃至于弃其所为，而殉其所不为，则一也。

我每天跟你在没有约束的状态下争论：小人营逐财富，君子追求名声。他们用来改变意向，替代本性的东西，倒是不同。直到放弃自己作为，为了不做的东西而舍弃生命，就一样了。

故曰，无为小人，反殉而天。无为君子，从天之理。

所以说，不要当小人，返回追求自然。不要做君子，跟从自然的条理。

若枉若直，相而天极。面观四方，与时消息。

如同弯曲，如同伸直，选择你的自然边际。面对面观察东西南北，顺随着岁月消长更替。

若是若非，执而圆机。独成而意，与道徘徊。

如同正确，如同错误，握持你的圆环枢机（《齐物论》：得其环中，以应无穷）。独自完成你的意志，跟道一起往返回旋。

无转而行，无成而义，将失而所为。

不要专擅你的德行，不要强盛你的合宜性，这才找不着你的作为。

无赴而富，无徇而成，将弃而天。

不要趋走你的财富，不要营逐你的成就，这才遗忘了你的依存对象。

比干剖心，子胥抉眼，忠之祸也。

比干劝谏殷纣王被剖心，子胥劝谏吴王夫差被挖眼，是忠敬的祸殃。

直躬证父，尾生溺死，信之患也。

直躬（楚人）告发父亲偷羊；尾生（鲁人）跟女子约会，女子不来，水涨后抱着桥柱淹死，是诚信的忧患。

鲍子立干，申子不自理，廉之害也。

鲍焦（人名）抱着树干，站立枯死；申生（晋献公太子）遭丽姬谗谤，不自行申辩，是廉直的伤害。

孔子不见母，匡子不见父，义之失也。

孔子历国应聘，没见到临终的母亲；匡章（齐人）远游求学，没见到临终的父亲，是合宜性的缺失。

此上世之所传，下世之所语，以为士者正其言，必其行，故服其殃，离其患也。”

这些，都是前世所传扬，后世所议论。用来帮助士人端正见解，确定德行。因以畏服灾难，去掉祸害。”

［**由知和主讲，无足陪衬，讨论价值观的核心义利之辨**］

无足问于知和曰：“人卒未有不兴名就利者。

无足（虚拟人名）跟知和（虚拟人名）探讨："人们终究没有不喜爱名声，不趋向利益的。

彼富则人归之，归则下之，下则贵之。

对方富裕了，别人就归附他。归附就谦让他。谦让就尊重他。

夫见下贵者，所以长生安体乐意之道也。

但凡实现了谦让与尊重，适宜做延长生命、安逸身体和愉悦意愿的知觉体验。

今子独无意焉，知不足邪，意知而力不能行邪，故推正不忘邪？"

此刻你依然没放在心上，是智识不足呢？还是懂得了，而力量不能施行，故而假托正直念念不忘呢？"

知和曰："今夫此人，以为与己同时而生，同乡而处者，以为夫绝俗过世之士焉。

知和说："目前有个人，以为跟自己同时出生，同乡生活，认为是冠绝当代、超过世人的人才。

是专无主正，所以览古今之时，是非之分也。

这特别没有根本准则，用来考察古今时势，和是非的区别。

与俗化世，去至重，弃至尊，以为其所为也。

随从习俗，仿效时代，离开最重要的生命，舍弃最尊贵的道，去操作自己谋求的东西。

此其所以论长生安体乐意之道，不亦远乎！

这样用来谈延长生命、安逸身体和愉悦意愿的体验，不是差距太大吗！

惨怛之疾，恬愉之安，不监于体。怵惕之恐，欣懽之喜，不监于心。

凄惨悲痛的疾苦，安逸快乐的宁静，不从形体考察。惊骇警惕的恐惧，悦服欢乐的喜爱，不自内心掌管。

知为为而不知所以为，是以贵为天子，富有天下，而不免于患也。"

知道实施行为，却不懂适宜这样做。因此贵为天子，富有天下，也不免于祸患。"

无足曰："夫富之于人，无所不利，穷美究势，至人之所不得逮，贤人之所不能及。

无足说："富裕对于人，没有地方不吉利。它穷尽完美，图谋势力，至人不得参与，贤人不能追上。

侠人之勇力而以为威强，秉人之知谋以为明察，因人之德以为贤良，非享国而严若君父。

它挟带他人的勇力，用做威强。操持他人的智谋，用做明察。依靠他人的德行，用做贤良。没有享有邦国，却威重如同君父。

且夫声色滋味权势之于人，心不待学而乐之，体不待象而安之。

况且，所有的声色、滋味和权势对于人，内心不待教学就喜欢，身体不待效法就习惯。

夫欲恶避就，固不待师，此人之性也。天下虽非我，孰能辞之！"

爱好\憎恶的回避或趋向，常常不等候示范，这是人的本性。天下虽然反对我，谁能离开它们！"

知和曰："知者之为，故动以百姓，不违其度。是以足而不争，无以为故不求。

知和说："智者的作为，因为百姓而活动，不违反自己的尺度。因此满足而不争竞。没有缘由去搞事情，所以不贪求。

不足故求之，争四处而不自以为贪。有余故辞之，弃天下而不自以为廉。

不充足就寻求，这时四处争竞，不自认为贪婪。有剩余了就推辞，这时放弃天下，不自认为廉洁。

廉贪之实，非以迫外也，反监之度。

廉洁或贪婪的实际内容，不用外界催迫，返回就明白尺度。

势为天子，而不以贵骄人。富有天下，而不以财戏人。

权势成为天子，不凭尊贵横暴他人。富厚拥有天下，不凭财货轻慢他人。

计其患，虑其反，以为害于性，故辞而不受也，非以要名誉也。

计算其中的忧患，考虑其中的反覆，认为伤害到本性。所以推辞而不接受，不是用来求取名誉哟。

尧舜为帝而雍，非仁天下也，不以美害生也。

唐尧和虞舜，担任帝王而和睦。不是仁爱天下，而是不因为高尚，损害到生命。

善卷许由得帝而不受，非虚辞让也，不以事害己。

善卷和许由，获得帝位而不接受。不是虚假辞让，而是不因为职事，损害到自己。

此皆就其利，辞其害，而天下称贤焉。则可以有之，彼非以兴名誉也。”

这些都是趋向利益，逃避损害，天下称为才能德行均好的人。倒是可以有此称赞，他们不是用来建立名誉的。”

无足曰：“必持其名，苦体绝甘，约养以持生，则亦久病长阨而不死者也。”（阨，读作“恶”。阻塞，困窘，危难。）

无足说：“如果守持名誉，困苦身体，断绝甘美，约束奉养，去支撑生命，就只是久久患病、长期艰危而不死的人。”

知和曰：“平为福，有余为害者，物莫不然，而财其甚者也。

知和说：“平常是福，有余是害，万物莫不如此，财货是其中最激烈的东西。

今富人，耳营钟鼓筦籥之声，（筦籥，读作‘管月’。两种管乐器名。）口嗛于刍豢醪醴之味，（嗛通‘慊’，读作“惬”；满足，快意。豢读作‘换’；饲养牲畜。刍豢，指牛羊猪狗之类的家畜。醪读作‘劳’；汁渣混合的浊酒。醴读作‘礼’；甜酒，甘泉。）以感其意，遗忘其业，可谓乱矣。

今世的富人，耳朵迷惑钟鼓管籥的乐音，嘴巴快意于牛羊猪狗肉和酒水的滋味，用来感受意趣，遗忘事业，可以说混乱。

侅溺于冯气，（侅读作‘该’；非常，特殊。溺，沉湎，无节制。冯气，盛气。）若负重行而上也，可谓苦矣。

特别沉湎\无节制于盛气凌人，如同负重爬上山坡，可以说辛苦。

贪财而取慰，贪权而取竭，静居则溺，体泽则冯，可谓疾矣。

贪财趋向病态，贪权趋向竭尽，安静闲居就沉溺，亲近醇酒就盛满，可以说缺点。

为欲富就利，故满若堵耳而不知避，且冯而不舍，可谓辱矣。

为了想要财富，依从利益，本来充盈如同堵塞了，却不知道辞让，（俗语“吃饱了，不晓得放碗”。）而且盛气满满不消停，可以说耻辱。

财积而无用，服膺而不舍，（服膺，时常挂在心上。）满心戚醮，（醮通‘憔’。憔悴。）求益而不止，可谓忧矣。

财货积聚不使用，牢记在心放不下，满心忧伤憔悴，寻求增多不停止，可以说忧愁。

内则疑劫请之贼，外则畏寇盗之害，内周楼疏，外不敢独行，可谓畏矣。

内心怀疑胁迫取得的克制，外界畏避敌寇盗贼的伤害，房室牢固楼窗，外出不敢独行，可以说害怕。

此六者，天下之至害也，皆遗忘而不知察。

上述六种情况，是天下最大的妨害。人们普遍遗忘了，不懂得审察。

及其患至，求尽性竭财，单以反一日之无故，而不可得也。

直到灾难来临，责求终止性命，竭尽财货。这当口，只为返回一天没有事故，也不可得了。

故观之名则不见，求之利则不得，缭意绝体而争此，不亦惑乎！”

所以，观察名誉看不见，寻求利益得不到。束缚意愿，缠绕形体，唯独争夺这些东西，不也是惑乱吗！”

［同游小语］

清王先谦《庄子集解》：李奇注《汉书》，说盗跖是秦国大盗。《史记》伯夷传注释，说盗跖是黄帝时的大盗。盗跖为何时人，迄今没有定论。

庄子寓言文辞奇妙，它描绘盗跖的言行举止，像“心如涌泉，意如飘风”，“两展其足，案剑瞋目，声如乳虎”等句，生动而传神。

盗跖摇身一变，成了雄辩滔滔的思想家。从黄帝到历代圣王，到孔丘，再到世人称说的贤士忠臣，他一一做出辛辣的负面评价。然后痛痛快快陈述自己的人生观：人生忽然“无异骐骥之驰过隙也”，不能愉悦意志，供养寿命，都不是通达道的人。

本篇后半部分，讨论行为观和价值观。在《庄子》33篇里，亦算难得一见的浓墨重彩。

笔者读《盗跖》，有诗曰：

盗跖发冲冠，圣贤指斥遍。
快意养寿命，隙驹驰猝然。
立行观名利，寡耻获富显。
是非持圆机，枉直相天全。
智者为百姓，尺度在心田。
财货伤神形，何由解惑乱？

说剑第三十

［引子］

昔赵文王喜剑，剑士夹门而客三千馀人，日夜相击于前，死伤者岁百馀人，好之不厌。如是三年，国衰，诸侯谋之。

从前，赵文王爱好剑术，剑士在门下寄食有三千多人。他们日夜在王前互相攻杀，年度死伤百余人，大家都喜好这一口，从不满足。如此三年，国势衰微，诸侯纷纷图谋赵国了。

太子悝患之，募左右曰："孰能说王之意，止剑士者，赐之千金。"

太子悝担忧这件事，召唤近臣说："谁能劝说大王的意向，减省剑士，我赏赐千金。"

左右曰："庄子当能。"

近臣说："庄子必定胜任。"

太子乃使人以千金奉庄子。庄子弗受，与使者俱往见太子，曰："太子何以教周，赐周千金？"

太子于是派人以千金送给庄子。庄子不接受，随着使者一起见太子，问："太子有何赐教，馈赠我千金？"

太子曰："闻夫子明圣，谨奉千金以币从者。夫子弗受，悝尚何敢言！"

太子答："听闻老先生明辨通达，特敬献千金，用来打点你的随从人员。老先生不接受，我还敢说什么！"

庄子曰："闻太子所欲用周者，欲绝王之喜好也。使臣上说大王，而逆王意，下不当太子，则身刑而死，周尚安所事金乎？使臣上说大王，下当太子，赵国何求而不得也！"

庄子说："知道太子所需用我的，是想断绝大王的喜好。假如我在上劝告大王，不顺从王意；在下又不符合太子的期望，将躯体受刑而死，我还留金子做什么？假如我在上取悦大王，在下向着太子，那么，我从赵国索求什么会得不到呢！"

太子曰："然。吾王所见，唯剑士也。"

太子说："对呀。不过在我们大王眼里，只有剑士。"

庄子曰："诺。周善为剑。"

庄子说："没关系，我擅长玩剑。"

太子曰："然吾王所见剑士，皆蓬头突鬓垂冠，曼胡之缨，短后之衣，瞋目而语难，王乃说之。今夫子必儒服而见王，事必大逆。"

太子说："可是，我们大王所见的剑士，都散乱头发，凸出鬓角，压低帽檐，柔曼着胡人样式的帽带，穿着后身不长的衣服，瞪大眼睛示意怨仇——大王就是喜爱这副模样。现在，老先生如果身穿儒服去见大王，事情必定大大不顺。"

庄子曰："请治剑服。"

庄子说："愿意备办剑士的服装。"

[庄子简介自己的剑术]

治剑服三日，乃见太子。太子乃与见王，王脱白刃待之。

置办剑服用了三天，然后见太子。太子于是一起去见赵文王，文王解下白刃等候他。

庄子入殿门不趋，见王不拜。王曰："子欲何以教寡人，使太子先？"

庄子进入殿门不疾走，看到大王不跪拜。赵文王说："你想用什么教诲寡人，而让太子先行通报？"

曰："臣闻大王喜剑，故以剑见王。"

答："臣听说大王爱好剑术，所以凭剑术来见大王。"

王曰："子之剑何能禁制？"

文王问："你的剑能禁止裁断什么？"

曰："臣之剑，十步一人，千里不留行。"

答："臣的剑，十步杀死一人，千里不留行迹。"

王大悦之，曰："天下无敌矣！"

文王很愉快，说："天下无敌了！"

庄子曰："夫为剑者，示之以虚，开之以利，后之以发，先之以至。愿得试之。"

庄子说："凡用剑的人，显现空隙，导引锋利，迟后启动，占先到达。希望能够试试。"

王曰："夫子休，就舍待命，令设戏请夫子。"

文王说："老先生歇歇吧，回客舍等消息。让我安排好角斗，再请先生。"

［**庄子专论天子剑、诸侯剑和庶人剑**］

王乃校剑士七日，死伤者六十馀人，得五六人，使奉剑于殿下，乃召庄子。

赵文王于是对抗比较剑士七天，死伤六十余人，选用了五六人，然后召见庄子。

王曰："今日试使士敦剑。"（敦，对抗，较量。）

文王说："今天试着放纵剑士们较量剑术。"

庄子曰："望之久矣。"

庄子说："期待很久了。"

王曰："夫子所御杖，长短何如？"

文王问："老先生所持兵器，长短如何？"

曰："臣之所奉皆可。然臣有三剑，唯王所用，请先言而后试。"

答："臣凭借任何东西都可以。然而，臣有三柄剑，任随大王使用，请允许我先说一说，而后再考校。”

王曰：“愿闻三剑。”

文王说：“希望听听三柄剑。”

曰：“有天子剑，有诸侯剑，有庶人剑。”

答：“有天子用的剑，有诸侯用的剑，有平民用的剑。”

王曰：“天子之剑何如？”

文王问：“天子的剑长成什么样子？”

曰：“天子之剑，以燕谿石城为锋，齐岱为锷，晋魏为脊，周宋为镡，韩魏为铗，包以四夷，裹以四时，绕以渤海，带以常山，制以五行，论以刑德，开以阴阳，持以春夏，行以秋冬。此剑，直之无前，举之无上，案之无下，（案通‘按’。用手压下。）运之无旁，上决浮云，下绝地纪。此剑一用，匡诸侯，天下服矣。此天子之剑也。”

答：“天子使用的剑，以燕谿（燕国地名）石城（塞外山地）做剑尖，齐岱（齐国岱岳）做剑刃，晋国魏国做剑身，东周和宋国做剑鼻，韩国魏国做剑把。它含容东夷、西戎、南蛮与北狄，囊括春夏秋冬跟朝夕昼夜，环绕渤海，捎带常山，制订水火木金土五种元素和仁义礼智信五种行为规范，衡量杀戮\庆赏，通达万物化生\日月运转的学问，掌握住春夏，成功于秋冬。这柄剑，直伸无物可挡前面，擎举无物可居上方，按压无物可留下头，挥动无物可停边侧，在上拨开浮动天空的云层，在下切断维系大地的绳子。这柄剑一旦使用，便匡正诸侯，天下躬行——这就是天子的剑。”

文王芒然自失，曰：“诸侯之剑何如？”

文王茫然自失，问道：“诸侯的剑长成什么样子？”

曰：“诸侯之剑，以知勇士为锋，以清廉士为锷，以贤良士为脊，以忠圣士为镡，以豪桀士为铗。此剑，直之亦无前，举之亦无上，案之亦无下，运之亦无旁。上法圆天以顺三光，下法方地以顺四时，中和民意以安四乡。此剑一用，如雷霆之震也，四封之内，无不宾服，而听从君命者矣。此诸侯之剑也。”

答：“诸侯使用的剑，用智勇之士做剑尖，用清廉之士做剑刃，用贤良之士做剑身，用忠圣之士做剑鼻，用豪杰之士做剑把。这柄剑，直伸也是无物可挡前面，擎举也是无物可居上方，按压也是无物可留下头，挥动也是无物可停边侧。它在上效法圆形的天空，以顺应日月星辰。在下效法方形的大地，以顺应春夏秋冬和朝夕昼夜。居中和洽民意，以安定四方。这柄剑一旦使用，犹如雷霆震怒，在封地的四境之内，无不归顺服从，而听从国君的命令——这就是诸侯的剑。”

王曰：“庶人之剑何如？”

文王又问：“平民的剑长成什么样子？”

曰：“庶人之剑，蓬头突鬓垂冠，曼胡之缨，短后之衣，瞋目而语难。相击于前，上斩颈领，下决肝肺。此庶人之剑，无异于斗鸡，一旦命已绝矣，无所用于国事。今大王有天子之位，而好庶人之剑，臣窃为大王薄之。”

答：“平民用起剑来，散乱头发，凸出鬓角，压低帽檐，柔曼着胡人样式的帽带，穿着后身不长的衣服，瞪大眼睛示意怨仇。互相攻杀在面前，在上砍断脖子，在下刺破肝肺。这类平民剑术，无异于斗鸡，一旦生命最终断绝，对于国事没啥用处。现在，大王拥有天子尊位，却喜好平民剑术，臣私下为大王看不起啊。”

［**尾声**］

王乃牵而上殿。宰人上食，王三环之。

赵文王于是牵着庄子的手上殿。膳食官员送上食物，文王多次绕席走动。

庄子曰：“大王安坐定气，剑事已毕奏矣。”

庄子说：“大王安坐，平定气息吧，剑术的事已进言完毕了。”

于是文王不出宫三月，剑士皆服毙其处也。

于是，赵文王三个月不出宫门，剑士们全在住所自杀了。

［**同游小语**］

本篇赵文王，清王先谦《庄子集解》称为赵惠文王。

据《史记·赵世家》和《战国策·赵二》记载，惠文王的父亲赵武灵王，把华夏族的宽衣长袖，改为西北少数民族的短衣窄袖，有利于像游牧部族一样骑马射箭。11年间，灭掉了素有仇怨的中山国，还率骑入胡辟地千里。

赵武灵王身强力壮时就传位给儿子，号称主父。想让惠文王负责治国，自己统帅军队，由云中、九原袭击秦国。他诈称使者入秦，侦查地形和看看秦昭王的为人。事后，昭王奇怪使者状貌雄伟，不像臣子气度，赶快派人追逐。可是，主父的马队已跑出函谷关了。

有这般大侠气质的父王，当然有喜好剑术的赵惠文王了。我们读《说剑》篇，了解一点当时的历史背景，应当稍有裨益。

笔者读《说剑》，有诗曰：

庄周善为剑，十步杀一人。
示虚开锋利，后发先至身。
天子轩辕剑，一用寰宇顺。
诸侯按湛卢，四封雷霆震。
庶民如斗鸡，瞋目突发鬓。
赵王识技薄，三月未出门。

［**附笔**］

唐代李白的《侠客行》，前八句明显取材于庄子《说剑》篇。

赵客缦胡缨，吴钩霜雪明。
银鞍照白马，飒沓如流星。
十步杀一人，千里不留行。

事了拂衣去，深藏身与名。

“赵客”二字，起笔浓缩了“昔赵文王喜剑，剑士夹门而客三千馀人”。

“缦胡缨”，出自“吾王所见剑士，皆蓬头突鬓垂冠，曼胡之缨，短后之衣”。其中“曼胡之缨”和“短后之衣”，反映了赵武灵王胡服骑射改革的成果——在中原各诸侯国里，唯有赵国流行这样的装束。

而“十步杀一人，千里不留行”，几乎照搬了庄子回答赵惠文王的话：“臣之剑，十步一人，千里不留行。”

金庸武侠小说《侠客行》，在开头和结尾，亦多次重复了如上的诗句和意境。

渔父第三十一

［引子］

孔子游乎缁帷之林，（缁，读作“资”。黑色。）休坐乎杏坛之上。弟子读书，孔子弦歌鼓琴。

孔子在黑色帷帐般的树丛边游玩，坐在以杏林得名的泽中高地上休息。弟子们读书，孔子歌咏弹琴。

奏曲未半，有渔父者，下船而来，须眉交白，被发揄袂，（揄读作“抽”；垂手行。袂读作“妹”；衣袖。）行原以上，距陆而止，左手据膝，右手持颐以听。

乐曲演奏未到一半，有位渔翁下船来。他须眉皆白，披发垂袖，从溪泽岸边往上行走，到达陆地停下，左手按膝，右手托腮聆听琴歌。

曲终，而招子贡、子路二人俱对。客指孔子曰：“彼何为者也？”

乐曲终止，他打手势招呼子贡和子路，二人一起应答。渔翁指着孔子问：“他是做什么的？”

子路对曰：“鲁之君子也。”

子路回答：“是鲁国的君子。”

客问其族。子路对曰：“族孔氏。”

渔翁问家族称号。子路回答：“姓孔。”

客曰：“孔氏者何治也？”

渔翁问：“孔某人，修养研究些什么呀？”

子路未应，子贡对曰："孔氏者，性服忠信，身行仁义，饰礼乐，选人伦。上以忠于世主，下以化于齐民，将以利天下。此孔氏之所治也。"

子路没做声，子贡回答说："孔先生这个人，本性服膺忠信，亲身践行仁义，修饰礼乐，整齐人伦，对上忠于国君，对下教化平民，用以利益天下。这就是孔老修养研究的内容。"

又问曰："有土之君与？"

又问："他是拥有封地的贵族吗？"

子贡曰："非也。"

子贡答："不是。"

"侯王之佐与？"

"是侯王的辅佐吗？"

子贡曰："非也。"

子贡答："不是。"

客乃笑而还行，言曰："仁则仁矣，恐不免其身。苦心劳形以危其真。呜呼远哉，其分于道也。"

渔翁于是笑着往回走，说道："仁爱倒是仁爱了，恐怕免不了妨碍自身。苦心劳形，却伤害真实本性。哎呀，太遥远了，他分隔于道的差距。"

[政治学要旨：各阶层合符规范，去除八个缺点和四种祸患]

子贡还，报孔子。孔子推琴而起曰："其圣人与？"

子贡返回告知孔子。孔子推开琴站起来，说："他是一位圣人吧？"

乃下求之，至于泽畔，方将杖拏而引其船，（杖拏，船篙。）顾见孔子，还乡而立。孔子反走，再拜而进。

于是走下杏坛，到了溪泽边。渔翁正手握船篙撑船，回头看见孔子，返身迎面站立。孔子略略退步，跪拜两次而后向前。

客曰："子将何求？"

渔翁问："你打算要求什么？"

孔子曰："曩者先生有绪言而去，丘不肖，未知所谓，窃待于下风，幸闻咳唾之音，以卒相丘也。”

孔子说：“刚才，先生有未尽之言而去，我不像话，没有懂得其中的意旨。特意恭候下位，有幸聆听清诲，终究对我有益。”

客曰：“嘻！甚矣，子之好学也！”

渔翁说：“嘻！果真哈，你这般好学！”

孔子再拜而起，曰：“丘少而修学，以至于今，六十九岁矣，无所得闻至教，敢不虚心！”

孔子再次行礼起身，说：“我幼年研习学业，直到今天六十九岁了，没机会听闻极致的训诲，岂敢不虚心！”

客曰：“同类相从，同声相应，固天之理也。吾请释吾之所有，而经子之所以。

渔翁说：“同类别的人或事物互相跟从，相同的乐声互相应和（志趣相同的人互相呼应），本是天然的道理。我愿解说我的全部认知，来度量你的实际情由。

子之所以者，人事也。天子、诸侯、大夫、庶人，此四者自正，治之美也。四者离位而乱莫大焉。官治其职，人忧其事，乃无所陵。

你所关注的，是人际关系。天子、诸侯、大夫和庶人，这四类人各自合符规范，是完美政治。四者失去等列\禄位，没有比这更大的动乱了。官吏作为分内职责，庶人忧思他的事业，才没有陵替。

故田荒室露，衣食不足，征赋不属，妻妾不和，长少无序，庶人之忧也。

所以，田地荒芜，房屋败坏，衣食不足，赋税徭役没法接续，妻妾不和睦，老人和年轻人没有次序。这是庶人的担忧。

能不胜任，官事不治，行不清白，群下荒怠，功美不有，爵禄不持，大夫之忧也。

才能不堪担责，公事不能治理，行为不够清白，下属迷乱怠惰，没有功绩褒奖，不能保持爵禄。这是大夫的担忧。

廷无忠臣，国家昏乱，工技不巧，贡职不美，春秋后伦，不顺天子，诸侯之忧也。

官署里没有忠臣，国家昏乱，百工技艺不灵巧，进献朝廷的赋税贡品不完美，春秋两季朝见君主的伦次靠后，不顺从天子。这是诸侯的担忧。

阴阳不和，寒暑不时，以伤庶物。诸侯暴乱，擅相攘伐，以残民人。礼乐不节，财用穷匮，人伦不饬，（饬，读作‘斥’。整治，谨慎。）百姓淫乱。天子有司之忧也。

阴阳不调和，寒暑不按时，因此伤损到万物。诸侯暴乱，擅自互相侵夺交战，连及残害到人民。礼乐不适度，财用缺少竭尽，人伦不整顿，百姓淫乱。这是天子和有关部门的担忧。

今子既上无君侯有司之势，而下无大臣职事之官，而擅饰礼乐，选人伦，以化齐民，不泰多事乎？

现在，既然你上无列侯 \ 有关部门的权势，下无大臣职事的责任，却擅自修饰礼乐，整齐人伦，以教化平民。不是太多事吗？

且人有八疵，事有四患，不可不察也。

况且，人有八个缺点，事有四种祸患，不可不细究。

非其事而事之，谓之摠。（摠同‘总’。聚束，系扎；皆，一概。）莫之顾而进之，谓之佞。希意道言，谓之谄。（谄，读作‘阐’。奉承，献媚。）不择是非而言，谓之谀。（谀，读作‘鱼’。谄媚，悦顺貌。）好言人之恶，谓之谗。析交离亲，谓之贼。称誉诈伪以败恶人，谓之慝。（慝读作‘特’；奸恶。又读作‘匿’；隐瞒实情掩饰过错。）不择善否，两容颊适，偷拔其所欲，谓之险。此八疵者，外以乱人，内以伤身，君子不友，明君不臣。

不属于自己的职事，偏要横插一脚，叫做束缚。没人理睬却要奉献，叫做佞巧。迎合旨意说话，叫做奉承。不区别是非说话，叫做谄媚。喜欢说别人的坏话，叫做谗言。分裂朋友离间至亲，叫做贼害。称赞出于伪诈，用来衰毁别人，叫做奸恶。不区别善恶，两面修饰使面子好看，暗中攻取想要的目标，叫做阴险。这八个缺点，外则淆乱众人，内则伤损自身，君子不结交，明君不统属。

所谓四患者：好经大事，变更易常，以挂功名，谓之叨。（叨同‘饕’。贪，残。）专知擅事，侵人自用，谓之贪。见过不更，闻谏愈甚，谓之很。人同于己则可，不同于己，虽善不善，谓之矜。此四患也。

所谓四种祸患，喜欢经营大事，变更改易常法，用来谋画功名，叫做贪残。独用聪明，独揽职事，侵犯他人自以为是，叫做无厌。了解过错不改变，听到规劝后更变本加厉，叫做狠戾。别人跟自己相同就肯定，跟自己不同，即使正确也不喜欢，叫做骄矜。这是四种祸患。

能去八疵，无行四患，而始可教已。”

能够去除八个缺点，不要施行四种祸患，才可以教诲。”

[伦理学要旨：纯正诚信到极致]

孔子愀然而叹，（愀，读作“巧”。变色貌，忧愁貌，恭谨貌。）再拜而起，曰：“丘再逐于鲁，削迹于卫，伐树于宋，围于陈蔡。丘不知所失，而离此四谤者何也？”（离通“罹”。遭受。）

孔子变色叹息，再次跪拜起身，说：“我两次被鲁国放逐，在卫国减少行迹，在宋国被砍伐了习礼的大树，在陈蔡之间被围困。我不明白哪里错了，遭遇了这四番毁谤，为什么啊？”

客凄然变容曰：“甚矣，子之难悟也！人有畏影恶迹而去之走者，举足愈数而迹愈多，走愈疾而影不离身，自以为尚迟，疾走不休，绝力而死。不知处阴以休影，处静以息迹，愚亦甚矣！

渔翁凄然动容，说：“太过分啦，你难以觉悟！有人害怕阴影，讨厌脚印，就离开它们而逃跑。可是，提脚越频繁，脚印越多；逃跑越快，阴影越不离身。他还自以为缓慢了，于是疾走不停，竭力而死——不懂得停留树荫以完结阴影，暂止宁静以消失行迹。太愚蠢了！

子审仁义之间，（间通‘简’。简要，简略。）察同异之际，观动静之变，适受与之度，理好恶之情，和喜怒之节，而几于不免矣。

你详审了仁爱与合宜性的简要，细究了相同跟不同的分界，观看了行动和静止的变化，适合了接受\给予的分寸，理顺了喜好\厌恶的情绪，协调了高兴\愤怒的节制，还几乎不能免祸。

谨修而身，慎守其真，还以物与人，则无所累矣。今不修之身而求之人，不亦外乎！”

小心修养你的形体，慎重守持固有本性，返身依凭众物，跟随他人，就没有牵累了。现在你不修养自身，却责求别人，不嫌差远了吗？”

孔子愀然曰：“请问何谓真？”

孔子恭谨地问：“请问什么叫固有本性？”

客曰：“真者，精诚之至也。不精不诚，不能动人。

渔翁答：“固有本性，就是纯正诚信到极致。不纯正不诚信，不能感动人。

故强哭者虽悲不哀，强怒者虽严不威，强亲者虽笑不和。真悲无声而哀，真怒未发而威，真亲未笑而和。

所以，勉强哭泣的人，虽然悲痛却不怜悯。勉强生气的人，虽然严厉却不震慑。勉强亲近的人，虽带笑容却不和洽。真实的悲痛没有声音而怜悯，真实的愤怒尚未显现即威严，真实的亲密未露笑容就和睦。

真在内者，神动于外，是所以贵真也。

固有本性在内的人，神志感应于外，这就是所以敬重真性的原因。

其用于人理也，事亲则慈孝，事君则忠贞，饮酒则欢乐，处丧则悲哀。忠贞以功为主，饮酒以乐为主，处丧以哀为主，事亲以适为主。

它应用于伦理学，侍奉父母则慈孝，侍奉君主则忠贞，饮酒则欢乐，居丧则悲哀。忠贞以功绩为主，饮酒以愉悦为主，居丧以怜悯为主，侍奉双亲以顺从为主。

功成之美，无一其迹矣。事亲以适，不论所以矣。饮酒以乐，不选其具矣。处丧以哀，无问其礼矣。

功业实现的完美，不要划一它的踪迹。侍奉双亲用顺从，无须讨论为什么这样。饮酒可以愉悦，不必选择盛酒的器具。居丧由于哀悯，不用责问它的礼仪。

礼者，世俗之所为也。真者，所以受于天也，自然不可易也。故圣人法天贵真，不拘于俗。

礼，是世俗作为。固有本性，所以禀受于自然，不经外力作用而如此，不可改易。因而圣人效法自然崇尚真性，不拘束于习俗。

愚者反此。不能法天而恤于人，不知贵真，禄禄而受变于俗，故不足。

笨家伙与此相反。不能仿效自然，却忧虑人情事理。不懂崇尚真性，平庸繁杂而受习俗改变，所以不值得。

惜哉，子之蚤湛于伪而晚闻大道也！”（蚤通“早”。）

可惜啊，你早早沉没在人为里，太晚听闻大道了。”

孔子又再拜而起曰：“今者丘得遇也，若天幸然。先生不羞而比之服役，而身教之。敢问舍所在，请因受业而卒学大道。”

孔子又跪拜两次，起身说：“今天我欣逢良机，像得到上天宠爱。先生不忌讳，类比作服役的弟子，而亲身教导。冒昧请问您住在哪儿，愿随着受业尽学大道。”

客曰：“吾闻之，可与往者，与之至于妙道。不可与往者，不知其道。慎勿与之，身乃无咎。子勉之，吾去子矣，吾去子矣！”乃刺船而去，延缘苇间。

渔翁说：“我听说，可以同行的人，就跟他到达妙道。不可同行的人，即不明白他想走的路。谨慎些不要亲近他，自身才没灾祸。你努力吧，我要离开你了，走啦。”于是撑船而去，缓缓划进芦苇深处。

［尾声］

颜渊还车，子路授绥，（绥，读作“随”。登车时用作拉手的绳索。）孔子不顾，待水波定，不闻拏音而后敢乘。

颜渊掉转马车，子路给予车绳，孔子不回头。等待水波停息，听不到撑抵船篙的声音，而后才敢乘车。

子路旁车而问曰：（旁通“傍”，凭依，靠近。）“由得为役久矣，未尝见夫子遇人如此其威也。（威通‘畏’。畏惧。）万乘之主，千乘之君见夫子，未尝不分庭伉礼，夫子犹有倨傲之容。今渔父杖拏逆立，而夫子曲要磬折，（要通‘腰’。）言拜而应，得无太甚乎！门人皆怪夫子矣，渔父何以得此乎！”

子路靠近马车，问道：“我做弟子很久了，未曾看见老师待人如此敬畏。万辆兵车的天子，千辆兵车的诸侯见到老师，未曾不用平等的礼节相见，老师还露出倨傲的容貌。今天，渔翁撑篙迎面站立，老师弯腰折身像磬背的样子，对话间必跪拜而后应答，该不会太过了吧？同学们都诧异老师了，渔翁凭什么获得这样的礼遇呢？”

孔子伏轼而叹，曰：“甚矣，由之难化也！湛于礼义有间矣，而朴鄙之心至今未去。进，吾语汝：夫遇长不敬，失礼也。见贤不尊，不仁也。彼非至人，不能下人。下人不精，不得其真，故长伤身。惜哉！不仁之于人也，祸莫大焉，而由独擅之。

孔子靠在车厢横木上叹息，说：“实在的，仲由（字子路）真的难以教化！浸渍礼义有段时间了，质朴鄙野的心至今没有放弃。上前来，我告诉你：遇到长辈不恭敬，是失礼。见到贤者不尊重，是不仁。对方不是至人，不能居于人后。我方谦让不够虔诚的话，就得不到他的真实传授，长久而言对自己有损伤。可惜呀，不仁对于人，没有比这更大的祸患了，而仲由依然专擅于此。

且道者，万物之所由也。庶物失之者死，得之者生。为事逆之则败，顺之则成。故道之所在，圣人尊之。今渔父之于道，可谓有矣，吾敢不敬乎！”

而且，道为万物所遵从。众物失道者死，得道者生。做事逆道则败，顺道则成。所以道存在的地方，圣人敬重它。现在渔翁对于道，可以说拥有了，我敢不肃敬吗？”

［同游小语］

清郭庆藩《庄子集释》说：本文的渔父，即是越国国相范蠡。他辅佐勾践平定了吴国，事后乘坐扁舟，游览三江五湖。变易姓名，号称渔父。他也是屈原在江边所见，吟唱《沧浪歌》的渔父。

窃以为郭庆藩先生，阐释发挥得过头了些。把《史记·越王勾践世家》确有其人的范蠡，跟庄子寓言里多半为虚构的渔父，以及屈原诗文允许虚构的渔父，生拉活扯地拼凑到一起，相信难寻真有关联的依据。

只不过，范蠡知进知退，多次变换身份皆获荣名。而庄子和屈原描写的渔父，均属神秘莫测的大智者。此三人淡远江湖，洒脱超逸，倒也十分神似。

笔者读《渔父》，有诗曰：

孔子弦歌游，渔父哂危真。
官民各自正，何必多竞奔。
八疵四患去，畏影恶迹隐。
仁义同异察，适受喜怒审。
精诚金石开，本性能动人。
可与往妙道，轻舟芦荡深。

［**附笔**］

楚辞《渔父》浅译：

屈原流放后，整天闲游江边，行吟溪泽，颜色憔悴，形容枯槁。有位渔父看见了，问道："你不是三闾大夫吗，怎么成了这副模样？"

屈原答："举世皆浊，我独自洁净。众人都喝醉了，我独自清醒。所以被流放了。"

渔父说："圣人不凝滞于事物，而能与世推移。世人都浑浊，何不搅乱泥巴，掀动波浪？众人都醉了，何不吃点儿酒糟，饮点儿薄酒？为啥要深思高举，自己流放自己呢？"

屈原说："我听说新洗过头的人，必定弹弹帽子。新洗过澡的人，必定抖抖衣服。岂能拿自己的高洁，去接受他物的污垢？我宁愿投入湘江，葬身江鱼之腹。怎能让皓皓的白色，蒙受世俗的尘垢。"

渔父莞尔一笑，摇动船桨，随声歌唱：

沧浪之水清兮，可以濯我缨。
沧浪之水浊兮，可以濯吾足。

意思是：沧浪之水清澈哟，可以洗我的帽带。沧浪之水污浊哟，可以洗我的臭脚。

于是离开，不再说话。

笔者生平独喜《沧浪歌》。沧浪之水，好比我们的生存环境。当生存环境清清亮亮时，不妨埋头洗涤帽带——喻深度融入，放手做一番事业。当生存环境肮脏浑浊时，老子偶尔洗洗臭脚，浅浅应付一下下就行了。

屈原泥滞，赔上生命亦于事无补。渔父放达，既得全生，又获自由。

列御寇第三十二

[列子形象：及时警醒，深得众人依附]

列御寇之齐，中道而反，遇伯昏瞀人。（瞀，读作“茂”。眼睛昏花。）伯昏瞀人曰：“奚方而反？”

列御寇到齐国去，中途返还，遇见楚国贤士伯昏瞀人。伯昏瞀人问：“为什么去而复回？”

曰：“吾惊焉。”（惊通“警”。警戒。）

答：“我警觉了。”

曰：“恶乎惊？”

问：“哪方面警觉了？”

曰：“吾尝食于十浆，而五浆先馈。”（浆，古代一种酿制的微带酸味的饮料。）

答：“我曾经在十家卖浆店买东西吃，有五家先送食物给我。”

伯昏瞀人曰：“若是，则汝何为惊已？”

伯昏瞀人说：“像这样，你警觉什么呢？”

曰：“夫内诚不解，形谍成光，（谍借为‘渫’，读作‘泄’。泄漏。）以外镇人心，使人轻乎贵老，而齑其所患。（齑读作‘机’。细碎，持遗。）夫浆人特为食羹之货，无多余之赢，其为利也薄，其为权也轻，而犹若是，而况于万乘之主乎！身劳于国而知尽于事，彼将任我以事，而效我以功。吾是以惊。”

答：“内心诚信尚未通达，形体泄露出一点光采，凭外表就镇服住人心，使人减少尊敬老人（优先送饮料给我），从而细碎遗留下祸患。饮料店老板，只卖羹汤类货物，没有多余财利。他们赢利少，掌权轻，尚且像这样，何况拥有万辆兵车的君主哩——他们躯体为邦国操劳，智力被政务耗尽，将要拿职事委任我，用绩效验证我。我因此警觉了。”

伯昏瞀人曰：“善哉观乎！女处已，人将保汝矣！”

伯昏瞀人说：“观察力很好啊！你歇息吧，人们将会依附你。”

无几何而往，则户外之屦满矣。（屦，读作“巨”。用麻葛等制成的鞋。泛指鞋。）伯昏瞀人北面而立，敦杖蹙之乎颐。（蹙，读作“促”。近，逼近。）立有间，不言而出。

没多久再到列御寇那儿去，门外摆满了鞋子。伯昏瞀人面朝北方站着，竖立手杖靠近下巴，站了一会儿，不说话就走了。

宾者以告列子，列子提屦，跣而走，（跣，读作“显”。赤脚。）暨乎门，（暨，读作“计”。至，到。）曰：“先生既来，曾不发药乎？”（发通“废”。放置。）

接待人员告诉列子，列子垂手提鞋，赤脚疾走到门口，说：“先生既然来了，怎么不留下善言以当药石呢？”

曰：“已矣，吾固告汝曰：人将保汝，果保汝矣！非汝能使人保汝，而汝不能使人无保汝也，而焉用之感豫出异也。

伯昏瞀人说：“算了，我早就告诉你：人们将依附你，现在果真依附了！不是你能支配别人依附，而是你不能让人不来依附你——你哪里用得着感觉变动而显露特殊呢。

必且有感，摇而本才，又无谓也。与汝游者又莫汝告也。彼所小言，尽人毒也。莫觉莫悟，何相孰也！巧者劳而知者忧，无能者无所求，饱食而敖游，泛若不系之舟，虚而敖游者也。”

如果暂且有感觉，摇动你的本性，又没什么意义。跟你交往的人又不忠告你这些。他们细巧惑人的话，尽是人为的毒害。没有觉知没有解悟，怎么互相详审呢！技巧的人勤劳，聪明的人忧虑，无能的人无所求，吃饱肚子游逛，摇动不定像没有束缚的船，虚空而嬉遊。”

［古人崇尚自然，不屑人为；理顺不确定，懂得深广的安宁］

郑人缓也，呻吟裘氏之地。只三年而缓为儒。河润九里，泽及三族，使其弟墨。儒墨相与辩，其父助翟。十年而缓自杀。

郑国有个人，名缓，在称作裘氏的地方吟咏学问。正好三年，缓成为儒者。在方圆九里之内施恩于人，惠及父族、母族和妻族，让弟弟做了墨者。儒家跟墨家互相辩论，他的爸爸佐助墨翟的学说。十年后，缓自杀了。

其父梦之曰："使而子为墨者，予也。阖胡尝视其良，（尝，秋祭名。良同'埌'，读作'浪'。坟墓。）既为秋柏之实矣？"

他的爸爸梦见他说："使你儿子成为墨者，是我。你为什么不在秋祭时来扫墓，看看坟地结满的秋柏果实？"

夫造物者之报人也，不报其人，而报其人之天，彼故使彼。夫人以己为有以异于人，以贱其亲。齐人之井，饮者相捽也。（捽，读作"昨"。抵触，冲突。）故曰：今之世皆缓也。

造物主报应人，不报应在人为层面，而报应在天性层面——弟弟因而顺从了墨翟。某人认为自己成了"有"，用来与众不同，轻视亲近的人。齐国人有一口井，饮水的人互相抓扯头发。所以说：当今之世都是像缓一样的人。

自是，有德者以不知也，而况有道者乎！古者谓之遁天之刑。

自以为是，有德者认为不聪明，何况有道者呢。古人称它为欺骗自然的刑罚。

圣人安其所安，不安其所不安；众人安其所不安，不安其所安。

圣人安定他所静止的东西，不安他所不宁静的东西。众人安适他所不安宁的东西，不安他所静止的东西。

庄子曰："知道易，勿言难。知而不言，所以之天也；知而言之，所以之人也。古之人，天而不人。"

庄子说："懂得道容易，不说它很难。知道了而不说，所以前往自然境界。知道了便讲出来，所以前往人为境界。古代的人崇尚自然，而不屑人为。”

朱泙漫学屠龙于支离益，单千金之家，（单通“殚”。）三年技成，而无所用其巧。

朱泙漫向支离益学习屠龙术，极尽千金家财，三年学成才艺，却没有地方使用他的技巧。

圣人以必不必，故无兵；众人以不必必之，故多兵。

圣人用确保理顺不确定，所以没有兵争。众人用不肯定顺从必然，所以多兵争。

顺于兵，故行有求。兵，恃之则亡。

顺应兵争，故而行为有选择。兵争，仗恃它则灭亡。

小夫之知，不离苞苴竿牍，敝精神乎蹇浅，（蹇，读作“减”。凝滞，困苦。）而欲兼济道物，太一形虚。

小人物的智识，离不开馈赠礼物和书札，疲惫精神于凝滞浅薄，却想同时贯通道和万物，广大纯一形体跟虚空。

若是者，迷惑于宇宙，形累不知太初。

像这样的人，迷惑于四方上下和往古来今，形体拘系，不知太古初期。

彼至人者，归精神乎无始，而甘冥乎无何有之乡。

那些至人，归依精神于没有初始，甘愿幽隐在什么都没有的境界。

水流乎无形，发泄乎太清。悲哉乎！汝为知在毫毛，而不知大宁。

水流于无形，发泄于清而轻的元气。悲哀啊，你运用智慧在毫毛，而不懂深广的安宁。

宋人有曹商者，为宋王使秦。其往也，得车数乘。王说之，益车百乘。

宋国有个叫曹商的人，替宋王出使秦国。他出发时，得了几辆马车。秦王喜欢他，增加一百辆马车。

反于宋，见庄子，曰：“夫处穷闾阨巷，困窘织屦，槁项黄馘者，（馘，读作‘叙’。脸。）商之所短也；一悟万乘之主，（悟通‘晤’。相对。）而从车百乘者，商之所长也。"

返回宋国，见到庄子，他说："居住偏狭里巷，困窘地编织草鞋，干枯脖子，黄土脸色，是我的短板。一旦晤言万辆兵车的君主，即可跟随百辆马车，是我的长项。"

庄子曰："秦王有病，召医，破痈溃痤者得车一乘，舐痔者得车五乘，所治愈下，得车愈多。子岂治其痔邪？何得车之多也？子行矣！"

庄子说："秦王有病，召见医生。剖开肿疡破除疖子的人，得一辆马车。舐痔疮的人，得五辆马车。所治部位越低下，得到车子越多。你是不是治了秦王的痔疮？怎么得车这么多？你走开吧！"

［一反一正介绍孔子］

鲁哀公问乎颜阖曰："吾以仲尼为贞干，国其有瘳乎？"

鲁哀公问颜阖："我拿仲尼当贤才，鲁国也许获得治愈吧？"

曰："殆哉圾乎！（圾同'岌'。危险。）仲尼方且饰羽而画，从事华辞，以支为旨，忍性以视民，（视同'示'。告知，教导。）而不知不信。受乎心，宰乎神，夫何足以上民！

颜阖回答："可能很危险啊！仲尼正要装饰描画羽毛，从事华丽辞藻，以分支为主旨，抑制本性以教导民众，而没有感知到不诚信。致使民众思想被动承受，精神被主宰——岂可用来添加于民众之上！

彼宜女与，予颐与，误而可矣。

仲尼适宜你吧？赐与他颐养吗？稍存迷误也可以。

今使民离实学伪，非所以视民也。为后世虑，不若休之。难治也。"

现在，让百姓脱离实际，学习虚伪，不能用来教化大众。为了后世考虑，不如停止这件事——难以由此图治。"

施于人而不忘，非天布也，商贾不齿。虽以事齿之，神者弗齿。

施惠给别人而不忘记，不是自然布施，商贾不与同列。虽然因事并列了，精神层面也不当作同类。

为外刑者，金与木也；为内刑者，动与过也。宵人之离外刑者，（离通“罹”。遭受。）金木讯之；离内刑者，阴阳食之。（食作“蚀”。损伤，亏耗。）夫免乎外内之刑者，唯真人能之。

设置外在的刑罚，有刀锯斧钺和捶楚桎梏。成为内在的刑罚，是改变状态跟过度错误。小人遭受外在刑罚，用刀锯斧钺和捶楚桎梏来审问。遭受内在刑罚，由阴阳渐浸推移来亏耗。免于外内刑罚的，唯有真人能够做到。

孔子曰："凡人心险于山川，难于知天。天犹有春秋冬夏旦暮之期，人者厚貌深情，故有貌愿而益，（益作'溢'。骄溢。）有长若不肖，有顺懁而达，（懁，读作'宣'。性情急躁。）有坚而缦，（缦通'慢'。缓慢。）有缓而釬。（釬通'悍'。急。）

孔子说："人心比山川还危险，比知天还困难。自然界犹有春秋、冬夏和旦暮的限度。人，外表忠厚而情意深藏。有的相貌老实却骄傲自满，有的长辈像不正派的人，有的谨慎急躁却通达事理，有的坚强而散漫，有的宽缓而躁急。

故其就义若渴者，其去义若热。

所以，那些迁就品德原则犹如口干想喝水的人，离开品德原则也像被火烧灼了一样。

故君子远使之而观其忠，近使之而观其敬，烦使之而观其能，卒然问焉而观其知，（卒同'猝'。突然，急遽。）急与之期而观其信，委之以财而观其仁，告之以危而观其节，醉之以酒而观其侧，杂之以处而观其色。（以，指无固定职业的人。）九征至，不肖人得矣。"

所以，君子时空距离长地使用他，能够观察他的忠诚度。时空距离短地使用他，能够观察他的肃敬心。疲劳烦琐使用他，能够观察他的才能。突然询问他，能够观察他的智识。窘迫邀约他，能够观察他的诚信。拿财货托付他，能够观察他相聚合作的善意。告知他危惧，能够观察他的节操。用酒喝醉他，能够观察他的准则。混搭无固定职业的人交往，能够观察他的神色。九种征验都穷尽，不正派＼没出息的人就了解了。"

正考父一命而伛，再命而偻，三命而俯，循墙而走，孰敢不轨！

正考父（孔子七世祖）第一次封爵受职弯着腰，第二次封爵受职躬着身，第三次封爵受职低着头，顺着墙根走路，谁敢不合常轨！

如而夫者，一命而吕钜，再命而于车上儛，（儛同“舞”。舞蹈。）三命而名诸父，孰协唐许！

依照凡夫俗子，第一次封爵受职就自大矜张，第二次封爵受职即在车上舞蹈，第三次封爵受职便直呼伯父叔父的名字了——谁协同唐尧、许由的辞让风范？

贼莫大乎德有心而心有睫，及其有睫也而内视，内视而败矣！

毁缺，没有比存心恩德，且心眼活泛更大的了。到了心眼活泛，即凭主观想象观察事物。凭内心观察事物，就毁损了。

凶德有五，中德为首。何谓中德？中德也者，有以自好也，而吡其所不为者也。（吡，读作“比”。诋毁。）

凶恶品德有五种，心中自是为得排第一。什么叫心中自是为得？心中自是为得，有所赞同喜好，而诋毁他所不做的事情。

穷有八极，达有三必，形有六府。

困厄有八处边界，通达有三项保证，形势有六种聚集。

美、髯、长、大、壮、丽、勇、敢，八者俱过人也，因以是穷。

形貌好看，胡须多又长，做首领，受尊重，高大壮健，美好华丽，勇猛决断，果敢进取，这八种素质都超过一般人。然而，依仗使用它们会困厄。

缘循、偃佒、（佒同“仰”。偃仰，俯仰从人。）困畏不若人，三者俱通达。

缘物顺他，俯仰从人，窘迫畏惧不如别人，这三种行为模式都亨通畅达。

知慧外通，勇动多怨，仁义多责。

智识和聪慧排斥洞达，勇猛跟改动增多怨恨，仁爱与义气增多索取。

达生之情者傀，（傀，读作“归”。大。）达于知者肖，（肖，小。）达大命者随，达小命者遭。

通晓生命实情的人伟大，通晓智识的人渺小，通晓天命的人顺随自然，通晓一己命运的人安于所遇。

[陈述庄子的行为观]

人有见宋王者，锡车十乘，以其十乘骄稚庄子。

有人见了宋王，受赐十辆马车，用他的十辆马车傲慢骄矜庄子。

庄子曰："河上有家贫恃纬萧而食者，其子没于渊，得千金之珠。其父谓其子曰：'取石来锻之！夫千金之珠，必在九重之渊而骊龙颔下。子能得珠者，必遭其睡也。使骊龙而寤，子尚奚微之有哉！'

庄子说："河边有个家贫靠织芦席谋生的人，他儿子潜入深潭，得到价值千金的珠子。父亲对儿子说：'拿块石头来锤破它！千金宝珠，必定藏在九重深渊黑龙的下巴底下。你能获得珠子，一定是遇到它睡着了。假若黑龙醒来，你还有些微生机吗！'

今宋国之深，非直九重之渊也；宋王之猛，非直骊龙也。子能得车者，必遭其睡也，使宋王而寤，子为齑粉夫。"

现在宋国的深重，不只是九重深渊。宋王的凶暴，不只是黑龙。你能得到马车，必定遇到他睡着了。假若宋王醒来，你已经粉身碎骨了。"

或聘于庄子，庄子应其使曰："子见夫牺牛乎？衣以文绣，食以刍叔。（叔通'菽'。豆。）及其牵而入于太庙，虽欲为孤犊，其可得乎！"

有人请庄子担任官职，庄子回答使者："你见过祭祀用的纯色牛吧？用彩纹丝帛覆盖，拿草料大豆喂养。等到它被牵入太庙，只想做孤单的小牛，可以满足吗？"

庄子将死，弟子欲厚葬之。庄子曰："吾以天地为棺椁，（椁，读作'果'。套在棺外的大棺。）以日月为连璧，星辰为珠玑，万物为赍送。（赍读作'机'；携持，送给。赍送，殉葬品。）吾葬具岂不备邪？何以加此！"

庄子快要死了，弟子想厚葬他。庄子说："我用天地做棺材和套在棺外的大棺，用日月做并联双璧，星辰做珠宝，万物做殉葬品。我的埋葬器具难道不完备吗？拿什么超过这些！”

弟子曰：“吾恐乌鸢之食夫子也。”

弟子说：“我担心乌鸦和老鹰啄食老师。”

庄子曰：“在上为乌鸢食，在下为蝼蚁食，夺彼与此，何其偏也！”

庄子说：“在地上被乌鸦老鹰吃掉，在地下被蝼蛄蚂蚁吃掉，夺取那边，给予这边，多么不公正啊！”

以不平平，其平也不平；以不征征，其征也不征。明者唯为之使，神者征之。

用不均等来齐一，这种齐一不均等。用非应验来证明，这种证明不是验证。审察明白的人，只是被聪明役使。变化万物不可形诘的人，无往而不应验。

夫明之不胜神也久矣，而愚者恃其所见入于人，其功外也，不亦悲乎！

审察明白超不过阴阳不测，很久了。然而笨家伙仗恃所持的看法被人采纳，其功效疏远于事外，不是很可悲吗！

［同游小语］

《庄子》书中多有列御寇的记载。本文描写的列御寇，外表就吸引了50%的饮料店优先送餐。他回家讲学，门外又摆满了鞋子，人气爆棚。

作者顺势讲述了一连串寓言：

儒者缓埋怨父亲不来扫墓，寓意自以为是不可取。

朱泙漫学屠龙术，说明圣人用确保理顺不确定，懂得深广的安宁。

曹商等人获赐马车的故事，说明小男人运用智慧在毫毛，不值一哂。

然后，一反一正介绍孔子，烘托出庄子自己在诸多侧面的行为观。

笔者读《列御寇》，有诗曰：

列子戒特异，人气多归附。
儒墨辩有为，兄弟阴阳路。
屠龙终成技，奇巧无用途。

舔痔或得车，重渊贪粒珠。

仲尼心志叹，山川比险阻。

庄周生死淡，天地做棺木。

天下第三十三

［引子］

天下之治方术者多矣，皆以其有为，不可加矣。

天下研究道德学术的人很多，都认为自己有作为，不可逾越。

古之所谓道术者，果恶乎在？曰："无乎不在。"

古人所说的道德学术，究竟在什么地方？告诉你吧："无所不在。"

曰："神何由降？明何由出？圣有所生，王有所成，皆原于一。"

就是说："鬼神从哪里降临？修明从哪里产生？圣人有所建立，帝王有所成就，都来源于道。"

不离于宗，谓之天人。

不违背事物的起始根源，叫做天人。

不离于精，谓之神人。

不违背事物的内在本质，叫做神人。

不离于真，谓之至人。

不违背自己的真实天性，叫做至人。

以天为宗，以德为本，以道为门，兆于变化，谓之圣人。

以自然为起源，以德行为基础，以道为门径，事先预见到变化迹象，叫做圣人。

以仁为恩，以义为理，以礼为行，以乐为和，薰然慈仁，（薰然，温和貌。）

谓之君子。

以亲善为恩惠，以合宜为准则，以礼仪为行为，以音乐为和洽，貌似爱心满满的暖男，叫做君子。

以法为分，以名为表，以参为验，以稽为决，其数一二三四是也，百官以此相齿。

以法度为分别，以名分为仪范，以比勘为征验，以核查为判决，其中的计数一二三四全都正确，百官按照这些来录用。

以事为常，以衣食为主，蕃息畜藏，老弱孤寡为意，皆有以养，民之理也。

以职事为常态，以衣食为根本，繁殖增多，积蓄储藏，在意老弱孤寡都有供养，是百姓的道理。

[天不生仲尼，万世如长夜，儒家齐备地传承了古代道德学术]

古之人其备乎。

古代的人很齐备了。

配神明，醇天地，育万物，和天下，泽及百姓，明于本数，系于末度，六通四辟，小大精粗，其运无乎不在。

配享神明，精粹天地，生育万物，和谐天下。恩泽到达百姓，明白根本规律，维系次要法度。通晓阴阳、风雨和晦明，顺应四时，小物和大物，精微和粗疏，它们的运行无所不在。

其明而在数度者，旧法世传之史，尚多有之。其在于诗书礼乐者，邹鲁之士，（邹鲁，指孔子、孟子的出生地鲁国邹邑一带。）搢绅先生多能明之。（搢，读作“晋”；插。绅，古代官员束腰的大带子。搢绅，把上朝所持的记事笏板插在大带间。引申为士大夫的代称。）

其中显示在规律限度方面的内容，古老制度和世代相传的史书，还多有记载。取决于诗书礼乐的内容，孔子孟子家乡鲁国邹邑一带学道任职的人，以及年长有学问的士大夫，大多能通晓。

《诗》以道志，《书》以道事，《礼》以道行，《乐》以道和，《易》以道阴阳，《春秋》以道名分。

《诗经》用来引导心意，《尚书》用来懂得治理，《周礼》《仪礼》《礼记》用来教导行为，《乐经》用来引导和洽，《周易》用来讲述阴阳，《春秋》用来施行名分。

其数散于天下，而设于中国者，百家之学时或称而道之。

这些称说分散在天下，设立在中原各诸侯国，百家学说偶尔会称道。

天下大乱，贤圣不明，道德不一，天下多得一察焉以自好。譬如耳目鼻口皆有所明，不能相通。

近世以来天下大乱，圣贤不彰显，道德不统一，天下的人大都采用单独的详审来自洁其身。好比耳朵、眼睛、鼻子和嘴巴各有强项，却不能相通。

犹百家众技也，皆有所长，时有所用。虽然，不该不遍，一曲之士也。

同样地，百家众技各有所长，常有所用。虽然如此，却不完备不普遍，属于做一隅小事的专业技术人员罢了。

判天地之美，析万物之理，察古人之全，寡能备于天地之美，称神明之容。（容通“用”。合事宜之用。）

他们评判天地的佳胜，分析万物的条理，考察古人的完好，很少能悉备天地的成长，权衡神明的作用。

是故内圣外王之道，闇而不明，（闇通“暗”。光线不足。）郁而不发，天下之人各为其所欲焉，以自为方。

所以，内心具备圣人道德，实践引导天下归往的政治理想，幽暗而不明朗，阻滞而不兴旺。天下人各各为了自身欲望，去另行设置义理。

悲夫，百家往而不反，必不合矣。

悲哀啊，百家学派超出古人的限度了，却不类推反省，必有不匹配不应该的地方。

后世之学者，不幸不见天地之纯，古人之大体，道术将为天下裂。

后世的学者很不幸，他们看不到天地的纯粹，古人的要旨，道德学术将为了争夺天下而分裂。

［百家众技之一：梁启超说，千古之大实行家，孰有如子墨子耶？］

不侈于后世，不靡于万物，不晖于数度，以绳墨自矫，而备世之急。古之道术有在于是者，墨翟、禽滑厘闻其风而说之。

不在后世奢侈，不对万物浪费，不显摆规律限度。用规矩矫正自己，而预备当世的急需——古代的道德学术有取决于这些的，墨翟（宋国大夫，墨家创始人）、禽滑厘（墨翟弟子）听到相关声教就愉悦。

为之大过，已之大循。作为非乐，命之曰节用，生不歌，死无服。

他们践行太过分，废弃面太大。创作《非乐》篇，教诲《节用》篇的内容，生时不歌咏，死后没有居丧期。

墨子氾爱兼利而非斗，（氾，读作“泛”。广博，普遍。）其道不怒。又好学而博，不异，不与先王同，毁古之礼乐。

墨子广泛相爱，互利共赢，反对争斗。他的主张不愤怒，好学又博大，不怪异，不跟古代帝王相同，主张废弃古代的礼乐。

黄帝有《咸池》，尧有《大章》，舜有《大韶》，禹有《大夏》，汤有《大濩》，文王有《辟雍》之乐，武王周公作《武》。

黄帝作《咸池》，尧作《大章》，舜作《大韶》，禹作《大夏》，汤作《大濩》，文王作《辟雍》之乐，武王和周公作《武》。

古之丧礼，贵贱有仪，上下有等。天子棺椁七重，（椁，读作“裹”。套在棺材外的大棺。）诸侯五重，大夫三重，士两重。

古代的丧礼，贵贱有仪度，上下有等级。天子的棺材和套在棺外的大棺，重叠七层。诸侯重叠五层，大夫重叠三层，士重叠两层。

今墨子独生不歌，死不服，桐棺三寸而无椁，以为法式。

现在，墨子独自主张生时不歌咏，死时不居丧，桐木棺材三寸厚，而无外棺，作为法则。

以此教人，恐不爱人。以此自行，固不爱己。

拿这个法则训诲他人，恐怕不爱惜别人。拿这个法则自己践行，实在不爱惜自身。

未败墨子道，虽然，歌而非歌，哭而非哭，乐而非乐，是果类乎？

没有毁坏墨子思想体系的意思哈。即便如此，咏唱时责怪歌谣，哀哭时责怪哭诉，奏乐时责怪喜悦，这样做果真像话吗？

其生也勤，其死也薄，其道大觳。（觳，读作“却”。俭薄。）使人忧，使人悲。其行难为也，恐其不可以为圣人之道，反天下之心，天下不堪。

他活着勤劳，死后粗陋，其主张太俭薄。使人忧虑，使人怜悯。他的行为难以操作，恐怕不可以称作圣人之道——违背了天下人的思想感情，天下人便承受不了。

墨子虽独能任，奈天下何！离于天下，其去王也远矣！

墨子虽然独自能够担当，怎样处置天下事务哦！违背天下，自己距离天下所归往就遥远了。

墨子称道曰：“昔者禹之湮洪水，（湮，读作‘烟’。塞，阻。）决江河，而通四夷九州也，名川三百，支川三千，小者无数。

墨子称道说：“从前，禹阻塞洪水，行流江河，疏通东夷、西戎、南蛮、北狄和中原各诸侯国所在的九州。出名的河流三百条，分支的水道三千条，小沟小渠不计其数。

禹亲自操櫜耜，（櫜读作‘驮’；盛土器具。耜读作‘四’；翻土器具。）而九杂天下之川。腓无胈，（腓读作‘肥’；腿肚。胈读作‘拔’；白肉。）胫无毛，（胫，读作‘径’。小腿。）沐甚雨，栉疾风，（栉，读作‘至’。梳理头发。）置万国。禹大圣也，而形劳天下也如此。

禹亲自操作掘泥工具，九次会集天下的河流。他腿肚无肉，小腿无毛，任由暴雨洗头，疾风梳发，安置了上万的诸侯国。禹是大圣人，唯独为天下劳苦形骸，成了这般模样。

使后世之墨者，多以裘褐为衣，（裘褐，读作‘求鹤’。粗陋衣服。）以跂蹻为服，（跂蹻，古时一种有跟的草鞋。）日夜不休，以自苦为极，曰：不能如此，非禹之道也，不足谓墨。”

致使后世的墨者，大都用粗陋衣服着装，用草鞋做穿戴，白天黑夜不停止，以自寻忧苦为顶点。说：不能如此，就不是禹的主张，不足以称作墨家。”

相里勤之弟子，（相里，复姓。相里勤，墨翟死后有相里氏之墨、相夫氏之墨和邓陵氏之墨。）五侯之徒，（五侯，相里勤的学生。）南方之墨者，苦获、已齿、邓陵子之属，俱诵《墨经》，而倍谲不同，相谓别墨。

相里勤的弟子，五侯的随从，南方的墨者苦获、已齿、邓陵子之类，都诵读《墨经》，却相对立异，三观不同，互相评论为墨家的别派。

以坚白同异之辩相訾，（訾，读作“子”。诋毁，指责。）以觭偶不仵之辞相应。（觭通“奇”。觭偶，单双数。仵读作“午”；同，匹敌。）以巨子为圣人，皆愿为之尸，冀得为其后世，至今不决。

他们用公孙龙“离坚白”和惠施“合同异”的巧言，互相指责。用单双数不同的辩解，互相应对。以巨子（墨家有重大成就的人）为圣人，都愿意设立他做掌门，希望能成为他的继承人，至今没有突破。

墨翟、禽滑厘之意则是，其行则非也。

墨翟、禽滑厘的志向倒是正确，行事就错了。

将使后世之墨者，必自苦以腓无胈，胫无毛，相进而已矣。（进，通“尽”。竭，完。）

将要叫后世的墨者，必须自苦到腿肚无肉，小腿无毛，互相完竭才停止。

乱之上也，治之下也。虽然，墨子真天下之好也，将求之不得也，虽枯槁不舍也，才士也夫！

它居于动荡之上，治理之下。即便如此，墨子真是天下的正能量，长久以来想找都找不到，尽管困苦不免，仍然属于有才德的人！

[百家众技之一：深受墨家影响的宋钘和尹文]

不累于俗，不饰于物，不苟于人，不忮于众。愿天下之安宁，以活民命，人我之养，毕足而止，以此白心。古之道术有在于是者，宋钘、尹文闻其风而悦之。（钘，读作“坚”。人名用字。）

不受习俗束缚，不替外物掩饰，不敷衍别人，不违逆大众。希望天下达到安宁，以存活民众的生命。他人和自己的供养，够用就行了，以此表白心性——古代的道德学术有取决于这些的，宋钘（战国宋人，稷下学者，荀子《非十二子》列为墨家）、尹文（战国齐人，稷下学者，《汉书·艺文志》列为名家）听到相关声教就愉悦。

作为华山之冠以自表，接万物以别宥为始。（宥通“囿”，读作“又”。划定的区域；局限，拘泥。）语心之容，命之曰心之行。以聏合驩，（聏读作“而”；调和。驩通“欢”，高兴。）以调海内，请欲置之以为主。

他们制作上下均齐的华山帽，做己方标识。主张交接万物，从辨别拘泥、局限的区域开始。谈到思想内涵，便告知心迹：凭借调和，与别人欢聚，进而和谐天下，愿意确立它作为根本。

见侮不辱，救民之斗，禁攻寝兵，救世之战。以此周行天下，上说下教，虽天下不取，强聒而不舍者也。（聒，读作“郭”。喧哗，嘈杂。）故曰：上下见厌而强见也。

接触欺侮不视作耻辱，禁止百姓争斗。忌讳攻伐，休息军队，阻止当世的战争——持这种主张遍行天下，对上劝说诸侯，对下训诲百姓。尽管天下人都不接受，仍然倔强地喧哗，没完没了。所以说：上上下下都遇到嫌弃了，却勉强显露。

虽然，其为人太多，其自为太少。

即便如此，他们施与别人太多，自己谋求太少。

曰：“请欲固置五升之饭足矣。先生恐不得饱，弟子虽饥，不忘天下，日夜不休。”

说道：“愿意常常备办五升粮食的食物，就足够了。老师恐怕还吃不饱，学生即使饥饿，也不忘天下，日夜不止息。”

曰：“我必得活哉？图傲乎救世之士哉。”（傲同“遨”。遨游，出游。）

说道：“我一定得生存吧？谋划遨游在拯救社会的人群里啊。”

曰：“君子不为苛察，不以身假物。（假通‘瘕’，疾病。）以为无益于天下者，明之不如已也。”

说道："君子不用苛细显示精明，不因自身疾病万物。认为无益于天下的东西，与其明察它们，不如就此打住。"

以禁攻寝兵为外，以情欲寡浅为内。其小大精粗，其行适至是而止。

以防止战争、休息军队为外务，以减少收窄情欲为内务。对待小物大物，精微或粗疏，他们做事恰好达到这个目标就停止。

［百家众技之一：托名于黄帝＼老子的稷下黄老道家］

公而不党，易而无私，决然无主，趣物而不两。不顾于虑，不谋于知，于物无择，与之俱往。古之道术有在于是者，彭蒙、田骈、慎到闻其风而悦之。

公正而不结朋党，平易而没有隐私，决断不从自身出发，选取事物不两边倒。不顾虑重重，不营求谋略，对万物不挑选不舍弃，跟随它们一起交际＼归向——古代的道德学术有取决于这些的，彭蒙（齐人，稷下学者，黄老道家）、田骈（齐人，稷下学者，黄老道家）、慎到（赵人，稷下学者，《汉书·艺文志》列为法家）听到相关声教就愉悦。

齐万物以为首，曰："天能覆之，而不能载之。地能载之，而不能覆之。大道能包之，而不能辩之。"知万物皆有所可，有所不可。故曰："选则不遍，教则不至，道则无遗者矣。"

他们把齐等万物作为第一要领。说："天空能够覆盖，而不能形载。大地能够形载，而不能覆盖。大道能够包含，而不能争辩。"懂得万物都有所肯定，有所否定。所以说："挑选就不能普遍，教诲就存在未通达的人，唯独大道没有遗漏。"

是故慎到弃知去己，而缘不得已。泠汰于物，（泠读作"灵"；轻妙，轻和。汰读作"太"；淘汰，挑选。）以为道理。曰："知不知，将薄知，而后邻伤之者也。"

因此，慎到捐弃聪明，撤除自己，顺随不能不如此的状况。轻妙地拣选事物，以作为学说的根由。他说："识别不知道的东西，将束缚知觉，而后接近于伤损知觉。"

謑髁无任，（謑髁，读作"习科"。讹倪不正貌。）而笑天下之尚贤也。纵脱无行，而非天下之大圣。

他乖邪不正没有担当，却嘲笑天下尊崇贤人。纵恣脱略没有善行，却责怪天下的大圣人。

椎拍輐断，（輐读作“万”；圆形，环绕。輐断，圆转无棱角貌。）与物宛转。舍是与非，苟可以免。不师知虑，不知前后，魏然而已矣。

他捶捶拍拍，圆转无棱，宛转处置事物，离开是非。认为马虎随便可以逃避责难；不学习才智谋虑，不懂得早晚始末，任性独立就可以了。

推而后行，曳而后往，若飘风之还，若羽之旋，若磨石之隧，全而无非，动静无过，未尝有罪。

他推动之后才行走，拖拉之后才离去，像飘风回旋，像羽毛漫卷，像磨石环转，完整而没有违背，行动\静止都没有过失，未曾遭遇过祸殃。

是何故？夫无知之物，无建己之患，无用知之累，动静不离于理，是以终身无誉。

这是什么原因呢？所有无知的物体，都没有树立自己的忧虑，没有施行谋略的牵累。行动和静止都不违背规律，因此终身没有称誉。

故曰：“至于若无知之物而已，无用贤圣，夫块不失道。”

所以说：“达到类似无知的物体，就可以了。用不着圣贤，凡独处皆不会迷失道义。”

豪桀相与笑之曰：“慎到之道，非生人之行，而至死人之理，适得怪焉。”

豪杰们互相嘲笑他说：“慎到的学说，不是活人行迹，而是达到了死人的操作，适宜称作异类。”

田骈亦然，学于彭蒙，得不教焉。

田骈也是这样。他受教于彭蒙——观察学习彭蒙而心有所得，不一定实际传授过。

彭蒙之师曰：“古之道人，至于莫之是莫之非而已矣。其风窢然，（窢，读作“旭”。逆风迅速吹动的声音。）恶可而言？”

彭蒙的老师说："古代的道人，达到没有谁已经正确，没有谁已经错误，就可以了。他们的教化，宛如逆风迅速吹过，怎么可以议论？"

常反人，不见观，而不免于鲩断。（鲩读作"宛"。鲩断，无圭角貌。）其所谓道非道，而所言之韪，（韪，读作"伟"。是，对。）不免于非。

他们经常违背别人，不受待见，因而免不了失去锋芒。他们所谓的道，不是道。所说的正确，免不了错误。

彭蒙、田骈、慎到不知道。虽然，概乎皆尝有闻者也。

彭蒙、田骈、慎到不懂得道。即便如此，大概都曾经有些听闻吧。

［博大真人关尹和老子］

以本为精，以物为粗，以有积为不足，澹然独与神明居。古之道术有在于是者，关尹、老聃闻其风而悦之。

以事物的基础主体和起始根源为内在本质。以客观存在的万事万物为表面现象。以多有累积为不充足。安然地只跟天地神灵，以及见人所不见、知人所不知的精神相处——古代的道德学术有取决于这些的，关尹（尹喜，周时关令。相传老子西游至函谷关，授尹喜《道德经》而去）、老聃（老子，周守藏室史官，相传著《道德经》）听到相关声教就愉悦。

建之以常无有，主之以太一。以濡弱谦下为表，（濡同"软"。柔软。）以空虚不毁万物为实。

建立"常无（无形无名＼常悟虚空）"和"常有（存在＼呈现＼拥有）"的学说。用通达万物的道，做事物的根本。用柔弱谦让做外部仪表，用空虚不毁缺万物做实践内容。

关尹曰："在己无居，形物自著。其动若水，其静若镜，其应若响。芴乎若亡，（芴通'忽'，忽然。又芴芒，形容恍惚。）寂乎若清。同焉者和，得焉者失。未尝先人，而常随人。"

关尹说："省视自己不要停止，体现事物自然显露——让它们活动如流水，安静如镜子，接受如回声，恍惚如消亡，无声如冷清。跟它们偕同可以和洽，想控制它们反而会丢掉。鉴于此，我从未优先别人，时常跟随别人。"

老聃曰："知其雄，守其雌，为天下谿。(谿，读作'西'。山间流水；山中不与外界相通的沟渠。)知其白，守其辱，为天下谷。"

老聃说："知道高强，守持低弱，做天下的溪流。知道洁净，守持污浊，做天下的坑穴。"

人皆取先，己独取后，曰受天下之垢。

人人都寻求占先，自己单单选择迟徐，叫做容纳天下的污秽物。

人皆取实，己独取虚。无藏也，故有馀，岿然而有馀。其行身也，徐而不费，无为也而笑巧。

人人都寻求塞满，自己单单选择虚空。没有藏匿，所以有宽裕，独立自足而有宽裕。他们亲身施行起来，安稳而不损耗，不超前造作，而嘲笑伪巧。

人皆求福，己独曲全，曰苟免于咎。

人人都乞求福佑，自己单单委曲求全，叫做暂且免于灾祸。

以深为根，以约为纪，曰坚则毁矣，锐则挫矣。常宽容于物，不削于人，可谓至极。

以精微玄妙为根源，以节制节俭为纲要。说道：坚硬将毁缺，锋利将折断。对事对物常怀宽容，对于他人不切割不削弱，可以称作巅峰境界。

关尹、老聃乎，古之博大真人哉！

关尹和老聃，真是古代的博大真人啊！

[独与天地精神往来的庄子]

芴漠无形，变化无常，死与生与？(与通"豫"；快乐。)天地并与？(与同"欤"；语气词。)神明往与？芒乎何之，忽乎何适？万物毕罗，莫足以归。古之道术有在于是者，庄周闻其风而悦之。

寂寞无形，变化无常。死了快乐？还是活着快乐？天地跟我一起吗？天地的神灵，以及见人所不见、知人所不知的精神会出离吗？我茫茫然到哪里去？恍兮惚兮归向何处？万物都囊括了，不足以归纳其旨意——古代的道德学术有取决于这些的，庄周听到相关声教就愉悦。

以谬悠之说，荒唐之言，无端崖之辞，时恣纵而不傥，（傥通“党”；偏私。）不以觭见之也。（觭，读作“七”。偏向，侧重。）

用谬误悠远的故事，浮夸不实的语言，无端无涯的辩解，随时放任而不偏私，不以侧重某个方面做见解。

以天下为沉浊，不可与庄语，以卮言为曼衍，以重言为真，以寓言为广。

认为天下变得污秽混乱，不可以庄严交谈。于是，用随人意而变的零散言论来牵扯演化，用世人推重者所讲的话增强真实性，用寄托他人他物的寓言谋求广泛性。

独与天地精神往来，而不敖倪于万物，不谴是非，以与世俗处。

独自与天地精神相往来，而不傲慢万物，不谴责是非，用来跟世俗交往。

其书虽瑰玮，而连犿无伤也。（犿读作“番”。连犿，宛转相从貌。）其辞虽参差，而諔诡可观。（諔读作“触”。諔诡，奇谲，奇异。）

他的书虽然华丽奇特，却宛转相从，从未伤损到什么。他的解说虽然参差不齐，倒也奇谲可观。

彼其充实，（其同“惎”。谋虑。）不可以已。上与造物者游，而下与外死生、无终始者为友。

他谋虑充实，不可停止。在上跟造物者同游，在下同疏远死生、没有终始的人做朋友。

其于本也，宏大而辟，深闳而肆。其于宗也，可谓稠适而上遂矣。（稠通“调”；调和。）

他在事物的基础主体方面，宏大而开启，深广而扩展。他在事物的起始根源方面，可以说协调合适，上达到了大道。

虽然，其应于化，而解于物也，其理不竭，其来不蜕，芒乎昧乎，未之尽者。

即使如此，他对变化的适应，对事物的分剖，其中的梳理不穷尽，招来不变质。迷蒙啊，昏暗啊，尚未达到极限哦。

[百家众技之一：惠施、桓团和公孙龙等名家]

惠施多方，其书五车，其道舛驳，（舛读作“喘”；相违背。）其言也不中。

惠施（宋人，名家代表人物）好辨别。他的书多达五车，他的思想体系乖谬驳杂，他的话不够恰当。

历物之意曰：至大无外，谓之大一。至小无内，谓之小一。无厚不可积也，其大千里。天与地卑，山与泽平。日方中方睨，物方生方死。大同而与小同异，此之谓小同异。万物毕同毕异，此之谓大同异。

他依次列出事物的意义：至大没有外表，叫做大一。至小没有内里，叫做小一。没有厚度不可以堆积，它的超级规模可达千里。天空随着大地低下，山丘随着池泽平坦。太阳在中央方位就开始偏斜，事物活着的时候即正在死亡。大部分相同跟细微相同不一样，这叫小同异。万物全都相同，全都殊异，这叫大同异。

南方无穷而有穷，今日适越而昔来，连环可解也。我知天下之中央，燕之北越之南是也。泛爱万物，天地一体也。”

南方无尽头，然而有极点。今天到越国去，而从前由越国来到此地，连环可以解开。我知道天下的中央，是燕国的北方，越国的南方。广泛惠爱万物，天地是一个整体。”

惠施以此为大，观于天下而晓辩者。

惠施认为上述论题为高尚渊博，在天下炫耀，告知善辩的人。

天下之辩者相与乐之：

天下巧言利口的人，相互之间也乐此不疲：

卵有毛，鸡三足，郢有天下。（郢，读作“颖”。楚国都城。）犬可以为羊，马有卵，丁子有尾。火不热，山出口，轮不蹍地。目不见，指不至，至不绝，龟长于蛇。矩不方，规不可以为圆，凿不围枘。（枘，读作“瑞”。榫头。）飞鸟之景，未尝动也，镞矢之疾，而有不行不止之时。狗非犬，黄马骊牛三，白狗黑，孤驹未尝有母。一尺之捶，日取其半，万世不竭。

蛋有毛，鸡三只脚，郢邑拥有天下。狗可以命名为羊，马有蛋，蛤蟆有尾巴。火不热，山显露嘴巴，轮子不碾地面。眼睛看不见，指头指示不到，到达后不能竭尽。龟比蛇长。曲尺不方，圆规不可以充当圆，卯眼（木器插榫头的孔穴）不环绕榫头（木器利用凹凸相接的凸出部分）。鸟儿飞向太阳，阳光未曾移动。箭头箭杆飞行迅疾，却有不离去和不到达的时候。狗不是犬。黄马黑牛，两种颜色跟身体合起来为三。白狗可称作黑，无父的幼兽未曾有母兽。一尺长的棍棒，每天取用一半，万世不会竭尽。

辩者以此与惠施相应，终身无穷。

擅长言辞的人用上述命题，跟惠施互相应答，一辈子没完没了。

桓团、公孙龙辩者之徒，饰人之心，易人之意，能胜人之口，不能服人之心，辩者之囿也。

桓团（赵人，名家）、公孙龙（赵人，名家，著《坚白论》《白马论》）是同类善辩的人。他们巧饰人心，转变人意，能够胜过他人的口才，不能信服他人的思想。这就是辩士的局限性。

惠施日以其知，与人之辩，特与天下之辩者为怪，此其柢也。（柢通“氐”，读作“底”。大略。）

惠施一天天用他的聪明，跟别人辩论，特意交往天下的辩士们，研究奇异事物。这就是惠施的大致情况。

然惠施之口谈，自以为最贤。曰：“天地其壮乎！”施存雄而无术。

惠施口若悬河，自以为最了不起。说道：“天地果真很伟大吗！”惠施空有雄辩，而无道术。

南方有倚人焉，（倚通“奇”。）曰黄缭，问天地所以不坠不陷，风雨雷霆之故。

南方有个奇人，叫黄缭，他探讨天地不落下不陷没的原因、风雨雷霆的根由。

惠施不辞而应，不虑而对，遍为万物说。说而不休，多而无已，犹以为寡，益之以怪。以反人为实，而欲以胜人为名，是以与众不适也。

惠施不推辞就接受，不考虑就回答，周遍地设立万物学说。解释起来不休息，重复增多不停止，仍然以为少了，逐渐增加怪异事物。他以违背人情事理为实际内容，却想凭借胜过别人为外部名声，所以跟许多人不和洽。

弱于德，强于物，其涂隩矣。（涂后作“途”。道路。隩，读作“玉”。水涯深曲处。）

弱于道德，强于事物，他的道路深曲隐藏啊。

由天地之道，观惠施之能，其犹一蚊一虻之劳者也。其于物也何庸！夫充一尚可，曰愈贵道，几矣！

由天地之道，来观察惠施的才能，好比一只蚊子一只虻虫似的勤劳，对于万物有什么用！他尽量展开自身尚可，有意愿讲更加崇尚道义，就差不多了。

惠施不能以此自宁，散于万物而不厌，卒以善辩为名。

惠施不能用这个观念自行安宁，散诞于万物而不满足，终止于以善辩闻名。

惜乎！惠施之才，骀荡而不得，（骀，读作“代”。骀荡，舒缓放荡。）逐万物而不反，是穷响以声，形与影竞走也，悲夫！

可惜啊！惠施的才华，舒缓放荡而不适合，追逐万物而不返回。这是用发出声响来止息回音，用形体跟阴影竞走。悲哀啊！

［同游小语］

不违背事物的起源，叫做天人。不违背事物的本质，叫做神人。不违背自己的真性，叫做至人。以自然为起源，以德行为基础，以道为门径，事先预见到变化迹象，叫做圣人。这些人据说五百年方得一遇，极为难得。

其次，以亲善为恩惠，以合宜为准则，以礼仪为行为，以音乐为和洽，貌似爱心满满的暖男，叫做君子。此为人中清品。

其次，以法度为分别，以名分为仪范，以比勘为征验，以核查为判决，其中的计数一二三四全都正确，百官按照这些素质来录用。此为人中能品。

其次，以职事为常态，以衣食为根本，繁殖增多，积蓄储藏，在意老弱孤寡都有供养。此为人中凡品。

笔者读《天下》，有诗曰：

天下多方术，神明圣王临。
诗书礼乐备，邹鲁搢绅审。
墨家自形苦，宋钘尹文惇。
黄老概闻道，关令李聃真。
庄子罗万物，恣纵处凡尘。
可怜惠施辩，嗡嗡犹虻蚊。

后记

总览《庄子》三十三篇

唐成玄英《庄子序》说，内篇纵言理论基础，外篇讨论世事痕迹。理论幽微非事莫显，事迹彰著非理不通。据此，笔者把内篇视作七个话题，分别统领外篇和杂篇。

话题一，描绘庄周其人

《逍遥游》鲲鹏怒而飞，置身九万里高空迁徙南海，言大而博，自状庄周其人。什么样的人？覆盖/升华天地的本来样貌，驾驭阴阳四时的变化，以遨游无穷。《天下》篇定性为“独与天地精神往来”。而蓬间雀们唧唧喳喳的嘲笑，对比中凸显出小大之辨。

《秋水》里北海海神说，井蛙不可语海，夏虫不可语冰，重拾《逍遥游》的小大之辨。文尾庄子钓于濮水，持竿不顾楚相之请。游于濠梁，同惠子闲聊“子非鱼”，生动描写出庄子的真人风采。

《说剑》篇妙谈天子剑、诸侯剑和庶人剑，乃小大之辨发挥的余韵。

话题二，详释《庄子》其书

《齐物论》渲染风吹万窍，发声不同的地籁，极言人籁至微至危，至纷至累。外事方面，提出“环中”的践道方法，把握是非反覆的居中位置，以应无穷。心态方面，认识到没有一物不具合宜性，没有一物不值得。需要和谐于天然的均平分际，依从众物的牵扯演化，享受个体生命的完满。此外，万物变化无常，孰知庄周梦为蝴蝶，还是蝴蝶梦为庄周？

《寓言》《天下》据此阐释全书的创作方法：天下污浊混乱，不可以庄严交流。于是用寄托他物的寓言来谋求广泛性，用举世推重者所讲的话来增强真实感，用倾仰随人的零散言论来牵扯演化。

话题三，道的精华，用来修养身体

《养生主》起笔于知止守中，落实在保护身体，完好生命，养活亲人，活够自然寿命。庖丁解牛的寓言，用道的境界详释养护生命的第一要义——求精一技一艺，人一能之己千百之。然后，多方面简介其他养生要旨。

《达生》篇通达生命的情理。《至乐》说，一个人在健康时要真实快乐地享受生命。生病了，那是造化关连到自己。死亡呢，宛如四季依序运行。死后另有极乐世界，重生亦有转化的机会。

话题四，职场法则跟换一种活法

《人间世》重点讲职场政治的憋屈无奈。于入职心态，倡导内直外曲，遵循古语和心斋。于从业操守，要求痛苦或高兴，都不改变前方的施展。假如环境委实太险恶了，则外表亲附而不参与，内心和顺而不显露。也可考虑换一种活法，无用享长寿，残缺终天年。

《山木》聚焦高端智者的困顿，用螳螂捕蝉、黄雀在后的寓言，揭示万物常常互相伤害的严酷现实。解决办法是，不显摆才德，可以受人喜爱。

话题五，潜心优游于德的境界

什么叫做德？《德充符》定义：德是成事和物的修养。残疾人王骀跟仲尼弟子的人数差不多，成事效果极佳。残疾人申徒嘉，德充实于内心，忘记断了一只脚。残疾人叔山无趾，修葺人格中曾经损坏的部分。丑人哀骀它，鲁国男女都融洽在他面前。于此小结：德经得起长久，圣人有潜心优游的境界。

《天地》篇说，事物得以生出，叫做德。有德的人，居住无思念，出行无谋划，不怀藏是非美恶。四海之内，共同吉利他为之喜悦，共同富裕他认为安稳。

话题六，首先做真人，然后悟真知

顶级大宗师，存养本性做真人。次级大宗师，无所不通做圣人。有真人而后有真知，真知就是道。修道在于笃守宁静的七个境界：疏远天下，疏远事物，疏远生命，一朝透彻，独有所见，无古今，入于不死不生。悟道在于达到虚空的九个层级：由文字内涵知闻，由反复诵读知闻，由洞见知闻，由投契私语知闻，由勤勉力行知闻，由咏叹歌吟知闻，由恍惚状态知闻，由形而上的道知闻，由似有开始、未曾有始的质疑知闻。践道在于通透看待疾病、死亡、礼仪、仁义和贫穷等人生大节。

《外物》篇承接《大宗师》，确认疏远资身物品或者权势、财富、声望、美色等，人们不能必然做到。于是有人死翘翘，有人遭受虐待毒打。更多的芸芸众生，小心脏悬在天地中间，利害相攻，忧惧难安，产生诸多的病态亢进。庄子开出药方：行为范式，须知小大之辨；思想方法，须知预留虚空。

此外，《田子方》主讲真人＼至人，《刻意》主讲圣人。《知北游》《则阳》《庚桑楚》《盗跖》《渔父》主讲什么叫做道。《骈拇》《马蹄》和《缮性》，从反面批判残生伤性，跟道交相遗忘了的仁义礼乐。

《史记·老子韩非列传》说，《庄子》一书，要旨归于老子之言，在这个重点部分表现得尤其充分。

话题七，诠释道家的政治主张无为而治

《应帝王》把依靠个人意志推行法度，比喻为涉过大海去开凿河流，让蚊子背负高山。主张先正其性而后行化，确定能够办事的人而已。文尾儵（南海之帝）和忽（北海之帝）好心作为，却害死浑沌（中央之帝）的寓言，宣讲了过分作为的危害性。

《徐无鬼》呼应，人为成就美名，都是丑陋工具。《胠箧》断言，君主喜欢智谋，酿成天下大乱。《列御寇》警醒，自以为是不可取，圣人应当理顺不确定，懂得深广的安宁。

《天道》说，帝王无形无名\留下空间的作为，区别于臣下呈现\获取的作为。《天运》说，人世运转不崇尚相同，而崇尚治理，要顺应时势做出改变。《在宥》阐释特定领域的无为而治——高妙的养生方式。

《让王》篇为无形无名\留下空间的作为，做出一位山林隐士的总结呈辞：道的精华，用来修养身体；它的残余，用来治理国家；它的像粪草一样的糟粕，用来治理天下。

《史记·老子韩非列传》说，庄周著书10余万言。《汉书·艺文志》说，《庄子》52篇。晋郭象《庄子》注本流传至今33篇，它究竟有多少文字，未见相关资料。笔者采用清王先谦《庄子集解》，郭庆藩《庄子集释》和民国阮毓崧《重订庄子集注》做底本，删除标点符号（先秦原典应该没有标点符号），合计得到65197字。

《史记·老子韩非列传》说，庄周学问无所不窥，语言洸洋自恣以适己。当他诋訾儒家墨家时，虽当世宿学不能解悟和避免。《晋书·向秀传》说，庄周著内外数十篇，历代才士虽有观者，没有谁恰当解析出旨趣系统。由此可见，古人读《庄子》已经很难了。现代人对于生僻字较多、车轱辘话随处可见、文字量很大的庄氏书，更是望而生畏。

笔者注庄子先求精准。六年多来，逐个字，逐个词语，查阅《汉语大字典》、《辞源》、《古代汉语词典》和《现代汉语词典》，反复比对、选择合适的释义。参照清王先谦《庄子集解》、郭庆藩《庄子集释》和民国阮毓崧《重订庄子集注》，于重难点处另查史籍，才落笔写译文。力图使翻译出的每个句子，都有工具书依据、前贤注疏的依据或者其他史籍的依据。

笔者注庄子次求浅俗。古语、白话、民间俗语和网络流行语，自由转换毫无违和感。此外，原典用咖啡色小字号楷体，醒目区别于译文黑色的大一个字号的宋体。按照最短意群随文分段，有利于原著紧贴译文，保持译注过程中字跟字，词语跟词语，句子跟句子，一一对应的新鲜感。避免了古籍出版物里常见的原文、注释与译文，远距离脱节的弊病。

笔者注庄子，又次求流畅。每译成一篇，即单独把白话部分打印出来反复朗读，调整词句，惟求语感自然无碍，一气呵成。像唐韩愈《答李翊书》所说，浩乎其沛然矣，其皆醇也，然后肆焉。让译文成为一篇篇优美的散文——庄氏书，本来就是文学成就很高的散文。

笔者更暇则随文标示段落意趣，厘清脉络层次。文尾附同游小语，凸显全篇旨归，琳琅珠璧无美不搜。另赋拙诗一首，感性传达庄氏神韵。

唐杜甫有诗云："文章千古事，得失寸心知。"希望拙著在方便阅读与梳理致用方面，可以为庄子爱好者，提供一个合适的读本。

2023 年 7 月 6 日蓝锡琦于成都牧马山果岭望湖楼